中传学者文库编委会

主　任： 廖祥忠　张树庭

副主任： 蔺海波　李　众　刘守训　李新军　王　晖
　　　　　杨　懿　柴剑平

成　员（按姓氏笔画排序）：

　　　　王廷信　王栋晗　王晓红　王　雷　文春英
　　　　龙小农　付　龙　叶　龙　刘东建　刘剑波
　　　　任孟山　李怀亮　李　舒　张绍华　张　晶
　　　　张根兴　张毓强　林卫国　郑　月　金　炜
　　　　金雪涛　周建新　庞　亮　赵新利　徐红梅
　　　　贾秀清　高晓虹　隋　岩　喻　梅　熊澄宇

中传学者文库

主编/柴剑平
执行主编/龙小农
副主编/张毓强 周建新

《立雪集》新编
段鹏自选集

段鹏 著

中国传媒大学出版社
·北京·

图书在版编目（CIP）数据

《立雪集》新编：段鹏自选集 / 段鹏著 . -- 北京：中国传媒大学出版社，2024.8.

（中传学者文库 / 柴剑平主编）.

ISBN 978-7-5657-3758-9

Ⅰ. G206-53

中国国家版本馆 CIP 数据核字第 20241RG642 号

《立雪集》新编：段鹏自选集
《LIXUEJI》XINBIAN: DUAN PENG ZIXUANJI

著　　者	段　鹏
责任编辑	于水莲
封面设计	锋尚设计
责任印制	李志鹏

出版发行	中国传媒大學出版社		
社　　址	北京市朝阳区定福庄东街 1 号	邮　　编	100024
电　　话	86-10-65450528　65450532	传　　真	65779405
网　　址	http://cucp.cuc.edu.cn		
经　　销	全国新华书店		
印　　刷	北京中科印刷有限公司		
开　　本	710mm×1000mm　1/16		
印　　张	25.25		
字　　数	379 千字		
版　　次	2024 年 8 月第 1 版		
印　　次	2024 年 8 月第 1 次印刷		
书　　号	ISBN 978-7-5657-3758-9/G・3758	定　　价	125.00 元

本社法律顾问：北京嘉润律师事务所　郭建平

总　序

　　媒介是人类社会交流和传播的基本工具。从口语时代到印刷时代，再经电子时代至今天的数智时代，媒介形态加速演变、融合程度深入发展，媒介已然成为现代社会运行的基础设施和操作系统。今天，人类已经迈入媒介社会，万物皆媒、人人皆媒，无媒介不社会、无传播不治理。今天，无论我们怎么用力于信息传播的研究、怎么重视信息传播人才的培养都不为过。

　　中国传媒大学（其前身为北京广播学院）作为新中国第一所信息传播类院校，自1954年创建伊始，即与媒介形态演变合律同拍、与国家发展同频共振，努力探索中国特色信息传播人才培养模式、构建中国信息传播类学科自主知识体系，执信息传播人才培养之牛耳、发信息传播研究之先声，被誉为"中国广播电视及传媒人才摇篮""信息传播领域知名学府"。

　　追溯中传肇始发轫之起源、瞩望中传砥砺跨越之未来，可谓创业维艰而其命维新。昔日中传因广播而起，因电视而兴，因网络而盛，今天和未来必乘风破浪、蓄势而上，因人工智能而强。在这期间，每一种媒介兴起，中传均吸引一批志于学、问于道、勤于术的

学者汇聚于此,切磋学术、传道授业,立时代之潮头,回应社会需求,成为学界翘楚、行业中坚,遂有今日中传学术研究之森然气象,已历七秩而弦歌不断,将传百世亦风华正茂。

自新时代以来,中传坚守为党育人、为国育才初心,励精图治、勠力前行,秉承"系统治理、创新图强、交叉融合、特色发展"的办学理念,牢牢把握高等教育发展大势、传媒业态发展趋势,瞄准"智能传媒"和"国际一流"两大主攻方向,以世界为坐标、以未来为向度,完成了全面布局和系统升级,正在蹄疾步稳、高质量推动学校从传统高等教育向未来高等教育跨越、从传统传媒教育向智能传媒教育跨越、从国内一流向世界一流跨越,全力建设中国特色、世界一流传媒大学。

中国特色、世界一流,在于有大先生扎根中国大地,汇聚古今、融通中外;在于有大先生执教黉门,学高为师、身正为范;在于有大先生躬耕杏坛,敦品积学、启智润心。习近平总书记更强调,高校教师要立志成为大先生,在教书育人和科研创新上不断创造新业绩。中传广大教师素来以做大先生为毕生职志,努力成为新时代"经师"与"人师"的统一者,做真学问、立高品行,践履"立德树人"使命。

2024岁在甲辰,欣逢中传建校70华诞,学校特邀约部分学者钩玄勒要、增删批阅,遴选已公开刊发的论文汇编成集,出版"中传学者文库",意在呈现学校在学科建设、科学研究、服务行业实践等方面的最新成果,赓续中传文脉,谱写时代新声。

文库汇聚老中青三代学者,资深学者渊渟岳峙、阐幽抉微;中年学者沉潜蓄势、厚积薄发;青年学者踌躇满志、未来可期。文库与五十周年校庆所出版的"北广学者文库"相承接,大致可勾勒中传知识生产薪火相传、三代辉映之概貌，反映中传在构建中国特色新闻传播类、传媒艺术类、传媒技术类学科体系、学术体系和话语体系方面的耕耘与收获，窥见中国特色信息传播类学科知识体系构建的发展脉络与轨迹。

这一构建过程，虽筚路蓝缕，却步履铿锵；虽垦荒拓野，亦四方辐辏。一批肇始于中传，交叉融合、具有中国特色的学科，如播音主持艺术学、广播电视艺术学、传媒艺术学、数字媒体艺术学、政治传播学等，从涓涓细流汇入滔滔江河，从中传走向全国，展现了中传学者构建中国自主知识体系的学术想象力和创新力。文库展示的虽然是历史，实则是呈现今天；看似是总结过去，实则是召唤未来。与其说这套文库的出版，是对既有学术成果的展示，毋宁说是对未来学术创新的邀约。

回首过往，七秩芳华。我们深知，唯有将马克思主义基本原理与中华优秀传统文化相结合，才能推动中华学术创造性转化和创新性发展，推动中国自主知识体系的构建。我们深知，唯有准确把握媒介形态演变的脉动、深刻认知媒介形态变革所产生的影响，才能推动中国信息传播类学科自主知识体系的构建与时俱进。

展望未来，星辰大海。我们深知，以人工智能为代表的产业和科技革命正迅疾而来，媒介生态正在加速重构，教育形态正在全面重塑，大学之使命与价值正在被重新定义；我们深知，唯有"胸怀国之大者"、面向世界科技前沿、面向经济主战场、面向国家重大需求，才能确保中传始终屹立于中国乃至世界传媒教育发展之潮头。

如何应对人工智能带来的深刻变革，对中传而言是一场要么"冲顶"、要么"灭顶"的"兴亡之战"。我们坚信，不管前方是雄关漫道，还是荆棘满途，唯有勇敢直面"教育强国，中传何为？"这一核

 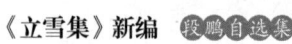

心命题,奋力书写"智能传媒教育,中传师生有为!"的精彩答卷,才能化危为机,奋力开创人工智能时代中传智能传媒教育新纪元。

功不唐捐,芳华七秩;风帆正举,赓续创新。

是为序。

第十四届全国政协委员,中国传媒大学党委书记、教授、博士生导师

序 言

　　今天呈现在读者诸君面前的这部名为《〈立雪集〉新编》的小书源自我1997年本科毕业前自行编写的一部献给母校北京广播学院（中国传媒大学）的文集《立雪集》（又名《广院三年学记》），里面收录了我1993—1996年本科求学期间发表的论文、散文、骈文、旧体诗等，共31万字，手工装订成册，篆书题签。学生习作，原本不值一哂，但因为当时非常认真地完成了这部集子，更得到胡智锋教授和张立东同学的两篇序文，为表达30年来的谢意，特将这两篇原序也附录于后。

　　今天的《〈立雪集〉新编》是从我1998—2023年的25年间发表的180多篇中英文学术论文中精选的具有相当代表性的作品，所涉门类也正是我这30年学术求知和探索中先后或同时涉猎的领域：高等教育与理论传播、国际传播、媒体融合与传播和广播电视与互联网传播。

　　在高等教育与理论传播专题中，我着重讨论了如何在教育机构中坚持社会主义政治家、教育家的标准，以培养具有良好政治素质和教育能力的人才；研究了国际中文教育及传播的历史发展、现状和相关经验，以促进人们对中文教育及传播的深入理解；通过在我国当时的贫困农村地区进行实地调查，应用创新扩散理论来研究推广新知识和新技术的效果与影响因素；从数字人文的角度研究了国

际中文教育传播体系的创新建构，讨论了数字技术对中文教育传播的影响和潜力，提出了基于数字人文视域的创新策略和方法，旨在推动国际中文教育传播体系的发展与进步；研究了媒介化社会中城市品牌形象的感知与管理，探讨了媒介化社会对城市品牌形象的影响和塑造机制，并从群体感知和城市管理的角度提出了一些管理策略和建议，旨在提升城市品牌形象的感知和管理效果。

在国际传播专题中，我着重分析了当前我国国际传播所面临的挑战和问题，包括信息不对称、国际话语权不足、传播方式落后等；通过对我国国际传播中的信息流量进行历史回顾和问题分析，探讨了我国在国际传播中信息流量不足的问题；以俄乌冲突为例，探讨了美式新闻生产中的声量竞赛和情绪制造，分析了美式新闻制作中以故事模式为主导的特点以及这种模式对于情绪引导和事件解读的影响；以高质量的国际中文教育为基础，探讨了如何提升中华文化的传播力和影响力，讨论了国际中文教育的重要性和影响以及提升其质量和水平的策略与方法。

在媒体融合与传播专题中，我着重探讨了智能媒体对于影像产业的影响和变革，并展望了智能媒体在未来影像领域的发展趋势和前景；讨论了广电媒体与智能化技术的深度融合所带来的变革、机遇和挑战，并提出了一些发展策略和建议；以新疆为例，探讨了主流媒体在中华民族共同体意识传播中的融合发展实践路径，分析了新疆地区主流媒体的融合发展现状和实践经验，并提出了一些关于提升中华民族共同体意识传播效果的建议；以"三农"短视频为研究对象，从发展传播学的角度探讨了农民参与和乡村振兴的问题，分析了"三农"短视频作为一种"新农具"的作用和影响，并提出了一些促进农民参与和推动乡村振兴的策略和方法；探讨了我国智能全媒体传播体系建设的实践路径，讨论了智能全媒体传播体系的内容、框架和模式，并提出了一些实际推进智能全媒体传播体系建设的策略和路径；以浙江省海宁市传媒中心为研究对象，探讨了我国县域媒体深度融合所面临的瓶颈及其相关对策，分析了县域媒体深度融合的发展现状和问题，并提出了一些打破瓶颈和推动深度融合的对策和建议。

在广播电视与互联网传播专题中，我着重分析了社群、场景和情感对于短视频平台上的用户参与和电商发展的影响，探讨了如何通过社群建设和情感引导来促进短视频平台上的电商发展；分析了算法在平台经济中所具有的权力和对社会产生的影响，并探讨了如何通过制度设计、监管机制和社会参与等方式来治理算法权力问题；分析了算法模型推荐对新闻内容的选择和呈现方式所产生的影响，讨论了算法模型在消解和建构新闻真实性方面的作用和问题；以电影《寄生虫》为例，探讨了在数字鸿沟背景下空间与权力之间的关系和阶层壁垒，分析了电影中通过空间叙事逻辑展现的社会阶层壁垒和权力分配问题，并讨论了数字鸿沟对社会阶层壁垒的影响；分析了收视率和满意度对于电视节目传播影响力的影响和博弈关系，并探讨了如何平衡这三者之间的关系；讨论了当前我国电视节目改版所应遵循的三种规律，分析了电视节目改版的背景和发展趋势，并提出了在改版过程中应注意的三种规律，为我国电视节目的改革和创新提供理论支撑。

从 1993 年入学到 2023 年 6 月 15 日暂别，卅年捻指一瞬，不知不觉中已在中国传媒大学度过三十载春秋，母校把我从懵懂无知的 18 岁少年耐心培养成为新闻传播学学士、硕士、博士，培养成为北京市青教赛文科组第一名和荣获霍英东青年教师奖的一线青年讲师，培养成为学校首位获得教育部人文社科优秀成果最高奖的 33 岁青年教授；之后又把我培养成为一名尽忠职守、兢兢业业的基层管理者：副主任、副院长、处长、学部长、副校长，引领我见证、参与和推动了中国传媒大学自 1999 年以来 24 年高速发展期间的所有重要

改革和创新事项，让我在师长们慈祥而期许的目光的注视下，在同事们团结奋斗氛围的鼓舞下，在团队和学生们的渴盼和期待下，面对挑战勇毅前行，共同完成了一个个无比艰巨的任务。这部小书正可以从一个侧面来印证中国传媒大学新闻传播学和戏剧影视学两个"双一流"学科科研探索的轨迹和进路：从早期的《图兰朵》研究到后来的《寄生虫》研究，从中国乡村实证研究到城市品牌形象传播，从政治传播到国际传播，从高等教育到国际中文教育……其中包含了多篇被《新华文摘》全文转载和多篇获得国内外各类奖项的论文，虽然略显驳杂，早期论文中也多有稚嫩青涩之处，但为了忠于历史和对25年的整体总结，我未对原文过多修改，期待能得到读者诸君的理解。

"独立乾坤大，徐行杖履轻。"值此母校70周年华诞之际，谨以这部小书敬献，以表无限悃诚。由于个人水平、视野所限，更加之时间跨度长达25年，许多当时讨论的理论、现象甚至概念都已经悄然改变甚至彻底消失，谬误疏漏之处自然难免，唯期览卷诸君垂教焉。

段　鹏

2024年5月6日于巴黎

《立雪集》序一

心灵的篇章

后生可畏！——捧读段鹏这一大摞足足有十几万字的文稿，我不禁发出了这样的感喟！

我们这些经受过传统学科多年熏陶，经历过老一代前辈学者经常教诲的不大不小的一批学人，脑子里难免纠缠着许多旧的思路——厚古薄今！看人亦是如此，老老先生们常自谦，"比起梁启超、王维国、陈寅恪、赵元任，我们简直什么也算不上！"老先生们又自惭，"提到钱锺书，我们怕是连做学生的资格也没有！"——尽管他们没有明说，但我已经彻底地绝望了：我们这些弟子的弟子的弟子，算是什么呢？于是不免要找寻平衡，按这样的规律类推，小我们一些年龄的"后生"们自然连我等也不如了。于是，在他们面前兜售一点先生的先生的先生的学问，他们自然应是无法抬起头来了！——于是，受了先生的先生的先生们的重压的我等，终于慢慢地在"后生"们身上找回一点自尊，找回一点面子，找回一点感觉！

但段鹏的这些文字，却常常令我汗颜！本来还可在文史方面略显资本的我，面对这些论文、杂感、随笔、古文、旧体诗……竟不知对其作何评价！

《立雪集》新编　段鹏自选集

一个并非受了"准私塾"教育、年方二十的大男孩，何以如此洒脱放达，对古史今文、典籍书章信手拈来，脱手而出，纵横捭阖，自如不羁！

段鹏的这些文字竟把我从教以来刚刚找回的一点好感觉冲淡了一大半，我不得不改变我原来的思路：传统经典的积淀并非与日俱落，在段鹏们的身上依然顽强地存活着！甚至存活得比我们这一茬人还要好得多！

一日，为筹办"读书节"的事情，他来找我支持，顺便聊起了治学，于是就天南地北、海天空地聊了整整一个通宵，两人依然意犹未尽，只是壶里的茶叶不知添了几多回！从此我真正认识了这位品学兼优、才华出众的少年！

从段鹏的文字与谈吐中，可以领略他不可多得的文化积累，领略他的天赋极高、丰实明慧。但字里行间，最值得我们玩味和思考的是他别出心裁的"用心"。

学生中有许多不同类型者，有的"用功"，有的"用嘴"……但真正能引起人们普遍关注、感兴趣的必然是"用心"表达的那些部分！段鹏文稿中的大多篇什，譬如他对东坡诗句的点评，对"中国人'自修'"问题的提出，确是"用心"之笔，给人留下了深刻印象。

此外，视野之开阔，内容之丰厚，文风之别致，甚至还有令一般学者都很难把握的五百言排律，都是段鹏文稿中值得关注的得意之处。

世纪之交，风云变幻，在这社会大转型时代，人心之浮动、浮躁难以避免，也可以理解。毕竟人类首先要生存，才会有发展。当生存的危机感总是重压在人们心头的时候，悠然淡泊的心境着实不易获得。但越是这样，段鹏这种埋头读书、不求闻达的格调与态度——安宁、和平、乐观、通达，越是显得难能可贵。

我并不认为段鹏与他的文字已臻于一种成熟的状态,但他的积累与他的追求昭示着我们,要不断地突破自己的局限,超越已有的自我,法古今之完人,向着更高、更美的境地努力!

　　段鹏,你同意我的意见吗?

胡智锋

匆草于 1996 年 9 月 21 日凌晨 3 时

《立雪集》序二

  段鹏君集腋成裘，习作于炉中，集于一函，谋求名山藏匿，行止飘逸。我闻此事之时，在鹰飞九月，蜗名蝇利炒作以后，忽如一夜东风吹醒梨花万树，开我心颜，荡涤心神。

  广院是非地也，技重乎学，表象掩过内质，法理漫无端倪。小学人在此地不可以立足，一为遭无形刀杀劫，一为心神难以自持；大学人又不愿来，为五车才具难求真知音，广陵散不可考求矣。若来，只堪封琴悬剑，梁生蛛网。故曰此地唯中等学人跻身处。

  段君自是大学人轮廓，藏书乃一霸，经纶乃一雄，忠义乃一杰，然段君未能尽脱俗念，狷介耿直正其疵也。吾故知玉无瑕不可求，世人亦然。

  识段君是一段公案，一日，段君竟不请自来，至舍中，不待寒暄满，急急考教以国学。切磋之际，段君于历代学者名讳竟如呼婢使奴，嬉笑怒骂，指点无忌。吾青眼于其博大，并榻谈诗，扪虱论兵，久之，久之。

  广院虽小，却可谓名校，个中睿智者也多，不乏良材。段君欲做精英班头，尝力气拔山，矫正世风，宣谕文化精神，使蜃楼嬗化桑田，万众为之侧目。吾亦自诩之人，管窥文章内典，蠡测学人态度。当是时，段君马惹蝶使，羽张如席，吾激赏之，景从之，渐以其表证造设旗帜，摇曳而过市。

《立雪集》新编 段鹏自选集

　　日久我辈皆执迷于俗务中不能自觉，光阴流名，北客南征，捻指数年成尘。在我，文章已非千古之事，气焰消退，直射名利，无可奈何。顾及他人，亦不过尔尔，皆堕入显化轮回中，营营设设不辍。独段君，那日迎面而来，手握一把文章，落拓言孤诣，目光清炯如炬。吾知段君各类作品发表多矣，虽游刃而有余，第甘井也易竭。《易》云世事幻变皆具朕兆，卦相示之，盈亏相赓，方不失坠其本原。当此际，段君静若修士，坦言将更晋级研究生，吾然后知事谐矣。段君之心，清清石潭之水，历历汉阳之树，通达之境或将觇窥，铁门限或将勘破。吾喜拈无形之花，以指作状，向段氏称贺。一才人能复遁入知识海而求蝉脱，庶几广院将出大学人乎？不可知、不可说也。

　　观段君诗，虽非大事雕琢，特天然一块璞玉，文藻脉气亦庙器之佐也，其心中块垒隐隐若活现。吾知之矣，吾知之矣。而武侯之志原在致尧舜风尚，与斋中学士之心固非陌路。昔法国巴翁案上之铭，直慕拿破仑一世，可为佐证也。

　　观段君文，然后识段君人。然又不尽肖，或文与心口手究竟未谐欤？段君行文有雅气，兼频仍用典，书袋之巧掉，可谓自成一家，面目斐然。无论如何，段君文章是一家，经由生活万象淬炼遴选，日久必可期纯青，比肩鲍、庾，亦未可知。

　　近日重读《天龙八部》，别有况味，意兴神往。段誉之形影神于我心有戚戚焉。而誉与鹏，佶屈聱牙处，恍若一人，惟语嫣之衣香鬓影，段君不可捉摸。惟誉有恶徒、鹏有鸿友，惟鹏不会六脉神剑耳。

　　段鹏君不擅六脉神剑，想必世人皆可逆料。然段君之江淹管锥，未必路人皆知，今予略为砖陈。

　　尝与段君饮酒，论禅，踏雪，闻道。此等逸兴雅致何期重拾？日月尘封既久，事不可求矣。徒叹稠人广座之中，几人得似段伯圉?

是为序。

书赠伯圉

楚有狂人党，今看羽士军。新丰青鬈影，北里艳罗裙。
砺剑纤毫裂，放歌酒气醺。由来桐叶阔，且待劲阳匀。
当此须言志，何期正销魂。鹿门舟欲止，秦岭雪犹侵。
思觅汉宫燕，意摘灞桥云。飘忽一何似，晴郁两相寻。
自许擒王箭，又垂寄傲纶。谁知持笏手，要悟射雕心。
碧落倾天障，辋川洗足尘。广陵缥缈曲，蜀地荡激音。
宇宙消野马，文章显至尊。江山空若雾，蠡管久如真。
未解伏波矞，胡溶赵普金？采薇托逸兴，煅铁掩心神。

观水亭居士张立东谨识

一九九六年九月九日十二时

目 录

高等教育与理论传播

党性与人民性的再统一：习近平关于新闻与传播重要论述的研究 …………… 003

坚持社会主义政治家教育家标准办学治校 …………………………………… 015

历时、共时及经验：国际中文教育及传播应用研究 …………………………… 020

创新扩散理论的实证研究
　　——关于在中国贫困农村地区推广新知识与新技术的实地调查 ………… 037

数字人文视域下国际中文教育传播体系创新建构 …………………………… 053

应急体系下高校线上教学运行机制研判 ……………………………………… 060

媒介化社会中城市品牌形象的感知与管理
　　——基于群体感知与城市管理二维视角 ………………………………… 066

心理契约与中国内地媒介员工责任感建构
　　——对广东惠州广播电视台的个案调查研究 …………………………… 086

国际传播

当前我国国际传播面临的挑战、问题与对策 …………………………… 103

我国国际传播中的信息流量：历史、问题及对策 ……………………… 122

声量竞赛与情绪制造：美式新闻生产的"故事模式"
　　——以俄乌冲突为例 ………………………………………………… 138

中文搭建交流桥梁
　　——以高质量国际中文教育提升中华文化传播力影响力 ………… 153

Essay on the External Communication Strategies of the China Dream:
Analysis and Study of Reports on the China Dream in *The Washington Post* and on CNN …………………………………………………………………… 157

媒体融合与传播

智能媒体语境下的未来影像：概念、现状与前景 ……………………… 175

智能化演进：广电媒体深度融合历史机遇与发展策略 ………………… 189

中华民族共同体意识传播中主流媒体融合发展的实践进路
　　——以新疆为例 ……………………………………………………… 201

鸿沟的渐隐：发展传播学视野下的农民参与和乡村振兴
　　——作为"新农具"的"三农"短视频 …………………………… 213

试论我国智能全媒体传播体系建设的实践路径：内容、框架与模式 …… 226

我国县域媒体深度融合的瓶颈及对策
　　——以浙江省海宁市传媒中心为样本 ……………………………… 241

Prospects for Future Images: Advances in Media, Technology, and Industry ……………………………………………………………………… 255

广播电视艺术与互联网传播

社群、场景、情感：短视频平台中的群体参与和电商发展 …………… 277

平台经济时代算法权力问题的治理路径探索 ………………………… 290

算法模型推荐对新闻真实的消解与建构 ………………………… 305

空间与权力：数字鸿沟背景下的阶层壁垒
　——兼谈电影《寄生虫》的空间叙事逻辑 ………………………… 318

试论转型期的中国广播新闻 …………………………………………… 327

收视率与满意度的博弈
　——刍议电视节目传播影响力与收视率、满意度的关系 ……… 335

当前我国电视节目改版应遵循的三种规律 ……………………………… 343

《图兰朵》备忘录
　——《图兰朵》与《中国公主杜兰朵》对话及潜对话 ………… 351

Materialized Languages and Objectified Bodies: Film Noir from the Perspective of the Theatre of Cruelty ……………………………………… 363

高等教育与理论传播

党性与人民性的再统一：习近平关于新闻与传播重要论述的研究*

一直以来，成为"党和人民的耳目喉舌"是我国新闻传播事业的本质属性，这在全世界范围内独具特色，也曾招致非议。在互联网媒体挤占主流媒体话语空间和生存空间的今天，党的媒体为何还要继续保持以及如何保持"党性和人民性的高度统一"，成为亟待解决的重大理论问题。放眼世界范围，我国又该如何从中国特色新闻传播思想中寻得理论武器，并抢占人工智能技术的优势地位以及未来的国际话语权高地？这些问题都需要从习近平关于新闻与传播的相关论述中寻找到理论依据和解决方案。本文旨在通过梳理习近平关于新闻传播的思路与观点，尝试对上述问题给出初步答案，并结合智媒时代给予我们的新契机，不断丰富和完善符合我国国情和世界发展趋势的社会主义传播理论。

一、从历史维度看习近平新闻论述中的人民观

在 2013 年全国宣传思想工作会议上，习近平总书记强调了党性与人民性高度统一的必要性与重要性。[①] 随后，习近平总书记在十八届五中全会上又

---

* 本文原载于《现代传播（中国传媒大学学报）》2019 年第 9 期，收入本书时略有删改。
① 习近平在全国宣传思想工作会议上强调 胸怀大局把握大势着眼大事努力把宣传思想工作做得更好 刘云山出席会议并讲话［J］.党建，2013（9）：4-6.

深化了这一观点——"着力践行以人民为中心的发展思想",并进一步解释了"治国有常,而利民为本"的思想意涵。他认为,以人民为中心这一理念不是抽象的、停留在口头表达上的,而是实际的,要贯穿于社会主义建设的始终。要始终贯彻"人民群众是社会历史的主体"这一思想,坚持群众路线,将"服务群众、发展群众工作做牢做实"①。习近平总书记多次提出关于人民对我国社会主义现代化建设的极端重要性:"我们必须始终坚持人民立场,坚持人民主体地位……,着力解决好人民最关心最直接最现实的利益问题。"②

纵观我国在20世纪推翻"三座大山"的民族解放历史,不难发现,只有以人民为核心,方针政策切实体现人民意志,始终站在人民的立场上思考问题、实施措施,我们才能够取得革命最终的胜利。中国共产党便是践行这一理念的典型代表,因此才能带领中国人民取得新民主主义革命的胜利果实。在建党95周年的会议上,习近平总书记重申了我们党的人民立场:"以马克思主义为指导的政党众多,能够始终像我党一样做到以人民为中心的政党却并不多……人民立场是中国共产党的根本政治立场,是马克思主义政党区别于其他政党的显著标志。"③习近平总书记的人民观始终坚持了马克思的辩证唯物史观,在新的历史时期,更是不断提升党为人民服务的水平,这是党性和人民性高度统一的进一步深化,同时将马克思主义人民观推向了新的高度。

作为广大劳苦群众的代表者与领导者,中国共产党在成立之初最核心的任务就是宣传工作。在宣传条件十分有限的情况下,如何捍卫群众利益,更好地宣传党的进步革命思想成了我们党要面临的头等大事。于是,在创建了一系列党媒之后,"了解基层、发动群众、塑造共产主义理念中的革命主体"④

---

① 习近平在省部级主要领导干部学习贯彻党的十八届五中全会精神专题研讨班上的讲话［EB/OL］.(2016-05-10)［2019-01-01］.http://www.xinhuanet.com//politics/2016-05/10/c_128972667.htm.

② 在第十三届全国人民代表大会第一次会议上的讲话［EB/OL］.(2018-03-20)［2019-01-01］.http://www.xinhuanet.com/2018-03/20/c_1122566452.htm.

③ 习近平.在庆祝中国共产党成立95周年大会上的讲话［EB/OL］.(2016-07-02)［2019-01-01］.http:cpc.people.com.cn/n1/2016/0702/c64093-28517655.html.

④ 王维佳."党管媒体"理念的历史生成与现实挑战［J］.经济导刊,2016(4):28-31.

成了宣传工作最重要、最明确的目的,而我们党指导各个领域工作的领导方法——"群众路线"则成了新闻宣传事业的核心办法。抗日战争时期,延安作为红色革命根据地,曾有近万名一线通讯员作为新闻素材的提供者和发布者,生产群众新闻,这种"群众办报"的理念推动了新闻的大众化,①使得"群众路线"进一步得到完善,让党媒在成立之初便确立了服务人民的"公共服务媒体"本质属性,并一直指导着传播实践。

经过我们党一代代领导人的坚持与探索,党对新闻事业人民性的定位与认知不断深化,从胡耀邦"党的新闻事业是党和人民的喉舌"到胡锦涛"进一步改进报刊、广播、电视的宣传,把体现党的主张和反映人民心声统一起来"。②两位领导人的新闻传播思想在新的历史时期依然具有指导意义,时至今日,习近平总书记对其进行了新的深化阐释:"坚持党性和人民性相统一,把党的理论和路线方针政策变成人民群众的自觉行动,及时把人民群众创造的经验和面临的实际情况反映出来,丰富人民精神世界,增强人民精神力量。"③ 至此,我们党新闻事业的人民性已从最初的调动人民群众的积极性与组织人民参与传播实践过渡到让人民群众全面认识国情现状,不断锻造人民自身主体性,进而增强人民精神力量的发展阶段。上海大学吴信训教授对我国新闻事业的人民性作出更加精确而凝练的表述:"媒体要为人民讲话,要让人民讲话,要讲人民的话!"这一理论内核是指导我国新闻事业的有力思想武器,是马克思主义新闻观在新的历史条件下的创新与拓展,让新闻实践焕发无限活力。

二、从现实维度看习近平的"党管媒体"与"依法管网"

不过,革命的道路从来都不是一帆风顺的。在现阶段的新闻传播实践中,

---

① 王维佳. "党管媒体" 理念的历史生成与现实挑战[J]. 经济导刊, 2016 (4): 28-31.
② 吴信训. 为人民讲话让人民讲话讲人民的话: 习近平新闻思想的人民观[J]. 新闻与传播研究, 2016, 23 (7): 5-13, 126.
③ 在党的新闻舆论工作座谈会上的讲话[EB/OL]. (2016-02-19) [2019-01-01]. http://www.xinhuanet.com/politics/xjpzymtdy/.

由于受到经济全球化浪潮的影响，再加上新技术不断更迭，致使传统媒体影响力日渐式微，党媒的人民立场遭遇空前挑战。这种挑战一方面来自高度垄断的外国商业化媒体的意识形态渗透，另一方面来自国内媒体行业中的"自由"主义行业精英的自我消解。

近一百年来，西方新闻业以"独立"自居，从民主化走向现代化和全球化，"大众媒体和职业新闻群体不仅扮演着政治议程的推动者、'客观事实'的呈现者，还一直精心地将自己塑造成社会进步的引领者和普罗大众的代表者"①。然而，由于西方新闻媒体行业对不断扩大的世界市场的利益追逐，由于媒体从业劳工成为跨国资产精英，赤裸裸地参与党派政治，大众传播已经逐步丧失了它的公共属性，媒体精英与社会阶层不断撕裂，大型媒体机构发布的新闻得到的是受众越发的嘲讽与不信任。2016年美国大选结果的爆冷更是西方主流媒体信任危机全面点燃的一个标志性事件。在此背景之下，20世纪七八十年代，西方学者重提"新闻专业主义"等对新闻专业性追求的理论往往被看成"新闻传媒为摆脱信任危机而刻意划清同政府的勾搭"。②其所谓"专业主义"在先进程度和民主性上都与我们党的"群众办报"路线存在很大差距。

与此同时，随着媒体市场化改革的逐步深入，20世纪80年代以降的我国新闻与传播事业，其新闻宣传思想中的人民性等宏大表达被逐渐淡化，党媒中的党性和人民性被充斥"现代性"的知识分子冷落，取而代之的是西方式的精英主义、自由主义逻辑的政治话语。这其中不乏多元的声音，但同样充斥着消费文化、低俗文化等意识形态糟粕，瓦解着人民群众的先进性。

于是，经过一系列深化改革的实践，习近平总书记在对国际国内媒体环境和舆论形势清晰判断的基础上进一步提出了"党管媒体"与"党媒姓党"，使得党性和人民性的融合得到了再次发展。在2016年党的新闻舆论工作座谈会上，习近平指出"党管媒体"工作的基本遵循："党的新闻舆论工作坚持党

---

① 王维佳.媒体建制派的失败：理解西方主流新闻界的信任危机[J].现代传播（中国传媒大学学报），2017，39（5）：36-41.
② 童兵.厘清对"新闻专业主义"的认知：兼论对美国"新闻专业主义"的质疑[J].新闻与写作，2015（9）：45-47.

性原则,最根本的是坚持党对新闻舆论工作的领导。党和政府主办的媒体是党和政府的宣传阵地,必须姓党。党的新闻舆论媒体的所有工作,都要体现党的意志、反映党的主张,维护党中央权威、维护党的团结,做到爱党、护党、为党;都要增强看齐意识,在思想上政治上行动上同党中央保持高度一致。"①

"党管媒体"是我党领导新闻舆论工作的根本性原则,它要求依据先进的指导思想,对包括党的机关报和各类市场化媒体在内的媒体机构进行管理规范,掌握舆论主动权,确定其为人民服务、为社会主义服务的基本导向。② 在媒体市场化不断深入的当下,直接的政策导向效果已不如过去明显,因此党的有关单位应当适应"市场化媒体的环境"和社会发展要求,适时增加管控范围,"加强宏观管理权限",以此巩固党在新闻管理中的领导地位。

然而,近年来新的媒介样态、业态进入了飞速发展时期,各种网络媒体、社交软件层出不穷,主流媒体的话语权难免有旁落之虞。新媒体为社会各阶层提供了发声渠道,于是,去中心化和民主化的新技术平台成了新闻发布的主阵地,也成了舆论话语空间的新战场。它们丰富了人们的媒介体验,但同时舆论失焦、网络暴力、竞价排行等乱象迭出,"后真相"成了国内外媒体知识分子的时髦用语。甚至有学者得出结论,认为"社交媒体繁荣所带来的假新闻泛滥是破坏舆论环境、误导人民大众的罪魁祸首"。③ 由此,对以社交媒体为代表的网络媒体的舆论引导与安全治理成了事关国家意识形态安全、政治安全的核心所在,也是党亟待解决的重大问题。

习近平总书记对此严峻形势即刻作出回应:"我国网民有近六亿人,手机网民有四亿六千多万人,其中微博用户达到三亿多人。很多人特别是年轻人基本不看主流媒体,大部分信息都从网上获取。必须正视这个事实,加大力量投

---

① 在党的新闻舆论工作座谈会上的讲话[EB/OL].(2016-02-19)[2019-01-01].http://www.xinhuanet.com/politics/xjpzymtdy/.
② 段鹏.新媒体环境下党管媒体问题探析[J].现代传播(中国传媒大学学报),2017,39(5):26-31.
③ 王维佳.媒体建制派的失败:理解西方主流新闻界的信任危机[J].现代传播(中国传媒大学学报),2017,39(5):36-41.

入，尽快掌握这个舆论战场上的主动权，不能被边缘化了。"① 在这段讲话中，习近平将新闻舆论工作视为必须高度重视的"治国理政、定国安邦"的大事，提出了全党要适应时代的变化发展，及时转移新闻传播的主阵地，将网络舆论斗争作为主要矛盾来抓，如此论述体现了党将主动权牢牢掌握的信心与决心。

相应地，习近平在党的十八届四中全会上提出了更具时代特色与战略性质的政治要求——"依法管网"，"强调网络空间法治化，并进一步完善网络法律法规体系建设"。② 在随后召开的媒体会上，习近平总书记多次提出了要实现媒体管理的新发展，他提到党在新闻舆论方面应当与时俱进，对于新闻舆论引导的内容、观点、方案等要增加亮点，以提高新闻工作的实际工作效益，并应当在条件允许的情况下提升相关党政新闻的社会影响力，提高社会关注度，加快构建舆论引导新格局。③ "知屋漏者在宇下，知政失者在草野"，人民上了网，民意也就上了网，于是，党媒要了解群众、贴近群众、引领群众，同时接受群众的监督。"依法管网"就是为网上的人民民主划定自由与秩序的边界，在这个新的舆论场中，"更好地凝聚社会共识，画出网上网下最大同心圆，巩固全党全国人民团结奋斗的共同思想基础"。④ 依法管网与党性的互为表里，这是新闻媒体人民性在网络空间的拓展与延伸，为构建同心同德的舆论场提供理论依据与现实手段。

三、从国内放眼全球看习近平的国际传播观

平心而论，我国国内的新闻舆论工作可谓"道路曲折、前途光明"，我国

---

① 习近平在全国宣传思想工作会议上强调 胸怀大局把握大势着眼大事努力把宣传思想工作做得更好 刘云山出席会议并讲话［J］.党建，2013（9）：4-6.

② 段鹏.从党管媒体到依法管网的依据和路径［J］.南昌大学学报（人文社会科学版），2018，49（2）：42-48.

③ 吴信训.为人民讲话让人民讲话讲人民的话：习近平新闻思想的人民观［J］.新闻与传播研究，2016，23（7）：5-13，126.

④ 推进网络新闻舆论工作创新［EB/OL］.（2018-06-15）［2019-01-01］.http：//theory.people.com.cn/n1/2018/0615/c40531-30060324.html.

国际上的新闻与传播实力也亟待提升。我国的经济实力不断增强，然而作为世界第二大经济体，我国在新闻传播方面的文化软实力与蓬勃发展的经济势头并不匹配。更为严重的是，中国的发展饱受西方媒体无端质疑的困扰，像"中国威胁论""新殖民主义论"等话语屡见不鲜，严重影响了我国的国际形象。"国际体系上意识形态的话语，一旦从社会主义与资本主义的对立转变成民主与专制的对立，而且把民主定义为西方式的'自由民主选举政治'，那中国就对号入座变成'专制'了，而我们还没有掌握这套话语的定义权。"① 在"不怀好意"的外媒记者眼中，"党性与人民性的统一"带有虚伪性，"党管媒体"则意味着"威权"与"专制"。这些论调不论以什么面目出现，实际上都是在用西方标准评判中国发展，目的是将中国纳入西方主导的发展体系。②

国家形象处于国际弱势地位的中国，还在努力开拓国际范围内的独立自主发展之路，提升国际话语权是一个十分重要而且急迫的议题。2014年，习近平总书记专门强调这一问题，"努力传播当代中国价值观念……把当代中国价值观念贯穿于国际交流和传播的方方面面"。③ 在党的十八届三中全会上，习近平总书记在新闻传播方面又有了新的阐释："遵循新闻传播规律，创新方法手段，建立对外传播话语体系，增强国际话语权。"④ 这一观念是一项历史性的突破，习近平总书记首次将对外与对内的话语体系建构分开来谈，并且指出对外传播应当作为一项长期而复杂的系统工程来抓。提出这一思路的原因有三：一是中国向世界其他国家展示自我的主流媒体平台十分有限，新华社、《人民日报》、中央广播电视总台基本占据了全部的份额，缺乏民间话语和非官方媒体，没有"调动起国际传播中的各方力量"；二是外宣缺乏顶层设计，缺乏宏观架构，也缺乏具体战术；三是对外话语缺乏国际观念，宏大叙事既

---

① 赵月枝.如何认识中国共产党的新闻理论和实践[J].经济导刊，2017（10）：42-49.
② 林伯海，杨伟宾.习近平的人类共同价值思想初探[J].当代世界与社会主义，2016（2）：165-169.
③ 习近平在中共中央政治局第十二次集体学习时强调：建设社会主义文化强国，着力提高国家文化软实力[N].人民日报，2014-01-01（01）.
④ 把握国际话语权 有效传播中国声音：习近平外宣工作思路理念探析[EB/OL].（2016-04-06）[2019-01-01].http：//www.xinhuanet.com/politics/2016-04/06/c_1118542256.htm.

不生动也不具体。① 也就是说，我们必须将"讲好中国故事"发扬光大，以此来增加我国在国际社会中的话语权与主动权。

在 2013 年全国宣传思想工作会议上，习近平总书记指出："要精心做好对外宣传工作，创新对外宣传方式，着力打造融通中外的新概念新范畴新表述，讲好中国故事，传播好中国声音。"② 他在之后的多次会议中不断深化"中国故事"的丰富内涵，并在出访中亲身讲述"中国道路的故事""中国梦的故事"等中华文化中的优良传统、中国发展中取得的成果以及中国未来的宏伟蓝图。③ 通过这些展示中国形象、传播中国价值和弘扬中华文化的故事，习近平总书记把一个文明进步、开放包容、繁荣发展的中国展现在世界人民面前。

除了向世界传播中华文化，习近平总书记从国际视野出发，关心世界和平与全球的发展状况，主动设计并提出关系党和国家事业发展全局的国际话语议题，如"构建人类命运共同体"主张、"一带一路"倡议等有利于促进世界和平稳定发展的理念与方案。这些方案不仅彰显中国几千年来的历史积淀，显示文明古国在新的历史时期焕发出的生机与活力，凸显作为大国的责任与担当，更是在传递包括中国价值内核在内的"人类共同价值"。在 2015 年的第七十届联合国大会一般性辩论讲话中，习近平总书记对"共同价值"思想作出系统阐释："和平、发展、公平、正义、民主、自由，是全人类的共同价值，也是联合国的崇高目标。"④ "共同价值"这一理念从"生存价值""社会价值""政治价值"三个维度体现出人类在发展过程中所面对的共同利益，这是向世界传递中国智慧，"是社会主义核心价值观在世界范围内的延展和升

---

① 吴建民，胡正荣，赵月枝，等.国家形象与讲好故事［J］.人民论坛，2015（1）：48—53.

② 习近平在全国宣传思想工作会议上强调 胸怀大局把握大势着眼大事努力把宣传思想工作做得更好 刘云山出席会议并讲话［J］.党建，2013（9）：4—6.

③ 习近平如何向世界讲中国故事？［EB/OL］.（2017-02-22）［2019-01-01］.http：//politics.people.com.cn/n1/2017/0222/c1001-29098080.html.

④ 习近平.携手构建合作共赢新伙伴 同心打造人类命运共同体：在第七十届联合国大会一般性辩论时的讲话［N］.人民日报，2015-09-29（01）.

华"。① 更为重要的是，共同价值作为国际范围内不同文化地域的"最大公约数"，可以减少误解和冲击，建立认同与信任，真正做到融通中外，提升我国在国际事务中的话语权，提高我国的国际话语影响力，进而重构国际传播新秩序，对推动世界长久和平与发展具有非同凡响的意义。

四、人工智能赋予重构全球传播新秩序的新契机

在重构国际传播新秩序的道路上，大数据和人工智能等新兴技术的出现为我国打破外宣困局提供了新的契机。2016 年 3 月，人工智能程序 AlphaGo 战胜世界围棋冠军李世石，这是人工智能技术自 20 世纪 50 年代诞生以来的第四次重大飞跃，标志着这一技术的发展进入全新阶段。现如今，人工智能已经应用到生产生活的各个领域，从全球传播实践来看，媒体行业的各个环节都有智能技术的介入和渗透，从线索发现、内容采集到内容写作和稿件分发等不一而足。除了媒体拥有了更为丰富的智能工具选择之外，作为智媒数据库的世界人民都被吸纳进人工智能媒体技术掀起的科技浪潮。荷兰市场研究公司 Newzoo 发布的《2018 年全球移动市场报告》显示，到 2018 年年底，全球智能手机用户量可达到 33 亿，中国用户量将达到 7.83 亿，② 智能应用软件更是种类繁多，流量数据和活跃度盛况空前。以当下爆款短视频 App 抖音为例，截至 2018 年 6 月，抖音月活跃用户已经超过了 3 亿人，其中海外月活跃用户已经超过 1 亿，抖音海外版 TikTok 的苹果应用商店下载量高居单季度全球第一。从移动互联网、社交媒体、大数据库到当下无所不在的人工智能技术，其技术发展的内核一脉相承，这些网络用户每秒的智媒传播实践都在提供数以亿计可供计算的数据信息，而这正是人工智能和大数据技术蓬勃发展的源头活水。

2015 年，习近平在贵州大数据应用展示中心调研时，对于大数据技术曾

---

① 赵月枝. 如何认识中国共产党的新闻理论和实践[J]. 经济导刊，2017（10）：42-49.
② 2018 全球智能手机用户量或达 33 亿[EB/OL]. （2018-09-14）[2019-01-01].https://www.jiemian.com/article/2469861.html.

这样讲道:"面对信息化潮流,只有积极抢占制高点,才能赢得发展先机。要推动信息化和工业化深入融合,必须在信息化方面多动脑筋、多用实招。我国大数据采集和应用刚刚起步,要加强研究、加大投入,力争走在世界前列。"①2018年,习近平总书记在中共中央政治局第九次集体学习中对人工智能技术的发展作出重要指示:"人工智能是新一轮科技革命和产业变革的重要驱动力量,加快发展新一代人工智能是事关我国能否抓住新一轮科技革命和产业变革机遇的战略问题。要深刻认识加快发展新一代人工智能的重大意义,加强领导,做好规划,明确任务,夯实基础,促进其同经济社会发展深度融合,推动我国新一代人工智能健康发展。"②

首先,由于人工智能和大数据技术在媒体行业中的应用,文本、图像、语音、视频等信息走向融合,这些特质不断推动"跨媒体交互""智能搜索"以及"个性化推荐"成为人们逐渐依赖的新兴媒体样态。③这样的智能媒介形态具有社区化、平台化和类人化的特点及发展趋势。智能媒体社区化是指"围绕共同话题和趣味的用户形成各种各样互动自洽的社区"。④这样的社区化趋势让更精准的用户寻找、放大效能成为可能,影响想要影响的人也从想象变成现实,曾经的精英媒体也逐渐向精准媒体过渡。其次,智媒的平台化决定用户看的内容,并能得到其及时反馈,这是一个"双向去中心化"的媒体交流平台。也就是说,根据大数据采集和个性化制定的信息推送,媒体的影响力从曾经关注"媒体发表了什么"转为关注"用户看到了什么"。信息就像自助餐厅的食物任凭人们选择,人们爱吃的东西自然就会提供得更多。最后是智媒的类人化发展趋势,随着自然语言处理技术的越发成熟,人工智能技术会从枯燥的数据处理不断丰盈,扩充自己和人们的交互方式,语音识别交

---

① 看清形势适应趋势发挥优势　善于运用辩证思维谋划发展[EB/OL].(2015-06-18)[2019-01-01].http://www.xinhuanet.com/politics/2015-06/18/c_1115663598.htm.
② 加强领导做好规划明确任务夯实基础　推动我国新一代人工智能健康发展[EB/OL].(2018-11-01)[2019-01-01].http://www.xinhuanet.com/mrdx/2018-11/01/c_137573265.htm.
③ 沈浩,袁璐.人工智能:重塑媒体融合新生态[J].现代传播(中国传媒大学学报),2018,40(7):8-11.
④ 刘芬.人工智能与新媒体的进化路径[J].中国传媒科技,2016(10):18-20.

互等技术让人们和智媒的交流更加流畅，它们不但更"懂"人，而且更像人。

智能媒介的广泛普及、庞大的网络用户基数以及网络传播强时效性的特点对于当前我国的社情舆论有着相当突出的影响，"更使得公共外交空间的边界也在不断延伸"①。科技进步赋予智能媒体的全新特性也为我国的国际传播提供了启发性思路。智能传播技术的发展加强了世界各国人民之间的纽带关系，让彼此的依存程度空前加深，这是一个你中有我、我中有你的"地球村"，更是一个跨越历史和现实的"网络空间命运共同体"。在这个空间中，我们可以通过人工智能带来的精准传播和类人化样态讲述中国故事，传递中国价值，有效降低国际传播中的"文化折扣"和"翻译歧义"，同时能增进与对象国之间的情感交流，在方式方法上不断优化传播策略。

在战略战术层面上，习近平总书记认为："明者因时而变，知者随事而制。"他在人工智能建设方面大力支持、屡次鼓励科技研究人员要勇于探究，"勇闯科技前沿的'无人区'"，寻找人工智能发展新方向，创新人工智能发展理念与手段，深度推进产业融合，为我国在新一轮产业革命中占据有利地位，占领"关键核心技术的战略制高点"。② 这是因为，在科技和技术领域抢占制高点，不仅可以带来技术层面的飞跃发展，联动国内各项经济产业发展，更可以提升国家形象，带来国际话语权的全面提高，为全球传播新秩序的重构带去更大可能。从这个角度来看，现代科技和国家力量的融合不单是对旧有外宣方式的积极创新，更是发展国际传播理念的重大尝试。

通过上述分析，我们不难发现，习近平总书记关于新闻与传播的重要论断和基本理念底蕴深厚、意涵丰富。他从"党性和人民性相统一"的思想内核出发，到"党媒姓党""党管媒体"的管理方法实践，在新闻方面的建树高度契合了马克思主义的实践要求，是后者在新历史时期在中国的创新发展，亦是指导我党新闻工作的强大理论武器。除此之外，习近平总书记还放眼国际，联系全球传播大环境，创造性地提出具有鲜明的中国特色的国际传播理

---

① 李忠斌. 新媒体与奥巴马政府的公共外交［J］. 美国研究，2011，25（1）：110-121，5.
② 加强领导做好规划明确任务夯实基础 推动我国新一代人工智能健康发展［EB/OL］.（2018-11-01）［2019-01-01］. http://www.xinhuanet.com/mrdx/2018-11/01/c_137573265.htm.

念，关注国家形象建构与国际话语权的进一步提升，注重前沿科技与政治力量相结合，提出被世界范围认可的中国价值，也为全人类提供了发展新思路。深入贯彻习近平总书记在新时期提出的关于新闻传播的观点，可以使我国的新闻工作有理有据、有方向、有方法，推动新闻工作者不断探索新的国际传播规律，不断促进中国乃至人类社会更好更快地发展。

坚持社会主义政治家教育家标准办学治校[*]

习近平总书记多次强调高校党委书记、校长要做到社会主义政治家、教育家"两家"合一，体现了总书记对高等教育地位作用的高度重视以及对高校领导者的殷切期望和严格要求。在教育强国建设吹响"冲锋号"的重要阶段，在中国高等教育战略重塑、创新发展的关键阶段，高校党委书记、校长肩负着更加重要的使命。立足教育强国建设的新征程，需要高校领导始终坚持以社会主义政治家、教育家标准办学治校，牢牢把握社会主义办学方向，加快建设中国特色世界一流大学，以政治家、教育家的远见卓识和忧国忧民情怀，发挥好高等教育在教育强国建设中的龙头作用，为实现中国式现代化和中华民族伟大复兴贡献高校力量。

一、回答好办学治校为了谁、服务谁的问题

坚持正确的办学方向是中国共产党培养社会主义建设者和接班人的重要保障，也是中国特色社会主义教育持续回应中国式现代化战略需求的重要保障。坚持社会主义政治家、教育家标准办学治校，就要坚持社会主义办学方向，回答好办学治校为了谁、服务谁的问题。

（1）牢牢把握社会主义办学方向，坚持党对教育事业的全面领导。坚持和加强党对高校的全面领导，是马克思主义政党的独特优势在教育领域的重

---

* 本文原载于《党建研究》2023 年第 12 期，收入本书时略有删改。

《立雪集》新编 段鹏自选集

要体现，是办好中国特色社会主义大学的根本保证，必须落实到高校办学治校的全过程、各方面。在教育强国建设的新征程上，学校将坚持把党的领导作为建设的根魂所系，将加强政治建设作为关键之策、固本之举。切实巩固和拓展学习贯彻习近平新时代中国特色社会主义思想主题教育成果，健全党的全面领导体制机制，完善学校政治工作体系，一体推进党风政风、师德师风、校风学风建设。立足多元文化交融、碰撞的校园文化土壤，增强政治敏锐性和政治鉴别力，统筹做好发展与安全工作，为师生营造安全、和谐、稳定的校园环境。

（2）牢牢把握社会主义办学方向，坚持用习近平新时代中国特色社会主义思想铸魂育人。培养什么人、怎样培养人、为谁培养人是教育的根本问题，也是建设教育强国的核心课题。新征程上，学校将始终坚持用习近平新时代中国特色社会主义思想铸魂育人，把思想政治工作作为学校各项工作的生命线，把立德树人成效作为检验学校一切工作的根本标准。深入实施新时代铸魂育人工程，深化"三全育人"综合改革，构建"五育"并举的教育教学体系。加强"大思政课"建设，推动课程思政与思政课程同向同行。大力弘扬教育家精神，筑牢师德师风底线。结合学校育人特色，深入学习贯彻习近平总书记重要回信精神，健全完善"五位一体"国际学生育人体系，推动中外学生趋同教育，将中外学生培养成为中外文明交流互鉴的参与者和贡献者。

（3）牢牢把握社会主义办学方向，服务中华民族伟大复兴。习近平总书记指出，世界一流大学都是在服务自己国家发展中成长起来的，要从我国独特的历史文化和国情出发，注重服务国家战略，扎根中国大地办大学。北京语言大学在新中国"急需"中应运而生，为国家的外交事业和中外友好交流作出了不可替代的贡献。新征程上，学校将始终牢记"国之大者"，以更高远的历史站位、更宽广的国际视野、更深邃的战略眼光，将自身发展的"小逻辑"融入国家经济社会发展和中国式现代化建设的"大逻辑"。学校将基于独特的历史传承和现实条件，把握好规模与质量、特色与一流、内涵与外延的关系，实施差异化、特色化发展路线，在以中国式现代化全面推进中华民族伟大复兴的征程中发挥应有的作用。

二、回答好教育强国、高校何为的问题

习近平总书记在中央政治局第五次集体学习时发表重要讲话，指出要加快建设高质量教育体系，把加快建设中国特色、世界一流大学和优势学科作为重中之重。当前，教育强国建设已经驶入"快车道"，坚持社会主义政治家教育家标准办学治校，要以加快建设中国特色、世界一流大学和优势学科为重要使命，回答好教育强国、高校何为的问题。

（1）加快建设中国特色、世界一流大学，着力构建中国特色、中国风格、中国气派的学科体系。学科建设体现着大学的办学特色，是办学治校的"重中之重"。习近平总书记多次指出，要大力加强基础学科、新兴学科、交叉学科建设。新征程上，学校将不断夯实基础学科，大力建设特色新兴、交叉学科，以问题意识和实践导向为指引，找好学科融合的切入点，推动中外文明交流互鉴，培养学贯中西的高端人才，实现学科建设的跃升。

2023 年，北京语言大学承办第三届文明交流互鉴对话会暨首届世界汉学家大会，国家主席习近平向大会致贺信。学校将以习近平主席的贺信精神为指引，全力加强世界汉学与中国学学科建设，推动形成本土的问题意识、分析话语和原创性理论。继续办好世界汉学家大会等国际汉学学术活动，加强世界汉学中心建设，推动形成汉学家和汉学机构间稳定的学术交流模式，打造汉学和中国学的高端智库，促进汉学家在中国文化海外传播中积极发挥作用。与此同时，大力推动学科交叉融合，探索语言认知科学、语言资源学、语言智能与技术、语言病理学等新兴学科建设，以学科创新驱动学科发展，不断拓展新的教学科研领域。着力推动汉学与中国学、国际中文教育、语言科学三大学科成为高峰学科。

（2）加快建设中国特色、世界一流语言大学，努力培养堪当民族复兴重任的时代新人和知华友华的国际人才。当今世界格局加速演进，全球治理体系深度变革，党和国家对人类命运共同体的建设者、文明交流互鉴的推动者和具有全球竞争力的高素质国际化人才的需求比以往任何时候都更为迫切。

语言类院校应更加自觉地突出高素质国际化人才培养的责任担当，以传承红色基因、服务国家战略为己任，努力培养文化主体性坚定、国际视野开阔、国际胜任力强的高层次跨文化复合型人才，为加快建设世界重要人才中心贡献力量。

北京语言大学将持续创新人才培养模式，推动"石油工程＋阿拉伯语"联合学士学位人才培养，更好地满足高质量共建"一带一路"对专业人才的迫切需要。以加强"中文国际传播"中国语言文学拔尖学生培养基地建设为重点，构建"两级三类"拔尖学生培养平台，推动拔尖创新人才向系统培养转变，为国际组织等国家急需领域输送更多人才。加强国际中文教育、翻译学专业学位建设，推动项目进课堂、行业专家授课、校企联合培养、项目化管理等模式，培养国际型、高层次、应用型、专业化中外语言服务人才。在语言智能、语言康复等领域培养复合型高端人才，提升高等教育对高质量发展的支撑力、贡献力。

推进"留学中国"品牌建设。积极了解国际教育市场动态及国际学生需求，加大力度吸引更多优质生源，建设好汉学与中国学学院、国际中文学院、应用中文学院，厘清培养目标、理顺培养机制、细分培养模式。推进"中文＋"复合型专业建设，加强国际中文教学改革和教材建设，开展国际中文教育智慧工程建设，推进国际中文教育数字化转型。推进中外学生一体化培养，同堂上课、共同参与志愿服务和社会实践，共同用脚步丈量中国大地，用眼睛发现中国精神，用耳朵倾听中国声音，将中外学生共同培养为中外文明交流互鉴的参与者和贡献者。

（3）加快建设中国特色、世界一流语言大学，增强我国教育的国际影响力。高等教育是推动教育对外开放和参与全球教育治理的重要力量。近年来，相关高校落实多项外事高访任务，积极扩大与哈萨克斯坦等中亚国家的教育交流合作。新征程上，要积极发挥优势特色，前瞻谋划、主动应变，统筹做好"引进来"和"走出去"两篇大文章。要巩固拓展国际中文教育事业，推动中文教育本土化向纵深发展，根据国际中文教育的市场需求，加强国际中文教育教师培训，建设国际中文教育志愿者新媒体教学资源库，锻造新时代

"民间外交生力军"。要推进"留学中国"品牌建设，引导留学生通过海外受众乐于接受的方式、易于理解的语言讲述与传播中国故事。数字化时代，要加强面向国际中文教育等学科相关智能平台建设，向世界分享中国语言教育数字化经验。

积极建设全球高等教育和学术研究共同体，搭建世界科学文化交流平台，使我国成为具有强大影响力的世界重要教育中心。要构建以汉学为支点的国际传播新体系、以汉学家为主体的国际传播人脉工程，充分利用海外汉学家资源促进多层次文明对话。推动新增世界汉学家理事会，建立汉学家和汉学机构间常态化交流机制，形成稳定的学术交流模式。加强世界汉学中心建设，整合世界汉学问题研究与知识资源，促进汉学家在中国文化海外传播中积极发挥作用。加强"汉学与中国学"大学联盟建设，打造汉学和中国学智库，向世界阐释、推介中华优秀文化，促进不同文明之间的相互包容和理解，为增强我国教育的国际影响力和话语权贡献力量。

历时、共时及经验：国际中文教育及传播应用研究*

近年来，国际中文教育主流话语体系及正向价值空间面临巨大挑战。人类文明发展史面临着反全球化思潮，世界格局、国际形势动荡不安，西方"后真相"问题接连不断，泛众化传播极易引发不平衡、偏见与冲突，群体极化和狂欢现象屡见不鲜等倒悬之境。在智能融媒体革新传播环境的境况下，知识性信息在生产、传递、接收及反馈等诸环节产生新的媒介可能性，以语言社会化传播链为基础，以跨时空、拓身体为基本形态的全球舆论场域渐已形成。在此，就像亚马孙河上的蝴蝶能够引发得克萨斯飓风一般，远在万里之外的微小事件极易掀起网络的"惊涛骇浪"。可以说，"媒介化"已为网络行动者提供了一个"全景敞视平台"，而与之伴生的"凝视"和"围观"具有更为强大的力量。

口头语言或书面文字均可作为传播媒介，它们既是不同文化之间进行有机交流的桥梁，亦是同一文化内部进行传承创新的桥梁。国际中文教育与跨文化传播及国际传播之间有着千丝万缕的关联。教育部副部长、国家语委主任田学军曾在全国语言文字会议上强调，要深化国际中文教育和语言文字的交流合作，积极提升中文承载和传播信息的能力，进而"打造有国际影响力的中文传播平台，提升优秀中文期刊的国际影响，提高人类信息知识的中文

---

* 本文原载于《西北师大学报（社会科学版）》2022 年第 4 期，收入本书时略有删改。

表达能力水平"①，这应是构建国际中文教育传播创新体系的路径及目标。

一、"国际中文教育"二元性历时发展

（一）作为学科发展的两次内生转向

国际中文教育在历时性发展进程中，曾经历从"对外汉语教学"到"汉语国际教育"再到"国际中文教育"三个主流阶段和两次内生转向，其中的历史意涵客观反映出我国综合实力、外交战术、教育政策、传播战略等一系列变化以及应对全球化和反全球化趋势的逻辑必然，特别是第三阶段预示着新时代汉语二语教学活动创新发展的新动向、新趋势。

1. "对外汉语教学"初期发展

1950年，清华大学专门设立了传授留学生汉语言及中国政治人文和社科知识的"东欧交换生中国语文专修班"，被视为我国应对来华留学活动的开端之举。自此以后，专门化、系统化的对外汉语教学机制逐渐确立起来。八年后，国内第一部对外汉语教材《汉语教科书》得以出版问世。②在此阶段，学界开展了汉语作为第二语言教学相关问题的学术研究，但并未形成相对独立的学科意识及理念。直至20世纪70年代末，汉语被列为联合国工作语言之一，我国亦开始恢复接收外国留学生，对外汉语教学研究工作才真正展开并深入发展。

20世纪80年代初，随着诸多高等院校开设对外汉语专业并招收本科生，对外汉语成为高等教育的一门正式专业，其学科地位开始被学界广泛关注。③在此后二十余年的跨越式发展中，对外汉语教育着重培养以汉语言为载体的跨文化交流人才，但面对全球化发展趋势的新境况，同时囿于单一教学模式及人才培养失衡等问题，具备学科属性的对外汉语教学活动有待深化

---

① 田学军. 努力开创新时代语言文字事业发展新局面［J］. 语言与翻译，2020（2）：5-6.
② 李泉，金允贞. 对外汉语教学语法体系研究纵览［J］. 海外华文教育，2008（4）：1-15.
③ 程娟，施家炜. 汉语国际教育本科专业建设研究：2013年全国高校汉语国际教育/对外汉语本科专业建设研讨会论文选［M］. 北京：北京语言大学出版社，2017：301-307.

转型。

2. "汉语国际教育"逐渐成熟

2005年世界汉语大会召开,标志着汉语国际教育的工作重点开始全方位转向汉语"走出去"及汉语国际推广。为加快汉语言走向世界的进程,"汉语国际教育"硕士专业学位得以确立,随后"对外汉语"本科专业更名为"汉语国际教育",有意突出了对外汉语学术研究与汉语国际教育实践的区别,这标志着在汉语国际教育阶段该专业领域逐渐确立了学科特性及专业界限。汉语作为第二语言教学活动开始从中国国内转到全球各国,"国际化"成为提升汉语教学质量的题中之义,如何有效打开共通的意义空间成为该阶段汉语国际教育任务的重中之重。随着学科建设主体和人才培养观念的嬗变,从宽泛的交流人才到具有熟练的汉语教学技能和良好的跨文化传播能力的复合人才,汉语国际教育的培养目标愈加清晰,学科体系更加完善。

3. "国际中文教育"完成转向

2019年,"国际中文教育大会"召开,标志着国际中文教育完成由"语言"到"文化"的转变。对于国际中文教育的发展,我们要清醒地认识到从"汉语"到"中文"、从"对外汉语"到"国际中文"的转变,这不仅意味着语言文化对外教育事业从过去重视语言功能属性向突出语言文化融合属性的转变,还进一步明确了国际中文教育的重心已转移到更深发展层次的提质与增效上来,向更为"规范化、标准化、专业化等方向发展"。[1]

在国际中文教育主导的学科性发展阶段,其教学活动不仅包括过去常谈的侧重国内的"对外汉语教学"和侧重海外的"汉语国际教育",还包括针对华人华侨的华文海外教育等。探索国际中文教育事业高质量发展的实质在于辨析如何提升汉语言文化教育事业的国际传播效果。以"文化"为引线,"技术"来穿针,国际中文教育方可实现资源共享,协同创新。

---

[1] 刘旭,李明航.响应与突破:"一带一路"倡议下的汉语国际教育研究回顾与展望(2014~2019)[J].云南师范大学学报(对外汉语教学与研究版),2020(6):76-83.

（二）作为事业发展的中文教育国际传播

语言文字作为人类知识的社会化产物，围绕其产生的社会活动天然具有教育事业属性。诚如有学者提出，国际中文教育具有"学科及事业双重属性"[①]，具备学科属性的国际中文教育最终确定了文化层面的综合转向，具备事业属性的国际中文教育是"走出去""提升国家文化软实力""构建和谐世界""促进公共外交和人文外交""构建人类命运共同体"和"一带一路"倡议等诸多国家战略的题中应有之义。[②] 实际上，发展国际中文教育事业就是在创新性摸索汉语言文化教育的国际传播新理念、新路径。

早在2004年，我国就开始在海外国家或地区设立孔子学院。回顾历史，从第一所孔子学院挂牌成立到现在540多所孔子学院和1000余个中小学孔子课堂的创办，孔子学院一度成为世界了解中国和中华文明的一扇窗口。此外，由多家大学院校或企业发起成立的一系列国际中文教育社会公益组织，已经构成国际中文教育的多元传播主体。比如，以构建人类命运共同体为宗旨，中国国际中文教育基金会明确其通过支持世界范围内的国际中文教育项目来促进人文交流，增进国际理解的组织目标。[③] 这些或官方或民间的机构组织通过立体多维的灵活方式，为推动中文语言的国际传播和中华文明的跨文化输出以及世界多元文明交流互鉴作出了积极贡献。

关乎国际中文教育事业创新性高质量发展的影响因素多元且立体：无论是在国际政治经济形势层面，如过去中日关系变化对日本民众学习中文的影响；还是在语言政策、教育体制、资源配置等顶层设计层面，如美国"关键语言计划"以及泰国"积极汉语教学政策"的影响；抑或是社会活动和社会项目层面，如孔子学院和孔子课堂、"汉语桥"中文比赛、汉语水平考试

---

① 李宝贵，刘家宁. 新时代国际中文教育的转型向度、现实挑战及因应对策[J]. 世界汉语教学，2021（1）：3–13.
② 吴应辉，梁宇. 交叉学科视域下国际中文教育学科理论体系与知识体系构建[J]. 教育研究，2020（12）：121–128.
③ 中国国际中文教育基金会. 中国国际中文教育基金会章程[EB/OL].[2022-01-10].https://www.cief.org.cn/newsinfo/709933.html.

（Hanyu Shuiping Kaoshi，HSK）等。① 如何抓住历史机遇、调和矛盾、突出优势、冲破壁垒，有效打开中文教育的国际传播新局面是创新发展国际中文教育的一大突破口。

二、"国际中文教育"问题的共时梳理

国际中文教育不仅构成了国内外汉语作为第二语言教学的重要内容，亦是提升中华文化国际传播力、影响力的题中应有之义。在七十多年的飞速发展历程中，国际中文教育及其传播应用仍囿于诸多结构性问题，加之纷繁复杂的全球思潮及世界局势影响，亟待抽丝剥茧，对关键问题进行共时性比较与梳理。

（一）"国际中文教育"的本体困境

1. 中文教育全球热潮回落

改革开放以来，随着我国综合实力不断提升，需要汉语辅助的海外就业岗位供给增加，汉语言文化交流日益频繁，在实用主义价值倾向的学习动机推动下，国际中文教育学习热潮日益增长。依据教育部统计，2018年共有49,2185名来自196个国家和地区的各类外国留学人员在全国31个省（区、市）的1004所高等院校学习，比2017年同期增长0.62%（不含港、澳、台地区）。② 2020年年初新冠疫情暴发，全球局势渐趋不安，国际中文教育传播受阻，全球中文学习热潮回落。客观来看，一方面来华留学生数量骤减，来华留学形势并不乐观；另一方面，海外中文教师难以返回对象国继续执教，海外中文教育机构遭遇停摆，包括华人华侨及外籍人员在内的海外中文学习者的求学过程颇为艰难。主观来看，出于对当前公共卫生安全及国际政治经济

---

① 吴应辉. 汉语国际教育面临的若干理论与实践问题 [J]. 云南师范大学学报（哲学社会科学版），2016（1）：38-46.
② 中华人民共和国教育部. 2018年来华留学统计 [EB/OL].（2019-04-12）[2022-01-10]. http://www.moe.gov.cn/jyb_xwfb/gzdt_gzdt/s5987/201904/t20190412_377692.html.

局势的担忧，一部分中文学习者降低了实用主义层面的学习需求，比如从事中文相关职业的意愿降低等。同时，由线下面对面学习转变为线上远程学习，因此产生的直播时差、低传输速率、媒体设备匮乏及教学效果难以评估等问题无疑增加了国际中文教育的传播难度。

2. 教学资源失衡越发凸显

新冠疫情暴发前，在中国政府及企业奖学金激励欠发达国家及地区教育起点公平等举措助力下，"一带一路"国际中文教育机构建设及活动蓬勃发展。对海外中文教育事业而言，海外教育机构建设尤为关键，过去大量孔子学院线下教学活动保障了欠发达国家及地区中文教育事业的稳定局面，尤其在南美、亚洲和非洲等发展中国家极受欢迎。疫情初始，亚非欠发达国家及地区孔子学院的中文教学活动难以为继，只能开展部分线上非直播类课程。而在疫情常态化境况下，被迫开展的线上教学需要授课双方具备相应的数字化教学设备及平台资源，而在实际运行中，不断暴露出远程教育资源配置和使用不均衡问题，数字鸿沟效应正在拉大国家、地区和阶层在享受教育和获取知识层面的现实差距。可见，疫情加剧了网络及数据资源倾斜对欠发达国家及地区学生学习中文所产生的"机会不平等"问题和影响。

疫情的突发性和线上教学的急迫性凸显了数字化国际中文教学短板。从20世纪80年代以来，远程教育、计算机辅助教学等现代化手段早已被应用到国际中文教育事业中，且国内学者对之投入了广泛密切关注，并进行了深入具象分析，即使如此，技术的"穿针"作用仍未被纳入学科建设和事业发展的核心领域。在当前以线上远程教学为主的国际中文教育大环境下，施教主体的信息与媒介素养，数字化教学资源和软硬件建设，配套教材和课程大纲设置，线上教学课程容量和时长规划，以及现行的教学管理模式等都亟待进行数字化甚至智能化融合改进，以期获得更加深入和切实的教学效果。

3. 教学理论体系仍待完善

传统国际中文教学理论体系尚未完全成熟，数字化国际中文教学改革又迫在眉睫。过去，由于过度依赖国际第二语言教学理论体系，本土化教学范式相对缺失。实际上,国际第二语言教学理论体系主要依据印欧语系建立,而汉语所属的汉藏语系与印欧语系相差较大,两者尚可互相借鉴,但学理适配性不高。从语音方面来看,印欧语系往往采用拼读法,没有声调变化,不理解文本意思也可以自然拼读,而中文侧重表意文字,乐音较多,这就导致语素和声调的教学成为一大难点,汉字教学和词汇教学需要合理搭配进行。从语法方面来看,印欧语系有丰富的人称、时态以及格的变化规则,而中文虽然没有单复数、阴阳性之分,却有着复杂的语序问题,在教学实践中,恰恰是虚词和语序的使用及其对语意的影响困扰着诸多国际中文学习者。从书写层面来看,汉字的书写难度较大,临摹字帖仍然是比较有效的学习方式。故而基于中文同印欧语系语言的构成区别,单纯依靠相对成熟的国际第二语言教学理论体系来规范国际中文教育并不可取,国际中文教育需要因地制宜,构建符合中文习惯的国际教学理论研究体系。

4. 市场服务意识亟待健全

过去,包括孔子学院在内的各大中文教育机构主要依靠国家"输血"来运作,资金来源比较单一,市场化机制并不健全,应急语言服务能力也较弱。绝大多数孔子学院由海内外高校联合开办,依托学校进行招生,因此教学对象多为该高校学生,受众范围以及文化传播力影响力相对受限。疫情常态化期间,孔子学院的教学活动主要局限于合作院校的线上中文教学活动,这就导致国际中文教育不能从院校走向社会,由机构内走向市场外。与此同时,未能积极拥抱市场也导致了中文教育机构缺乏留学教育的市场服务意识。

相比之下,疫情期间高度市场化、学术化的英国文化教育协会在我国的教育推广表现可圈可点,比如联合微博等社交媒体平台举办一系列线上社交活动,借助本土意见领袖的人物热点进行市场推广,扩大自身品牌影响范围;同时大力推进雅思机考和视频口语考试,及时更新有关英国疫情防控措施和院校最新教育政策等信息,为潜在的留学生扫清了许多思想障碍。健全市场服务意识,提高市场配合效力,走政策性导向与产业链发展二元并轨的路线,这将是实现孔子学院的发展高度国际化的必然途径。①总之，提升市场"造血"能力、合理分配市场资源将为国际中文教育服务系统建设注入新的活力。

（二）"中文教育"的国际传播问题

1. 意识形态差异阻碍国际中文教育传播

当今世界仍存在着意识形态之争。伴随着中国经济的高速腾飞以及中国国内生产总值居世界第二、人均国内生产总值与发达国家差距不断缩小的既成事实，一些国家和政治实体沿用冷战思维，坚持零和博弈，大肆宣扬"中国威胁论"。然而，当今世界的竞争已不再囿于政治及经济的单一领域，结合所有要素特别是文化要素而形成的综合国力是考量一个国家国际地位和影响力的关键所在。文明的冲突强调文化在塑造全球竞争格局中的重要作用，而语言文字正是文化传承与发展的重要载体。由此个别国家戴上"有色眼镜"看待中文教育的国际传播，认为这是中国的"意识形态渗透"，把正常的文化交流认作"洗脑"，或者将其比喻为"木马病毒"，甚至将其污名化为"文化入侵"。比如，2020年8月13日，美国国务卿蓬佩奥宣布将孔子学院美国中心列管为"外国使团"，认为孔子学院是"中国共产党宣传事业的一分子"，此举严重阻碍了国际中文教育在美传播及中美文化的正常交流。以意识形态或政治立场不同为缘由来污名化国际中文教育事业，对其发展造成不利的舆论影响，实际是出于眼前政治或蝇头小利考量的狭隘行为。

2. 当前国际政治形势干扰国际中文教育传播

当今世界并不太平，巴以冲突、纳卡冲突、印巴冲突等军事武装斗争频发。特别是当下正在激烈演进的俄乌冲突，其背后是以美国为首的北约与俄罗斯、白俄罗斯等国家构成的两大军事政治集团之间的全方位斗争。中国是一个负责任的大国，作为维护世界和平的重要力量，必然从公平正义的角度出发，独立自主、旗帜鲜明地亮出自己的态度。然而，我们所采取的态度极

---

① 文秋芳，杨佳. 从新冠疫情下的语言国际教育比较看国际中文在线教育的战略价值[J]. 语言教学与研究，2020（6）：1-8.

易引起一国与其结盟国或利益共同体国家的不满，势必会导致国际中文教育在该势力范围内的传播受阻。此外，不友好乃至敌对的国际政治关系也会阻碍、抑制国际语言教育的发展，乌克兰当局在苏联解体后对于俄语的抵抗姿态充分体现了国际政治形势对于语言推广和使用的重大影响。从历史上看，国际中文教育也曾遭遇相似境况，如印度尼西亚在20世纪强力推行反华、排华政策，使得中文教育在很长时间内难以在印度尼西亚推广传播。当下南海局势、钓鱼岛问题、中印边境问题等，都极易导致国际政治关系恶化、地缘政治局势紧张，影响国际中文教育的对外传播。

3. 全球"后疫情"危及国际中文教育传播

全球化是指人类从以往各个地域、民族和国家之间彼此分隔的原始闭关自守状态走向一个全球性社会的变迁过程。① 苏联解体后"全球化"已成为既定现实，是一个由唯一超级大国美国主导的全球化。② 随着疫情的发展，全球化趋势正在不断收缩，各国纷纷采取"封国"、航班熔断、限制签证等措施，全球范围内旅行、经商、求学等大规模的人员流动几乎冻结。随着新冠疫情的全球蔓延，新一波西方反亚裔种族主义抬头，Sibo Chen 和 Carry Wu 两位学者从跨文化传播视角出发，指出这种反亚裔种族主义根植于西方特殊的历史语境，在持续不断的殖民主义、多元文化主义的浪潮以及媒体疫情报道议程框架的影响下形成。③ 而在西方国家反全球化思潮冲击下，"病毒种族主义""极端民粹主义""超级保护主义"言论和行为表现渐趋明显。④ 国际交通受阻、社区隔离管控、校园封闭管理使得无论是外国留学生来华学习中文抑或是中文教师出国传授语言都面临着巨大阻碍，很多海外中文教育机构遭

---

① 汪信砚. 全球化与反全球化：关于如何走出当代全球化困境问题的思考［J］. 北京大学学报（哲学社会科学版），2010（4）：27-35.
② 钱乘旦. 全球化、反全球化和"区块化"［J］. 当代中国与世界，2021（1）：8-11，125.
③ CHEN S, WU C. Stop Asian hate: understanding the global rise of Anti-Asian Racism from a transcultural communication perspective［J］. Journal of transcultural communication, 2021（1）: 5-19.
④ 保建云. 病毒种族主义、极端民粹主义与超级保护主义：2020年反全球化思潮的新表现［J］. 人民论坛，2020（36）：18-23.

遇停摆，国际中文教育从业机构与相关从业人员受到严重冲击，面临着失业、降薪等负面影响。

伴随着全球疫苗接种人数的不断攀高和各国防控政策的动态松动，疫情已经逐渐成为新常态。在后疫情时代，线上教学、远程教育变得司空见惯，这对传统的教学模式与教学观念提出了新的挑战，对国际中文教育教师队伍建设提出了更高的要求，对国际中文教育在线数字资源的生产供给构成了严峻的考验。大国之间零和博弈的国际态势影响了正常的语言学习和人文交流。与此同时，伴随着"病毒污名化"和病毒溯源工作的难以为继，这种基于西方意识形态的"他者陈述"强化了海外民众对我国的不良刻板印象，很大程度上降低了各国民众学习中文及了解中国文化的意愿。

三、"国际中文教育"传播路径的经验性梳理

（一）明确服务于构建"人类命运共同体"的指向

语言是文化传承的载体，对于统一的多民族国家来说，语言承载并展现着一种文化形象，是引导国家认同的重要工具；筑牢民族之间的共同体意识，是维护国家稳定和民族团结不可或缺的重要纽带。作为传统文化孕育而出的象征符码，语言文字还是连接人与人、人与物、人与世界的重要桥梁。同时，一种语言在世界范围的普及、认可和受喜爱程度也在一定维度上反映着一种文化、一个文明在世界范围内的影响力和号召力，是衡量一国文化软实力的重要指标。塞缪尔·亨廷顿曾指出，文明即文化实体；共同的宗教、历史、传统和语言将把部分国家凝聚在一起，文化的相似性将会推动文明主体采取共同的行动，形成拥有共同目标的文明，即文化共同体。当前，世界将以拥有同样文化价值观和文化习俗为文明单位，重新进行权力的分配。

自新航路开辟以来，世界各地的文明日益连接成一个整体，伴随着全球政治与经济的深入互嵌，全球化已经成为一股势不可当的浪潮。随着经济全球化、信息全球化、资源全球化的演进，文化全球化浪潮也席卷而来，使得各国家、各民族之间的文化迎来了一次次碰撞和交融的机会。当前反全球化

的浪潮相伴而生，也可以说它是"全球化"的一种另类存在形式。在北京大学历史系教授钱乘旦看来，由于地缘相近、文化相近、传统密切等原因，"区块化"合作变成当前世界全球化最有可能的一种发展趋势。实际上"区块化"传统由来已久，如欧盟、东盟、非盟、南美国家联盟等的实践，①而语言文字的相通互认也成为"区块化"深入发展的重要步骤。

"人类命运共同体"理念为全球化的接续深入发展提供了全新思路，国际社会将日益成为"你中有我、我中有你"的命运共同体，任何国家都不能独自存在，在这一理念框架下，国际中文教育作为一种具备公共价值的产品得以在全球范围传播。"国际"中文教育一定是面向全球，跨越传统华语文化舒适区的，"中文"承载着中华民族悠久的历史和灿烂的文明，是通向民族文化认同的窗户；"教育"本身就是一种媒介，充当着跨文化、跨区域交流的桥梁。文化共生与技术赋能二者互为依托，是实现内容创新不可或缺的元路径，亦是其目标。② 国际中文教育在全球范围内的推广不单单是语言和教育层面的问题，更是涉及不同文化群体之间的跨文化传播问题，尤其是处于国际上保守主义思潮不断抬头的环境下，加之文化概念内在包含民族主义倾向的可能性，这使得国际中文教育在全球范围内的传播必然涉及文化认同、文化多元与文化适应问题。文以载道，国际中文教育的传播理念应该主动上升至将中文作为一种公共文化客体、其价值应与世界公民主体共享的层面。

国际中文教育线下线上的教学模式转型之际，共建共享教学资源已经成为当下中文网络教育的一大趋势。教学素材资源的整合共享不仅可以避免因引用网络资源而产生的版权问题，也可以使资源的利用达到最大化。事实上，这符合"人类命运共同体"理念中"共享共赢"的内涵，③ 也与中国优秀传统文化中"天下大同"的理念相契合，有利于各国文化增进沟通理解，推动交

---

① 钱乘旦.全球化、反全球化和"区块化"[J].当代中国与世界，2021（1）：8-11，125.
② 段鹏，宋芹.文化共生与技术赋能：文化类节目高质量发展的思考[J].中国编辑，2022（3）：76-80，85.
③ 黄湄.国际中文教育与人类命运共同体的关系[J].学校党建与思想教育，2021（6）：88-90.

流互鉴。在不公正、不平等的由美、英主导的国际政治经济"旧"秩序中，英语成为世界第一语言，中国作为公正平等、和谐共生的全新国际秩序和发展理念的提出者、践行者和引领者，未来中文传播必然要在理论高度和人类视野层面占据关键性位置。

（二）巧妙避开意识形态与政治立场的显性纷争

当前世界正处于百年未有之大变局，加之"后真相"语境下社会公众意见场域的多重因素干扰，全球舆论环境错综复杂。众所周知，"后真相"语境常被用于形容畸形的舆论生态，即相较于情感、偏见及个人态度，客观事实对舆论所产生的影响正在变弱，"真相"似乎已跌落神坛，失去了主导社会共识的力量。2016年，牛津词典将"后真相（post-truth）"评为2016年度词汇。在后真相时代，由于"偏见大于真相""情绪高于事实"而产生的狂欢和群体极化有时超越了人们对真相本身的追寻。胡泳认为，后真相出现的最大原因是事实的土崩瓦解，政治或商业利益的驱使、受众想象与客观真相的相悖、虚假新闻的生产与传播都成了构成后真相时代语境的重要因素。①

在后真相时代，处心积虑的海外敌对势力煽动反华情绪和"中国威胁论"一说，迫使国际中文教育及其传播处于意识形态显性抗争的劣势处境，而反对情绪一旦占据主流，祈望认知转变则需花费数百倍努力。有国外学者曾对汉语国际教育不断扩大的海外影响力表示疑虑，"软实力"概念的提出者美国哈佛大学教授约瑟夫·奈，在接受日本媒体采访时表露出相关想法，声称与中国的军事力量相比，中国体现文化和形象凝聚力的软实力更值得警惕。正如荷兰学者雅普·梵·吉内肯所言，新闻媒体对国际事务的报道，更多是由特定文化、意识形态以及新闻生产逻辑塑造的"社会建构"或"社会呈现"。②

作为国际中文教育最重要机构和载体的孔子学院受到了极大打压，被认为是"中国威胁论"的例证之一。其间还充斥着"间谍""情报机构"等污名

---

① 胡泳. 后真相与政治的未来 [J]. 新闻与传播研究，2017（4）：5-13.
② VAN GINNEKEN J. Understanding global news: a critical introduction [M]. Thousands Oaks, CA: SAGE Publications, 1998: 110.

化、妖魔化的指责，有些国家甚至利用国会质询、签证问题、政治调查、国家安全、法律宗教等借口进行机构或人员方面的阻挠。近年来，瑞典、澳大利亚、德国等西方国家的部分孔子学院也终止了运营。值得一提的是，中国在欧洲开设的第一所孔子学院——瑞典斯德哥尔摩大学孔子学院于2015年被关闭，截至2019年12月，瑞典关闭了境内开办的全部四所孔子学院。

为尽量避免客观存在的显性纷争，国际中文教育传播应回归到教育与人文交流的路线上来，至少在国际中文教育机构的设置和表现形式上，应远离过于显性表达的意识形态和政治意图，这有利于摘掉所谓"文化入侵"的标签，还其一个和谐稳定的传播环境。纵观国际语言教育与传播的全球案例，如英国文化委员会、韩国世宗学堂、西班牙塞万提斯学院等，它们都服务于各自国家利益，但在传播与推广过程中均以教育公益、人文交流的面貌示人，在海外输出时工作方式灵活多样，善于联络当地教育机构及社会组织，特别是以戏剧演出、全球调查、交流研讨等形式进行软性输出，因而其推广地的受众接受情况良好。文以化人，在推广中文教育的过程中应避免单向度的粗暴输出，不断增强国际中文教育机构独立自主能力和自我盈利能力，同时结合推广地的教育经验、行为方式和逻辑思维，对中文海外传播的方式方法加以补充完善，从而内蕴在地化中文教育国际传播体系。

（三）加快国际中文教育传播的智能融媒体转向

学者达雅·屠苏认为，在数字化、全球化和24/7的时代，曾经从西向东单向垂直流动的媒体和媒介文化已经转变为多元水平流动模式，①而技术塑造的数字化存在在这个转变过程中扮演了重要角色。虽然技术在连接全球的进程中起到了重要作用，但是技术也在制造区隔。在媒介化社会进程中，国际中文教育承受着智能融媒体传播环境革新所带来的阵痛，科学的国际中文教育数字化资源建设刻不容缓。这就要求在教师素养、教学模式、教学方法、

---

① THUSSU D .Transcultural communication for a polycentric world［J］.Journal of transcultural communication，2021（1）：20-36.

设备资源、教材大纲等领域进行全方位、系统性创新。比如，提升国际中文教育教师队伍的云端教学能力，通过在线教学技能培训，在熟练掌握各种多媒体设备和社交软件的基础上，探索更适合中文在线教育的教学模式，共建共享教学素材资源。再比如，将中文教育、文化学习、教师发展、考试服务等功能进行一体化处理及呈现，"中文联盟"就是一个很好的尝试。

国际中文教育从最早的口口相传发展到规范化教学文本，并通过图像、音视频处理技术、计算机编码等手段，为学习者提供了更多可选择的形式范围和更易接受、更具象化的学习途径。值得关注的是，目前国际中文教育教学数字资源建设成效显著，国际中文教育数字化转型迎来了新的机遇。伴随着大数据、云计算、人工智能、物联网、5G 网络等高新技术的全面应用，国际中文教育的形式形态发生了全面变化。其形态早已不限于数字素材、电子教材、网络课程和应用软件等几大类，每一类型又可进行细分，如网课可分为慕课、超星学习通、云班课、雨课堂，应用软件演化为 App、小程序、插件、游戏等不同形态，PBL、BOPPPS 等教学模式也体现出了资源丰富多样的基本特点。

2019 年 10 月 25 日，汇聚各类中文学习资源的"全球中文学习平台"正式上线。[①] 在当前的全球环境下，相较于传统的线下课堂，线上教育有着跨越地域、高效稳定的优势。同时，线上教育既能部分解决可能存在的师资力量不足、教育资源分配不均等问题，也能够为国外中文学习者提供线上的交流语境、答疑渠道，甚至是职业岗位。虽然线上国际中文教育存在着配套设施不完善、在地化程度不够、情境感不足等问题，但依靠通信、虚拟现实、人工智能等技术手段可以补充完善。

相对于其他教育领域，国际中文教育具有快速发展性、区域不平衡性和时空间隔性等特点，教育技术在其中能够发挥的作用更大。比如，将智能语音识别技术应用于嗨中文、e 学中文，将自然语言处理技术应用于 Ponddy

---

① 高敬，赵琬微.中国以外累计学习中文人数达 2 亿 "中文联盟"等国际中文在线教育平台发布［EB/OL］.（2020-09-05）［2020-09-10］.www.gov.cn/xinwen/2020-09/05/content-5540872.htm.

Reader 和国际中文教学指南平台,将虚拟现实技术应用于 Cool Panda VR 系统和"新时代中国故事"虚拟仿真实验,等等。同时随着移动终端的普及,越来越多的受众开始通过"小屏"获取知识、学习技能,国际中文教育也应顺应当下移动化、碎片化的学习趋势,以更符合当下人的生活、学习习惯的方式进行形式创新和内容生产。对于第二语言的学习来说,语言环境至关重要,学习者还可以借助 VR、AR、MR 等未来影像技术,使身临其境的感知效果成为现实,从而在沉浸体验中自主探索和发现,在文化情境中深入理解和学习。

(四)挖掘中华优秀文化内生动力,实现跨文化传播创造性转化

蒋向艳、陈捷根据自身一线教学的经验,在第九届国际汉语教学研讨会上指出,过多的文化教学阻碍了汉语言教学的进度,在一定程度上打击了学生上课的积极性。[①] 更多的中国老一辈知识分子,如季羡林、朱德熙,同样认为首先要教给外国汉语学习者的应当是汉语本身而非其他。故而,构建国际中文教育传播新体系,应以语言教育为基础,以文化教育为延伸。在明确"语言"与"文化"孰先孰后问题的基础上,更应清醒地认识到中华优秀文化内生动力及跨文化传播创造性转化的意义所在。正如习近平总书记所指出的,把握文化传承和创新的关系,正确运用新技术、新手段,进而挖掘中华优秀传统文化的思想观念、人文精神、道德规范,充分发挥其价值引导力、文化凝聚力、精神推动力的强大作用。比如,在北京冬奥会开、闭幕式上呈现出的"二十四节气""折柳寄情"等传统文化元素,或可吸引世界各国从文化层面理解中国。

中华优秀传统文化根植于我国数千年的悠久历史,源自一代代华夏儿女的筚路蓝缕,积淀着中华民族的精神力量,代表着中华民族的文化身份,在长期的实践中,潜移默化地形成了中国人的思想理念和行事规范,是哺育中华民族生生不息、屹立在世界民族之林的精神源泉。习近平总书记指出:"讲

---

① 蒋向艳,陈捷.法国巴黎中学汉语教学状况及分析[M]//第九届国际汉语教学研讨会论文选.北京:高等教育出版社,2010:30-33.

清楚中华优秀传统文化是中华民族的突出优势,是我们最深厚的文化软实力。"① 国际中文教育需要依托书法、武术、戏剧、歌舞等一系列中华优秀传统文化元素来吸引更多的海外学习者。例如,位于美国的特洛伊孔子学院就在系列活动中融入了中国传统的雕塑、兵马俑等文化元素,华盛顿大学的孔子学院通过"老鹰捉小鸡"等中国传统民间文化元素,将现代教育与传统文化进行融合、重演,为更多的外国学习者学习中文提供了一个新的路径,取得了非常好的效果。

挖掘中华优秀文化内生动力是实现跨文化传播创造性转化的前提和根基,跨文化传播是人类传播活动中不可缺少的部分,是跨越时空、生产意义的文化传播活动。在全球化语境下,跨文化传播首先要解决破除文化壁垒的问题,毕竟跨文化交流过程惯常存在因为偏见、误解及刻板印象而造成的认知隔阂。目前学界对文化差异的研究分布相当广泛,可以说触及生活的方方面面,从种族间的交流到日常压力感知,都与文化差异紧密相关。② 然而,文化差异问题需要辩证看待,因为无论是完全的同质化还是极端的差异性都会导致跨文化传播出现障碍。在具体教学过程中,授课者应不断提醒学习者注意保持对异域文化差异的敏感度,在理解文化差异的基础上求同存异,收获更高目标层次的语言学习成果。忽视差异性的存在必然导致单一的同质性文化,但对差异性的过度强调将适得其反,使文化主体间失去理性交往的可能,从而在不同文化之间横亘一道"他者"的鸿沟。

国际中文教育注重以语言教学为核心,以此传递文化、知识、信念等,从而达到文化认同和文化价值观重塑、共建的作用。作为系统研究跨文化传播活动的第一人,爱德华·霍尔曾提出"文化即传播,传播即文化"的著名论断。跨文化传播目的在于最大限度降低文化层面的"交流的无奈",打通

---

① 习近平在全国宣传思想工作会议上强调 胸怀大局把握大势着眼大事努力把宣传思想工作做得更好 刘云山出席会议并讲话[J].党建,2013(9):4-6.
② LEE H, MASUDA T, ISHII K, et al.Cultural differences in the perception of daily stress between European Canadian and Japanese undergraduate students[J].Personality and social psychology bulletin,2023,49(4):571-584.

不同文化间的沟通、理解和共存渠道。因此在特定文化语境中，科学合理的国际中文教育传播体系必须建立在尊重语言本身规律的基础上，尤其应注重语言所承载的文化底蕴和它所代表的文化身份，才能获得更好的跨文化交流效果。

创新扩散理论的实证研究[*]

——关于在中国贫困农村地区推广新知识与新技术的实地调查

一、创新扩散既往研究的介绍

1. 散布研究（Diffusion Research）

散布的定义是"散播关于创新消息的一种特殊传播样式"。所谓散布研究就是对社会进程中创新（新观念、实践、事物等）成果是怎样为人知晓并在社会系统中得到推广的研究。[①] 在所有散布研究中，最负盛名并备受尊敬的研究者就是埃弗雷特·罗杰斯（Everett M. Rogers）。在 1962 年出版的《创新扩散》(*Diffusion of Innovations*) 一书中，他从技术革新的信息是如何传播、扩散的角度出发，探讨了大众传播和人际传播在技术革新的普及过程中所发挥的不同作用。本文中所指的散布是对新技术、新观点的推广和采纳，实质上是把变化引入采纳者——个人、群体乃至整个地区之中。

2. 创新扩散

创新扩散是散布研究中较为重要的研究成果之一。那么，什么是创新？罗杰斯把创新定义为："一种被个人或者其他采纳单位视为新颖的观念、实践

---

[*] 本文原载于《现代传播（中国传媒大学学报）》2006 年第 3 期，收入本书时略有删改。
① 段鹏.传播学基础：历史、框架与外延［M］.北京：中国传媒大学出版社，2006：258.

或事物。"一般来说，接受者认为有较多的相对优越性、兼容性、可试验性、可观察性以及更少的复杂性的创新将比其他创新更快被人们采用。① 他还提出，创新的决定过程是个人或其他个体作出决定的一种精神活动。这个过程包括获知、说服、决定、实施和确认五个阶段。

毫无疑问，创新扩散是一个复杂的社会问题。一方面，创新扩散的传播渠道在本质上既可以是人际的，也可以是大众媒介的；信息来源既可以是本地，也可以是外地甚至全球。在散布的过程中，这些渠道扮演着不同的角色：大众传播渠道可以迅速抵达广大受众传播信息，改变立场不稳的态度；人际渠道可以实现信息的双向交流，且在解决接受者对信息抵制或者冷漠的问题上比大众传媒更为奏效。人际渠道的信源可以补充信息或澄清要点，能跨越心理的和社会的障碍。在创新扩散的过程中，大众媒介渠道和外地渠道在获知阶段相对来说更为重要，而人际渠道和本地渠道则在劝服阶段更为得力。相对来说，较之于人际渠道和本地渠道，大众媒介和外地渠道对于早期采用者比晚期采用者更为重要。也就是说，一项创新在其早期的扩散过程中，大众传播渠道起主要作用，人们获得的关于创新的信息主要来自大众媒介；而到了后期，主要起作用的则是人际传播渠道，此时更多的受众对于创新的了解来自周围的人际影响。

另一方面，采用或是拒绝一项创新给个人和社会系统带来的变化是不可预知的。也就是说，无论创新的用意是何等正面，也并非所有的创新都会有满意的结果。罗杰斯列举了可能出现的三种效果：

● 满意的和不满意的效果——取决于创新效果在社会系统内是建设性的还是破坏性的；

● 直接的和间接的效果——取决于个人或者社会系统的变迁是对创新的一种直接回应还是由创新的直接后果产生的二级后果。

● 预料之中的和预料之外的效果——取决于变迁能否得到社会系统成员的

---

① 塞弗林，坦卡德.传播理论：起源、方法与应用[M].郭镇之，等译.北京：华夏出版社，2000：235.

公认以及是否符合众人的期望。

3. 天保项目应用创新扩散理论的依据

我国政府从1998年开始实施天然林保护工程，旨在恢复和发展长江、黄河中上游地区以及东北、内蒙古、新疆、海南重点国有林区的天然林覆盖。为了实现这一目标，天保工程在13个省禁止天然林商业采伐；封山育林，禁止当地社区上山采集木材、薪材、非木质林产品和放牧。2003年，在欧盟的资金和人力资源支持下，天然林保护工程引进了近20年来在世界范围内广泛流行的天然资源管理形式——"森林资源共同管理"。即政府和当地资源利用者之间资源共享，各方在森林资源或其他资源的管理过程中共担投入、分享成果、共商决策，也就是说参与各方要共享利益、义务、权利、责任。这一全新的政策和管理模式无疑给项目实施地带来了一场生产方式的革命。

森林资源共同管理的创新模式在天然林保护工程实施的7年来，通过项目推广人员、大众媒体、项目参与者等传播渠道，在示范区的成员中流通。这一推广过程几乎囊括了散布研究的主要元素，因此我们认为，运用创新扩散理论对天保工程的宣传推广活动进行分析，将对整个项目，乃至未来类似的新技术、新观点、新知识在中国广大农村地区的推广带来有力的帮助。

二、天然林保护工程项目推广情况介绍

1. 项目目标战略及宣传推广的核心内容

天然林保护项目所引进的森林资源共同管理模式主要是为了让当地农民采纳和使用新的创收办法以及新型技术、知识和技能，以增加收入，减少债务；促进弱势群体对天然资源的使用，提高其文化水平，增加其就业机会，同时保证森林、动物、农作物、水等资源稳定，维护资源安全。

项目的宣传推广要确保农民全面了解天然林管理项目的理念，并愿意广泛参与项目提出的天然林管理、社区发展和培训活动。另外，还应让他们意识到天然林共同管理、新型村庄基础设施、小额信贷、免费培训和村能力建

设带来的益处。

2. 项目实施地农民概况特征[①]

在天保项目各示范村庄的范围之中，村内全部森林覆盖率（包括人造林）均超过了村庄土地面积的 2/3，天然林面积至少占全部森林面积的 40%。1998 年禁伐前，大部分收入来自天然林产品的农户占全村农户的百分比超过 70%，禁伐后，人均收入大幅减少（有的村庄高达 50%）。因此，在某种程度上可以说，村内大部分的农户的经济收入受到了封山育林及天保工程政策（包括禁伐）的直接负面影响（见表 1）。

表 1　项目实施县及农民基本情况表

省别	海南	湖南		四川		
项目县	昌江	炎陵	永顺	宝兴	松潘	平武
项目村平均森林覆盖率（%）	35.70	70—90	90—99	65—90	50—90	90—99
人口压力	中等	中等	低—中等	低	低	低—中等
村庄大小	小到中型 100—600 户	中型 150—500 户	小到中型 50—400 户	小型 75—175 户	很小 20—85 户	小到中型 100—300 户
少数民族及所占比例（%）	黎（100）	瑶，畲（<5）	土家，苗（60—70）	藏（<5）	藏，羌（>90）	藏—白马（50—90）
禁伐前平均收入（元/人/年）	650—1540	2303—2958	590—3500	1455—2683	2010—2874	1250—1850
2004 年目前收入（元/人）	605—1249	1289—1900	530—1240	1028—1680	1191—2732	1191—3000
1998 年禁伐前主要收入来自林产品的农户所占比例（%）	40—100	90—98	80—95	75—86	75—88	80—100

[①] 数据来源：《中欧天然林管理项目总体工作与财务计划》，国家林业总局发布。

3. 项目实施过程中存在的问题

天然林保护工程实施7年来，项目区已经覆盖我国3个省、6个县、11个乡（镇）和58个村，共有将近10,000户农民在天保区内生活。其中大部分项目村缺乏良田，不能为村民提供足够的粮食。过去，村民依赖出售林产品、从事林业采伐获取收入，以支付粮食及其他食品的费用。禁伐之后，大部分项目村不能再利用天然林，人均收入大幅度下降，不少村民转向非法采集薪材和其他非木质林产品以维持他们的家庭生活。许多村庄拥有大量的非木制品，如药材、野菜、水果、坚果等，但是当地村民缺乏加工技术和销售知识以及其他农场种植知识。

天保工程投入大量资金雇用当地村民担任森林管理员管护天然林，以缓解当地村庄的贫困状况；但这并不是解决当地社区发展问题的长远之计，也给政府财务带来了负担。县级以上项目都基本上安排了一定的培训与能力建设资金，但是项目对项目乡和村发展委员会的支持非常有限。在大部分项目村，村民普遍缺乏委员会管理、村级计划制定、天然资源保护管理方面的知识。

三、研究方法

此次关于在中国贫困农村地区推广新知识与新技术的实地调查将质化和量化的研究方法相结合，主要采用了调查问卷、焦点小组访谈、个案研究的方法。本报告以问卷调查为主，结合天然林保护工程的发展进度以及项目实施以来出现的问题，对新知识、新观点在中国贫困农村地区的传播状况作出分析。研究人员于2005年11月17日至12月5日完成入户调查。

本次调查采取多级抽样法。通过目标抽样的方式，在天然林保护工程示范区内的湖南的炎陵、永顺，四川的宝兴、松潘、平武以及海南的昌江等六个县各随机抽取出牟尼、小姓、十都、七叉镇、白马、木座6个项目乡下属的20个项目村；在每个项目村按等距抽样的方式各抽取40户；入户访问时，由访问员在家庭成员中按生日法确定一位访问对象。此次调查共发放问卷800

张，实际收回有效问卷732张。

此次问卷设计的出发点在于了解村民对于天保项目的获知方式以及他们对于项目的态度和影响其是否参与的因素，并对中欧天然林管理项目在其覆盖区域内的实施状况进行评估。由于当地民众受教育水平较低，研究者设计了一系列简单、直接、易懂的问题。该问卷基本采用结构性问题，包括获知天然林项目的渠道、对项目的了解程度、对项目的评价、知晓后的行为反应、影响参与的因素、对以往项目宣传的评价等方面的整体看法以及农民的媒介接触习惯和受访者的个人特征等。

四、调查结果分析

（一）获知阶段媒介选择

1.收入对于媒介接触习惯的影响

在收回的732份问卷中，有706人回答了收入的问题。其中，年收入在800元以下的有246人，占34.8%；年收入在800元至1500元之间的有65人，占9.2%；年收入在1500元至2500元的有91人，占12.9%；年收入在2500元以上的有304人，占总数的43.1%。

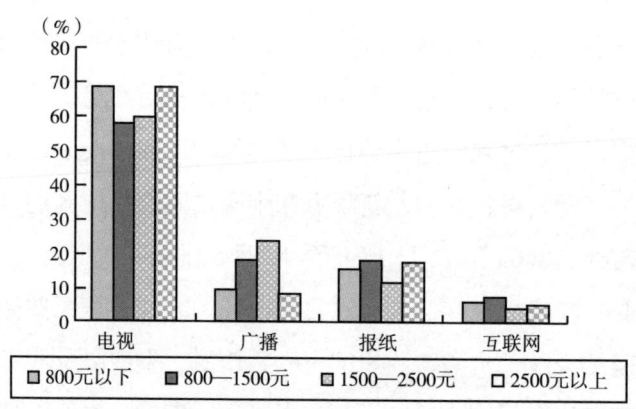

图1 不同收入人群媒介接触习惯

如图1所示，在此次调查的人群中，收入对于媒介接触习惯有着一定的影响，不同收入的人群在媒介的选择上有着一定区别：

（1）从总体上看，选择电视媒体的人的比例是最大的。

（2）在电视媒体的选择上，年收入在800元以下和年收入在2500元以上的人群中，各有68.4%和68.1%的人选择了这个媒介，比例几乎相同，居首位。其次是年收入在1500—2500元的人，最后是年收入在800—1500元的人。

（3）在广播媒体的选择上，年收入在1500—2500元的人排第一位，第二是年收入在800—1500元的人，第三是年收入在800元以下的人，最后是年收入在2500元以上的人。

（4）在报纸媒体的选择上，年收入在800—1500元和年收入在2500元以上的人的比例几乎相同，居第一位。其次分别是年收入在800元以下以及年收入在1500—2500元的人。

（5）在互联网的选择上，第一位是年收入在800—1500元的人群，第二是年收入在800元以下的人群，第三是年收入在2500元以上的人群，第四则是年收入在1500—2000元的人群。

2. 项目实施前期的宣传活动中效果较好的传播渠道

如图2所示，由推广活动知道该项目的人数最多——393人，占总人数的56.3%，其次是电视——191人，占总人数的27.4%，接下来是人际渠道——115人，占13.1%，报纸90人，占10.3%，广播76人，占8.7%，互联网11人，占1.3%。由此可见，在该项目实施前期的宣传活动中，推广活动告知的效果是最好的，其次则是电视媒介。

据调查，电视在项目村的普及率很高，但是由于大多数村民家无法接收到县级频道，他们所能接收到的卫星频道对于天然林保护项目的宣传少之又少，所以电视媒介基本无法发挥宣传推广作用。报纸在项目村的普及率很低，这是由于地处偏远地带，项目村只能收到三天甚至一周之前的报纸，这样一来，许多新闻变成了旧闻，所以，项目村的村民选择的大多是文摘类报纸。另外，项目村的村民由于文化水平的限制，没有读报的习惯，所以用报纸推广该项目效果并不好。同时在项目村，广播被认为是一种落后媒介，大多数村民选择看电视而非听广播。项目村中的电脑普及率很低，最好的村落的电脑普及率也不超过2%—3%，大多数为零。

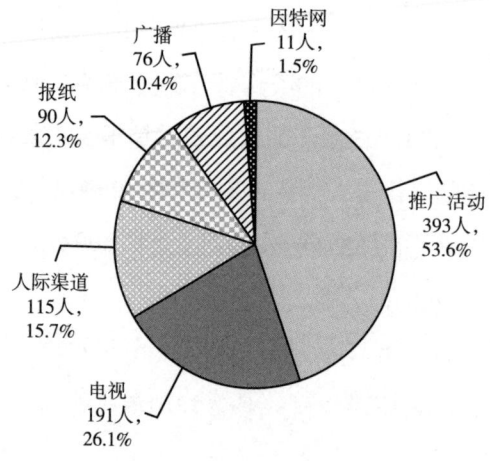

图 2　不同传播渠道效果

（二）说服、决定阶段

1. 您认为最为有效的推广活动

如图3所示，在本次调查中，48%的人认为培训班给他们的印象最深，39%的人认为焦点小组访谈给他们的印象最深，7%的人认为文娱活动较为有效，6%的人对奖励性质的活动印象深刻。由此可见，培训班和焦点小组访谈是非常有效的推广活动。

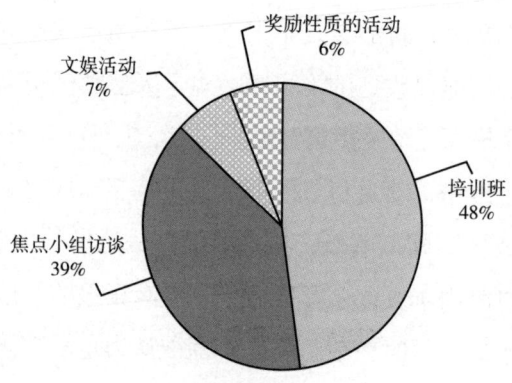

图 3　不同推广活动效果

2. 对于整体态度的形成，何种渠道最有效

（1）本次调查的 784 人均回答了这个问题。如表 2 所示，在对于影响天然林管理项目的整体态度的因素的选择上，209 人选择了大众媒介，占 29.8%；85 人选择了人际渠道，占 12.1%；349 人选择了宣传活动，占 49.7%；141 人选择了综合因素，占 20.1%。由此可见，宣传活动对于整体态度具有最大的影响力，其次为大众媒介。从图 4 我们可以看出对于是否参与项目的态度的影响上，宣传活动的影响仍然是最大，媒介宣传和人际影响次之，最后才是综合因素。

表 2　影响对天然林管理项目态度的因素

因素	数据		病例百分比
	N	百分比	
大众媒介	209	26.7%	29.8%
人际渠道	85	10.8%	12.1%
宣传活动	349	44.5%	49.7%
综合因素	141	18.0%	20.1%
Total	784	100.0%	111.7%

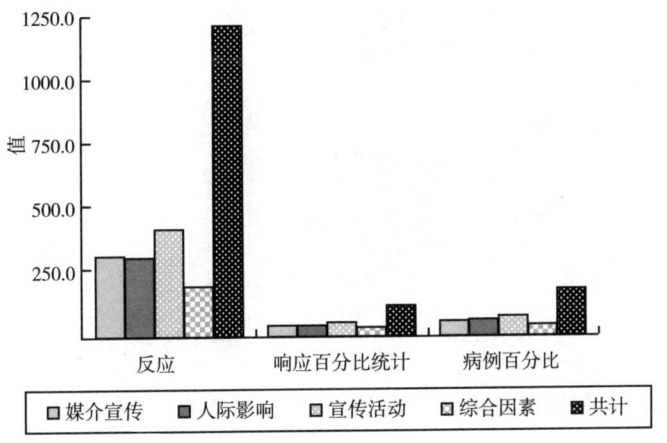

图 4　不同渠道的影响

（2）在影响选择是否参与活动的态度的媒体中，电视占67%，报纸占17%。广播占10%，互联网占6%（见图5）。

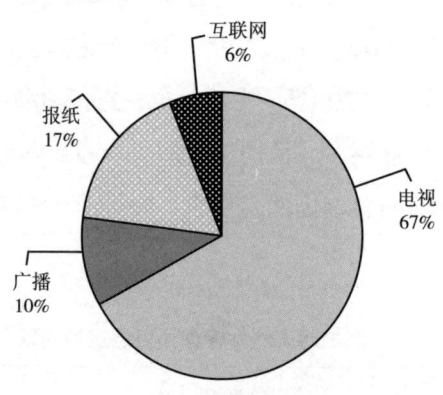

图 5　不同媒体的影响

3. 在整个传播推广过程中，对您产生最大影响的人是谁

如图6所示，在本次调查中，53%的人认为项目推广员对其影响最大，19%的人认为培训者对其影响最大，18%的人认为村干部对其影响最大，5%的人认为邻居对其影响最大，5%的人认为亲属对其影响最大。

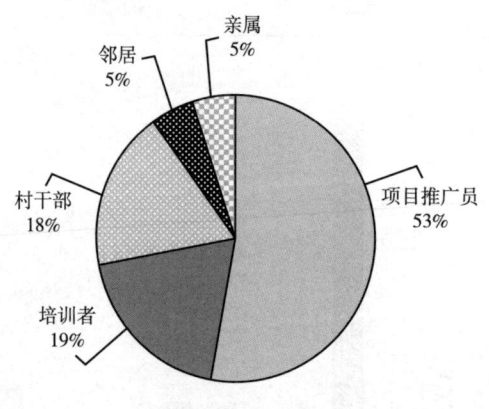

图 6　不同人的影响

根据以上的数据分析，我们可以得出以下结论：大众传播渠道，主要用来传递知识类信息，可以通过当地的报纸、广播、电视等媒介来宣传天然林

管理项目，提高其在实验地区的知名度。在内容的安排上，要充分考虑受众的收视、收听、阅读的习惯，安排直观、一目了然的内容。人际传播渠道（包括小组访谈和人际说服活动）、群体传播渠道（包括培训班和民族媒介）等，用来传递说服类信息。

（三）实施、确认阶段

1. 对项目以往实施效果的评估

如图7所示，在本次调查中，37%的人认为该项目非常成功，34%的人认为还好，26%的人认为一般，3%的人认为不成功。之前进行的项目中，推广活动在告知方面的效果最好，电视也起到了相对重要的作用。到目前为止，项目推广的成效是值得肯定的。

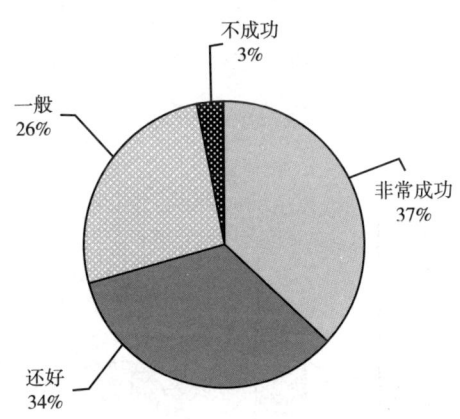

图7　对项目以往实施效果的评估

2. 村民积极性不高的原因

在选择拒绝参加该项目的人群中，9.5%的人认为该项目与个人无关，24%的人认为该项目不会使个人受益，53.5%的人认为项目计划实施不完善，13.1%的人认为项目推广不成功，另有0.4%选择了其他原因。

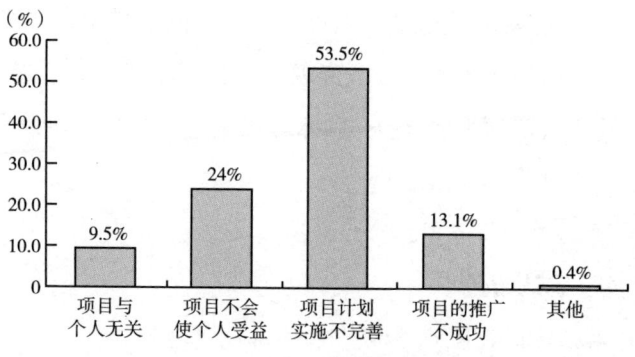

图 8　村民积极性不高的原因

3. 项目最吸引人的地方

如图 9 所示，在"天然林保护项目最吸引人的地方"这道题的回答上，约 42.6% 的人选择了环境保护，26.1% 的人选择了社区发展①，18% 的人选择了收入增加，11.9% 的人选择了小额贷款②。由此可见，该项目在推广过程中，大多数村民对项目的了解并不完整。项目对于村民而言最吸引人的地方应该是增加收入，可见他们对于天保项目的了解是存在偏差的。

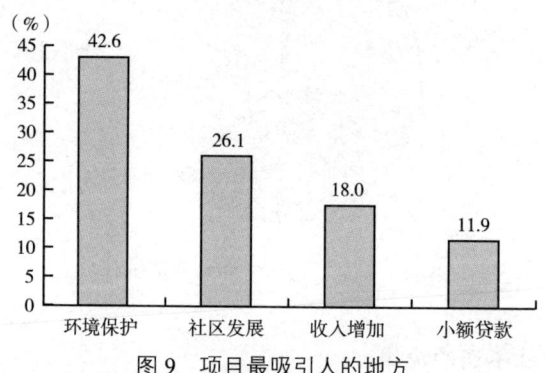

图 9　项目最吸引人的地方

---

① 社区发展：为居住在天然林区内或附近的农民解决如卫生、学校、银行、兽医等社区基础服务设施建设的问题，鼓励并优先考虑促进当地人民生活水平提高、经济发展的小型基础设施项目。——引自中欧天然林保护项目的相关文件

② 小额贷款：天然林保护项目为了促进林业或非林业生计项目或创收项目，天然林管理项目将建立正式的小额信贷体系，组建县级非政府组织，通过乡信贷员发放，回收小额贷款；同时为从事个体生产、加工、销售业的农民小组和协会提供配套资金。——引自中欧天然林保护项目的相关文件

五、结论与建议

根据对天然林保护项目中的宣传推广活动所作的调查问卷分析，我们可以对未来在中国贫困农村地区推广新知识、新技术提出如下建议。

（1）在大多数情况下，农民关于项目实施状况的相关信息是通过人际渠道得到的。大众媒介在宣传推广中发挥的作用并不大。由于当地的交通、通信等基础设施建设落后，因此，村民们关于新知识和新技术的信息主要通过在当地获得的人际传播途径得来，而作为文化水平较低、经济状况不十分理想的受众，他们更容易产生从众心理。这就更加凸显出人际传播的重要性。

（2）人际渠道和本地渠道在我国贫困农村地区推广新知识和新技术的项目中将发挥重要作用。人际渠道可以实现信息的双向交流，且在解决接受者对信息抵制或者冷漠的问题上比大众传媒更为奏效。人际渠道的信源可以补充信息或澄清要点，能跨越心理的和社会的障碍。因此，在对农民的说服过程中，应该更多地采用人际传播的手段，可以是一对一的直接说服，也可以用小组讨论的形式进行说服；在少数民族聚集地区传递说服信息时，应该充分利用少数民族的特有媒介，如民族歌舞、戏曲等。推广方法的选择要适合当地的风土人情，特别是少数民族的风俗习惯。另外，可以适当地安排培训班课程，课程设置应适合当地人的文化水平，以实际操作内容为主。

（3）根据人际传播的对象来确定人际传播的方式。对于广大村民来说，他们的文化素养和经济状况决定了他们比较容易受到他人的影响，因此，安排直接的入户宣传和访谈就能收到良好的效果；其次，要注意选择正确的人际传播交流方式。在做直接的入室访谈时，项目执行人员要注意同受众的交流方式，消除其作为相对弱势群体的紧张和抵触情绪。为了做到这一点，可以在谈话开始时选择双方都感兴趣的话题来减少隔阂，打消对方心中的疑虑，再进入正题；另外，在整个谈话的过程中，项目执行人员要把自己摆在一个为受众服务的位置上，认真听取他们对项目的意见和要求，并根据实际情况为他们做出合理的解释，不能不关注对象的反应而滔滔不绝，这样会在很大程度上降低传播的效果。

（4）发挥同质人群的作用。贫困地区的村民更容易被和自己相似的人所影响，因此，在选择项目推广人员时，应选择当地联络员作为"变革代表"。另外，可注意利用"变革代表"与"意见领袖"的协作来完成创新的散布。这样，还可以最大限度地发挥舆论领袖的作用，扩大影响，从而实现传播目的（见图10）。

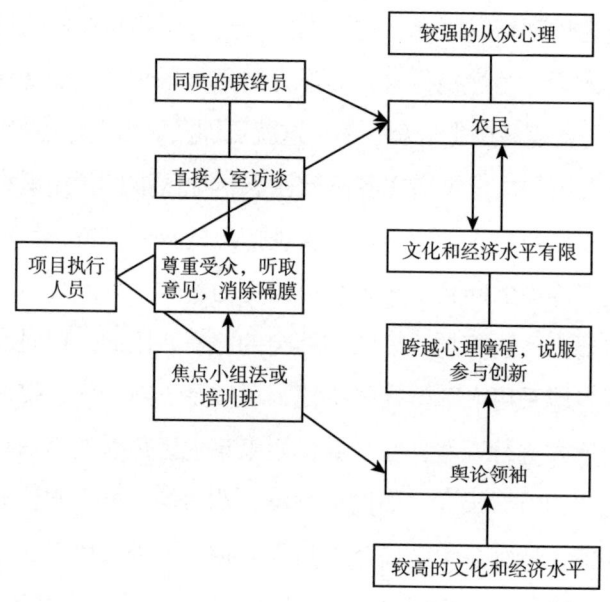

图10　人际传播渠道和技巧

（5）我们发现，天然林项目在具体实施的过程中，某些方面存在和原项目计划不符的现象，而实施地的村民并未得到及时的解释说明，因此，有些不利于项目的传言便散布开来。另外，由于项目执行人员对项目的理解不够透彻，造成了对一些具体问题的误解，这些均不利于正面的宣传目的的达成。因此，中国贫困农村地区推广新观点要注意及时与当地农民沟通，以减少负面信息的扩散（见图11）。

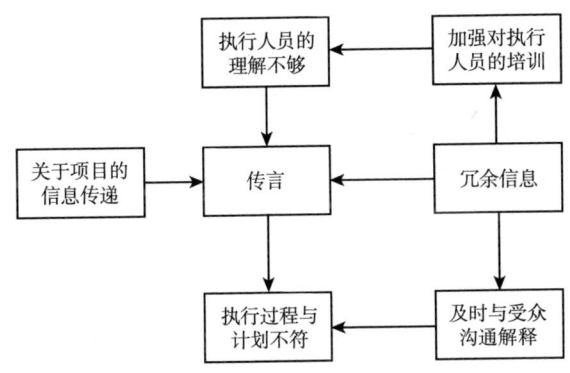

图 11　传言的产生及消除手段

（6）为了充分调动贫困地区农民的积极性，新技术项目的推广和执行要不断强调核心利益点。以本次项目调查为例，部分村民已经了解了天保项目，但是项目对他们的实际生活并没有产生预期的改善作用，这直接导致了村民参与的积极性不高。显然，任何项目的成功都不是一朝一夕的事情，但是在前期推广宣传过程中不断强调核心受众的核心利益，如收入的增加、生活的改善等。我们可以在宣传活动中增加奖励性质的活动；还可以向所有参加项目的村民提供相关的宣传实物，如统一印制挂历，上面配有一些在项目中切实受益的村民的图片，借此来扩大项目的影响力；另外，在项目实施地安排流动宣传车，反复播放宣传广播，并定期对村民进行有奖问答，这样也可以提高村民的积极性。总之，安排的这些活动都要围绕给予村民切实利益这一核心点，只有这样，项目的公众意识才能更好地提高。

罗杰斯把创新定义为："一种被个人或者其他采纳单位视为新颖的观念、实践或事物。"一般来说，接受者认为有较多的相对优越性、兼容性、可试验性、可观察性以及更少复杂性的创新将比其他创新更快被人们采用。罗杰斯还提出：创新的决定过程是个人或其他个体作出决定的一种精神活动。这个过程包括获知、说服、决定、实施和确认五个阶段。

通过以上的分析，我们可以看出罗杰斯提出的"创新扩散理论"很好地解释了新技术、新观点、新知识在中国广大农村地区的推广和普及工作的基本要素和过程，即大众媒介在宣传推广过程的前期主要传播相关新技术、新知识的信息,使之迅速抵达广大受众;而主要的宣传工作应主要依靠本地信源即项目推广人员、项目参与者等人际传播渠道在实施地的成员间实现信息的双向交流,借助人际影响解决接收者对信息的冷漠、误解、抵制的态度的问题,以达到最佳传播效果。

数字人文视域下国际中文教育传播体系创新建构*

当前，立足中华民族伟大复兴的战略全局，需要深刻认识和把握教育的先导性、全局性、惠民性、经济适应性和改革创新性。国际中文教育在学科及事业的双重层面进入了数智教育迎机会、传统教育待转型的历史新阶段，加之人工智能、大数据、5G（第五代移动通信技术）等科技应用日新月异，如何解决国际中文教育自身的矛盾和问题，深化教育教学改革创新，高质量完成国际中文教育的数智化战略转型，从而承担起服务国内国际双循环经济发展，加强中外人文交流，推进国际传播能力建设，提高国家文化软实力的重任，至关重要。

一、科技赋能：把握新文科建设背景下的"数字人文"模式

培养时代新人需要新文科，新文科建设是实现人文社科发展从学科导向转向需求导向、从文理分割转向交叉融合、从适应服务转向支撑引领的重要方针。近年来，在新一轮科技产业革命的催动下，人工智能、数据处理、其他计算机科学理论及技术在人文社科领域的嵌入程度日渐加深。作为计算科学与人文社科相结合的理论研究模式，"数字人文"是现代计算机科学技术深入应用到传统人文知识领域的新型学术模式、组织形式及文化模型，外在表

---

* 本文原载于《中国高等教育》2022年第12期，收入本书时略有删改。

现为一系列合作性研究、教学及出版等跨学科活动。它自身经历了从数字文本单一模式到多媒体、元数据及静态环境相融合的多元模式的过渡,从文学语言研究领域到哲学、社会学、教育学等诸多学科领域的扩展。

数字人文模式的核心内涵在于将"计算"手段与"人文"目的相结合,两者协作并重。本质上,它是一种新文科知识生产方式,其用途在于通过提供数据、技术及相关工具的解决路径来挖掘传统文科无法或难以得到的新观点、新线索。众所周知,传统的文科研究范式存在缺乏数据支撑、可验证性差等问题,特别是面对批判主义和经验主义二元对立的境况时,借助数字人文研究模式恰可弥补单一模式下人文社科研究的短板与不足。

如何把数字人文模式引入到国际中文教育传播创新研究领域,解决这一问题的关键无疑是在我国新文科建设过程中发挥其在学科交叉领域的"融合剂"作用。数字人文模式不仅涉及数字统计和分析,更重要的是利用大数据、人工智能、云计算等跨学科路径解决语言教育和人文交流的现实问题,进而展开教育理论及实践的多视角反思和多维度评估。透过数字人文视域审视国际中文教育传播体系创新,实际是在以跨学科协作的方式探索新时代新阶段国际中文教育在"学科"层面的理论发展、在"事业"层面的创新路径以及在"传播"层面的效果评估和标准检验。

全面增强教育科技赋能,构建数字化、网络化、智能化教育创新体系是培养具有国际视野、开放意识和全球竞争力的时代新人,并促进高等文科教育交叉融合发展的重要举措。在技术、人文与社会的关联视角下建立国际中文传播创新体系,是国际中文教育事业高质量发展的必经之路。技术是推动媒介进化的核心动力之一,将数字人文研究应用于国际中文教育领域正是一个"教育媒介化"的元过程。国际中文教育传播创新体系所涉及的数字人文模式,既包括基于大数据和云计算的"数字化"部分,又包括基于认知神经科学的"智能化"部分。科技赋能提高了语言文化"授"教者和"受"教者获取信息和相互交流的能力,并有助于实现基于大量语料库储存和数据库计算分析而进行的跨时空传播。

二、数字基石：构建数字化国际中文教育传播创新体系

在大数据和云计算的技术加持下，构建国际中文教育传播创新体系不仅仅有助于传播汉语及中华文化，更重要的是以"中文＋"为基础的多渠道扩散，包括带动经济发展、促进社会就业和人文交流等全范围、多层次、宽领域的跨区域活动。

借助数字技术及媒介手段，"授"教者可以收集和分析"受"教者的非结构化数据，研判其学习行为及心理需求，从而给予学习者即时性、个性化和可视化的反馈，帮助其适时调整学习方式，以此提高数字教育中教与学的双向效率。在中文教育教学管理过程中，精确了解教学方式方法的不足，基于大数据分析选择差异化的教学模式更易于缓解双向交流的"供需"矛盾，突破跨时空传播的"文化"壁垒；在中文教育教学质量评估过程中，可以通过海量信息数据的收集，对学习者的教学信息接收行为、接收心态、接收效果等进行筛查比较，对数据呈现出的特性进行一般规律总结及理论模式建构，从而有针对性地提高教学效率、提升学习兴趣、促进师生关系和谐、获得良好的教学效果，进而推进国际中文教育传播创新体系优化升级。

面对全球范围内中文教育传播的迫切需要，教育主体应结合受教育者的实际情况，分门别类、因材施教，同时对不同时空的"受"教者及其接受行为进行规律总结，构建国际中文教育传播的本土路径。此外，借助量化模型的方法分析归纳教育过程中存在的问题，并进行实时完善与跟进，通过对个案的量化调查或模型搭建，全方位呈现该地区国际中文教育事业的传播样态，进而在其他地区进行本土化推广。但目前此类方法仅适用于相关基础设施较为完善、"受"教者配合度较高、机构化和专业化程度较高的教育组织或机构执行。

虽然目前国际中文线上教育仍存在配套设施不完善、本地化程度不足、环境沉浸感不充分等诸多问题，但运用数字技术手段跟踪学习进度、评估学习效果、为学习者提供数字教育学习方案的功能已渐趋成熟，并在国际中文

《立雪集》新编 段鹏自选集

在线教育平台上付诸实施。随着我国数字技术应用改革的不断深化、教育教学数字化体系的不断完善，包括慕课、录播、直播和翻转课堂等在内的多元化数字教育模式将为我国教育事业可持续、高质量的发展注入活力。

三、智能导向：构建智能化国际中文教育传播创新体系

人工智能（Artificial Intelligence，AI），旨在通过探索人类智能活动规律，构造模拟人类行动能力、感知能力及认知能力的人工系统来替代需要人的智力才能胜任的行为。"人机结合""人机互动"拉近了人与机器（或软件程序）的距离，重塑了人在社会传播活动中的身份，并构建了一整套具有互动性、个性化和沉浸式特性的媒介体验环境。人工智能教育是指人工智能技术与应用系统在教育领域的融合发展，它包含多层次的人工智能教育体系。随着人工智能教育由单一式辅助教学向多场景核心教学的过渡，高度个性化、交互性的"智适应"教学形态渐趋成型。智适应教育是以因材施教为目的，基于人工智能、大数据、区块链等技术，针对受教育者差异化的个体特征提供个性化学习方案的教育模式。目前应用于国际中文教育的人工智能技术主要分为自然语言处理、机器学习和人机交互三类，包含语音识别、深度学习、手写识别、文字识别和语音合成等若干技术。

具体而言，在涉及"如何教"的教育环节，为了简化教学程序、便捷教学管理，分析型人工智能技术被应用于大学教育管理系统。在涉及"教什么"的教育环节，为了建立动态智能教育资源平台，人工智能技术被用以辅助制定教学大纲、编写教学材料、设计教学活动等。比如，人工智能技术可以实现系统性学术文献综述的自动生成，协助科研工作者整合跨学科文献资料，还可筛查剽窃和滥用数据等行为来支持科研成果审查。与此同时，高等教育承担起人工智能应用领域关于公平、伦理、隐私和数据所有权等问题的认知教育功能。

在远程教育方面，通过人工智能和情绪识别技术，教师可以实时了解学生的学习动态，从而及时调整授课方法，最大限度提升学习效果。数字教育

与认知神经科学的结合减少了线上教育缺少情境、共在感不强、互动性弱的不良效果。例如，有研究发现，只有在新知识与学习者的先验知识建立连接的情况下，面对面教学的师生脑间同步才优于网络在线课程。认知神经科学除了对学习效果进行具象监测外，还可应用于学习参与度的主观影响因素的评估上。它不仅有助于"授"教者通过善用技术改进教学，也可督促教育双方积极发挥主观能动性，及时做出有利于提升教学效果的调整和改进，这将为国际中文教育传播体系的提质增效发挥巨大价值。

四、人文溯源：掌握国际中文教育传播创新的文化密码

教育是培养人的活动，其本质在于传播知识和文明，而传播是极富人情与人性的社会活动，这就要求重视并适当引入国际中文教育在人文意义层面的传播机理的考察，即从数字效果和人文意义两个层面、实证主义和人文主义两种范式出发，借助数字人文研究模式建构思辨与实证、批判与经验二元辩证结合的传播创新体系，从而为我国国际中文教育事业高质量创新发展提供新思路和新动力。无论是倡议共建共享教育数字资源，或是将区块链技术适用于教育服务，还是借助在线语言教育推动中华文化走向世界，都离不开教育的人文根基。

以文化人，以教育人，语言教育本身就具备较强的人文学科属性。掌握国际中文教育传播创新的文化密码，首先要发挥人的主观能动性，避免教育思维的狭隘性和研究方法的单一化。除了借助大数据和人工智能等方法外，亦不能忽视传统的田野调查、深度访谈、参与式观察、民族志等混合方法。单一模式的研究路径往往容易导致结论性偏差，如针对教育参与者的问卷调查法存在地域跨度较大、样本数量有限或追踪时间过长等问题，甚至部分研究在主观上缺乏现象背后的成因探索，历时性、共时性的控制分析和跨时空的持续深度研究等。

在国际中文教育领域，媒介既可以是相关的教材、考试、课程，也可以是承担教育功能的机构、组织甚至是教与学的海内外个体，因此掌握国际中

文教育传播创新的文化密码，还需充分认识并广泛调动社会媒介化过程中教育行为主体的重要性和积极性，从而将数字人文模式真正落实到国际中文教育的实践中。除问卷调查外，对教育参与者进行深度访谈也是获取一手经验性资料的重要途径。通过采用半结构式谈话的方式，一方面对具有特殊身份、特殊学习经历的人进行点对点的访谈挖掘，另一方面对具有群像特征的教育群体进行点对面的交流。

在新时代、新政策、新技术的共同推动下，国际中文教育传播体系经历着动态持续的变化过程。其中，学科规划建设、教育资源整合、人才培养模式等议题仍是近年来国际中文教育研究领域关注的重点内容。因地制宜、因材施教、因势利导，构建国际中文教育传播创新体系需要数字路径和人文视角的双重加持。数字人文的努力方向是通过数字化及智能化手段解决人文领域的传统痼疾，而不是解决人文领域的技术问题，更不是所有问题的解决都依赖于数智技术，对此应具体问题具体分析。若问题导向指向"人"的因素，那刻意使用数字技术手段反而事倍功半。比如，目前国际中文教育人才队伍建设仍存在的一些问题，包含人才培养和输送机制有待完善、相关从业者择业就业渠道仍不畅通、培训认证资格体系有待推广等。再如，数字人文体系在实际搭建的过程中面临些许误区，涉及人文学者的"数字短板"、数字人文与数字社科的混淆、数字人文项目的肆意建设等。诸如此类问题的解决，要调动教育主体的能动性，坚守人文根基，增强文化自觉，坚定文化自信，进而打造"中文教育"和"中华文化"相融共生的国际传播新生态。

人文资源和数字技术的深度融合是未来国际中文教育创新转型的攻坚目标，亦是创新路径。在"人文的数字化"和"数字的人文化"之间寻求平衡点，将数字人文研究模式与国际中文教育实践发展相结合，这是推动当下国际中文教育高质量创新发展的重要举措。首先，兼顾中文教育的历时性和共时性特征，共建共享中文教育数字语料库，以达到样本量足够大、覆盖范围足够广、人为干扰因素足够少的要求；其次，积极引入数据云、虚拟现实、深度学习等新工具新方法，尝试借鉴多学科理论解决人文教育的创新驱动问题；再次，不仅局限于解决固有问题，而且要善于利用数字思维方式或数字工具提出并回答新问题；最后，抓住国际中文教育创新改革的历史机遇期，利用数字人文思维对传统中文教育进行"解构"与"重构"。如此一来，既可透过教育行为数据第一时间接收反馈，清晰掌握教育态势及其传播效果，也可在人文视角下把握现象背后深层次的社会、心理及文化动因。

应急体系下高校线上教学运行机制研判*

本文结合中国传媒大学推出的"智能媒体传播"课程教学实践，从新型学习生态圈的教学理念变革、教学资源与平台功能结合方式两个角度切入，探索高校教学资源与现代教育技术的融合路径。

一、理念变革：我国教育体系的现代化转向

相比传统线下课堂中"以教师为主导"的被动学习模式，网络化教学环境下学生对于知识的吸收更倾向于"以学生为主体"的能动学习模式。在这样的背景下，如何转变教学理念，借助现代教育技术为学生搭建可以充分发挥其认知能动性、释放交流表达欲望的网络学习生态圈，使学生通过自己对知识的建构更加深刻地理解教学内容，值得课堂设计者思考。

1. 重新审视学习环境

当前我国接受线上教学的学习者主要是"90后""00后"群体，作为一出生就处在互联网时代的"数字原住民"，数字化早已成为这一学生群体的生存方式和特征。由于该学习群体具有较强的数字化学习能力，网络环境能够有效激发他们的求知欲和表达欲。在线上教学过程中，教育者应当利用学生较强的数字化交流能力，把握网络平台中成员的交流欲望，以学生兴趣引领课堂学习。此外，网络教学平台的出现也塑造了新的学习生态圈，学生在网

---

* 本文原载于《中国高等教育》2020年第5期，收入本书时略有删改。

络化的学习生态圈中会以其固有的数字化交往方式进行交流。我们也应当注意到,无论是线下还是线上教学,学生在学习过程中都无法离开交流而孤立学习,网络教学平台上的社交行为可以有效缓解学生的紧张情绪,也从另一方面反哺课堂教学。

在网络化教学平台中,学生数字化交流的能力得以显现,这也要求教育工作者迅速进行角色转换,从传统课堂中单纯的知识传授者转向网络平台中的知识引导者和交流参与者。线上课堂中,分享资料、交流感受等都可以帮助学生更好地建构与课堂中其他人的信任关系,而共同体心理的产生则会强化学生对于课程内容的关注。以中国大学慕课平台上的"智能媒体传播"课程为例,该课程在每一讲中设置教师答疑区、学习交流区和综合讨论区,学生在学习视频内容时如有疑问可以点击进入教师答疑区,进行问题留言,教师则及时针对问题进行回答,教师答疑区的开放性也使得其他同学可以加入到该同学的问题中来。在学习交流区中,教学团队则根据每一讲内容,提出值得探讨的话题供班级成员讨论,在学生的集体交流中,教学内容背后的隐性知识得到了挖掘与整合。综合讨论区中学生则自由留言,发表任何想与其他成员分享的经验及想法,开展班级成员内部的友好交流。

现代教育技术给学生们提供了网络化教学平台和线上互动工具,更提供了协作式学习的机会。精准把握学习者心理,利用现代教育技术不断优化教学实践过程正是当代教育技术的实质。高校线上教学应当借助网络教学平台的技术支持,在教学设计中根据具体情况增添交互性活动,拓展课程讨论的深度与广度,发挥网络平台在高校教学实践中的最优作用。

2. 转变传统的教育理念

我国传统的教学模式主要是在行为主义和认知主义指导框架下,以教师主导为路径的外部输入模式。新型网络化学习生态圈中的学生群体具有较强的数字化学习能力与学习欲望,因此,如何将学生在网络平台上的学习能动性与教学设计紧密结合值得每一位教育工作者思考。"智能媒体传播"课程的教学理念正是基于这一现状,从传统的行为主义和认知主义转向了建构主义。

建构主义是当代心理学理论中行为主义发展到认知主义以后的进一步发展，被喻为"当代教育心理学中的一场革命"。不同于传统意义上的教师主导式教学，建构主义下的教学模式更趋向于发挥教师主导与学生主体的双向作用，不再以外界信息刺激为知识输入手段，而是关注学生建构知识体系的内部生成过程。"智能媒体传播"课程正是基于建构主义理论进行教学设计的典型案例。该课程的教学团队注重对学习者研究潜力的挖掘，每一单元的学习中，教师并未选择将课程内容全部以讲述的方式传递给学生，而是在每一节课的学习界面中通过提出可以引导学生进入本节课核心知识的问题激发学生的认知能动性。学习者通过课前的自我思考、相互探讨等过程加深了对于知识的内化，形成了学习者自身的知识体系，也为其接受教学内容打好了认知基础。以往的认知中，技术是承载教师想法的媒介和传授知识的工具，然而现代教育技术中的网络教学平台并不仅仅是师生间的媒介，更是刺激学生发挥主观能动性并促进学生投入认知加工活动的新型工具。另外，建构主义也观照到知识的动态性，强调知识并非一成不变的，而是时刻发展变化的。"智能媒体传播"课程关注到知识的动态性特征，针对课程所包含的知识内容范围广、变化快等特点，教学队伍创造性地采取"多部教材共用"方式，以"智能"为基本指导思想，以"传播"为核心特色，将智能媒体传播分为八大板块，共历时八周，从传播技术的更新迭代，逐步聚焦智能时代下的媒体传播，强调对于智能媒体传播的话题性探讨。

二、模式探索：教学资源与平台功能的有机结合

利用技术手段创新课堂形式一直以来都是我国教育工作者推进教学改革进程的方式与手段。可以说，屏幕前的学生与技术本身应当构成一种新型的学习伙伴关系。当前线上教学的目的是给学生打造优质的学习过程，线上平台所提供的每一项功能都应根据教育主体的需求有选择地进行使用，使现代教育技术与现有教学资源互为补充。

1. 建构网状知识体系

传统的课堂模式下教师大多将知识以线性的结构传递给学生，但认知心理学的研究表明，学生在学习的过程中对知识的获取更趋向于网状结构形式，这是因为课堂中看似不同的知识点实际上有着千丝万缕的联系，网状知识结构可以有效避免知识点在学生认知中的孤立存在，使学生具备知识迁移的能力。网络教学平台的超文本特性恰恰为学生建构网状知识体系提供了技术支持，教学团队对于教学结构的设计也应紧密贴合网络教学平台的功能结构。

以"智能媒体传播"课程为例，该课程在网络平台中通过超文本形式对教学内容实现了有效组织与管理。从学习内容来看，"智能媒体传播"课程在每一讲视频内容的基础上迁移概念，并将迁移内容以富文本或文档形式预置于学习界面上，学生在观看视频的同时可以通过超文本链接跳转至迁移内容。例如，在课程第五章第四讲"用声音连接物理世界"中，教师在视频中谈到了"语音服务设备"等相关内容，此时学生在学习界面中就可以找到教学团队预置好的关于"智能服务"的讲解文稿。该课程不仅对于不同知识的迁移做网状结构设计，也为促进学生扎实掌握单个知识点采取了相同的设计结构。在教学视频中，屏幕不仅会浮现根据教师讲解内容提炼出的关键词字幕，还会根据当时所讲授的知识点弹出相关图片。另外，从教学结构设计来看，课程利用网络平台超文本特性整合视频内容、文本内容、单元小测、章节考试、结课考试等板块，有利于学生根据预习、学习、复习的不同阶段需求进行浏览。教学团队基于人脑的网状认知结构，结合网络教学平台提供的功能进行教学设计，契合了线上教学要求。

2. 回归情境性学习

情境性学习理论认为人们头脑中的知识与现实世界中的人类活动存在紧密的联系。从搭建情境化教学环境的思路出发，网络教学平台技术的发展满足了学生利用工具完善认知的物理需求。

"智能媒体传播"课程就是利用网络教学平台塑造情境化学习环境的一个案例。该课程借助平台相关功能搭建多模态教学内容，从图片视觉、文字视觉、视频视觉、语音听觉几个方面模仿隐含知识概念的真实情境，一些单元里还加入外链视频对所讲内容所在的物理环境进行场景还原模拟，强化学生对于知识的理解。课程试图通过现代教育技术实现对人脑的刺激，以文字、图片、外链视频的形式还原知识所存在的情境，加深学生对所学内容的印象。可以说，网络教学平台为多模态话语交际提供了条件支持，教师通过多模态教学设计打造情境化学习环境也加深了网络教学平台的利用程度。除此之外，教学团队在教案设计上也选择情境引入的话语方式，如在"智能媒体传播的核心：社交网络"这一单元中，教师选择从"智能时代的社交网络新生态"引入，以"社交平台、智能服务等行业现状"为切入点，带领学生走进对于智能时代大环境的整体认知，进入情境化学习环境后再去对学理性概念进行探讨。

众所周知，面对面交流由于可以通过传达手势、表情、语气等非语言线索使交流者有效感知对方的表达。从传播学视角考察线上教学，可以发现线上教学的实质是媒介辅助下的信息传播活动，其弊端就在于交流中非语言线索的部分缺失，这种缺失可能会导致学生对知识点理解程度的降低。因此，在线上教学的实践中，我们应当有意识地通过网络教学平台的多种功能打造情境化学习环境，增加课程中非语言线索的使用空间，有效弥补课堂临场感的缺失。

三、基本保障：确保线上教学的有效性

网络教学平台对我国教育工作起到了至关重要的作用，也对教师专业实践技术能力提出了要求。我们也需要注意到线上教学既有优势也有短板，如何确保教学的有效性成为当前高校需要解决的重要问题。

不同于传统课堂中教师对学生的实时、多方位关注，当前的线上教学对学生的监督手段较为单一。在传统的线下课堂中，由于教师可以对学生表情、动作等非语言线索类课堂表现进行观察，基本可以判断出学生对于知识点的掌握程度，而这种细节观察也正是线上教学所缺失的。这一问题促使我们在

教学效果检验工作中坚持多样性原则，不能以一张线上结课考试试卷的分数作为课程学习的唯一评价标准，而是从教学内容出发将试题预置在更多的教学环节中，并根据不同知识点在本课程中的重要程度设置不同的分值，以此全方位衡量学生对于课堂内容的消化情况。例如，在"智能媒体传播"课程中，每一讲的课程视频中都有一个预置问题，问题的提出源于本视频中教师刚刚讲解过的内容，答出该问题方可继续观看视频，这一做法不仅对学生进行了学习监督，也强化了学生对于特定知识点的认知。

另外，在高校线上教学工作蓬勃开展之际，我们也发现一些学生由于地区间网络环境差异、硬件设备落后等原因存在不能全身心融入课堂的现象。学生现实学习环境的个体间差异应当引起我们的注意。这要求我们的线上教学要以学生对课堂内容的掌握为直接目标，签到、考核等教学环节点到为止即可，如果借助网络教学平台的多种功能过多布置线上任务，不仅增加学生的负担，更有可能会降低学生的学习积极性。

总之，现代教育技术从来不是简单的知识传递媒介，而是学生认知过程中的支持工具和有机组成部分。教学设计者要正确认识学生在"互联网+"时代的自我学习能力、精准把握学生的心理现状、巧妙运用现代教育技术弥补线上课堂中的交流缺失，将高校的现有教学资源与现代教育技术有机融合。

媒介化社会中城市品牌形象的感知与管理[*]
——基于群体感知与城市管理二维视角

一、研究背景：媒介化与城市品牌形象传播

城市形象是指内外群体对一个城市形态所产生的一种认知、印象或联想的合集。它不仅指向一个城市在媒介中呈现的拟态形象，还包括城市社会文化、经济状况、环境生态、城市比较优势与战略规划等在内的现实内容。与商品一般，地理区域也可以被品牌化塑造，如凯文·莱恩·凯勒所言，"可以将任何事物品牌化"[①]。城市品牌化的目的在于让人们对该区域形成一定认知，并在此基础上凝结出某种形象和联想。可以说，城市品牌形象既是城市精神系统、行为系统和视觉系统的有机统一体，也是现实内容与群体感知的结合。

作为一种社会组织形式，城市聚落一般被认为是具有行政管辖功能的，是一定人口在有界区域内进行经济、文化与社会交流和联系的场所。因而城市的本质在于它既为人们聚合了各类功能和属性，又创造出新的价值和文化，并加以媒介化传播。从一般社会学意义上讲，人们在社会关系中产生必然或

---

[*] 本文原载于《现代传播（中国传媒大学学报）》2021年第2期，收入本书时略有删改。
① 凯勒.战略品牌管理［M］.卢泰宏，吴水龙，译.北京：中国人民大学出版社，2009：25.

偶然的矛盾，而这些"矛盾正是在城市中进行结晶和调解"①。

城市是一个涵盖了多重影响因子的庞大系统，"使我们在复杂的主体中间翻转，同时又赋予我们多元化"②。诚然，城市是更广阔的社会力量的表达和回声，故而对城市形象进行审视与评估研究需要一种整体视角。这种整体论的方法不仅可以丰富研究本身，使之更加自洽，也有助于一种"跨学科的城市形象研究范式的确立"③。

当下，智能融媒体技术与实践不断扩大信息传播、接收、转发、反馈的速度与广度。技术进步与融合促使人们的媒介使用与消费行为发生改变，并由此引发一系列认知结构转型。加之多元的个体心理因素，复杂的社会结构，经济、文化和政治场域的交互影响等，营造了与以往不同的特殊媒介环境。弗里德里希·克罗兹认为媒介化与全球化、个体化、商业化相互关联，一同被看作是影响社会、文化、政治和民主等人类长期生存环境的"元过程"（Metaprocess）。④ 作为常态的"媒介化"如何在日常生活、文化与社会仪式中不断构建"新的尺度与标准"，又如何在时间的推波助澜下构建出不同历史阶段中传播主体、形式、模式、效果与意义的新图景，这是一个历久弥新的话题。

在日新月异的传播语境下，城市品牌形象发展同样面临着确立"新尺度与新标准"的挑战。两年前区域科学领域出现的新词汇"算法国家"（Algorithmic Nations）⑤指出"技术政治"与"城市区域"之间密切关联且相互影响。新技术、新环境、新问题的冲击，加之个体情感价值与社会认同感的变迁，实际上都加剧了城市品牌形象发展的难度。但我们也应看到挑战所

---

① BEAUREGARD R A.Cities in the urban age [M].Chicago, IL, and London: Chicago University Press, 2018.
② AMIN A, THRZF T N.Seeing like a city [M].Cambridge: Polity Press, 2016: 69.
③ DEL CERRO SANTAMARIA G.Building transdisciplinary urban space (III): experimental transurbanism [J].Transdisciplinary journal of engineering & science, 2018, 9: 88-106.
④ KROTZ F.The meta-process of "Mediatization" as a conceptual frame [J].Global media & communication, 2007, 3 (3): 256-260.
⑤ CALZADA I.Algorithmic nations: seeing like a city-regional and techno-political conceptual assemblage [J].Regional studies, regional science, 2018, 5 (1): 267-289.

带来的机遇,它或多或少为城市管理者和参与者提供了新的启发,借此契机或可打开一个系统解决过往问题的新窗口。

二、研究设计:城市品牌形象感知与管理调查问卷

(一)研究思路

鉴于城市品牌形象不仅关联媒介形象,又涵盖与城市发展相关的各类现实内容,媒体所呈现的城市只是城市品牌形象传播的一部分,同时要考虑投资者、游客、居民、引进人才等内外群体对城市的感知、信念和想法,尤其当下面临着在社会化媒介场域中虚构与现实之间边界越来越模糊的挑战,更应对拟态与现实形象进行明晰区分,因而形象评估过程既要有媒介传播视角、公共管理视角,又要将城市形象与城市规划、城市文化、社会认同等因素结合起来,将城市形象放在城市整体发展格局中来考量,即不局限于形象谈形象。同时,城市形象与发展应当放在国内城市群竞争、国家发展战略、亚洲区域竞争和全球竞争格局中,用比较研究的视角来考察,即不局限于城市谈城市。

在借鉴西蒙·安浩的"竞争优势识别系统"和"城市品牌指标六维度模型"[①]的基础上,结合具体城市发展的客观情况和特点,我们将从城市品牌形象感知(城市的自然吸引力、人文吸引力、城市活力、城市包容力)和城市品牌形象管理(经济发展力、公共治理能力、传播能力)两个维度的7个方面28个指标,对城市品牌资源进行分析测量和整体评估。以新"新一线"城市佛山为案例,[②]尝试解析智能融媒体时代城市品牌形象的感知、管理与传播(见图1)。

---

① 安浩.铸造国家、城市和地区的品牌:竞争优势识别系统[M].葛岩,卢嘉杰,何俊涛,译.上海:上海交通大学出版社,2010:56.
② 2020年,广州省佛山市首次进入"新一线城市"榜单。"新一线城市"是第一财经·新一线城市研究所依据品牌商业数据、互联网公司的用户行为数据及数据机构的城市大数据对中国337个地级以上城市进行排名而得出的结果。

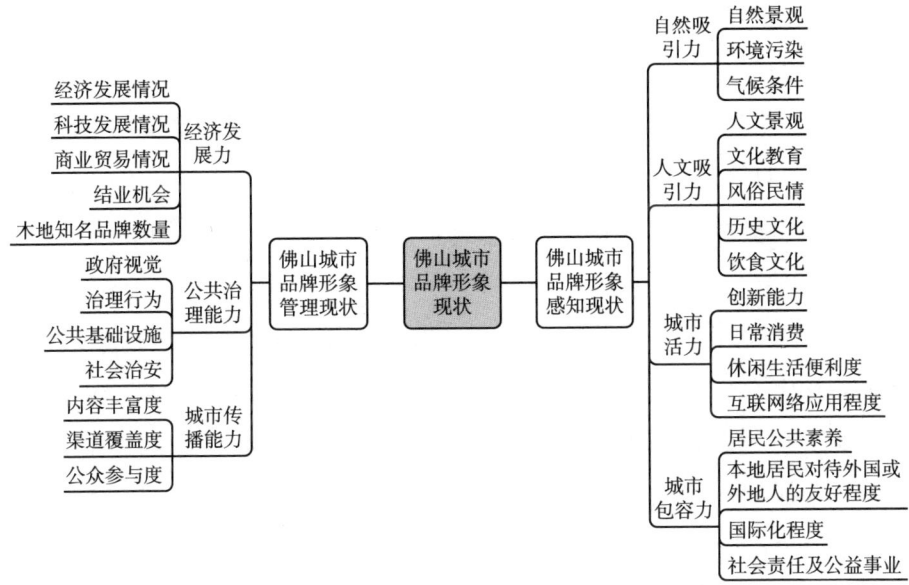

图 1　佛山城市品牌形象现状研究维度模型

　　城市的评价是一种复杂的、高度抽象的、无法直接观察的综合评价，因而需要将"佛山城市品牌感知现状"和"城市品牌形象管理现状"分解为"自然吸引力""经济发展力"等低层次的概念，细化后用具体的数字来进行度量，采用问卷调查法即可达成这个目的。同时，城市品牌形象研究涉及跨区域、跨文化、跨群体的比较，有必要采取多种研究方法相结合的方式，故研究又采取了小组座谈、调查问卷、内容分析、比较案例分析等混合研究方法。

　　其中，小组座谈主要针对城市的管理者（城市宣传、文广旅体、自然资源、生态环境、城管执法、发展改革、科技、商务等部门负责人）和投资者（当地特色产业基地、重大商贸和科技、文旅项目等负责人）。这有助于从佛山当地视角深度分析和解读其城市品牌形象内涵，从基础指标中筛选出与佛山城市品牌形象更为相关的考察维度。佛山城市品牌形象现状评估研究主要采用调查问卷法进行信息与数据收集，借助 SPSS 软件进行数据处理与统计分析，并结合与佛山市政府、投资者的多轮座谈内容和相关文献资料进行研判与描述。

（二）问卷设计

本次调查问卷主要针对城市居民及城市到访者（游客、外来务工或学习人员及商务差旅人员等），通过经济形象、生态形象、文化形象、城市推广等若干维度，对佛山城市品牌形象现状做客观了解和剖析。除此之外，从佛山城市内群和佛山城市外群两个维度展开，又根据人群与佛山城市之间的关系将两个维度做了进一步划分。佛山城市内群分为"土生土长的佛山人""在佛山工作"和"在佛山办企业"三类；佛山城市外群分为"曾到佛山旅游""曾到佛山出差"和"从未到过佛山"三类。在7个维度28个具体指标的基础上，结合佛山城市发展的客观情况与特点，问卷共设计了6道个人信息题、15道多选题、9道评分题，对佛山城市品牌形象感知和城市品牌形象管理现状进行全面评估。

对于佛山内群体，本研究采用滚雪球抽样法，委托佛山市政府向市内群体发放调查问卷。对于佛山外群体，为了充分全面而客观地了解佛山在不同类型群体中的形象差异，本次调查采用配额抽样法，在问卷调研部分对被调研者的性别、年龄、学历、职业分布和地域属性做了配额调控。

（1）性别配额：男女比例各约50%；

（2）年龄配额：61岁以上占比不超过10%；

（3）学历配额：小学、初中以下比例合计不超过10%；

（4）职业分布配额："学生"和"政府/机关干部/公务员"占比均不超过20%，"企业管理者（企业中高层管理者）"与"私营业主/个体经营者/承包商"占比均不低于20%；

（5）地域属性配额：华北、华东、华南（不含佛山）各约100份，东北、华中、西南、西北各50份。

（三）结果分析

最终回收调查问卷3196份，经筛选，有效问卷一共2597份。其中佛山城市内群有效问卷1840份，受调研者类型分别为"土生土长的佛山人（1022份）""在佛山工作（802份）"和"在佛山办企业（16份）"；佛山城市外群有效问卷 597 份，受调研者类型分别为"曾到佛山旅游（251 份）""曾到佛山出差（83 份）"和"从未到过佛山（263 份）"。

为尽可能规避人为因素影响，本研究采用客观赋权法（根据指标的客观信息来确定指标权重）。又因 2597 份问卷数据所反映出的具体指标（三级指标）信息量不同，进而确定采用熵值法，即根据问卷数据的信息混乱程度来确定出最适合本调查问卷的指标权重构建（见表 1）。熵值是对不确定性的一种度量，反映的是无序数据的混乱程度。信息量越大，熵值越小，不确定性就越小；信息量越小，熵值越大，不确定性也就越大。因而利用熵值法进行权重计算，可以为多指标综合评价提供客观依据。[①]

代入问卷共有 2597 个样本、28 项具体指标，可计算各具体指标的权重，进而得出各二级指标综合得分，用主成分分析法测得各二级指标权重，求出佛山城市品牌形象感知和城市品牌形象管理两个一级指标的最终综合得分。

代入问卷结果后，即可算出各级指标的综合得分，在此不再赘述，详细的三级指标综合得分见表 2。

表 1 城市品牌形象评估指标权重构建结果

一级指标	二级指标	二级指标权重（%）	三级指标	三级指标权重（%）
城市品牌形象感知	自然吸引力	23.59	自然景观	26.15
			环境污染	47.36
			气候条件	26.49
	人文吸引力	25.66	人文景观	20.90
			文化教育	24.90
			风俗民情	22.06
			历史文化	18.47
			饮食文化	13.67

---

① 杨宇. 多指标综合评价中赋权方法评析［J］. 统计与决策，2006（13）：17-19.

续表

一级指标	二级指标	二级指标权重（%）	三级指标	三级指标权重（%）
城市品牌形象感知	城市活力	25.52	创新能力	28.78
			日常消费	23.92
			休闲生活便利度	24.54
			互联网络应用程度	22.77
	城市包容力	25.24	居民公共素养	22.88
			本地居民对待外国或外地人的友好程度	19.30
			国际化程度	30.38
			社会责任及公益事业	27.43
城市品牌形象管理	经济发展力	33.38	经济发展情况	16.33
			科技发展情况	20.66
			商业贸易情况	17.75
			就业机会	23.27
			本地知名品牌数量	21.98
	城市公共治理能力	32.98	政府视觉	26.77
			治理行为	28.29
			公共基础设施	26.19
			社会治安	18.74
	城市传播能力	33.63	内容丰富度	31.15
			渠道覆盖度	32.62
			公众参与度	36.23

表 2 城市品牌形象评估各指标综合得分

一级指标	一级指标综合评价得分		二级指标	二级指标综合评价得分		三级指标	三级指标综合评价得分	
	佛山内群体	佛山外群体		佛山内群体	佛山外群体		佛山内群体	佛山外群体
城市品牌形象感知	3.9206	4.0442	自然吸引力	3.7691	3.8201	自然景观	3.97	4.32
						环境污染	3.57	3.39
						气候条件	3.93	4.10
			人文吸引力	4.0394	4.1622	人文景观	3.98	4.25
						文化教育	3.84	3.79
						风俗民情	4.00	4.29
						历史文化	4.17	4.31
						饮食文化	4.38	4.30
			城市活力	4.016	4.1726	创新能力	3.91	4.10
						日常消费	3.99	4.03
						休闲生活便利度	4.06	4.34
						互联网络应用程度	4.14	4.22
			城市包容力	3.845	4.0039	居民公共素养	3.88	4.03
						本地居民对待外国或外地人的友好程度	4.08	4.19
						国际化程度	3.70	3.90
						社会责任及公益事业	3.81	3.97

续表

一级指标	一级指标综合评价得分		二级指标	二级指标综合评价得分		三级指标	三级指标综合评价得分	
	佛山内群体	佛山外群体		佛山内群体	佛山外群体		佛山内群体	佛山外群体
城市品牌形象管理	3.9112	4.0658	经济发展力	3.8968	4.1173	经济发展情况	4.04	4.34
						科技发展情况	3.88	3.94
						商业贸易情况	3.96	4.40
						就业机会	3.79	4.07
						本地知名品牌数量	3.87	3.95
			城市公共治理能力	3.9771	4.0982	政府视觉	3.95	4.00
						治理行为	3.91	4.07
						公共基础设施	3.93	4.20
						社会治安	4.19	4.14
			城市传播能力	3.8608	3.9829	内容丰富度	3.90	4.17
						渠道覆盖度	3.88	3.93
						公众参与度	3.81	3.87

三、城市品牌形象感知现状分析

根据城市品牌形象评估指标体系，本研究从自然吸引力、人文吸引力、城市活力和城市包容力四个维度对佛山城市品牌形象感知现状进行评估，并结合专家座谈、实地考察、内容分析等方法对既有数据进行描述分析。

（一）自然吸引力指标

对自然吸引力进行评估，其目的不仅在于了解一个城市自然资源与条件方面的优势与不足，更在于借助受调查者的感知状态，结合其他质性研究工具,对城市印象的潜力、问题和在地化特征进行初步描绘。数据显示,受调查的圈内外群体对佛山自然吸引力二级指标的感知分层基本一致,其中自然景观的满意度最高。同时,整体呈现出佛山外部群体评价明显高于当地受众、好感度略向外圈倾斜的态势。这既符合陌生化美学规律,也展现出佛山作为"新一线"城市发展所具有的得天独厚的自然优势及其在环境保护方面承受的压力(见图2、表3)。

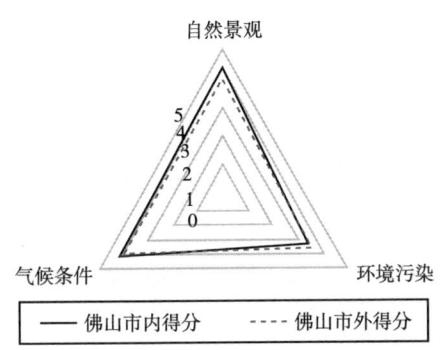

图2 佛山内外群对自然吸引力分项评价得分雷达图

表3 佛山内外群对自然吸引力分项评价得分

一级分类	具体指标	佛山市内得分	佛山市外得分
自然吸引力	自然景观	3.97	4.32
	环境污染	3.57	3.39
	气候条件	3.93	4.10

(二)人文吸引力指标

通过对人文吸引力及其构成指标分析,研究发现在五项指标中,佛山内群体评价最高的是饮食文化,佛山外群体评价最高的是历史文化;而内外群体评价最低的都是文化教育,这一项与本地相对匮乏的高校资源和科研能力的现实困境相一致。作为历史文化名城,佛山具备相当的城市人文形象发展潜力。例如,以"顺德美食"为地标的饮食文化在岭南甚至全国闻名遐迩,以叶问、李小龙、黄飞鸿等名人事迹为代表的"功夫文化"更是借着过往无数影像叙事得以家喻户晓。同时结合调研发现，佛山城市发展面临着文化主体形象缺失、高校科教资源支撑不足、人文景观保护度略低与文化视觉表达欠缺等一系列既有问题（见图3、表4）。

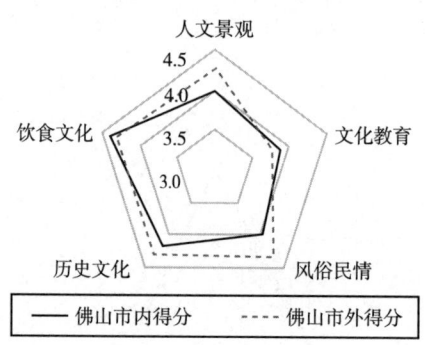

图 3　佛山内外群对人文吸引力分项评价得分雷达图

表 4　佛山内外群对人文吸引力分项评价得分

一级分类	具体指标	佛山市内得分	佛山市外得分
人文吸引力	人文景观	3.98	4.25
	文化教育	3.84	3.79
	风俗民情	4.00	4.29
	历史文化	4.17	4.31
	饮食文化	4.38	4.30

（三）城市活力指标

通过对四个城市活力构成指标进行分析，内外群体对互联网络应用程度、休闲生活便利度两项的满意度普遍较高，其中佛山市外群体对休闲生活便利度的评价显著高于佛山市内群体。内外群体对创新能力、日常消费两项指标普遍评价较低，在总体评价都高于佛山市内群体的情况下，佛山市外群体对日常消费的评价仅略高于佛山市内群体。这在侧面上进一步验证了佛山城市人格形象的"内敛"与"质朴"特征,这一特质符合佛山以制造业作为发展之本的实干精神。实际上佛山先进制造业和战略性新兴产业早已进入智能化提速升级的阶段,但在成果积累与企业传播上略显不足(见图4、表5)。

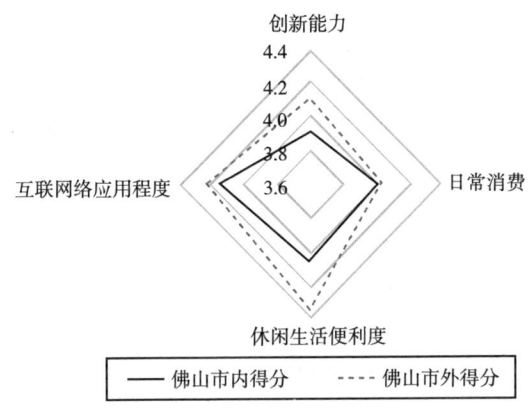

图4 佛山内外群对佛山城市活力分项评价得分雷达图

表5 佛山内外群对佛山城市活力分项评价得分

一级分类	具体指标	佛山市内得分	佛山市外得分
城市活力	创新能力	3.91	4.10
	日常消费	3.99	4.03
	休闲生活便利度	4.06	4.34
	互联网络应用程度	4.14	4.22

(四)城市包容力指标

城市包容力是衡量一个城市人文素养和管理文明的重要尺度。对该指标进行评估的目的在于了解一个城市对于"外地人群体"的接受程度,这里的外地人既包括外来游客、商务出差人士,也包括从全球各地来到一个城市求学、就业或投资办企业的各类人士。结合收集到的材料分析发现,佛山本地居民对待外国或外地人的友好程度较高，社会保障扶持力度较大，居民基本公共素养较高。然而，内外群均认为佛山国际化程度水平不高（见图5、表6）。

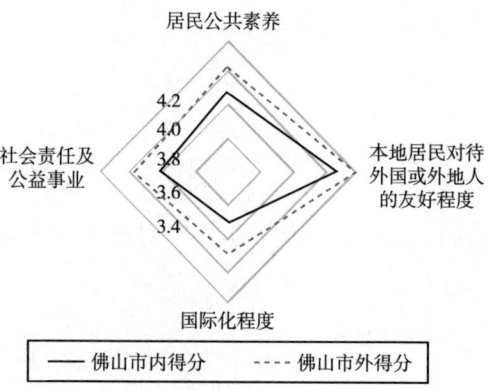

图 5　佛山内外群对佛山城市包容力分项评价得分雷达图

表 6　佛山内外群对佛山城市包容力分项评价得分

一级分类	具体指标	佛山市内得分	佛山市外得分
城市包容力	居民公共素养	3.88	4.03
	本地居民对待外国或外地人的友好程度	4.08	4.19
	国际化程度	3.70	3.90
	社会责任及公益事业	3.81	3.97

（五）指标对比

整体来看，佛山外群体对四个维度的评价普遍高于佛山内群体，这在一定程度上折射出社会认同视角下内群体对本地发展的较高期冀和未来愿景。在内外群体对佛山城市品牌形象感知中，人文吸引力和城市活力最具优势，自然吸引力、城市包容力相对处于劣势（见图6、表7）。

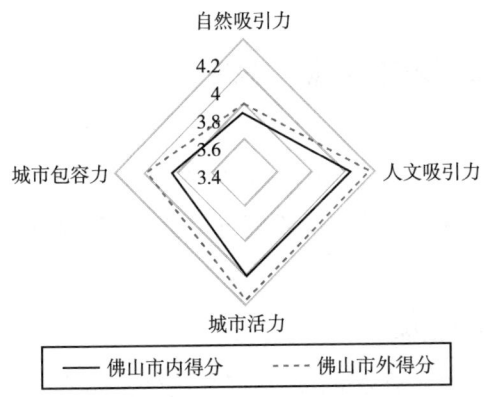

图 6 佛山内外群对佛山城市品牌形象感知评价得分雷达图

表 7 佛山内外群对佛山城市品牌形象感知评价得分

一级分类	佛山市内得分	佛山市外得分
自然吸引力	3.77	3.82
人文吸引力	4.04	4.16
城市活力	4.01	4.17
城市包容力	3.85	4.00
佛山城市品牌形象感知	3.92	4.04

归根结底，如何使一座城市拥有吸引力？凯文·林奇曾在《城市意象》一书中指出，城市应当拥有个性鲜明的形象与结构特征，而最吸引人的城市印象应是"起源于艺术，发展于需求"[①]。但事实上，几乎没有一个城市周边能摆脱千篇一律的蔓延，而这种所谓城市空间中的艺术与需求的共存恰恰折射出一座城市的文化意象与物质功能两类属性的冲突和融合。曼纽尔·卡斯特指出，认同是人们获得其生活意义和经验的来源，它是个人对自我身份、地位、利益和归属的一致性体验。应对这种冲突与融合的关键手段之一是关注内外群体对于具体考察指标下精神、行为和符号体系的城市认同度，关注群际关系和个体的群体成员身份（集体自我）的社会认同度。

---

① 林奇.城市意象[M].方益萍，何晓军，译.北京：华夏出版社，2001：70.

四、城市品牌形象管理现状分析

根据佛山城市品牌形象管理评估指标体系，研究拟从经济发展力、城市公共治理能力、城市传播能力三个维度对相应的管理现状进行评估。

（一）经济发展力指标

经济发展情况和商业贸易情况受到佛山内外群体的一致高评价，是佛山经济发展力的两项显著优势。佛山内群体认为佛山经济发展情况最佳，佛山外群体赞叹于佛山的商业贸易情况，在问卷 7 个维度 28 个具体指标中给该项打出了最高分（4.40 分）。在科技发展情况上，佛山内外群体评价差异较大，从相对值来看，佛山内群体认为科技发展水平相对较高，但佛山外群体对该项感知较差，给出了最低评分，本地知名品牌数量一项亦是如此（见图 7、表 8）。

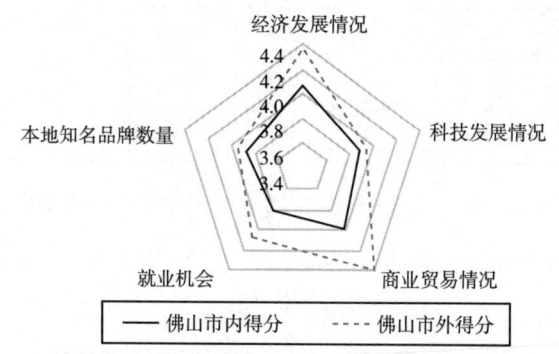

图 7　佛山内外群体对佛山经济发展力分项评估得分雷达图

表 8　佛山内外群体对佛山经济发展力分项评价得分

一级分类	具体指标	佛山市内得分	佛山市外得分
经济发展力	经济发展情况	4.04	4.34
	科技发展情况	3.88	3.94
	商业贸易情况	3.96	4.40
	就业机会	3.79	4.07
	本地知名品牌数量	3.87	3.95

（二）城市公共治理能力指标

佛山内外群体普遍认为城市社会治安较好，但内群体对城市治理行为评价略低。此外，佛山外群体对政府视觉评价较低，认为佛山办公建筑、政府文件、部门标识等的视觉效果一般；外群体在公共基础设施、治理行为两项上比内群体更为满意，但这类差异可能是居住时间、参与程度不同而导致的体验与感知上的不同（见图8、表9）。

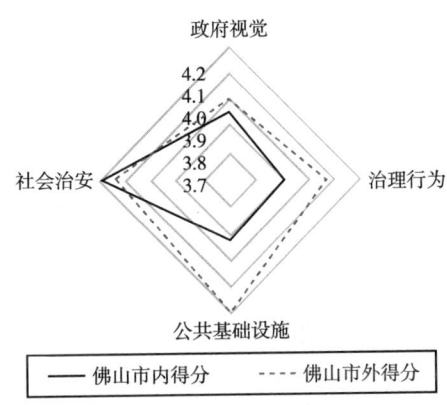

图8　佛山内外群对佛山城市公共治理能力分项评估得分雷达图

表9　佛山内外群对佛山城市公共治理能力分项评价得分

一级分类	具体指标	佛山市内得分	佛山市外得分
城市公共治理能力	政府视觉	3.95	4.00
	治理行为	3.91	4.07
	公共基础设施	3.93	4.20
	社会治安	4.19	4.14

（三）城市传播能力指标

城市传播能力是城市软实力评估的重要组成部分，对于城市传播能力的评估有助于了解一个城市在城市形象构建过程中能否实现有效的对内、对外传播（见图9、表10）。

经对比分析，内外群体一致认为，"城市传播能力"拉低了佛山城市综合品牌形象管理现状，其总体评价低于"经济发展力"和"城市公共治理能力"。在"城市传播能力"的细分指标中，公众参与度依次低于内容丰富度和渠道覆盖度，是佛山城市传播能力中的最弱环节。在智能融媒体时代，这不仅意味着社会主体参与度低，更折射出公众对媒体社会传播效力感知上的不足。

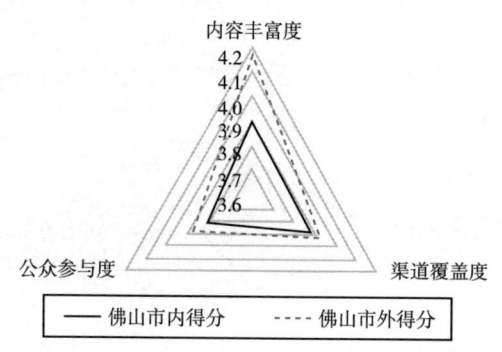

图9　佛山内外群对佛山城市传播能力分项评估得分雷达图

表10　佛山内外群对佛山城市传播能力分项评价得分

城市形象管理分类评估	具体指标	佛山市内得分	佛山市外得分
城市传播能力	内容丰富度	3.90	4.17
	渠道覆盖度	3.88	3.93
	公众参与度	3.81	3.87

（四）指标对比

通过指标分析，可以直观地看出佛山外群体对三个维度的评价普遍高于佛山内群体，这在一定程度上体现了外群体对佛山的良好印象和对佛山品牌管理现状的肯定（见图10、表11）。虽然佛山外群体对其经济发展力评价最高，佛山内群体认为佛山的城市公共治理能力最为优秀，但内外群体一致认为佛山城市传播能力普遍不足，甚至在访谈中提及：传播能力的不足已成为阻碍佛山城市发展的"绊脚石""裹足布"。实际上，这是城市品牌形象传播的通病之一。

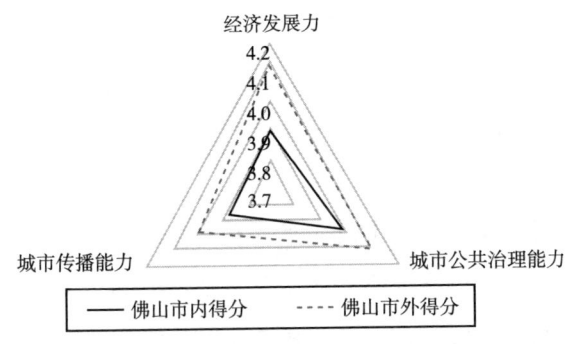

图 10　佛山内外群对佛山城市品牌形象管理评估得分雷达图

表 11　佛山内外群对佛山城市品牌形象管理评价得分

一级分类	佛山市内得分	佛山市外得分
经济发展力	3.90	4.12
城市公共治理能力	3.98	4.10
城市传播能力	3.86	4.00
佛山城市品牌形象管理	3.91	4.07

五、结论

在全球转型的"工业 4.0"浪潮中，向智能领域全面进军的信息技术与制造业的深度融合或将成为决定城市综合实力的关键因素。在信息技术的带动下，制造业产业结构变革加速了城市多领域融合发展进程，这为城市品牌塑造打牢了"刚性"基础，很大程度上决定了人们对一个城市品牌形象的基本认知。在本案例中，作为制造业重镇的佛山首次进入"2020 城市商业魅力排行榜"新一线榜单。然而，对于塑造城市品牌形象、提炼或构建城市价值来讲，城市品牌形象传播问题不容忽视。

在智能融媒体的新历史语境下，重新检视城市传播环境、问题表征与发展潜力，不仅有助于指导当前城市品牌重塑实务，亦是对城市品牌形象传播理论与内涵的极大丰富。相较于杭州、苏州、成都等"老牌"新一线城市，佛山作为"新"新一线城市，在商业资源集聚度、城市枢纽性、城市活跃度、生活方式多样性、"未来可塑性"①等方面表现出较大的发展潜力与提升空间。结合调研与统计结果,在分析佛山一类城市品牌形象传播的共性问题与发展潜力的基础上,总结以下几点方向性思考。

(一)明确核心定位,挖掘城市品牌主体形象

佛山市自然与文化资源丰富,城市形象塑造空间极大,但由于描述角度过多,且主体不明,导致城市品牌形象定位较为模糊,受众很难形成完整的形象感知,进而造成一定程度上的传播困难,难以实现城市品牌效应。因此,寻找既有的品牌文化在内涵与外延上的通融性,挖掘多元品牌形象的主导元素,并借助智能融媒体平台进行整合传播,"明确角色、多元归一",这点至关重要。

(二)提高融媒体意识,有效规划城市品牌战略

构建城市品牌形象离不开有效的传播方式。正如美国城市学者吉伯德所言,城市中一切看得到的东西,都是要素。城市形象包含了广泛的要素指标,而城市品牌可以唤起人们对各要素微妙而复杂的组合联想,城市品牌形象传播所要完成的任务就是帮助这些"组合联想"顺利实现。

(三)完善用户意识,合理提升内外群参与度

内部公众是城市品牌形象传播的基础力量,他们既是城市品牌形象传播活动的主体,又是城市品牌形象本身的一部分。在当下社会化媒体时代,外部公众成为城市品牌形象传播过程中不容忽视的一股力量,他们通过社交媒体平台,以多种方式、多种传播渠道将自我的认知、理解甚至偏见传播出去。针对不同的受众,应采取不同的传播策略和形式来提高互动机会,使城市品牌增添活力,提升用户认可度。

---

① 未来可塑性由创新氛围指数、人才吸引力指数、消费潜力指数、城市规模与增长指数构成。

（四）打造识别系统，创新城市品牌视觉符号

目前，佛山一类城市品牌形象传播缺少一套统一明确、行之有效、广泛应用的城市品牌识别系统。此外，在城市品牌传播的国际化和融贯性等方面亦有待进一步提升。

城市形象感知与管理是一个城市整体发展的重要组成部分。城市品牌形象传播是顺应社会发展规律，推动城市发展不可或缺的媒介过程。未来，在佛山城市品牌形象定位与传播过程中需要体现城市核心价值，遵循一些既有的规律与原则，如真实性、在地化、导向性和认同性等原则；同时顺应城市智能化、媒体融合化的趋势。在媒介化社会发展进程中，结合感知与管理两个维度，连接城市内外群体与城市管理服务者，合力提升城市品牌形象传播力。

心理契约与中国内地媒介员工责任感建构*
——对广东惠州广播电视台的个案调查研究

一、引言：心理契约的相关概念

心理契约的最初假设是认为组织和员工之间是一种互惠互利的关系，双方均需要有一定的付出，也需要得到一定的收益，而这种交换会在员工的内心中以社会规范和价值观的形式建立起来。这一理论重点强调"在员工与组织的相互关系中除了正式的经济契约（体现在雇佣合同中）规定的内容之外，还存在着隐含的、非正式的、未公开说明的相互期望和理解，它们构成了心理契约的内容"。

一般来说，心理契约包括员工的心理契约和组织的心理契约两部分，也就是员工和组织对彼此责任的认知和信念系统，具体表现为组织对员工的责任和员工对组织的责任两个方面。近期对心理契约的研究认为对其研究应从交易维度（Transactional Dimension）、关系维度（Relational Dimension）和团队维度（Teamplayer Dimension）三个方面展开。其中交易维度指的是组织为员工提供经济和物质利益，员工为组织承担基本的工作责任；关系维度指的是员工与组织之间关注与广泛的、长久的、开放的联系，契约双方彼此关怀、相互信赖和忠诚；团队成员维度指的是彼此在对方的事业发展和成功的过程

---

* 本文原载于《现代传播（中国传媒大学学报）》2008年第4期，收入本书时略有删改。

中所承担的责任，即企业为员工的事业发展与成长创造机会，员工不断改善自身的技能和知识结构，促进组织事业的发展与成功。

二、研究缘起

1. 研究目的

心理契约的核心内容是"组织责任"与"员工"之间的关系。当员工对组织为自己提供的责任感到满意时，会自觉自愿地完成对组织所承担的责任。因此，媒介组织责任的完成情况将直接影响到从业人员的工作态度。

媒介工作充满了创造性和挑战性，对于新闻从业人员，他们不仅仅需要物质上的满足，还往往希望在工作过程中获取一种精神上的满足感。这种满足感更多地来自领导的赏识、社会的认可，这就需要媒介组织为其提供广阔的发展空间、公平的竞争机制和良好的团队关系。这是我们亟须将心理契约的管理模式引入媒介人力资源管理的重要原因，也是我们展开此次研究的核心目的。

本研究旨在从心理契约中"组织对员工的责任"角度考察广东惠州广播电视台员工对其组织的责任完成情况的认知。本调查的主要目的在于全面了解媒介单位在承担"组织责任"中存在的问题，找出现阶段媒介员工关注的主要问题，如薪酬、福利、管理、培训等，在媒介单位体制改革的过程中，对于"组织责任"情况的考察能够有效地评估组织政策的实施状况并对未来的发展规划提供有价值的参考，同时促进媒介单位与员工之间的沟通和交流。

2. 研究对象

此次调查的研究对象为位于中国极具经济活力的珠江三角洲地区的广东惠州广播电视台。选取广东惠州广播电视台作为此次个案调查的研究对象，一方面是基于当地良好的媒介发展态势；另一方面是考虑到在中国的媒介人力资源管理研究中较少关注作为中国"四级办电视"的最基层单位的人事状况，而有关于此的实证研究更是为数不多。在我国的媒介行业中，地方媒介的新闻从业人员数量是最大的。因此，惠州广播电视台的情况，可以真实地反映中国媒介员工的工作现状。

3. 研究方法

本次调查研究使用个案研究方法，重点集中在对广东惠州广播电视台组织责任的考察。调查主要采用问卷调查法。此次调查问卷设计以 Rousseau 于 1990 年和 2000 年编制的心理契约调查问卷为基础，参考中国社会科学院社会学所李原博士提出的心理契约三维结构模型的基本架构，从规范型责任、人际型责任和发展型责任三个方面编制了关于员工对组织责任满意度的调查问卷。

三、广东惠州广播电视台组织责任调查结果的分析报告

研究人员于 2006 年 8 月 1 日至 6 日在广东惠州广播电视台进行全面调查。惠州广播电视台共有员工 650 人，发放问卷 650 份，回收有效问卷 517 份，回收率为 79.5%。研究人员在短时间内获得了大量的一手资料，得到的结果有较强的概括性，基本真实地反映了惠州广播电视台员工对电视台"组织责任"完成现状的认知情况。

（一）结果分析

1. 规范型责任的考察

规范型责任主要指通过经济和物质条件吸引员工，其中包括薪酬、福利、办公环境等内容。规范型责任是组织必须付出的人力成本，也是吸引和留住优秀人才的手段。从经济学的观点看，它既是员工在组织中投入劳动的报酬，也是组织的成本支出。

（1）员工对薪酬的满意程度

在本次调查中，共有 370 名员工回答了该问题。从统计数据看，其中仅有 13.0% 和 1.4% 的被访者分别对于薪酬表示比较满意和非常满意，34.0% 的被访者则对目前的薪酬状况表示不太满意，12.1% 的被访者甚至表示非常不满意，另有 39.5% 的被访者表示一般。因此，从总体来看，惠州广播电视台的员工对于薪酬处于非满意状态。

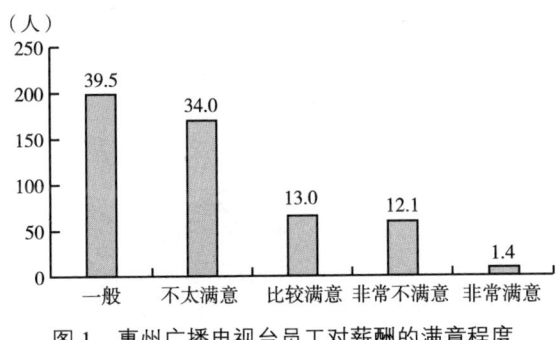

图 1　惠州广播电视台员工对薪酬的满意程度

在总体满意度的基础上，我们对不满意的被访者所在的部门做了分项统计。在有效问卷中，我们可以看到，在对薪酬表示非常不满意的 41 名被访者中，22 人来自技术部门，10 人来自各栏目部门，共占 78.04%；表示不太满意的 123 名被访者中，44 人来自各栏目，30 人来自技术部门，27 人来自播出部门，占该类人群总数的 82.11%。也就是说，技术部门中对薪酬感到不满意的员工占其被访员工总数的 57.78%，播出部门中对薪酬感到不满意的员工占被访员工总数的 55.56%，栏目部门中对薪酬感到不满意的员工占被访总数的 41.54%。由此可见，技术部门对于薪酬不满意的现象相对比较严重。

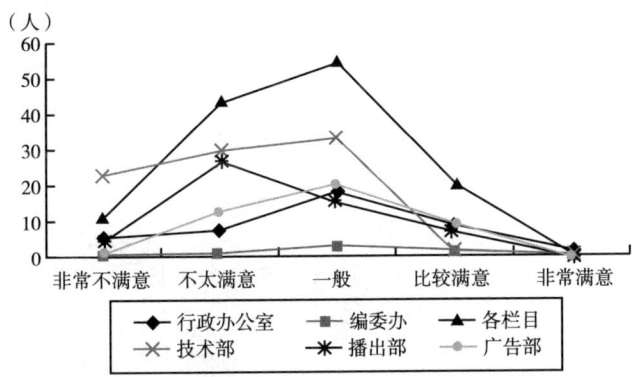

图 2　惠州广播电视台各部门员工对薪酬的满意程度

（2）员工对福利的满意程度

调查数据显示，员工对于福利待遇的看法相对好于薪酬问题，认为单位福利待遇比较差和非常差的被访者共占 34.8%，认为比较好和非常好的共占

12.0%，而其余 53.2% 的被访者则表示一般。

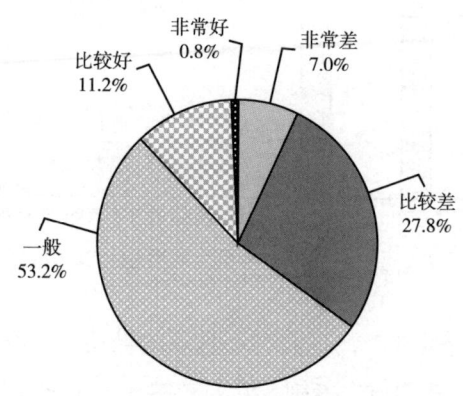

图 3　惠州广播电视台员工对福利待遇的满意程度

（3）对办公环境的满意程度

在对于办公环境的调查中，有 23.71% 的被访者对于办公环境表示了不同程度的不满，28.68% 的被访者表示比较满意或非常满意，其余 47.61% 的被访者表示一般。通过交互式分析我们可以看到，在对于办公环境表示不满的被访者中，37 人来自各栏目，24 人来自技术部门，20 人来自播出部门。栏目部门中对办公环境不满的被访者占其总数的 28.68%，技术部门中对办公环境不满的被访者占其总数的 26.97%，播出部门中对办公环境感到不满的被访者占其总数的 36.36%。

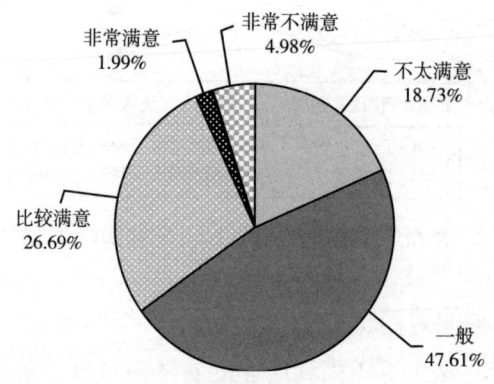

图 4　惠州广播电视台员工对办公环境的满意程度

部门	对办公环境的看法					总计
	非常不满意	不太满意	一般	比较满意	非常满意	
行政办公室	0	3	22	16	2	43
编委办	0	2	3	2	0	7
各栏目	10	27	59	32	1	129
技术部	4	20	45	20	0	89
播出部	4	16	23	12	0	55
广告部	0	2	17	18	6	43
总计	18	70	169	100	9	366

图 5　惠州广播电视台各部门员工对办公环境的满意程度

2. 发展性责任的考察

所谓发展型责任就是组织为员工的职业发展提供的空间和机会，具体来说，包括业务培训和工作成就感。对员工在工作中是否能产生成就感以及成就感的基本构成要素的调查将为组织在培养员工责任感、预防人才流失等问题上提供重要参考。

（1）员工对业务培训的满意程度

从图 6 我们可以看到，在过去的一年当中，有 35.17% 的被访者从未参加过任何培训，44.79% 的被访者接受过 1 到 2 次培训，14.31% 的被访者接受过 3 到 5 次培训，仅有 5.72% 的被访者参加过 6 次以上的培训。

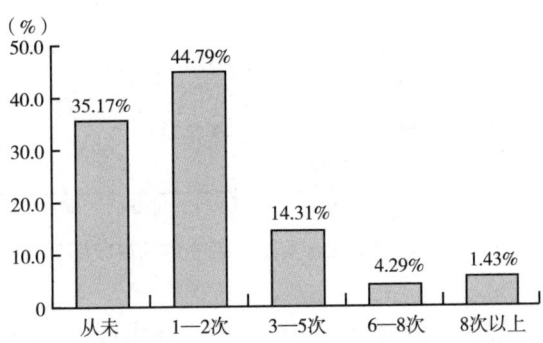

图 6　惠州广播电视台员工去年参加培训的次数

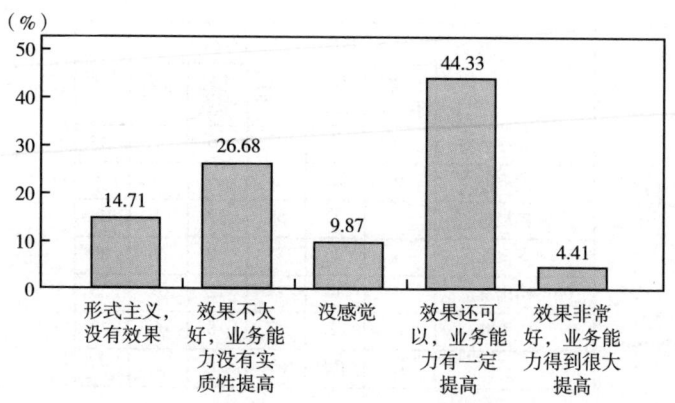

图7 惠州广播电视台员工对培训效果的态度

在培训效果上，14.71%的被访者认为培训只是形式主义，没有效果；26.68%的被访者认为培训效果不太好，对于个人的业务能力没有实质性提高；9.87%的被访者对于培训效果表示没有感觉；44.33%的被访者认为培训的效果还可以，个人的业务能力有一定提高；4.41%的被访者认为培训效果非常好，个人的业务能力得到很大提高。

（2）员工对工作成就感的态度

在工作成就感方面，44.06%和11.27%的被访者分别偶尔和经常觉得有成就感，另有30.78%的被访者认为很少甚至从来不曾有成就感。

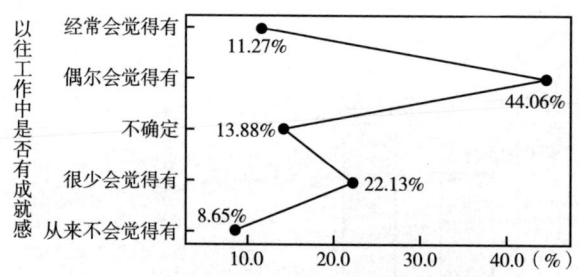

图8 惠州广播电视台员工在工作中的成就感调查

为了进一步了解员工成就感的构成，我们要求被访者在领导的表扬或同事的鼓励、奖金或薪酬的提升、办公环境的改善、作品获奖或受到好评、工作自主性的增强、自身知名度的提高、职位的提升以及其他八个指标中做出选择。统计结果显示，员工在获得薪酬的提升、领导的表扬或同事的鼓励以及工作自主性的增强这三种情况下，更容易产生成就感。

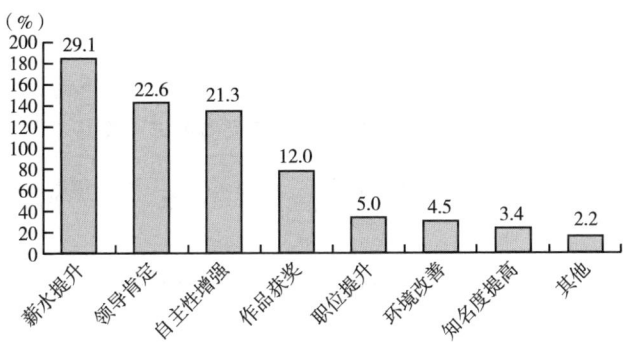

图9　惠州广播电视台员工认为获得成就感的形式

3. 人际型责任的考察

人际型责任的考察主要指组织提供良好的人际环境，与员工之间建立积极的情感联系。这种情感上的联系一方面来自企业与员工个人，另一方面体现在员工与员工之间的合作关系。

（1）员工对与领导关系的满意程度

调查结果显示，34.15%和10.30%的被访者分别表示在与领导交流时"比较轻松"和"非常轻松"；22.42%的被访者表示比较拘谨，3.64%的被访者表示非常拘谨；另外有29.40%的被访者表示一般。

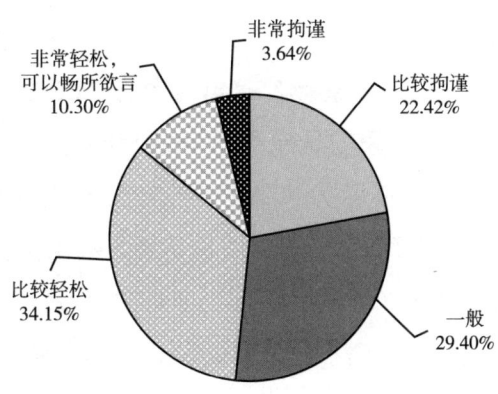

图10　惠州广播电视台员工与领导交流的状况

我们在调查中要求被访者对惠州广播电视台的管理人员的形象作出评估。被访者基本表示比较认同的指标为"认真负责""勇于创新""具有前瞻性",而在对员工"一视同仁"、同员工"沟通"和是否具有"人情味"等方面,领导的形象比较负面。

表 1　惠州电视台员工对领导形象描述(%)

选项对管理者的描述	不同意(完全不同意,比较不同意)	一般	同意(完全同意,比较同意)
创新	10.1	34.8	55.1
一视同仁	26.9	34.8	38.3
沟通	21.6	41.6	36.7
前瞻	13.2	35.7	51.1
人情	17.0	43.0	39.9
效率	11.6	44.6	43.8
认真	6.4	33.3	60.3

(2)员工对领导管理的满意程度

调查显示,22.95%和5.39%的被访者分别认为本台所制定的奖惩标准不太合理和非常不合理;仅有19.56%和0.60%的被访者分别认为比较合理和非常合理;而51.50%的被访者认为一般。

我们在调查中发现,在对惠州广播电视台所采取的绩效考核方式的看法上,评价为"不太科学"和"比较科学"的被访者人数比例分别是21.2%和19.4%,而4.2%的被访者认为"非常不科学",仅有0.6%的被访者评价为"非常科学",而选择回答"一般"的被访者人数比例占到了54.7%。根据交互式分析的进一步分析发现,各部门回答"一般"的人数比例均为各项满意度的最高比例,而回答"比较科学"和"不太科学"的被访者人数基本持平。

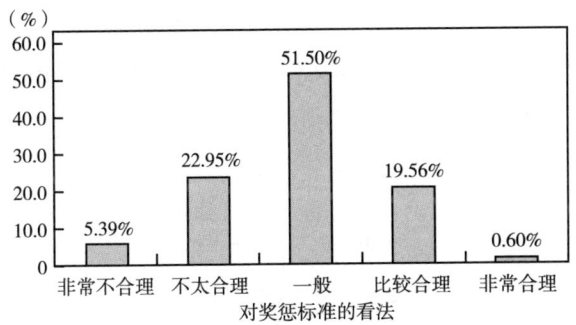

图 11 惠州广播电视台员工对奖惩标准的看法

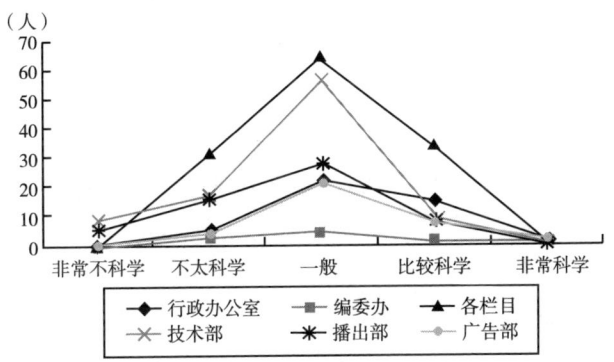

图 12 惠州广播电视台各部门员工对奖惩标准的看法

（3）员工对与同事关系的态度

在同事之间关系的问题上，59.07% 的被访者认为比较融洽，24.80% 的被访者认为非常融洽，12.90% 的员工认为一般，其余 2.42% 和 0.81% 的员工分别选择了比较紧张和非常紧张。

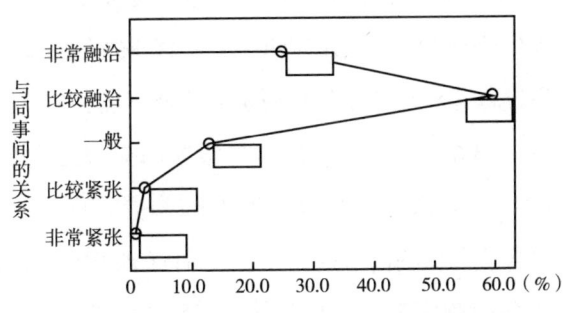

图 13 惠州广播电视台员工与同事的关系

在回答"在您过去的工作中,您与同事的合作情况"这一问题时,分别有62.22%和18.99%的被访者表示比较愉快和非常愉快,16.36%的被访者表示一般,2.42%的员工表示不太愉快或非常痛苦。

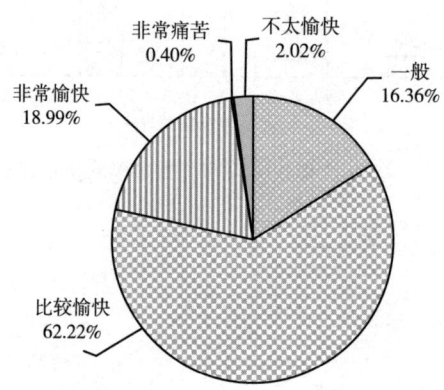

图14 惠州广播电视台员工与同事合作状况

(二)研究结论

1. 员工对心理契约三维构成要素认知的基本平衡

在员工成就感构成要素的调查中,我们发现薪水提升、领导肯定和自主性增强位列所有指标的前三位(见图10),成为被访者工作成就感的主要构成要素,而且其受关注程度基本相当(三者的百分比分别为29.1%、22.6%和21.3%)。由此可见,惠州广播电视台的员工对规范型、发展型和人际型心理契约的认知状况是基本平衡的,也就是说,惠州广播电视台在未来提升员工对组织责任的满意度方面应该注意全面性,不仅要提高员工的薪酬和福利待遇,而且要重视与他们的情感交流并为他们未来事业的发展开拓更大的空间。

2. 员工对领导的满意度与领导管理的满意度存在差距

在此次调查中,63.6%的被访者表示与领导的交流比较正常,超过半数的被访者对领导者给予认可,认为其管理者的形象是正面的(见图9、表1);而在涉及领导管理满意程度的两个问题上,分别有22.95%和5.39%的被访者认为惠州广播电视台所制定的奖惩标准不太合理和非常不合理,51.5%的被访者认为一般，21.2%和4.2%的被访者认为惠州广播电视台所采取的考核机制"不太科学"和"非常不科学"，而选择回答"一般"的被访者人数比例达到了54.7%。在调查研究中，"一般"被视为回避式的回答。

从上面的统计数字来看，被访者对领导个人的满意度较高，但是对领导管理方式的满意度不高。由此可见，过去领导者凭借个人魅力领导组织的管理模式已经不再为员工所认可，领导者要想提升员工对组织的责任感，就必须从长期的事业单位管理模式转变为现代化的企业管理模式。

3. 各部门之间对组织责任的完成状况的满意度存在很大差异

根据此次调查的交互式分析，我们可以看出对薪酬、办公环境等问题表现出不同程度不满意的被访者主要来自栏目部门、技术部门和播出部门（见图2、图5），而这种不满情绪有可能降低媒体行业员工对"员工责任"的完成。

显而易见，在惠州广播电视台这样的媒介组织内部的不同部门之间的薪酬水平要设置合理，要根据各种工作对媒介组织的最终整体目标的实现来确定员工对其贡献的大小。例如，对组织责任完成情况存在较大意见的播出部门，他们的值机工作是广播电视播出的质量保证，这些技术人员一般都具有工程师、高级技工等技术职称，在电视台最"差"的环境中工作，但是他们的薪酬和福利待遇并不尽如人意，这势必会影响他们的工作情绪和工作的效率。

（三）研究中存在的问题

1. 研究中缺乏相关性分析

心理契约的三个维度并不是三个独立的个体，而是相互之间具有一定的相关作用，但此次调查并没有涉及这一问题，因此无法准确认识员工对组织责任中三个维度的重视程度以及这三者如何共同发挥作用并影响员工对组织责任的完成的态度。

同时，由于从组织角度收集数据的难度以及双方互惠关系的复杂性，本次调查未能进行对组织责任与员工责任之间的交互影响的相关性研究。在今后的研究中有待进一步探讨此类交互作用的发生原因以及影响方式。

2. 研究方法本身的缺陷

个案研究方法只能具体描述出研究对象在一定时期内的全面情况，而组织责任和员工责任之间的影响是交互的、动态的，两者中任何一方的变化都会导致另一方发生变化，这种变化往往会导致对方发生改变。此次调查仅从一个角度、一段时间考察了员工对组织责任完成状况的认知，因此很难完整地描绘出组织责任完成状况。在进一步的研究中，应对广东惠州广播电视台的组织责任完成状况进行全面调查，以期掌握随时间的流动而发生的互动变化过程。

四、结语：对媒介员工责任感建构的进一步探讨

区别于其他行业的员工责任，媒介员工的责任构成中不仅包括员工对媒介组织的内部责任（如完成工作任务、自愿加班等），更包括员工在传播新闻事实、引导舆论方向上的外部社会责任。新闻从业人员社会责任感的建构不仅应该来自从业人员的道德自律和法律他律，作为新闻从业人员管理者的媒介组织也应该在其中发挥不可或缺的作用。

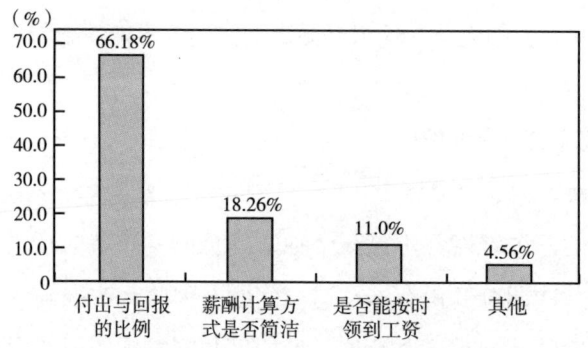

图 15 惠州广播电视台员工最关注的薪酬问题

1. 建立公正、公开、公平的激励机制

《报刊的社会责任》一书的作者爱德华·杰拉尔德曾说："新闻职业的全部可靠性和有用性取决于它是否充分遵循信息传播所赖以存在的各种信条，

取决于对各种行为的奖励和惩戒。"

公正、公开、公平的激励机制对媒介员工的工作态度有重要的影响。如果激励机制不合理，员工为媒介工作的积极性将大大降低，也不愿意服从组织的工作安排。更为重要的是，合理的激励机制将直接影响媒介从业人员是否能坚持自己的职业道德操守，是否能保守自己对社会的道德责任感。目前，我国的新闻采编人员存在着向采访单位收取"车马费""采访费"，在报道中使用被采访者提供的新闻宣传稿的问题，严重影响了广大受众的知情权和我国新闻事业的健康发展。杜绝这一现象的根本手段就是使新闻从业人员的经济物质利益在组织内部公平、合理地得到满足。

2. 重视员工业务水平的培训和开发

根据马斯洛的社会需求理论，在满足了经济和物质的追求后，人们就会寻找更高层次的社会满足，寻求更为广阔的事业发展空间，以期得到社会的认同和自我价值的实现，这也是发展型契约备受重视的重要原因。

媒体行业作为一个快速发展的行业，其传播内容、传播形式以及传播技术每天都在发生变化，这样的行业特点要求从业人员的知识结构不断完善、业务水平不断提高。因此媒介组织不能一味强调对媒介员工的使用，忽视对员工业务水平的培养。这样的管理方式往往会挫伤员工的工作积极性，导致人才流失，影响媒介的长远发展。

因此，媒介组织应该针对员工的特点，帮助他们科学地进行职业生涯规划，为其提供良好的事业发展机会，通过帮助他们寻找和规划职业发展，可以有效地激发员工的工作热情和潜能，以更好地服务于媒介组织。

3. 加强媒介企业文化建设

有国外研究表明，"组织所承担的人际责任"对于员工责任三个维度的实现均有显著影响。这说明良好的人际环境、领导对员工的精神关怀，可以有效地促使员工为组织更多地承担责任，更好地完成任务。

媒介工作具有很强的合作性，而合作就需要沟通，需要某些共同的价值标准作为基础。因此媒介组织更需要在全体员工中建立起一种为大家认同的主导性价值观念，包括媒介的信念追求、发展战略、价值标准、行为取向等，这实际上就是要建立属于媒介自身的企业文化。

同时，媒介员工本身具有很强的流动意愿，而媒介企业人员对企业文化的缺乏往往会造成员工对媒介的认同感和归属感缺失，就进一步加剧了媒介从业人员流动频繁的现象。管理者通过满足员工的价值观需要，在媒介团队成员之间建立起良好的人际环境，并通过企业文化的加深来吸引和留住员工是管理和激励媒介员工的最佳选择。一个优秀媒介的核心竞争力都应体现在其强有力的文化理念上，这一理念渗透到所有部门和所有员工的工作中时，就会自动转化为大家一致的行为方式，增加员工的凝聚力，有效推动媒介内部的相互合作。

另外，媒介组织文化的价值取向还决定了媒介伦理的道德标准，如果在媒介组织内部形成了为提高商业利润而对违反媒介伦理的现象的漠视和纵容，那么就会造成从业人员对越轨行为的轻视。

相关的心理契约的研究表明，在整个理论模型发生作用的过程中，组织所发挥的作用是决定性的，这也就是我们选择从组织责任的角度进行实证研究的初衷。媒介员工对媒介组织和社会的责任感的建构是一个复杂的问题。伴随文化体制改革的进一步深化，国内外传播媒介竞争的进一步加剧，近年来不断出现的媒介伦理问题都需要我们对媒介人才的管理问题给予足够的关注，同时心理契约理论在媒介组织中员工态度和行为的解释和预测等问题的研究也有待进一步地丰富。

国际传播

当前我国国际传播面临的挑战、问题与对策*

2021年5月31日,中共中央政治局就加强我国国际传播能力建设进行第三十次集体学习,习近平总书记在主持学习时强调,要加强顶层设计和研究布局,构建具有鲜明中国特色的战略传播体系,切实提高我国国际传播影响力、中华文化感召力、中国形象亲和力、中国话语说服力以及国际舆论引导力。① 在党的百年华诞来临前夕,习近平总书记的讲话既是对我国既往国际传播情势的深刻总结,也是对未来我国国际传播发展方向与实绩的宏观指引和殷切期许。

我们知道,国际传播是发生在具有不同背景的两个或更多国家之间的,依托大众媒介进行的传播。② 改革开放以来,随着我国与国际社会的交往日渐广泛和密切,我国国际传播研究逐渐发展和成熟,产生了诸如《对外传播学初探》(段连城,1988年)、《国际传播与国家形象》(刘继南、周积华、段鹏,2002年)、《国际传播学》(关世杰,2004年)、《国际传播学导论》(郭可,2004年)、《软力量与全球传播》(李希光、周庆安,2005年)、《国家形象建构中的传播策略》(段鹏,2007年)、《传媒全球化与中国崛起》(明安香,

---

* 本文原载于《现代传播(中国传媒大学学报)》2021年第8期,被《新华文摘》2021年第21期全文转载,收入本书时略有删改。
① 习近平主持中共中央政治局第三十次集体学习并讲话[EB/OL].(2021-06-01)[2021-06-22].http://www.gov.cn/xinwen/2021-06/01/content_5614684.htm.
② 罗杰斯.文化间传播、国际传播和发展传播的历史[M]//古狄昆斯特.国际传播与文化间传播研究手册.2版.陈纳,胡特,陶文静,等译.上海:复旦大学出版社,2016:5.

2008年)、《俯视到平视——外国媒体上的中国镜像》(刘笑盈、贺文发等，2009年)、《国际传播概论》(刘利群、张毓强，2011年)、《中国广播电视国际传播策略研究》(段鹏，2013年)[①]等一系列引人关注的学术论著以及数量可观的理论文章，学者们围绕国际传播媒体研究、国家形象塑造、传播与文化软实力研究、国际传播影响力提升策略等议题进行了长足的探索并取得了一定的成绩。党的十八大以来，随着我国综合国力和国际地位的不断提高以及社会化、智能化媒介的发展和普及，我们面临的国际传播环境越发复杂，如何在众声喧哗的国际传播环境中讲好中国故事、传播中国声音成为摆在我国国际传播研究者面前的一个重要命题。以此为背景，本文将首先结合国际国内形势分析当前我国国际传播所面临的外部挑战，其次通过溯源和分析我国国际传播的发展历史与现状，检视当前我国国际传播中存在的问题，最后根据以上挑战与问题对我国下一阶段开展国际传播的策略建议予以阐述，希望能对学界同仁围绕国际传播这一议题开展进一步研究有所裨益。

一、当前我国国际传播面临的外部挑战

当今中国正处于百年未有之大变局，经济全球化深入发展，信息技术、数字技术和人工智能技术推动媒介环境不断演化。在这样的背景之下，一个日益强大的中国在开展国际传播时所面临的挑战与三四十年前乃至十年前都已经不可同日而语。

(一)西方国家的话语攻讦

在名作《狱中札记》中，西方马克思主义理论家葛兰西(Gramsci Antonio)提出了著名的文化领导权理论和市民社会说。葛兰西认为，资本主义社会之所以能维持相对稳定，与民众认同其文化领袖所创造的历史记忆和公共机构的价值观，从而自发性地建立起国家的政治意识紧密相关[②]，因而大

[①] 段鹏.中国广播电视国际传播策略研究[M].北京：中国传媒大学出版社，2013：18.
[②] 葛兰西.狱中札记[M].曹雷雨，姜丽，张跣，译.郑州：河南大学出版社，2014：253.

多数民众笃信于特定的意识形态和文化价值观可被视为政治实体存在的基础条件之一。多年以来,西方社会的文化思潮不断变迁,但对"民主""自由"等的追求一直被视为西方民族国家的立身之本,欧美等国以此凝聚人心、调和阶级矛盾,并专门创造了"民主／独裁""自由／专制"等二元对立话语以攻击异质文化。

在这种二元对立的意识形态和文化价值观论争中,我国的国际交往多年以来备受掣肘。不过由于彼时我国的综合国力相对有限,且集中国力发展经济,对意识形态领域的攻击只能暂时实行"不争论"[①]的行事策略等原因,此前我国的国际传播虽也步履维艰,但在国际舆论场遭遇严重排挤的情况尚不十分明显。但随着我国国力的上升,西方媒体对我们的话语围堵越发严重,怎样在国际社会发声,解决因与西方国家利益追求和意识形态的不同所导致的"挨骂"问题成为我国国际传播在当前阶段的重要任务。纵观当前的国际话语空间,欧美等西方国家由于资本和技术优势,早在19世纪中后期即开始全面布局国际传播领域,并凭借其国际通讯社和《通讯社条约》(Agency Treaties, 1870)在国际传播中取得先发优势,这种经由多年布局所巩固的国际传播优势给在这一领域作为后进者的我们带来了严峻的挑战。

近年来,随着我国在政治、经济、国防等方面硬实力的上升,西方媒体通过妖魔化中国、在其媒体内容中抹黑中国国际形象、建构"中国威胁论""新殖民主义论"等手段在国际话语空间对我国展开攻击的程度越发加重、频率越发加快。有学者指出,从系统论的角度来看,国家形象包括三个层面的意义:"具有不可描述性的国家形象的'源像'""本国系统中主控族群所力图树立的形象""国际信道传输和其他国家主控族群所描述下的一国的形象",其中后两者为了争取在受众中的合法化而展开博弈。[②]也就是说,在国际传播的过程中,我们所塑造的国家形象在相当程度上取决于与其他国家的话语博弈,因而当前形势下以欧美为代表的西方国家对我们展开的话语攻击

---

① 高正礼.邓小平"争论"和"不争论"思想研究[J].当代中国史研究,2013,20(1):66-70,126.

② 张毓强.国家形象刍议[J].现代传播,2002(2):27-31.

直接加大了我们塑造国际形象、扭转话语低位的难度。

（二）智媒时代的新型挑战

随着人工智能技术的发展，智能媒体时代来临。在这一媒介发展的新纪元中，信息传播与技术的关联越发紧密，依托于大数据、云计算、智能影像、新闻写作机器人、无人机等技术的智能媒体不断发展和壮大。在这样的时代背景下，我们不仅面对着欧美等国在国际话语空间所具有的历史优势，同时，其借助智能媒体技术进一步提升的国际传播能力也对我们构成了新的挑战。在这一方面，有两种现象尤为值得关注。

一方面，依托逐渐成熟的写作机器人和语音、文字识别技术，国际舆论场中涌现出大量的"机器人水军"，壮大了敌对势力的宣传羽翼。这些"机器人水军"可通过在国际舆论场发布海量具有意识形态偏向性的帖文参与国际舆情引导，而且，因为它们"能够自动识别相关帖文，并进行评论、点赞、跟帖、回复"，所以可以高度参与网络讨论，①这进一步提升了其宣传和迷惑能力。在这样的背景下，我国的国际传播面临着比过去更多的挑战。比如，有国内学者发现，当前在 Twitter（推特）上有大量"机器人水军"通过中文、日文和英文等多种语言发帖宣传"疆独""港独"和"藏独"，妄图通过在国际舆论场煽风点火来干涉我国内政，并为其分裂中国的行径进行舆论铺垫，混淆国际视听。②

另一方面，借助强大的物联网和数据处理技术，具有人工智能技术优势的国家正在形成越发强大的数据话语权，对我国国际传播效果的实现构成挑战。数据话语权是依托对海量信息的搜集、处理、分析和传播所形成的"现实传播优势"和"深层影响能力"。③在当前的传播环境下，新闻报道的素材、主体和传播渠道正快速地向隐于事实背后的数据、传感器、物联网和采用了

---

① 栾轶玫. 人工智能对国际舆论的影响［J］. 对外传播，2018（10）：17-19.
② 赵爽，冯浩宸."机器人水军"发展与影响评析［J］. 中国信息安全，2017（11）：88-89.
③ 陆小华. 数据话语权：国际传播的战略性竞争焦点［J］. 现代传播（中国传媒大学学报），2020，42（10）：1-6.

算法推送技术的互联网平台转化，在这个过程中，拥有数据和传感器的数量、物联网和算法技术的成熟程度以及平台用户的数量逐渐成为衡量传播能力的新标准。在这样的背景下，起步较早且拥有更雄厚资金实力的欧美互联网传播平台正在集结起越发强大的数据话语权，对我国的国际传播构成强大的挑战。

（三）"信息疫情"的叠加影响

"信息疫情"是"在传染病疫情的条件下，包括谣言、不实信息等在内的大量信息通过手机、社交媒体、互联网及其他信息传播平台迅速传播的现象"[①]。在传染病盛行的条件下，信息疫情的存在为人们识别真实信息增添了困难，既为疫情防控带来阻碍，又加重人们的风险感知，从而阻碍国际交往的实现。当前形势下，随着疫苗注射率的逐渐提升，新冠疫情在全球范围内逐渐得到有效控制。但不同于医学领域在疫情控制中已经取得的显著成效，国际传播领域的"信息疫情"却依然存在，对我国倡导构建人类命运共同体、参与构建天朗气清的国际话语空间带来不利影响。

一方面，新冠疫情的盛行、国际航路的不畅和信息疫情的持续影响形成合力，推动逆全球化浪潮的发展，为国际交往增添障碍。第二次世界大战后，随着经济全球化的不断推进和交通、通信技术的不断发展，国际经济、贸易、文化往来呈现出越发稳定和频繁的态势。但是，近几年随着欧美等国国内产能的下降和失业率的上升，以美国为代表的老牌资本主义国家表现出越发明显的逆全球化发展趋势，民粹主义抬头，地方保护主义越发明显。2020年，随着新冠疫情的全球暴发和国际航运能力的大幅下降，国家间的人员往来显著减少。之后，虽然疫情逐渐得到控制，但因为很多有关疫情的不实信息仍在社交媒体等媒介渠道继续流传，加之人们在疫情盛行期间对其所形成的恐惧感尚未消失等原因，人们对国际交往与互动的参与度明显降低。

---

① World Health Organization.Managing epidemics: key facts about major deadly diseases［EB/OL］.（2019-12-11）［2021-06-28］.https://www.who.int/publications/i/item/managing-epidemics-key-facts-about-major-deadly-diseases.

另一方面，突如其来的新冠疫情为一些反华势力提供了攻击我国的借口，因而更加增添了我们开展国际传播的现实困难。如前所述，很长时间以来，与中国崛起相伴随的"中国威胁论"被一些西方媒体视为报道中国的典型框架，而随着新冠疫情的暴发，国际舆论场中的"中国问责论"替换了"中国威胁论"，以更为露骨的方式对中国进行话语攻击，"加剧了疫情的政治化取向，对我国国际传播话语应对体系的启动与升级提出了新的要求"①。

我们知道，国际传播一定意义上是话语博弈的艺术。在多种文化与行为方式并存的国际社会，中国传统文化中"清者自清"的处世策略难以发挥效能，甚至可能招致更多误解。因此，如何在信息疫情持续存在的后疫情时代更好地发声，推动人类命运共同体的构建也是当前我国国际传播面临的挑战之一。

二、当前我国国际传播的内在问题检视

云谲波诡的国际形势和日新月异的媒介技术为我国国际传播带来挑战，但相比作为环境因素的外部条件，内部因素更被认为是事物变化发展的根本原因。新时代如何提升我国的国际传播能力需要我们反躬自省，从实际情况出发全面检视我国国际传播所存在的内部问题。总体而言，党的十八大以来，我国国际传播领域守正创新，已初步构建起多主体、立体式的大外宣格局，但尽管如此，当前我国的国际传播在战略规划、理论框架、话语体系和人才培育等方面仍然存在一些有待提高的地方，应该在今后的发展中予以重点关注。

（一）战略规划的体系性问题

2009年6月，中共中央下发《关于印发〈2009—2020年我国重点媒体国际传播力建设总体规划〉的通知》，明确提出把我国重点媒体的国际传播能力

---

① 段鹏，张倩.后疫情时代我国国际传播话语体系建设的价值维度与路径重构［J］.新闻界，2021（3）：28-36.

建设纳入国家经济社会发展总体规划。在此之后，我国对外传播领域的"部门外宣"观念开始淡化，取而代之的是"国家外宣"理念的逐渐深入人心，对外传播媒体孤军奋战的格局逐渐转变为"集优势兵力于一身的协同作战"[①]。但是，尽管经历一段时间的发展之后我国的对外传播体系建设已经显露成效，相比于欧美多年布局之下在国际话语空间所形成的密如细网的意识形态输出格局和强大的话语封锁能力，我国对外传播的体系性仍然亟待完善。

以美国为例，第二次世界大战结束后，该国大力推动对新占领地区的原住民文化的研究，形成了一系列国别研究成果，并以颁布《外交法令》、成立外事学院、创立"和平队"等举措不遗余力地推动东欧诸国的"和平演变"。"9·11"事件后，美国于2003年成立"全球传播办公室"，2005年发布首个"公共外交和战略传播五年规划"，2008年成立"战略传播机构间政策委员会"，为在全球传播和重塑美国形象确立了领导部门和行事原则，更在2016年发布《波特曼—墨菲反宣传法案》，以专门法的形式为其在全球排挤中国等外部传播力量提供了法律依据。美国的这一系列举措对弱势国家和文化的负面影响已经广为人知，但这也推动其国际传播能力的显著提高，助力其在全球范围内建立起广泛的文化领导权。如果我们以欧美等国家为参照，可以看到我国在对外传播体系的构建方面尚有以下三方面不足。

1. 国际传播的体系规划细节尚不完善

随着媒介融合进程的深度推进，媒介逻辑深度介入社会建构的过程，媒介化社会来临，[②]国际传播与各国政治、经济、文化等领域的关联越发紧密。因此，对国际传播战略体系的规划需要确立系统论的思维理念。然而，纵览我国的国际传播现状，虽然中央已经开始从国家战略的角度思考这一问题，但具体的体系规划仍处于架构日渐明晰而细节仍不完善的阶段，这具体体现为我国国际传播领导职权的条块分割仍不明晰以及国际传播整体战略的具体实施尚需更为细致的流程规划和法律法规保障等。

[①] 程曼丽.中国对外传播的历史回顾与展望（2009—2017年）[J].新闻与写作,2017（8）:4-9.
[②] COULDRY N, HEPP A. Conceptualizing mediatization: contexts, traditions, arguments [J]. Communication theory, 2013, 23（3）: 192.

2. 国际传播的部门间和官民间联动性较弱

动员多方力量，开创"官方、精英、民间多层次话语圈同频共振"是构筑国际传播战略体系必备的横向思维。①但通观眼下我国的国际传播格局，不难发现当前我国的国际传播仍主要由大型主流媒体担纲，其他部门的参与性则较低。另外，因为未向国内普通民众开放使用Facebook等国外社交媒体的权限等原因，在当前环境下普通民众参与国际传播，以"公民新闻"的形式传播中国声音的渠道较少，这一定程度上限制了我国国际传播跨部门、多主体传播体系的形成。

3. 地方媒体的国际传播动能未被有效激发

纵向来看，当前我国的国际传播主要由中央重点媒体领衔，地方媒体的参与度相对较低。这种以"国家队"为主力的传播策略一方面加强了我国国际传播行为的可控性，在与国外敌对势力的论战中更易形成"舆论一律"的局面从而提升传播效率；但另一方面，这种传播策略也在一定程度上忽视了地方媒体的传播效能，降低了我国国际传播内容的多样性。以与8个国家接壤的新疆维吾尔自治区为例，由于其地理位置的特殊性，这些接壤地区的风俗文化和语言习惯与邻近国家近似，因此在国际传播方面，由当地人编辑、以民族文字传播的《友邻》等地方媒体相比中央媒体而言更具传播优势。②但放眼全国，这种地方媒体参与国际传播的案例还相对较少，地方媒体的国际传播动能整体尚未获得较好的开发。

（二）理论框架的全面性问题

理论源于实践并可用于指导实践。纵观当前我国的国际传播，理论框架的不全面、难以为实践提供系统性指导的问题正在逐渐凸显。具体而言，当前我国国际传播领域的学术成果更多地呈现为散点状，学科内外的对话相对

---

① 推动国际传播上升为战略传播［EB/OL］.（2021-06-05）［2021-06-19］.https：//baijiahao.baidu.com/s？id=1701678442484568384&wfr=spider&for=pc.

② 段鹏.中华民族共同体意识传播中主流媒体融合发展的实践进路：以新疆为例［J］.现代传播（中国传媒大学学报），2020，42（7）：13–17.

有限，难以形成合力共同指导国际传播实践。

一方面，国际传播研究"内卷化"严重，跨学科理论成果较少。国内对新闻传播研究"内卷化"问题的关注始于中国台湾学者李金铨2014年的文章《关于传播学研究的新思考》，在其中"内卷化"被定义为随着传播学科内竞争的加强，本学科学者对学科外领域的探索兴趣降低，学科外的理论成果也难以进入本学科研究者关注视野的一种现象。① 在当前我国的国际传播研究领域，这一问题正日益凸显。2021年6月30日，笔者在中国知网以"国际传播"为主题关键字检索出14,240篇研究文献（见图1），其中有6206篇论文（占比39.55%）来自知网学科类目下的"新闻与传媒"，远高于其后的"中国语言文学"（1250篇，占比7.97%）和"中国政治与国际政治"（1115篇，占比7.11%）。这一定程度上说明我国国际传播研究领域的学科间对话相对较少，"内卷化"现象值得关注。

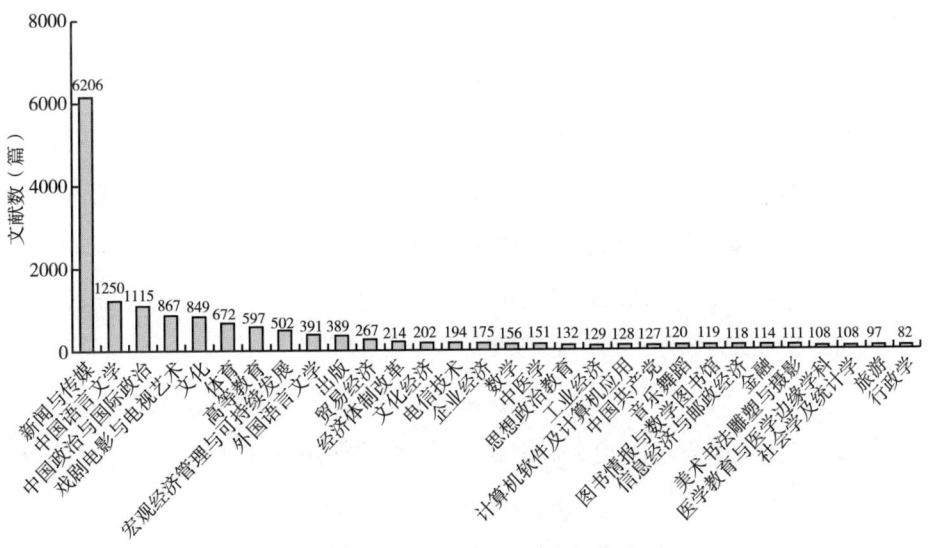

图1 以"国际传播"为主题的知网研究文献学科分布图

---

① 李金铨.关于传播学研究的新思考［M］//洪俊浩.传播学新趋势：上.北京：清华大学出版社，2014：12.

然而，值得思考的是，国际传播研究本身与国际政治、经济、文化互动关联紧密，因此对政治学、社会学、人类学等领域研究成果的关注本身应是其题中之义。以区域国别研究为例，这一研究领域源于国际政治学科，指的是一国对外部世界的知识性探究，其研究内容通常包括对其他政治实体的历史、语言、经济形态、政治组织、文化习俗等的综合性探索。① 分析其研究内容不难发现，这一领域的研究成果与我国国际传播实践关联紧密，可为我们提供有关他国受众的重要信息，从而有利于减少国际传播中由于不同国家民众在文化背景等方面存在差异所导致的"文化折扣"。② 但是，尽管 20 世纪 60 年代起，我国的区域国别研究即已起步，并随着改革开放、"一带一路"等国家大政方针的实施而获得多次发展热潮，但正如该领域的学者们所注意到的，尽管他们对于对象国的现实情况比较熟悉，也富有实地调研的经验，但当前其研究成果大多只在其学科领域之内发挥影响，而鲜少受到其他学科的关注。③ 对于国际传播研究而言，对区域与国别研究理论成果的关注度和应用性不高是一个值得反思的问题。

另外，在新闻传播的学科之内，对国际传播的研究也存在较大的孤立性，相关研究成果之间的互动性较弱。这突出表现为我国国际传播研究的热门和跨文化传播研究的门庭冷落。跨文化传播是指具有不同文化背景的个人与群体之间的传播。值得关注的是，"国际传播行为本质上都具有跨文化传播的属性"④，对美国等业已在国际社会取得强势传播地位的国家而言，跨文化传播与国际传播通常互为表里：国际传播更为关注媒体的对外传播效果，而跨文化传播则与文化人类学、国别研究等相结合，通过对不同群体文化特征的深入分析为对象国传播策略的制定提供参考，最终推动国际传播和跨文化交往效

---

① 任晓，孙志强.区域国别研究的发展历程、趋势和方向：任晓教授访谈［J］.国际政治研究，2020，41（1）：134–160.

② 闫玉刚."文化折扣"与中国对外文化贸易的产品策略［J］.现代经济探讨，2008（2）：52–55，65.

③ 任晓，孙志强.区域国别研究的发展历程、趋势和方向：任晓教授访谈［J］.国际政治研究，2020，41（1）：134–160.

④ 段鹏.中国广播电视国际传播策略研究［M］.北京：中国传媒大学出版社，2013：18.

果的实现。过去，我国跨文化传播研究领域的"滞后冷清"或可归咎于国内学界对跨文化传播思想史研究的关注不足，因而对于跨文化传播领域的一些关键概念和研究意义缺少较为清晰的认识，①而随着我国综合实力提升，中国文化和传媒"走出去"的诉求越发明显，如何消减国外民众对我国的负面印象，塑造更加贴合国外民众认知框架的国际形象就需要国际传播研究与跨文化研究的紧密配合。

（三）话语体系的平衡性问题

在论及观察中国的视角这一议题时，有学者将中国发生的结构性或制度性的宏观变迁定义为"中国经验"，将中国人民在"此背景下发生的价值观和社会心态方面的微观变化"定义为"中国体验"。②这一组概念可为我们检视我国国际传播的实践提供参考。过去，我们多运用宏大、发展的国家视角和自上而下的话语传播方式讲述"中国故事"，而从思想意识出发、自下而上的微观多元视角则相对缺乏，③这一定程度上阻碍了国外民众对"中国体验"的感性认识。具体而言，这一情况的出现与我国国际传播新闻报道中"信息/故事模式"与"软/硬语态"的失衡关联紧密。

一方面，信息模式和故事模式报道的失衡一定程度上阻碍了国外民众对我国现实环境的感性认识，从而阻碍中国经验形成中国体验。"信息模式"和"故事模式"是美国学者迈克尔·舒德森（Michael Schudson）在其名作《发掘新闻：美国报业的社会史》中提出的一组概念，舒德森以前者指代注重传达"不证自明"的信息的新闻报道，而以后者指代注重欣赏性、消费价值和娱乐性的新闻报道。④在舒德森看来，信息模式的新闻纯粹是用来传达信息，

---

① 姜飞.跨文化传播研究的思想地图与中国国际传播规划的转向［J］.暨南学报（哲学社会科学版），2016，38（1）：83-95，131-132.
② 周晓虹.中国经验与中国体验：理解社会变迁的双重视角［J］.天津社会科学，2011（6）：12-19.
③ 段鹏.中华民族共同体意识传播中主流媒体融合发展的实践进路：以新疆为例［J］.现代传播（中国传媒大学学报），2020，42（7）：13-17.
④ 舒德森.发掘新闻：美国报业的社会史［M］.陈昌凤，常江，译.北京：北京大学出版社，2009：79.

而故事模式的新闻则通过筛选、修饰事实来引导大众生活。通常而言，媒体平台中信息模式的报道与故事模式的报道之间达成平衡被认为更容易导向良好的传播效果。① 但是，由于我国国际传播活动长期以来主要由主流媒体主导，而主流媒体的正统性和严肃性一定程度上导致其对国内经济、社会发展成绩等的报道较多，而采取故事模式对我国人民生活进行的微观呈现则相对较少，这客观上阻碍了国外民众对中国体验的认知与理解。

另一方面，新闻报道中"软/硬语态"的失衡一定程度上导致了国外民众对我国国际传播媒体内容的对抗式解读，影响了我国国际形象的塑造。语态是源于播音学的一个概念，原指在播音中采取的特定的语言表达类型，如新闻播报可采取播报式语态和对话式语态。② 在针对新闻报道风格的研究文献中，语态也常用以指代新闻报道所呈现出的语言风格和话语态度。观察新闻报道所采用的语态，可发现其有"硬语态"与"软语态"、"严肃语态"与"娱乐化语态"、"主流媒体语态"与"网络媒体语态"等区别。其中，"软/硬语态"分别指向在新闻报道中采用的较为柔化或者硬线条的语言风格和话语态度。从"软/硬语态"的视角去观照我国的国际传播新闻报道，不难发现其中很多信息模式的报道采用了硬语态的编码模式。同时，近年来也有很多国内媒体采用硬语态的话语风格来分析我们所处的国际环境，这种偏硬甚至危言耸听的编码模式不仅在国际传播中容易造成咄咄逼人的传播效果，也有损国内民众对其他国家和地区的理性认识，从而间接影响我国国际传播效果的实现。

（四）人才培育的协同性问题

在"5·31"讲话中，习近平总书记强调"要全面提升国际传播效能，建强适应新时代国际传播需要的专门人才队伍"③，再一次明确了人才队伍建设对

---

① 崔同.寻求"故事模式"与"信息模式"的相对平衡：关于密切新闻手段与人民群众联系的思考［J］.河南社会科学，2004（5）：106-108.
② 鲁健.播报式语态解读［J］.现代传播（中国传媒大学学报），2012，34（5）：78-80.
③ 习近平主持中共中央政治局第三十次集体学习并讲话［EB/OL］.（2021-06-01）［2021-06-22］.http：//www.gov.cn/xinwen/2021-06/01/content_5614684.htm.

于国际传播的重要意义。然而，纵观过去我国在国际传播人才培养方面所进行的努力，不难发现新闻传播人才的培养往往被视为国际传播人才培养的核心与主要内容。但是，在国际传播与国际政治、经济、文化往来的互嵌性加强，信息技术的升级迭代速度加快的新时期，单纯将国际传播人才的培养视同从事国际传播活动的新闻传播专业人才的培养已难以满足现实需求。在当前的时代背景下，应明确新闻传播并非国际传播的全部内容，展示真实、立体、全面的中国需要多学科人才通力合作，因此在国际传播人才培养过程中应有意识地加强多领域、跨学科人才的协同培养。从这一视角回顾当前我国国际传播人才的培养机制，可发现其存在以下两方面的问题。

一方面，非通用语人才培育缺少体系性与贯通性。国际传播归根到底是人的传播，作为传播主体的人才对对象国语言的熟练程度直接影响着国际传播效果的实现。在过去的外语人才培养中，我国的外语教学资源明显向英语倾斜，而在非通用语人才培养方面的投入明显不足。这一问题首先体现为我国面向非英语国家开展国际传播的外语人才培养出现断层，不利于在这些国家和地区的国际传播效果的实现；其次，语言学习是学习效果的日积月累，不同于英语学习在我国青少年学习中所占的高比重，非通用语人才的培养大多开始于本科阶段，这种非贯通式的教学模式一定程度上降低了非通用语人才的培育效果；再次，因为非通用语人才储备的不足，师资队伍短缺、教师学历层次较低等问题也逐渐凸显，这进一步影响了我国非通用语人才的培育生态；最后，区域国别研究与非通用语研究之间相对隔绝，在限制区域国别研究发展的同时，也一定程度上导致了我国非通用语研究的学科出口较窄，为数不少的非通用语专业的学生毕业后学非所用，人才培育与起用难以形成通路。

另一方面，当前我国人工智能专业人才缺口较大。2018年，习近平总书记在中共中央政治局第九次集体学习中对人工智能技术的革命性意义予以强调："人工智能是新一轮科技革命和产业变革的重要驱动力量，加快发展新一代人工智能是事关中国能否抓住新一轮科技革命和产业变革机遇的战略问题。"① 在信息传播领域，人工智能技术的发展和加速应用正在掀起一股新的革新浪潮，诸如算法、机器人写作、智能影像、信息茧房、数据话语权等正在成为新时期影响传播效果的关键词，对人工智能技术的开发和应用也成为"重构全球传播新秩序的新契机"②。然而，当前我国人工智能专业技术人才仍存在很大缺口，对我国在智能媒体时代提升国际传播能力提出了新的问题，尤其是在美国等西方国家无理地对我国访问学者、留学生拒签和在技术转让等方面人为地设置障碍之后，这方面的问题更加凸显。

三、对下一阶段我国开展国际传播的策略建议

意大利学者杰奥瓦尼·阿锐基（Giovanni Arrighi）在其广受关注的著作《漫长的20世纪——金钱、权力与我们社会的根源》中提出，全球范围内的资本竞争和政治结构变动主导着资本主义世界体系的形成和转型。在此基础上，阿锐基根据不同时期"控制着最丰富的剩余资本来源的国家"③ 的不同将过去500年分为4个"百年周期"，其中从15世纪到17世纪初是热那亚周期，从16世纪末开始、贯穿18世纪大部分时间的是荷兰周期，从18世纪下半叶贯穿到20世纪初的是英国周期，从19世纪末开始一直延续到其成书之时的金融扩张阶段的是美国周期。阿锐基认为，在过去这四个周期中不同的"政府和企业的综合体"凭借其强大的军事和财政力量在全球获得广泛权力，但这种类型的世界体系即将走向死胡同，未来的世界体系很有可能会导向"以东亚地区日益增长的经济力量为主要基础的全球性秩序"，这种全球秩序比以美国为首的国家联盟所代表的全球性帝国主义秩序更加平等。阿锐基

---

① 习近平. 加强领导做好规划明确任务夯实基础推动我国新一代人工智能健康发展［EB/OL］.（2018-11-01）［2021-06-20］. http://www.xinhuanet.com/mrdx/2018-11/01/c_137573265.htm.
② 段鹏. 党性与人民性的再统一：习近平关于新闻与传播重要论述的研究［J］. 现代传播（中国传媒大学学报），2019，41（9）：25-29.
③ 阿锐基. 漫长的20世纪：金钱、权力与我们社会的根源［M］. 姚乃强，严维明，韩振荣，译. 南京：江苏人民出版社，2001：17，2.

的预言如今已经被部分地验证。① 如果说工业革命时代美国等凭借其强大的军事和财政力量在全球拥有广泛权力的话，随着互联网技术和人工智能技术的发展，新时代的中国已经具备了在全球拥有更大话语权的强大动能。如何把握这一历史机遇期，综合利用行政、科技、人才的力量开展我国下一阶段的国际传播，并将其与"一带一路""构建人类命运共同体"等国家倡议与理念进行深度融合，构建具有中国特色的国际传播体系成为值得当前我国国际传播研究者深入思考和论证的重要命题。在这样的背景下，基于对我国国际传播所面临的机遇与挑战的深入分析，下文将针对我国国际传播的未来发展提出四个方面的策略建议。

（一）布局智能全媒体国际传播战略体系

2017年12月14日，工业和信息化部发布《促进新一代人工智能产业发展三年行动计划（2018—2020年）》，指出当前"新一轮科技革命和产业变革正在萌发，大数据的形成、理论算法的革新、计算能力的提升及网络设施的演进驱动人工智能发展进入新阶段，智能化成为技术和产业发展的重要方向；人工智能具有显著的溢出效应，将进一步带动其他技术的进步，推动战略性新兴产业总体突破，正在成为推进供给侧结构性改革的新动能、振兴实体经济的新机遇、建设制造强国和网络强国的新引擎"②。这标志着智能化逐渐成为我国各行业、各领域改革转型的重要背景。之后，2019年10月31日，党的十九届四中全会审议通过了《中共中央关于坚持和完善中国特色社会主义制度、推进国家治理体系和治理能力现代化若干重大问题的决定》，指出要建立以内容建设为根本、先进技术为支撑、创新管理为保障的全媒体传播体系，为我国新闻事业的转型升级指明了新的方向。在这样的背景下，我国国际传

---

① 此处之所以说是"被部分地验证"，是因为阿锐基在该书中虽然预言东亚地区即将崛起并成为主导国际权力流动的中坚力量，但其当时更为看好的是日本而非中国所具有的经济发展潜力。

② 工业和信息化部.促进新一代人工智能产业发展三年行动计划（2018—2020年）[EB/OL].（2017-12-26）[2021-07-08].http://www.cac.gov.cn/2017-12/26/c_1122166495.htm.

播应高度重视智能化和全媒体建设的双重机遇，全面布局智能全媒体国际传播战略体系。具体而言，可从以下四个方面着手：

首先，加强智能全媒体传播体系的顶层框架设计、中观方案设计和微观细节填充，明确各级政府和各分管部门对国际传播领导职权的分配，优化或再造国际传播整体战略的实施流程，颁布法律法规为国际传播战略的整体实施保驾护航；其次，加强国际传播的媒体间和官民间合作，积极动员非主流媒体、网络媒体、自媒体等传播资源参与我国国际传播事业，在可资利用的对外传播平台发布信息，在我国整体国际传播话语体系中积极补充丰富的细节信息，为讲好中国故事、传递中国体验形成合力；再次，加强对智能媒体技术的开发与应用，综合运用大数据、云计算、新闻写作机器人、智能影像等技术提升国际传播效能，应对反华势力的恶意攻击；最后，充分激活地方媒体的国际传播动能，将县级融媒体中心建设、地方特色媒体建设与国际传播的整体规划有机结合，打造同心圆式全媒体国际传播体系。

（二）加强跨领域国际传播的协同创新研究

为了解决我国国际传播研究跨学科领域对话少和学术内卷化的问题，未来我们应从跨学科研究、基金扶持、智库建设、期刊建设等方面予以重点攻关：首先，开展跨学科、立体式的理论研究，加强对区域国别研究、跨文化传播研究等的学科建设，加强对国际传播对象国的文化习俗、民众媒介接触习惯等的分析，深入研究针对不同国家的国际传播策略；其次，加强国家社会科学基金等对国际传播相关研究的多层次、多领域资助，在重大项目、重大攻关项目等级别的课题申报工作中对有关国际传播的跨领域研究课题予以适当资助倾斜，在一般项目、青年项目中倡导具有不同学科背景的研究人员对国际传播专项内容展开深入研究；再次，着力加强国际传播、跨文化传播等的智库建设，对有能力开展国际传播跨学科协同研究的智库、实验室等给予资源倾斜，加强智库人才队伍建设，提高重点科研平台的常驻外籍科研人员比例，推动其攻关国际传播核心议题和技术；最后，应促进国际传播期刊的建设和完善，重视既有国际传播期刊的升级评优，在新闻传播学、政治学、社会学等学科的核心期刊中增设国际传播相关专栏，鼓励各领域学者积极发声，围绕国际传播形成更多有学术影响力的研究成果。

（三）健全话语体系，打造立体化国家形象

在"5·31"讲话中，习近平总书记强调要"注重把握好基调，既开放自信也谦逊谦和，努力塑造可信、可爱、可敬的中国形象"[①]，对我国国际形象塑造中应有的话语风格进行了详细阐释。正如本文所指出的，我国国际传播中存在"信息模式"与"故事模式"、"软语态"与"硬语态"等报道失衡的现象，在未来的国际传播过程中，我们应注重健全话语体系，展示丰富多彩、生动立体的中国形象。

一方面，要注重采纳"信息模式"和"故事模式"的新闻在数量、版面布局等方面的平衡，以"信息模式"的新闻报道我国在政治、经济、国防等领域取得的成绩，传播"中国经验"；以"故事模式"的新闻围绕我国人民的文化生活、精神风貌等议题展开报道，关注人们对国家发展等的微观感受，立体地呈现"中国体验"。

另一方面，结合对象国民众的文化特征和新闻阅听习惯，选择合适的新闻报道语态，在可以柔化处理的新闻议题上选择"软语态"进行报道，体现我国国际传播的生动活泼、可亲可爱；在需要严肃报道的新闻中采用相对硬线条的话语风格，展示我们的文化自觉、文化自信和文化自强。语态问题虽然近年来才随着网络媒体的发展受到关注，但回溯我国新闻事业的发展史，对这一问题的探讨早已多次出现在党媒对文风的整改中。在党的新闻事业的发展过程中，文风问题一直受到关注，从1942年的《解放日报》改版，到1956年的《人民日报》改版，再到近年来的新闻战线"走转改"活动以及人民网等主流媒体对浮夸自大文风的批驳，[②]均是在这一方面的有益尝试。在网

[①] 习近平主持中共中央政治局第三十次集体学习并讲话［EB/OL］：（2021-06-01）［2021-06-22］.http://www.gov.cn/xinwen/2021/06/01/content_5614684.htm.

[②] 人民网三评浮夸自大文风之一：文章不会写了吗？［EB/OL］.（2018-07-02）［2021-07-08］.https://baijiahao.baidu.com/s?id=1604843155295391149&wfr=spider&for=pc.

络媒体的时代背景下讨论国际传播的报道语态,可从我国新闻事业的发展经验中寻求参照,通过选择合适的语态来报道让国外老百姓喜闻乐见的新闻,从而进一步提升国际传播的效果。

(四)探索协同化国际传播人才培养路径

针对我国国际传播中存在的人才培育协同性较低这一现实问题,未来我们应着力探索协同化的国际传播人才培养路径,将区域与国别研究人才、人工智能技术人才、非通用语人才等划入国际传播的人才培养体系,从人才培养目标、培养计划、培养方案上进行系统规划,立体式、多层次地培养满足各方面需求的国际传播人才。

首先,加强区域与国别研究人才、人工智能技术人才和非通用语人才的协同培养。如前所述,新时代的国际传播与国际政治、经济、文化交往关联紧密,并面临智能媒体技术发展所带来的新型挑战,在这样的时代背景下,新型国际传播人才的培育应当同区域与国别研究人才、人工智能技术人才和非通用语专业人才的培养协同进行,在统一规划各科人才发展路径和协同发展模式的基础上进行人才的招生和培养工作,推动人才的学习与就业形成闭环。

其次,加强非通用语人才从中学到大学的贯通式培育。这一工作包括编写一批适用于中学阶段的非通用语教材,在有条件的地区和学校开展非通用语的中学教学,适当提高非通用语教师的薪酬待遇等内容,即推动形成非通用语人才的培养生态,从而加强非通用语人才从中学到大学的贯通式教育。

最后,建立国际新闻传播本硕博一体化的培养体系,推动国际新闻传播人才培养体系的专业化和多层次化。在国际新闻传播专业的学生的培育中注重构建国际化专业和课程体系,推动学生对国外情况的全方位了解,并依据学习阶段的不同侧重点设定不同但承接性较强的培育方案,如在本科阶段注重对学生外语能力、写作能力、各国政治经济情况的总体性教育;在硕士阶段引入区域与国别研究,根据学生兴趣将其分流至不同专业方向,推动学生对特定国家或地区的政治、经济、文化的全方位了解,培育面向该国家和地区的国际传播专才;在博士阶段注重对学生跨学科研究国际传播理论的能力的训练,培养国际传播领域的专家、学者及后备师资力量。

四、结语

综上所述,在信息技术飞速发展、全球化和逆全球化进程"各自表达"、国际政治局势瞬息万变的时代背景下,我国的国际传播面临着西方国家对我们加强话语攻讦、智能媒体带来新型挑战等外部挑战。与此同时,我国国际传播既有的战略规划的体系性问题、理论框架的全面性问题、话语体系的平衡性问题以及人才培育的协同性问题也逐渐凸显。在这样的背景下,如何加强我国国际传播能力,形成同我国综合国力和国际地位相匹配的国际话语权,为我国改革发展稳定营造有利的外部舆论环境引起了以习近平同志为核心的党中央的高度重视。在"5·31"讲话中,习近平总书记强调要"加强国际传播的理论研究,掌握国际传播的规律,构建对外话语体系,提高传播艺术;要采用贴近不同区域、不同国家、不同群体受众的精准传播方式,推进中国故事和中国声音的全球化表达、区域化表达、分众化表达,增强国际传播的亲和力和实效性"[①],对我国下一阶段的国际传播理论研究与实践探索指明了新的方向。在深入领会习近平总书记重要指示精神和充分研判我国国际传播所面临的挑战与问题的基础上,我国国际传播应从完善体系规划细节、加强部门间和官民间的传播合作、激发地方媒体的国际传播动能等方面布局智能全媒体国际传播战略体系,以国际传播研究、区域国别研究和跨文化传播研究等学科领域的合作推动跨领域国际传播协同创新研究,以故事与信息兼备、软语态与硬语态平衡的编码模式健全话语体系并打造立体化的国家形象,以加强区域国别研究的学科建设、加速培育非通用语和人工智能人才为抓手探索协同化国际传播人才培养路径,构建对外话语体系,提升国际传播效能。

---

① 习近平主持中共中央政治局第三十次集体学习并讲话[EB/OL].(2021-06-01)[2021-06-22].http://www.gov.cn/xinwen/2021-06/01/content_5614684.htm.

《立雪集》新编 段鹏自选集

我国国际传播中的信息流量：历史、问题及对策*

一、研究背景

习近平总书记在主持中共中央政治局第三十次集体学习时强调，讲好中国故事，传播好中国声音，展示真实、立体、全面的中国，是加强我国国际传播能力建设的重要任务。当前世界处于百年未有之大变局，国际传播领域也正在发生深刻的理论格局转型，时代亟须国际传播研究视角的创新。

学界在新时代我国国际传播研究的理论创新框架下开展了充分的探讨。姜飞[①]以"世界百年未有之大变局"这一表述立论，指出国际传播变"局"历史性的三大导向线索分别为利益、边界和秩序，认为当前的核心焦点是秩序推动、秩序导向的变局趋势。张磊[②]从历史视角出发，从我国数千年的历史中汲取理论养料，"以历史为经，以世界为纬"，用"天下大同"思想作为构建国际传播话语体系的未来想象，并认为"人类命运共同体"理念以其包容

---

* 本文原载于《西安交通大学学报》2022年第7期，被《新华文摘》2022年第20期全文转载，收入本书时略有删改。

① 姜飞.国际传播百年未有之大变"局"：利益、边界和秩序的接力［J］.新闻与写作，2021（10）：5-13.

② 张磊.走向人类命运共同体：历史视角下的全球传播秩序变迁与重建［J］.国际传播，2019（2）：1-9.

性强和占据道义制高点的特征或可成为重建全球传播秩序的思想旗帜。史安斌等[①]以"全球中国（global China）"作为国际传播概念和理论创新的切入点，试图从方法论层面突破单纯的"民族国家"这一概念及其所设定的地理疆界，"从跨区域、跨文化和跨阶段的视角重新想象和建构中国"。段鹏等从国家身份建构的话语调适、话语应对模式的重建、全球信息价值观的重塑三个方面提出我国国际传播话语体系建设的价值维度转向，并从理念路径、技术路径、文化路径等方面描绘出了国际传播话语体系的实践重构图景。[②]

可以说，上述研究着眼于我国国际传播的"道"，试图构建具有创新性的国际传播理论基石；而着眼于我国国际传播的"术"，即从更具体、细致的层面来着重提出解决新时代、新要求下我国国际传播问题之对策及方法的研究亦硕果累累。如段鹏分析了我国当前国际传播所面临的挑战与问题，并据此尝试提出我国开展下一阶段的国际传播实践应从布局智能全媒体国际传播战略体系、加强跨领域国际传播协同创新研究、健全话语体系、打造立体化国家形象、探索协同化国际传播人才培养路径等方面着力的策略建议。[③]其他的对策性研究包括着眼于国际传播的话语升级、新路径探索以及国际舆论格局之总体布局等，均具备一定的实践意义和可操作性。

纵览当前国际传播场域，传统媒体、社交媒体、自媒体等多种传播主体于其间可谓百舸争流，塑造了空前复杂的国际传播景观。面对世界百年未有之大变局与中华民族伟大复兴之战略机遇，我国的国际传播事实上面临着风险与挑战并存的局面。传统媒体视域下的国际传播研究范式由来已久，而现如今在互联网和物联网的支撑下，世界几乎已经步入了迪克等人所言的平台化社会，5G的勃兴以及智能媒体时代的揭幕几乎已完全将"国际传播"的基

---

① 史安斌，盛阳.探究新时代国际传播的方法论创新：基于"全球中国"的概念透视［J］.新闻与传播评论，2021（3）：5-13.

② 段鹏，张倩.后疫情时代我国国际传播话语体系建设的价值维度与路径重构［J］.新闻界，2021（3）：28-36.

③ 段鹏.当前我国国际传播面临的挑战、问题与对策［J］.现代传播（中国传媒大学学报），2021（8）：1-8.

础结构颠覆。当前,国际传播的主阵地已从传统媒体转移至互联网,互联网话语权即国际传播话语权。

互联网雏形诞生于20世纪60年代,经过数十年的发展,它已经成为人类信息传播的主要场域。万维网的发明者伯纳斯·李说过,互联网不仅仅连接机器,它还连接人。① 是人创建了一个个网页链接,也正是作为一个个主体的人在点击并浏览数以亿计的网页内容。麦克尤恩等在其虚拟世界主义(virtual cosmopolitanism)理论中指出,当前在国际传播实践中,"个体越来越多地使用计算机或社交媒体作为传播中介","媒介化的社会空间使个体观点得以在更大范围内跨越国界进行传播"。② 互联网使国际传播进入了一个新的全球时代,其中个体的传播效能得到了无限的放大,国际传播也便因此不再局限于政府单一主体的模式和样态。

二、问题的提出

"十年的时间在社会科学研究的视野中看来仿佛仅仅只是一瞬间,但用互联网的时间尺度来衡量则堪比万年。"③ 互联网的飞速发展和普及在我国体现得尤为明显。中国互联网络信息中心(CNNIC)统计数据显示,截至2021年6月,我国网民规模达10.11亿人,互联网普及率达71.6%;④ 而2010年我国网民数仅为4.57亿人,2000年更是刚刚迈过1000万人这个关口。若将我国的10亿网民置于全球互联网这个环境中加以考量,那么全球互联网中有至少10

---

① 伯纳斯·李在奈特基金会的演讲[EB/OL].(2009-09-14)[2022-01-10].https://webfoundation.org/about/community/knight-2008-tbl-spe-ech/.
② MCEWAN B, MIRIAM S D.Virtual cosmopolitanism: constructing third cultures and transmitting social and cultural capital through social media[J].Journal of international and intercultural communication, 2011, 4(4): 252-258.
③ BRIAN D L, WILLIAM H D. A decade in internet time[J].Information, communication & society, 2012, 15(5): 609-615.
④ 第48次中国互联网络发展状况统计报告[EB/OL].(2021-09-15)[2022-01-10].https://cit.buct.edu.cn/_upload/article/files/78/6b/7f0d8df1428caae3a7d0a24d5050/b3d5c087-8ab5-463a-a1fe-c7d20c2ef708.pdf.

亿人使用中文作为第一语言进行网络传播活动。数据网站 Internet World Stats 统计显示，截至 2021 年 9 月，全球互联网中使用英语作为第一语言的用户数为 11.8 亿人，占全球网民数的 25.9%，而中文网民约 10 亿人，占比 21.7%。考虑到英语在国际上的通用属性，网民中使用中文者与使用英语者在数量方面较为接近，可见我国互联网的发展普及程度亦较高。

然而，另一组数据更加引人注意。网站 W3Techs 统计列出了全球访问量最大的前 1000 万个网站并分析这些网站所用的语言。这一统计在一定程度上可以体现出某种语言在国际互联网中的流行程度以及其内容所占的比重。根据其释出的最新统计数据，截至 2022 年 1 月，全球访问量最大的前 1000 万个网站中有 63.7% 为英文网站，占比位列第一；而中文网站仅占 1.3%，占比位列第十，甚至低于越南语网站（占比 1.9%，第九名）。从两组数据中可以粗略地得出互联网上中文与英文人均信息量的差异，中文的人均信息量为 0.059，英文的人均信息量则为 2.459。两相比较之下，互联网上英文的人均信息量为中文的 41.6 倍。

以上中英文互联网信息量的对比之悬殊不能不令人扼腕。不难看出，使用中文的网民数量与使用英语者不相上下，而造成人均信息量差异的原因在于中文网站数量过少或没能进入统计样本池。据 vpnMentor 统计，2021 年全球的网站数量已经超过 18.3 亿个，而 CNNIC 2021 年 6 月的数据统计显示，我国的网站数量为 422 万个，较 2020 年 12 月下降 4.7%。[①] 可见，中文网站的数量相对于全球网站数量而言的确存在数量级上的差距：占全球网站数 1.3% 的网站，服务了全球 21.7% 的网民。

本文试图研究国际传播中的互联网信息流量问题。国际传播信道里流动的信息即为国际传播的内容。国际传播中的信息流量既是国际传播的表现形式，又是国际传播的主要目标，国际信息流量构成了目前国际传播体系的主体，这一信息流量中既包含着信息流量的大小也包含着信息流动的方向。过去 30 年间，国际传播中的信息流量涉及国际社会的所有领域，如政治、外

---

① 此处所统计的我国网站指域名注册在中国境内的网站。

交、经济和文化等，同时国际信息流量的大与小、信息流动的方向以及信息流动中所折射出的内涵已经超越了信息流量本身，并通过国际舆论等形式影响着每一个国家在国际上的整体利益和国家形象。信息流量也因此引起国际社会和世界各国的极大重视，甚至引发在国际传播中对国际信息控制权的争论。中文互联网的信息流量与英文互联网的信息流量悬殊，这一信息流量的发展沿革是怎样的？其原因是什么？而我们作为国际传播研究者应当如何应对？带着这样的问题，本文将首先对我国的互联网信息流量的发展历程作一简要梳理，检视在此发展过程中存在的问题，并以此分析得出中文互联网信息流量在国际互联网上较为匮乏的原因，最后尝试阐述相应的对策建议，希望能对学界同仁围绕国际传播这一议题开展进一步研究有所裨益。

三、信息流量视角下的我国互联网发展简史

（一）1987—2001 年：互联网信息流量 1.0 时代

由于互联网本身正处于起步初期，其技术门槛和应用成本较高，相应的资源也极为稀缺，所以仅有少数科研工作者和学术机构尝试使用互联网进行信息传播活动，当然其使用范围也被限制于学术交流等领域。

学界较多地将 1987 年作为中国互联网早期的开端追忆。[①]1987 年 9 月 20 日，兵器工业部计算机应用研究所的王运丰和李澄炯等中国科学家在该所建立我国第一个电子邮件节点，用英文和德文向德国卡尔斯鲁厄大学发出了中国第一封电子邮件，内容为"Across the Great Wall we can reach every corner in the world（越过长城，走向世界）"——该邮件用了近一周时间才抵达收件方，[②] 因为当时的通信速率仅为 300bps。1987 年，德国拥有互联网也才仅仅两年时间。此后的几年间，中国互联网的发展继续由科研工作者推进。1990

---

① 吴世文，何屹然.中国互联网历史的媒介记忆与多元想象：基于媒介十年"节点记忆"的考察［J］.新闻与传播研究，2019（9）：75-93.
② 梁宵.中国互联网 30 年大事记［EB/OL］.（2017-09-20）［2022-01-14］.http://www.beijingreview.com.cn/keji/201709/t20170920_80 0105024_6.html.

年,德国卡尔斯鲁厄大学的措恩与中方人员商讨后,在校内建立并注册登记了".CN"顶级域名服务器,同时开通了该域名的国际邮件服务。至1993年年底,中国科学院高能物理所、电子部华北计算所以及清华大学、北京大学等科研学术单位先后通过卫星通信的方式接入了国际互联网。

1994年之前的前互联网阶段主要是我国被动引入互联网的时期。由于中国并未参与互联网技术从无到有的研发过程,互联网终究是"舶来品",美国占据了绝对的主导地位。中国对互联网信息也基本上处于被动接收的状态。

1994年4月20日,中国通过一条64K国际专线实现了对国际互联网的全功能接入,中国被正式承认为真正拥有全功能Internet的国家。1994年8月,网友架设了清华大学内部的电子公告牌(BBS)——"水木清华",这是当时中国最具人气的论坛之一,"泡论坛"成为中国网民最初的网络习惯。互联网此时被称为"信息高速公路",互联网的使用群体依然集中在高校和科研单位。

1996年,中国互联网发展出现第一波热潮。当年,在中国人还不知道风险投资为何物时,张朝阳从美国博士毕业后归国创业,创办了搜狐,这是中国成立最早的门户网站。1997年,中国网民数还只有63万人,但至2000年年底,这个数字已经飙升至2250万。

这一阶段,互联网基础建设及基础知识的认识与普及是中国互联网建设的主要内容。此时的互联网往往被称为报纸、广播和电视之外的"第四媒体",它虽然较为迅猛地走进人们的生活,但传统媒体的公信力、易得性和使用惯性依然使其成为国人信息传播的首选渠道。值得注意的是,一些中国的传统媒体也在进行着互联网应用的尝试。1995年1月,《神州学人》杂志开中国媒体上网之先河,截至1996年年底,有30多家报纸在互联网上发行电子版,20多家杂志也开始上网,一些广播电视台开始建立自己的网站。[①]但此时,中国作为后发国家,并未拥有较强的互联网基础设施,同时,其信息传

---

① 吴风.1995—2000:中国网络媒体发展报告[J].现代传播(中国传媒大学学报),2001(3):43-48.

播实践的底层逻辑依然局限于"术"的应用范围内,基本上不触及"脱胎换骨"的变化范式,因此,最终陷入"起了个大早,赶了个晚集"的窘境。①

在互联网信息流量 1.0 时代,美国依然在世界互联网发展过程中居于主导地位,而我国虽然在一批出海上市企业的推动下作出了信息流量"走出去"的尝试,但总体而言依然处于被动接收的状态。

(二)2001—2008 年:互联网信息流量 2.0 时代

互联网信息流量 2.0 时代是我国互联网发展的社会化阶段。该阶段初期,互联网产业熬过了"互联网寒冬"并开始蓄势突围,互联网企业以各种增值服务作为创收渠道开始盈利。这股绝境逢生的热潮以 2005 年百度在美国上市为顶点。上市当天百度股价涨幅达 353%,华尔街充斥着惊叹之声。

2006 年,随着技术的不断发展进步,互联网也进入了"Web 2.0"时代。彭兰②认为,"Web 2.0"时代的核心指向是试图把人与信息内容的关系深化为人与人的关系,其中博客(Blog)概念的推广以及博客网站的发展是最为显著的特征。2007 年,网络游戏成为中国互联网的第一收入来源③,进一步以其社交属性通过人与人的连接吸引了越来越多的网民。博客、BBS、网络游戏等"Web 2.0"时代的代表性技术使互联网普及化、大众化,网民主导网络文化发展的格局开始形成,也由此带来了政策监管方面的问题。在互联网信息传播领域,《互联网出版管理暂行规定》自 2002 年 8 月 1 日起开始实施,《中国互联网行业自律公约》由中国互联网协会于 2002 年 3 月 26 日发布,在构筑网络世界良好生态方面发挥着积极的作用。

互联网信息流量 2.0 时代以 2008 年为终点是因为 2008 年被称为"网络舆论年"。④这一年,博客、QQ、百度贴吧等社会化媒体的影响力迅速提升,

---

① 苏敏,喻国明.以人为本的成长逻辑:中国互联网发展的第一个 25 年——基于学术视角的 Citespace 可视化分析[J].辽宁大学学报(哲学社会科学版),2019(6):127-141.

② 彭兰.WEB 2.0 在中国的发展及其社会意义[J].国际新闻界,2007(10):44-48.

③ 方兴东.中国互联网激荡 20 年[EB/OL].(2017-01-03)[2022-01-15].http://www.ccidnet.com/2017/0103/10230358.shtml.

④ 胡彬.2008 年以来中国网络舆情新格局[J].青年记者,2009(22):18-19.

网络媒体在报道国内突发事件的过程中与西方歪曲抹黑中国的不实报道抗衡，发出了中国信息流量介入国际传播场域的最强音。汶川地震和 2008 年北京奥运会等大事件是一代中国人的集体记忆，互联网在其信息传播的过程中也发挥了关键作用并获得了社会的广泛认可，甚至在舆论监督领域具有重要功能。互联网已不再被称作"第四媒体"，而是逐渐融入人们的社会生活之中，成为主流媒体对内对外信息传播的主战场之一。中国作为一个崛起中的大国，在互联网信息流量 2.0 时代开始与以美国为代表的西方国家在国际传播实践中进行信息流量的争夺。

（三）2008—2017 年：互联网信息流量 3.0 时代

这一阶段是以移动互联网为主导的、突出即时性的社会强连接时代。2008 年，我国网民数首次超过美国，跃居世界第一。2009 年是我国第三代移动通信（3G）元年，此项技术极大地推动了以手机终端为代表的移动互联网的发展。同样是在 2009 年，"Web 2.0"概念式微，社交网络（SNS）网站兴起，微博等平台迅猛崛起，将中国互联网带入了"全民上网"的即时传播时代。中国的互联网发展开始呈现自己的特性，并在宽带网民数、CN 注册域名、个人电脑等多个指标上超越美国。① 至 2012 年 6 月底，我国手机上网人数超过台式电脑网民数，手机成为我国第一大上网终端。② 有学者指出，2012 年中国传媒业跨入了新传播时代的门槛，数字化、移动互联网将是传统媒体与新媒体近几年的共同热点。③ 同样是在这一阶段，中国互联网产业开始在全球市场中展现自己的竞争力。2014 年，坐拥 QQ、微信以及其他诸多游戏和服务类软件的腾讯市值突破 10 000 亿港币，正式进入全球互联网巨头第一阵营，开始与 Facebook、Amazon 和 Google 等企业平起平坐。

---

① 李莉.互联网 20 年变迁记［J］.中国科技奖励，2019（5）：20-23.
② 第 31 次中国互联网络发展状况统计报告［EB/OL］.（2020-04-20）［2022-01-17］.https://max.book118.com/html/2020/0420/5313100101002241.shtm.
③ 喻国明，宋美杰.微电影、大数据、三网融合：中国传媒业跨入新传播时代的门槛——社会视角下的 2012 中国传媒业关键词［J］.编辑之友，2013（2）：17-24.

2014年，第四代移动通信（4G）网络开始在我国全面部署，移动上网的网速得到极大提高，网速限制瓶颈被基本破除，移动应用场景得到极大丰富。互联网在此阶段的大规模普及使国际传播突破了时间和地域的限制，不仅为传统媒体开辟了吸引受众的新的渠道，也改变了信息发布和产生的时间概念，对国际传播的信息流程产生了深远影响。这波发展浪潮将中国社会快速带入了强联结阶段。这种联结的根本性突破使得互联网不但成为中国社会新的主流媒体和主流信息传播机制，而且开始向外界传播、释放信息，冲击和动摇着国际传播的既有结构。

2016年9月，抖音在中国上线；2017年5月，抖音国际版（TikTok）在海外上线。作为未来很长一段时间的信息流量巨头，抖音在国内的火爆以及在国外市场的疯狂发展标志着我国国际传播信息流量旧时代的终结和新时代的开始。以抖音为代表，互联网的发展不仅仅是互联网产业本身的进程，更是全球传播秩序的挑战者。中国在这一过程中不但在经济和网络技术上实现了崛起，一定程度上也在国际传播话语权上实现了崛起，开始面对西方的话语攻讦和传播霸权进行信息流量争夺。

（四）2017年至今：互联网信息流量的新时代

2017年至今是我国互联网信息流量传播的新时代。自1994年中国全功能接入互联网以来，28年的发展使中国在互联网基础设施建设、互联网产业、互联网企业国际化和数字经济等方面后来居上。2021年第二季度，微信及WeChat（微信国际版）月活跃用户数突破12亿大关，2021年年底TikTok中"#China"标签的观看数超过270亿次，越来越多以亿为单位的统计数据见证着中国互联网信息流量的发展壮大。

在这一互联网信息流量的新时代，中国成为走在互联网产业前沿的引领者和创新者，互联网技术的快速进步与迭代是不可或缺的推动力量。互联网信息技术的发展以及在此基础上迭代进化出的新型媒介形式已然深刻改变了人类传播景观，当下人工智能技术及大数据、拓展现实、5G等关键共性技术逐渐拉开了智能媒体传播的帷幕。2019年6月6日，中华人民共和国工业和信息化部正式向中国电信、中国移动、中国联通、中国广电等四家企业发放5G商用牌照，中国进入了5G元年。也是在这一阶段，美国政府开始以政治力量干预互联网市场，故意给华为等中国互联网科技企业设置发展障碍，为5G的发展带来了不确定性。然而，中国已经在这场5G竞赛中走在了前列。截至2021年2月，中国累计建成5G基站超过71.8万个，约占全球的70%，独立组网模式的5G网络覆盖全国所有地市，5G终端连接数超过2亿个，户均移动互联网接入流量较4G用户高出50%。① 中国从学习借鉴西方互联网技术发展为引领互联网产业发展，从被动接受外界信息到强势崛起、在信息流量领域与西方分庭抗礼，中国互联网信息流量的新时代确已到来。然而，如前文所述，互联网中文信息流量的比重依然相当之低，这是需要我们去找出原因并提出对策的要害之处。

站在新时代，回望中国互联网从无到有、从弱到强的历程，本文大致勾勒出了中国与西方进行流量争夺的时间线。可以看出，尽管经历了较长时间的发展且取得了较大的进步，但中国互联网信息流量依然处在较为匮乏的状态。

四、中文互联网信息流量匮乏的原因分析

（一）英语在全球语言网络中居枢纽地位

根据"民族语"网站的统计数据，截至2019年，全世界现存且依然在使用的语言共约7100种，其中英语的使用人数居首位，为11.32亿人，其次为中文11.17亿人，仅从使用人口的数量的层面来判断，似乎差距并不悬殊。然而，英语的使用人口中包含大量官方语言非英语且母语也非英语的国家的人口，而中文的使用者局限于中国和东南亚华人群体这样一小部分区域，英语

---

① 中国5G基站全球占比七成 5G规模商用实现快速发展［EB/OL］.（2021-02-05）［2022-01-18］.http: //news.cctv.com/2021/02/25/ARTIgpfk0X zxQzPnHvBKDaRb210225.shtml.

的国际影响力事实上远远高于中文。在全球语言网络地图[①]中，英语因为被最多语言转译且又转译为最多语言而成为核心枢纽，同时呈现出了法语、德语、俄语等次核心的"中间枢纽"地位，在不同程度上也起到了相同的传播作用。与之形成鲜明对比的是，像中文、印度语和阿拉伯语这样使用人数众多的语言在其中处于边缘地位，表明这些语言很少和其他语言发生交流。

由于英语在全球语言网络中处于枢纽地位，具有高于中文的通用性，因此，英语信息事实上对于更多人群而言是可被理解的，而信息生产者为追求较好的传播效果也更倾向于发布英文信息，中文信息相对于英文信息就显得比较匮乏。

（二）互联网巨头形成马太效应

互联网中文信息量较少，一部分原因在于统计学意义上的中文网站数量较少。一定程度上，中国的互联网已经被少数几家巨头互联网企业垄断，大部分中国网民日常访问的都是腾讯、今日头条、百度等网站。例如，网民购物使用淘宝、京东、拼多多、美团等网站，聊天使用微信、QQ等即时通信软件，搜索用百度，看视频则选择爱奇艺、优酷、腾讯、B站、抖音、快手，等等。人们似乎没有太多时间去浏览其他网站，其个人喜好以及社交网络均与各大平台的个人账号深度绑定，因而大部分的用户访问都集中在少数几个域名里。

以微信为例，个人内容是从属于平台的，因此，即便微信有2000万个公众平台，相当于2000万个私人博客，但由于其域名都相同（http：//weixin.qq.com），在统计中只能被算作是一个网站。由此导致的结果是，小的网络平台在竞争中迅速落败，而流量则集中到巨无霸平台上。

[①] RONEN S，GONCALVES B，HU K Z，et al. Links that speak：the global language network and its association with global fame［J］.Proceedings of the national academy of sciences，2014，111（52）：E5616-E5622.

（三）个人独立建站的门槛和成本较高

中外网站数量的差异也可从建站和维护的成本上来分析。对于个人来说，由于中国互联网相对处于后发地位，具有计算机编程能力的个人占比较低，因此个人建站的能力较弱。从企业角度来讲，欧美商户有独立建站的传统。小城镇的餐馆、发廊等都有自己的网站，建站的资源也比较丰富，门槛相对较低。

由于建站成本和门槛过高，互联网巨头又提供了博客、托管等功能，许多个人不再独立建站、写博客等，转而使用美团、大众点评等成熟的平台，从而实现提高流量、增加曝光度和盈利等目的。小型企业和商户也不再创建自己的网站，比如，国内的餐厅可能倾向于直接在美团平台上投放其信息，不再像众多欧美同行一样建立独立的网站。从这个层面来讲，除了小型网络平台"牺牲"外，个人和商户以一定的自由度为代价，降低了诸如注册和维护等成本，有所获益。

（四）移动互联网时代传统网站式微

移动互联网时代，人们的在线活动被分割在一个个应用软件中，发布的内容也具有封闭性。传统网站的时代逐渐落幕，中国互联网企业或引领、或跟随，在移动互联网的浪潮中抓住了机遇，而大量传统网站就在这一过程中如大浪淘沙一般消亡了。

互联网企业为了实现自己的信息流量增长和盈利的目的，纷纷建起了"护城河"，将内容限制在"自留地"内。一个直接的后果是用户使用搜索引擎的次数减少了，如淘宝等网站完全屏蔽了百度搜索的抓取，用户了解商品信息只能去淘宝网搜索。久而久之，用户也被培养起了在各平台内部搜索的习惯。资源和内容的分割一方面体现为垂直化程度加深，这可以帮助用户迅速满足需求、获得专门化的信息与服务；但另一方面，从内容生产上来说，由于信息可检索程度降低，不同平台的内容的互动交流减少，传播度降低，内容的价值和创作的意愿也降低了。

总而言之，多重因素导致中文网站数量的全球占比与中文网民数量的全球占比明显不匹配。移动互联网浪潮下，传统网站式微是一个全球性的现象，只是在中国体现得比较显著。希望中文互联网能焕发新的生机，也希望中文能成为"枢纽语言"，让更多个体和群体易于、乐于创造优质的内容，提升中文互联网信息的活力、质量和声量。

五、信息流量匮乏问题的对策建议

（一）全方位打造全媒体国际传播体系，增强信息传播力

2019 年 1 月 25 日，中共中央政治局就全媒体时代和媒体融合发展举行了第十二次集体学习。习近平总书记在主持学习时指出，全媒体不断发展，信息无处不在、无所不及、无人不用，推动媒体融合进程、建设全媒体生态已成为我们面临的一项紧迫课题。①抓住智能媒体传播的发展机遇，在网络空间中占领舆论阵地，引领社会凝聚人心、巩固主流思想舆论的同时抵抗网络空间的"外部入侵"是当务之急。

首先，加强智能全媒体传播体系的顶层框架设计、中观方案设计和微观细节填充，明确各级政府和各分管部门对国际传播领导职权的分配，优化或再造国际传播整体战略的实施流程，颁布法律法规为国际传播战略的整体实施保驾护航；其次，加强国际传播的媒体间和官民间合作，积极动员非主流媒体、网络媒体、自媒体等传播资源参与我国国际传播事业，在可资利用的对外传播平台发布信息，在我国整体国际传播话语体系中积极补充丰富的细节信息，为讲好中国故事、传播中国声音形成合力；再次，加强对智能媒体技术的开发与应用，综合运用大数据、云计算、新闻写作机器人、人工智能翻译、智能影像等技术提升国际传播效能，应对反华势力的恶意攻击；最后，充分激活地方媒体的国际传播动能，将县级融媒体中心建设、地方特色媒体建设与国际传播的整体规划有机结合，打造同心圆式全媒体国际传播体系。

---

① 范以锦，聂浩.2019 年重大传媒事件［J］.新闻与写作，2019（12）：4–9.

（二）加大对出海互联网平台的支持力度

近年来，中国互联网企业出海呈燎原之势。在多方面综合因素作用下，中国互联网企业前赴后继奔向传说中的异国"蓝海"。从激励侧来看，政府提出"一带一路"倡议，鼓励企业"抱团"出海；从压力侧来看，国内互联网人口红利逐渐消失，而互联网领域巨头垄断、瓜分地盘导致的竞争压力，都在鞭策着企业扬帆出海，寻找尚待开垦的互联网"净土"。然而，2020年年底TikTok与特朗普政府的封禁风波和华为公司遭受芯片断供危机等一系列事件都不得不让我们认识到，"互联网无国界"这一激励着互联网企业出海发展的理念已不再适用，出海互联网企业作为中文互联网信息海外传播的生力军面临着西方国家施加的重重阻力与挑战。

面对这一情况，需加强对出海互联网企业的支持力度。从政策角度而言，出海互联网企业作为已经或有潜力成为中文信息流量丰富发展的平台的，需借助政策力量帮助此类企业提高风险抵抗能力，加大经济补贴、税率优惠等方面的政策扶持力度，防止西方国家打击此类企业以求经济和话语信息传播的一石二鸟之利。从宣传角度而言，需强调出海互联网企业作为信息传播平台的本质属性，防范西方国家将其妖魔化为"意识形态传播机器"并以此来继续把持互联网信息流量。

（三）关注国外年轻一代，培养关键意见领袖

Z世代指出生于1995—2009年，从小在互联网环境中长大，受智能手机、电脑等科技产品影响最大的一代人。作为年轻一代，国外的Z世代未受到过冷战时代意识形态斗争的影响，对西方的"权威话语"具有怀疑和反叛精神。据联合国人口调查数据，全球Z世代人口约24亿，占全球总人口的32%。[①]Z世代以其庞大的人口数量和特征成为中文信息的理想受众，争取Z世代的关注和认同应当成为互联网中文信息传播的重点，而互联网信息传播离不开意见领袖（KOL）。事实上，以李子柒、办公室小野、老高与小茉为代

---

① 不断变化的人口统计［EB/OL］.［2022-01-13］.https://population.un.org.

表的一批中国意见领袖已经在海外信息平台（如 YouTube）获得了较高的关注度，中国的风景、美食乃至社会热点事件均在他们的推介下化作大量的中文信息被广为传播，引发以国外年轻一代为主体的国际受众的广泛共鸣。由此，利用国外年轻一代来扩大中文信息流量，可以借助具有亲和力和影响力的中国意见领袖，实现中文信息的繁荣、丰富，甚至进一步"化信息流为影响流"①，推动中国文化"走出去"。

（四）大力加强国际中文教育

国际中文教育是指面向海外母语非汉语者的中文教学，是一种以中文教育为核心的人才培养活动。作为国家对外传播、国家形象塑造、文化影响力甚至综合国力提升的重要传播媒介，国际中文教育从宏观层面来看可以增强中华优秀传统文化的国际传播力与影响力，使中国传统文化得到更广泛、更深入的继承和发展，同时增强国人的文化自信和民族自信，从更具体的微观层面来看则恰恰可以使中文信息走出"信息孤岛"并在国际互联网世界得到推广，使中国故事被读懂，使中国声音被听懂。

当前，5G 驱动下的智能媒体传播技术为国际中文教育与传播体系创新提供了新的生态契机，线上与线下教育的相互建构为国际中文教育与传播体系创新的结构变迁提供了可能性。在此背景下加强国际中文教育，首先，需要做好国际中文教育的管理布局，以孔子学院为核心的国际中文教育办学模式为基点，以国际中文教育的市场化运作模式为连接，以多边合作与资源共享为面向。其次，在国际中文教育的发展建设中要注重其教法研究的前沿化、多样化，注重其教材开发的专业化、专门化，师资培养的标准化、本土化，传播交流的项目化、多元化。再次，需统筹国内外两个中文教育市场，完成从"借船出海"到"造船出海"的转变，实现互联网经济下国际中文教育与传播的多元化产业模式建构，兼顾社会效益与经济效益，兼顾国际中文教育与传播发展的"一体两面"。最后，国际中文教育与传播体系创新需坚持党和

---

① 吴瑛, 乔丽娟. 文化强国建设的全球传播战略与路径 [J]. 青年记者, 2021（6）: 12-14.

国家主流意识形态引导，牢牢把握国家对外传播的政策导向，做好教育道德与伦理规制。

六、结语

回顾历史是为了更好地面向未来。中国互联网信息流量经历了三个时代的发展，中文信息流从无到有、由弱变强，中国以互联网大国的身份走向了崛起。进入数字世界与现实世界加速融合、多元文化冲突与融合共在的当下，政治、技术、经济和文化不断推动着国际传播领域的发展变革，这对中国互联网信息流量的发展而言既是挑战，也是机遇。展望未来，立足于第二个百年奋斗目标新征程的起点，进入新时代，中国互联网的发展、中文信息流量的壮大，需要学界和业界的共同努力，我们也必将在道路、理论、制度、文化"四个自信"的基础上为全球国际传播的新秩序作出贡献。

声量竞赛与情绪制造：美式新闻生产的"故事模式"*

——以俄乌冲突为例

全球信息化不断深入发展，自俄乌冲突正式爆发以来，美国与俄罗斯之间的舆论战也愈演愈烈。信息战和舆论战俨然成为现代战争的"标配"，在俄乌冲突中，美国等西方国家虽未直接参与相关的军事行动，却利用信息科技和国际话语优势，在这场"没有硝烟的战场"中一定程度上形成自身的新闻生产模式并引发国际舆论。具体而言，早在2021年12月10日，俄罗斯就不断尝试就北约持续东扩问题与西方国家进行对话，但始终未果。随着俄乌边境的摩擦不断，两国之间的冲突一触即发。在此期间，美国媒体不断对俄罗斯的相关军事行动加以报道，甚至具体到日期、名单等。2022年2月24日，俄罗斯总统普京宣布发动特别军事行动，乌克兰总统泽连斯基宣布与俄罗斯断交，俄乌冲突自此开始。战争期间，美国媒体多次对战争"现场"进行报道，并封禁了俄罗斯媒体的账号。经过多方协商，俄乌双方分别在2022年2月28日、3月3日、3月7日、3月10日、3月14日、3月29日进行了五轮谈判，率先对建设人道主义走廊、疏散平民等问题达成一致。随着第五轮谈判的结束，俄乌双方在政治、军事等关键问题上的讨论也有了进展。谈判期间，多场国际会议同步举行。以美国为首的西方国家陆续对俄罗斯宣布制裁，美国的各大社交平台更频频采取措施，一定程度上形成了对

---

* 本文原载于《西安交通大学学报》2023年第1期，收入本书时略有删改。

俄罗斯媒体发声渠道和声量的压制。Twitter、Facebook、YouTube、Google、TikTok 等国际社交平台甚至对俄罗斯官方媒体账号实施了封禁。与此同时，俄乌冲突相关信息在全球范围内的扩散以及随之而来的经济走低，又让单边主义和逆全球化思潮在以美国为首的西方国家的带领下蔓延开来，而这一趋势在新闻传播领域的体现则集中在美国围绕"俄乌冲突"事件所进行的新闻生产中。

一、"信息"还是"故事"：平台化趋势下国际传播的模式选择

纵览当前国际传播场域，传统媒体、社交媒体、自媒体等多种传播主体于其间均发挥着自身作用，塑造了空前复杂的国际传播景观。传统媒体视域下的国际传播研究范式由来已久，而现如今在互联网和物联网的支撑下，世界几乎已经步入了范·迪克等学者所言的平台化社会，智能媒体时代的揭幕和社交媒体的跨区域传播能力几乎已完全将"国际传播"的基础结构颠覆。数字信息技术的赋能使得信息传播得以超越时间和空间的界限，信息的"无远弗届"成为现实。过去几十年间，国际传播中的信息流量涉及国际社会的所有领域。信息流量本身之所以能引起世界各国的重视，根本原因在于国际流量的大小、信息流动之内涵与流动方向都已切实影响到每个民族、国家的根本利益和国际形象。各国都心照不宣，不论是通过国际舆论还是内容导向等方式，都要争夺到国际信息控制权，这种斗争也引发了不少论战。

国际传播是发生在具有不同背景的两个或更多国家之间的，依托大众媒介进行的传播。[①] 学界就当下国际传播研究的理论创新进行了大量有益的探讨。姜飞以"世界百年未有之大变局"这一表述立论，指出国际传播变"局"历史性的三大导向线索是利益、边界和秩序，认为当前的核心焦点是秩序推动、

---

① 古狄昆斯特.国际传播与文化间传播研究手册［M］.2 版.陈纳，胡特，陶文静，等译.上海：复旦大学出版社，2016.

秩序导向的变局趋势。① 史安斌等则从方法论层面试图突破单纯的"民族国家"这一概念及其所设定的地理疆界。② 段鹏等从国家身份建构的话语调适、话语应对模式的重建、全球信息价值观的重塑三个方面提出国际传播话语体系建设的价值维度转向,并从理念路径、技术路径、文化路径等方面描摹出一幅国际传播话语体系的实践重构图景。③

美国学者迈克尔·舒德森在《发掘新闻:美国报业的社会史》(Discovering the News: A Social History of American Newspaper)一书中提出了新闻传播中的"信息模式"和"故事模式"理论,前者指代注重传达"不证自明"的信息的新闻报道,后者指代注重欣赏性、消费价值和娱乐性的新闻报道。④ 在这两种模式中,"故事模式"相对于"信息模式"更致力于通过"筛选""修饰"事实来指引并影响社会大众的生活。具体来看,舒德森认为以"信息模式"为框架的新闻报道风格偏向于中立、冷静、保守,报道内容多为政治、财经类新闻,报道目的主要是准确地记录和呈现事实,相反以"故事模式"为框架的新闻报道风格偏向于煽情和宣扬,报道内容多为休闲娱乐、地方事件报道等,其报道目的更偏向于娱乐和消遣。在瓦尔特·本雅明看来,"信息"是具有"立地可验"鲜明特征的资本主义产物,其"不证自明"的交流目标也使得"信息"与"故事"有较大区别。艾尔文·古尔德纳更是将新闻报道通称为一种去语境化交流。

值得注意的是,舒德森提出"信息/故事"模式理论是基于对19世纪90年代前后美国现代新闻业发端中《纽约时报》《世界报》等报刊的探索,如果将这一理论视角置于当下可以发现,媒介形态的迭代衍生、国际传播主体

---

① 姜飞.国际传播百年未有之大变"局":利益、边界和秩序的接力[J].新闻与写作,2021,38(10):5-13.

② 史安斌,盛阳.探究新时代国际传播的方法论创新:基于"全球中国"的概念透视[J].新闻与传播评论,2021,74(3):5-13.

③ 段鹏,张倩.后疫情时代我国国际传播话语体系建设的价值维度与路径重构[J].新闻界,2021,37(3):28-36.

④ 舒德森.发掘新闻:美国报业的社会史[M].陈昌凤,常江,译.北京:北京大学出版社,2009.

的复杂多元等变化均使得这一理论需要在新传播语境下重新解读发展。互联网使国际传播进入了一个新的全球化时代,其中多元主体的传播效能得到了无限的放大,国际传播也便因此不再局限于政府单一主体的模式和样态。布利·麦克尤恩在其虚拟世界主义理论中指出,当前在国际传播实践中"个体越来越多地使用计算机或社交媒体作为传播中介","媒介化的社会空间使个体观点得以在更大范围内跨越国界进行传播"。①单以俄乌冲突发生后的中国舆论场为例,相关数据显示,2021年12月10日至2022年3月29日,"俄乌冲突"事件在新浪微博平台、抖音短视频平台以及百度全网的相关信息传播总量约10,936万条,分别在2月23日(193.8万条)、2月25日(415.8万条)、2月28日(878.1万条)、3月6日(657.1万条)、3月12日(430.0万条)、3月17日(390.7万条)、3月28日(486.0万条)等多个时间节点达到舆论高峰,由此可见,平台化、媒介化的社会空间已然成为国际事件舆论发酵的重要场域。

据葛兰西分析,资本主义社会的民众认同其文化领袖创造的历史记忆和公共机构的价值观,从而自发地建立起国家的政治意识,②其社会便也因此而能够保持相对稳定。可见,一系列能够被民众相信并坚持的特定的文化价值或意识形态是政治实体存在的基础条件之一。就当代的西方资本主义社会而言,这种"特定的文化价值或意识形态"就是所谓"自由"与"民主"。对这两个价值的追求事实上是近年来西方社会种种社会思潮的底色,包括女权主义思潮、"Black Lives Matter"等均是如此。

可以说,对这种理念的追求已经是西方一些民族国家的"立身之本"。基于此,西方国家创造出了诸多舆论场中的二元对立概念,如"独裁与民主""专制与自由"等,这些概念的创立无疑为其凝聚人心、转移内部矛盾并攻击其他国家提供了有力的帮助。同样在国际传播舆论场中,以美国为代表的西方国家也往往以对立的意识形态观念为底色,制造并煽动民众情绪。俄罗斯与乌克兰

---

① MCEWAN B, SOBRE-DENTON M.Virtual cosmopolitanism: constructing third cultures and transmitting social and cultural capital through social media [J].Journal of international and intercultural communication, 2011, 4 (4): 252-258.
② 葛兰西.狱中札记[M].曹雷雨,姜丽,张跣,译.郑州:河南大学出版社,2014.

两国之间的矛盾由来已久，此次从2021年开始反复拉锯又不断升级的冲突在世界局势、外交、经济以及能源供应等方面均造成了巨大的影响，国际舆论场俨然成为俄乌冲突的一个新战场，Facebook、Twitter、Instagram等社交媒体中相关话题热度持续上升，YouTube等视频网站中相关视频数量也呈几何式增长。国际舆论场中，不同身份的传播主体纷纷表达自己的看法和立场，并在不同意识形态的影响下呈现出俄乌冲突议题的撕裂、站队等特点。总体而言，以美国为代表的西方国家在俄乌冲突事件中借助平台化新闻生产之便，以信息模式为外部载体，并通过多方叙事主体建构了具有故事型特征的国际舆论场。

二、"故事模式"下美式俄乌冲突舆论场建构特征

需要注意的是，舒德森提出的"信息模式"和"故事模式"仅仅是"事后诸葛亮"式的理想类型，在新闻报道的具体实践中恐怕难以有具体而严格的划定，每家媒体都可以根据自己的定位和资源选取处于信息与故事之间的灰色地带。① 然而，在俄乌冲突事件下的新闻生产中，美国对于舆论场的打造以及媒介内容的传递则带有"故事模式"的特征，如图1所示。

（一）媒体故事预热：提前释放战争信号并激化国际矛盾

2021年年底，俄乌边境摩擦冲突不断，局势也不断升温。趁此敏感时期，美国新闻媒体率先对俄乌局势进行"预测"，得出"俄罗斯即将入侵乌克兰"的"结论"，更放出诸多带有"实锤"标签的证据，塑造"俄罗斯调动军队，企图在乌东部地区制造事端，寻找开战借口"的故事模式。自此，俄乌冲突持续升级，"俄罗斯阴谋"散布开来。随即美国总统拜登喊话普京称，如果入侵乌克兰，俄罗斯将付出"惨重代价"，并将面临"毁灭性的经济后果"。自此，在战争还尚未发生之时，俄罗斯就被西方媒体称为"入侵者"，而美国则成为"捍卫正义"的一方。2021年11月1日，美国《政治报》网站发

---

① 张健，沈荟. 信息模式与故事模式背后的异同分析：对迈克尔·舒登森"新闻客观性"解释的再解释 [J]. 新闻大学，2013，33（6）：1—8.

表多张卫星图片称,俄罗斯在俄乌边境地区部署兵力。同年12月8日,美国《星条旗报》网站报道,五角大楼首席发言人宣布,为应对俄罗斯军队的集结,美国预计向乌克兰运送小型武器和弹药。2022年2月2日,美国总统拜登宣布向欧洲增派部队,以应对乌克兰危机。与美国频繁增兵、运送军火、做好战争准备相比,2021年12月10日至2022年1月26日,俄罗斯一直尝试与美国和其他西方国家开展对话,以求解决关于北约进一步东扩的问题。与此同时,美国新闻媒体发布"俄罗斯可能故意摧毁核电站"的新闻,间接指责俄罗斯支持黑客恐吓乌克兰"等待最坏结果"。随后俄乌之间的矛盾上升至顶峰。

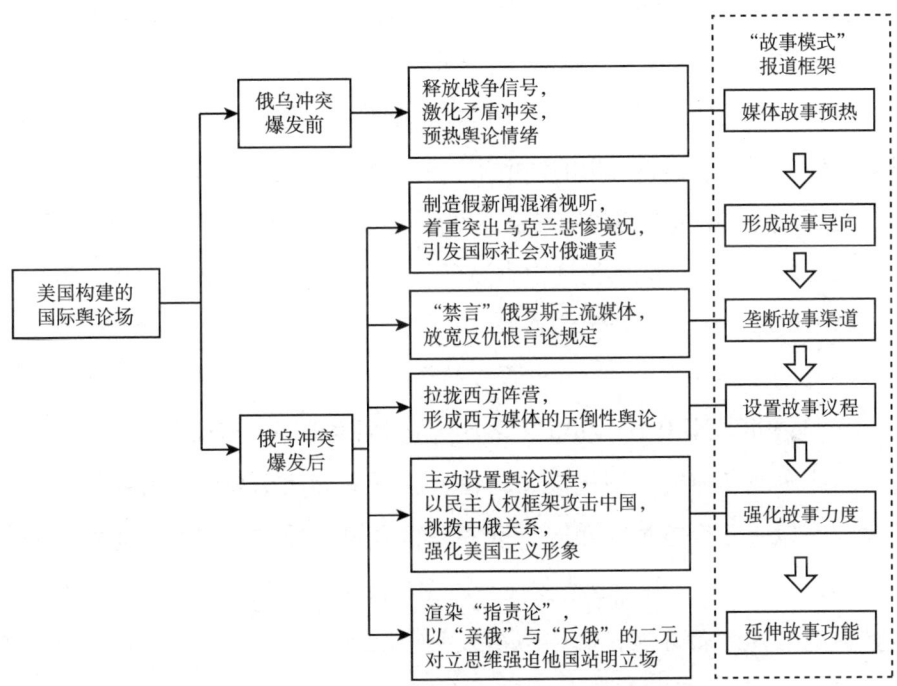

图1 美国于俄乌冲突爆发前后建构的国际舆论场及报道框架

(二)形成故事导向:叙述乌克兰悲惨境况以分化舆论派别

俄乌冲突正式爆发之后,美国媒体对"战争场面"进行了多次报道,其中包括对之前战争中的图片和视频加以改造,描绘了在俄罗斯的攻击下,乌克兰人民的悲壮与绝望，引发国际社会的同情。例如，由乌东地区的亲俄人士戈尔洛夫卡市市长 Ivan Prikhodko 在 2022 年 2 月 21 日下午拍摄并发布在社交平台上的男子泪流满面送别妻女的视频，原为俄乌冲突开始前，戈尔洛夫卡市将妇女、儿童、老人等送往俄罗斯安全地区，男子留下拿起武器对抗乌克兰军队。这一有利于俄罗斯的视频在 2 月 25 日则被说成是为了对抗俄罗斯"入侵"的乌克兰人流泪与妻女告别，在西方网络的播放量高达近 700 万次，引发了一系列对俄罗斯的声讨。此外，Twitter 账号"@Caucasuswar"于 2 月 25 日发布的影片显示，面对俄罗斯要求投降的喊话，驻守在蛇岛的 13 名乌克兰守军在怒骂俄军后壮烈牺牲。视频一发出便引发了国际社会对乌克兰悲壮军人的同情，更加强了对俄罗斯"入侵行为"的谴责。然而，2 月 26 日乌克兰国家边防局却发文称，这 13 名守军还存活着，可能被俄方带去了克里米亚。尽管这些图片、视频存在一些剪辑、修改的痕迹，且真实的来源并不难追查，但在碎片化和后真相的环境中，谣言与假新闻的传播速度远远快于辟谣的速度，网民的情绪也极容易被煽动。美国媒体则利用辟谣难，情绪第一、真相第二的特点在国际舆论场中讲述了"乌克兰是悲壮的被侵略者、俄罗斯是十恶不赦的侵略者"的新闻故事。

（三）垄断故事渠道：利用自身平台优势阻塞他国发声渠道

在此次俄乌冲突的舆论战中，各大西方主流社交媒体成为主战场。具体表现在以下几个方面：第一，俄罗斯官方媒体被重重围剿，海外发声困难。2022 年 2 月 27 日，欧盟委员会主席乌尔苏拉·冯德莱恩表示，欧盟决定扩大对俄的制裁领域，其中包括采取管制措施，禁止"今日俄罗斯"和"卫星通讯社"的新闻信息产品在欧盟落地和传播。3 月 1 日，谷歌宣布旗下视频分享网站 YouTube 将禁止"今日俄罗斯"和"卫星通讯社"等俄罗斯主流媒体面向欧洲发布信息，且这一措施在整个欧洲"即刻生效"。除了限制发声以外，YouTube 还限制俄罗斯国家媒体在其平台上投放广告。Netflix、苹果、微软在宣布制裁俄罗斯后，也不再展示俄罗斯主流媒体的信息，并在其应用商店中下架了俄罗斯的相关频道和应用程序。此外，美国还组织黑客对俄罗斯关键的信息基础设施展开攻击，使俄罗斯政府和媒体无法正常发布消息，以真正实现"禁言"的目的。第二，公开宣布允许死亡诅咒和网络暴力。2022年3月10日，社交媒体平台Facebook宣布放宽原有的反仇恨言论规定，允许网民公开对俄罗斯的军事行动以及俄罗斯和白俄罗斯的领导人发起死亡诅咒，同时其他暴力言论也被允许。第三，"挺俄声音"被镇压，营造舆论"一边倒"的态势。除了"禁言"俄罗斯主流媒体之外，美国社交平台对持不同意见的"挺俄声音"进行镇压，封管冻结了大量账号，也对中国、俄罗斯内部的"反俄"声音进行大量报道，以突出中国和俄罗斯的言论管制。与之相对的是，美国政府借助舆论意见领袖，运用公权力向民众散布所谓"真实、可靠、经审查"的信息，以实现对舆论的操控。据美国《华盛顿邮报》报道，3月10日30名在TikTok、YouTube、Twitter等社交媒体上活跃的"头部网红"和"网络大V"通过视频会议接收来自白官的"最高指示"，要求"正确"介绍俄乌局势和美国、北约的对俄政策。

（四）设置故事议程：以民主人权框架攻击中国以强化美国正义形象

继对俄罗斯的"入侵"行为在西方社交媒体上进行大肆宣扬报道后，美国新闻媒体主动设置相关的舆论议程，打出"against Putin"的标签以发动西方的反俄势力对俄罗斯采取攻击和抵制。针对后续俄方发布的美国在乌生物实验室疑云，也直接被打上"虚假信息"标签，并称"缺乏证据"。与此同时，面对中方的中立立场，美国媒体以中俄关系的坚固指责中国的"伪中立"态度，更宣称为实现政治目的，中国的外交官在进行"扭曲的辩解"。但在宣称中俄合作紧密的同时，大量西方媒体和杂志也发布文章对中俄关系进行挑拨。2022年3月19日，中美元首针对俄乌局势展开视频对话后，美国媒体更称美国总统拜登十分关注在乌克兰发生的人道主义危机，并对乌克兰人民表示同情，塑造了自己"反人道主义危机""反侵略者"的形象。

（五）强化故事力度：依靠西方媒体阵营形成压倒性国际舆论

在此次俄乌冲突中，美国媒体不断在社交平台与国际社会上营造俄罗斯"入侵者"的形象，以强大的军事实力逼迫其他国家在美俄中间站队，营造俄罗斯被全世界讨伐的舆论态势。在俄乌冲突开始之前，美国就率先威胁对俄罗斯的"入侵"行为实施制裁，并动员西方国家一同反对俄罗斯。2022年2月17日，英国外交、联邦和发展办公室在社交媒体上发布照片称，外交部大楼亮起乌克兰国旗的颜色，以"声援"乌克兰人民。2月23日晚，德国柏林勃兰登堡门和法国巴黎市政厅也点亮了乌克兰国旗的颜色。在战争正式爆发之后，加拿大、澳大利亚等国家也晒出当地建筑物"披上乌克兰国旗"的照片。在3月2日召开的紧急特别联合国大会会场内，以美国为首的西方国家更在席位上粘贴乌克兰国旗，打出"我们都是乌克兰人"的标语。此外，美国的社交媒体对加拿大、德国等地，甚至俄罗斯境内开展的"反俄"游行活动进行大肆报道。面对制裁带来的能源危机，德国政客甚至呼吁人们冬天在室内穿毛衣以抵制俄能源。面对中国在俄乌冲突中的中立态度，美国宣称中国的中立实则是"伪中立"，并就在北京冬奥会开幕之前中俄关于新时代国际关系的全球可持续发展的联合声明大做文章。

（六）延伸故事功能：以对立式二元思维强迫他国站明立场

2022年2月24日，美国白宫发言人普萨基表示，对中国来说，现在是时候在乌克兰局势的背景下选择"站在历史的哪一边"了。美国试图强行让中国在"亲俄"与"反俄"的二元对立立场中选择一方。时任中国外交部发言人汪文斌表示，中方一向按照事情本身的是非曲直决定自己的立场和政策，一向站在和平、正义一边。这一回答使美国蓄意将中国置于不利处境的目的以失败告终。美国白宫国家安全顾问沙利文甚至表示，中国需要为俄乌冲突的爆发"承担部分责任"。美国《纽约时报》多次报道宣称"中国纵容俄罗斯动武""中俄想联手推翻世界秩序"，还有匿名美国官员于3月13日称，中国可能为俄罗斯提供军事援助。英国《经济学人》杂志也曾针对俄乌局势报道称，中国的立场是伪中立，实则是亲俄，中国在俄乌冲突中将收获好处。面对同样在俄乌冲突中采取中立立场的印度、巴基斯坦等国家，西方不断向其施压，美国总统拜登点名指责印度立场"不可靠"。可见，在俄乌冲突中，美国在舆论战中始终具有"二元对立"的思维方式，采用拒绝和西方保持一致即为"反美""支持俄罗斯"的简单思维，让这场冲突在舆论场上陷入更为分裂、激进的分歧。

三、俄乌舆论事件对中国国际传播事业的启示

（一）谨防外媒"故事模式"框架下的舆论煽动作用

美国主流媒体在俄乌冲突舆论战中多次利用标签化的新闻标题"妖魔化"中国。从此前的"新疆种族灭绝"，到在俄乌冲突中指责"中国纵容俄罗斯"并借机扰乱台海局势，试图以道德舆论压制中国，让中国处于非正义的一方。面对美国等西方国家新闻媒体的恶意造谣，中国官方应第一时间正面回应，以翔实的数据和确凿的事实攻破谣言，坚定中国在俄乌冲突中一以贯之的外交立场。"美国针对中国的'舆论战'项目，被爆数据严重失实"便是正面应对美国舆论战的典型案例。据《环球时报》报道，一个名为"湄公河大坝监测（MDM）"的美国项目因多次发布数据指责"中国大坝造成东南亚地区国家缺水"受到关注。但事实表明，该项目发布的数据与实际情况相去甚远。澜沧江—湄公河并没有出现所谓"水冲突"，相反，各方以水为纽带不断深化互信合作。由此可见，在澄清涉华谣言过程中，需要融合更多专业性强的多元信息，以理性的专业分析使谣言不攻自破。

同时，官方媒体应主动引导国内网友保持冷静头脑，在微博平台日益国际化的当下，国内舆论场极易被境外反华势力利用。日前甚嚣尘上的"大翻译"运动，实则是各路境外势力在网络空间发起的对华"认知战"，截取中文社交媒体上的个别极端言论，添油加醋进行翻译，向外国网友传递带有明显敌视意味的诱导性信息，在境外舆论场污名化中国。一方面，平台要加强内容监管，封禁违法违规账号，保持网络空间清朗；另一方面，主流媒体应提

醒广大网友，保持理性，避免被煽动性言论"带节奏"。

（二）强化网络基建，形成多元传播主体宣传合力

在乌克兰危机背景下，俄罗斯和乌克兰遭到多起网络攻击，目标集中在政务、金融、电信等基础设施范围。2022年3月11日，中国国家互联网应急中心发文称，中国互联网从2月下旬以来持续遭受境外网络攻击，进而实现对俄罗斯、乌克兰、白俄罗斯的网络攻击。据新华社消息，经分析这些对中国互联网发起攻击的网络地址主要来自美国，也有少量的网络地址来自德国、荷兰等国家。一方面，网络攻击在现代冲突中能发挥事前威慑、信息获取、信息分析等辅助作用，影响双方的战略部署与决策；另一方面，攻击发起方尝试引导舆论，占领舆论优势，借此获取国际人道主义的帮助。因此，加强中国的网络信息安全建设，有效抵御境外网络攻击，对于维护国内网络空间清朗，保证中国在国际舆论战中的有利地位具有重要意义。

分析俄乌冲突中的外媒观点可以发现，以美国为代表的西方阵营并非秉持一致的舆论倾向，其中不乏声讨或反对美国的声音。美国白宫曾于2022年2月24日宣称美国准备接收乌克兰难民，并且美国政府还准备协助乌克兰周边的欧洲国家处理更多的难民流入问题。但3月17日英国《每日邮报》报道，自本次俄乌冲突爆发以来，美国只接收了7名乌克兰难民，同时美国政府尚未确认有多少乌克兰难民申请或获得了庇护。当前，Facebook、Twitter、YouTube等西方社交媒体组成了国际社交平台矩阵，在国际舆论中具有较强的影响力。此次舆论战中，俄罗斯媒体纷纷被美欧禁止落地，俄罗斯官方账号被这些西方社交平台公开限流，俄方发布的美国在乌生物实验室疑云被直接打上"虚假信息"标签。

面对西方不断扩大的"舆论保护主义"，一方面，中国可以积极争取国外知名媒体人、政客的言论支持。例如，美国著名国际问题专家托马斯·弗里德曼在《纽约时报》刊文指出，美国关于北约扩张的决策给乌克兰危机这场冲突大火"添了一块巨大的木头"。另一方面，要积极整合外交官、机构媒体、自媒体、海外华人华侨在国际社交平台中的影响力，加强外宣合力，让中国的外交立场和真实的声音被国际社会听到。

（三）打破西方媒体既定故事框架，主动参与国际舆论议题设置

乌克兰危机不断恶化，美国从危机前期渲染俄罗斯的挑衅行为，到冲突爆发后给俄罗斯贴上"入侵者"的标签，甚至把中国也视为其"同谋"，而将自身塑造为"和平卫士"的角色，以道德压制争取国际人道主义支持，试图让俄罗斯和中国陷入"失道寡助"的境地。熟悉的"民主人权"框架再度被美国使用在俄乌冲突的舆论战中。面对美国在乌克兰危机中挑起的"民主对抗权威"的舆论战，中国应主动参与国际舆论的议程设置，打破美西方媒体宣扬的"中国威胁论""权威政治""人权问题"等议题，坚持事实澄清与价值引导并重，积极回应与议程设置同步。尤其是全球产业链的断裂和民粹主义的盛行，加速了西方国家去全球化的进程，加重了社交媒体网民中的不确定心理，西方追逐信息霸权的途径更为全面和张扬。在国际社会中，声量较弱的一方应利用新信息传播技术与强势国家展开对话和抗争，将不同国家的国民组织起来，共同面对诸如环境保护、反对核武器等与全人类息息相关的议题，倡导形成主体间对话、协商的多元化话语体系。

（四）根源上触碰"故事模式"观念导向问题，正面塑造中国形象

俄乌冲突升级伊始，美国就曾向中国发出警告，若俄罗斯入侵乌克兰则制裁中国；俄罗斯发动军事行动后，西方媒体给中国贴上"伪和平""同谋"的标签，将俄乌冲突爆发的责任推给中国，同时挑动台海问题、新疆问题等，将"种族灭绝""侵犯人权"的标签强加于中国。美国等国家媒体的国际传播矩阵把握着叙事主导权，使其霸权传播行为在国际社会中畅行无阻。

纵览此次俄乌冲突舆论战，中国媒体的国际传播能力仍显弱势，西方对中国的污名化仍有增无减。因此，应充分认识国际舆情的复杂形势，重视中国的"正名"问题，建立应对重大公共事件对外传播协调机制。一方面，整合事实、数据，借助国际组织与国际论坛的权威主张以及国外的公正的舆论，及时反驳西方媒体的恶意揣测和污蔑；另一方面，采取分众化、差异化传播

策略，根据不同国家受众的接受习惯，有效传播中国声音，同时搭建和拓展讲好中国故事的渠道和平台，寻找与国际受众的情感契合点，讲好中国践行的人类命运共同体理念，加强国际社会对中国文化的认同。改变国际社会对西方话语体系中的中国形象的认知仍任重道远，提升中国国际话语权和国家形象需要长期的、多领域的持续努力。

四、余论

从俄乌冲突引发的国际舆论变动及美国等西方国家利用"故事模式"的新闻生产影响国际舆论局势的案例来看，国际舆论场中的新闻不仅是载于媒介之上的信息流，更在一定程度上成为历史的书写范畴和不同主体间的情绪对抗原由。新闻生产者生产与建构新闻文本，描述了一幅关于外在世界的图景，其间包含了新闻生产者对世界的认知与价值判断。[1] 新闻生产者能够通过煽动情绪、制定故事、设置议程来固化群体对于事件的理解，形成特定历史阶段下的舆论产物，并影响事件的发展方向。正如舒德森在探讨《纽约时报》新闻生产时指出的，"故事模式"下媒体对新闻事实的追求总夹带着一定程度的煽情主义：俄乌冲突爆发以前，美方释放战争信号，激化矛盾冲突，预热舆论情绪；冲突爆发以来，美方则通过制造假新闻混淆视听，并突出乌克兰在冲突爆发后的悲惨境况，引发国际社会对俄罗斯的谴责。与此同时，在社交平台中美国也对俄罗斯主流媒体实行"禁言"，放宽反仇恨言论规定，并团结西方阵营，形成西方媒体的压倒性舆论。在舆论方向引导中，美国也主动设置"故事模式"框架以及"民主人权"框架借势攻击中国，挑拨中俄关系，强化美国正义形象。

反躬自省，中国在国际传播舆论场中时时陷入基于上述二元对立价值观的论争中。这种论争恰是由美、英等西方国家利用其国际传播优势而设置的

---

[1] 田秋生.作为文化的新闻及其研究路径：基于迈克尔·舒德森和詹姆斯·W.凯瑞新闻观的探讨[J].新闻大学，2015，35（4）：86–93.

"故事模式"新闻议程所引发的。受益于技术和资本方面的先发优势,西方国家早在19世纪后期即开始着力布局其国际传播体系。这种先发优势经过多年巩固之后,形成了作为后进者的中国在国际传播领域所面临的严峻局面。中国在国力相对有限、集中精力进行经济发展的时代,在意识形态领域暂时采用了"不争论"的策略,①并以此换取了在国际话语舆论场中相对风平浪静的一段时间。随着综合国力的上升,中国被冠以一个"挑战者"或西方国家眼中所谓"欲称霸全球"的国家形象,而逐渐成为西方媒体的"眼中钉",诸如"中国威胁论""新殖民主义论"等被有针对性地建构出来的妖魔化中国的抹黑话语不断被西方媒体运用到国际传播中以攻击中国,如何解决"挨骂"问题也应成为中国国际传播事业的重要问题之一。

新的世界媒体格局为广大发展中国家改变传媒业以往的落后状况并实现跨越式发展提供了难得的历史机遇,以数字技术为代表的现代传播技术为传媒市场的扩展提供了物质手段。②在官方主流媒体长期占据中国国际传播主导位置的情况下,偏向"信息模式"的传播内容占据主流,其天然的严肃性迫使更具亲和力和可理解性的"故事模式"报道让位,客观上阻碍了国外民众对"真实中国"的认知,使西方媒体造谣抹黑中国之话语有了生存空间。同时,长期曝光在偏生硬的官方话语下的西方民众容易本能地对其进行"对抗性解读",进而影响到中国的国际形象塑造。此外,就国际传播主体而言,中国基于一直以来的对外宣传观念,在国际传播实践中较多地使用着以国家为主体、从国家视角出发的宏大叙事话语体系,而自下而上、视角更偏微观的话语则显缺位。这一传播方式在一定程度上不利于国际受众建立对中国故事的感性认知,中国的国家形象也因而略欠亲和力。因此,当下中国国际传播事业亟须争取国外知名媒体人、政客的言论支持,利用外交官、机构媒体、自媒体、海外华侨华人的影响力,加强外宣合力。同时也应注意,随着媒介

---

① 高正礼.邓小平"争论"和"不争论"思想研究[J].当代中国史研究,2013,30(1):66-70.
② 郑保卫,姜秀珍.后危机时代世界媒体格局变化与中国新闻传播策略[J].现代传播(中国传媒大学学报),2011,33(10):32-36.

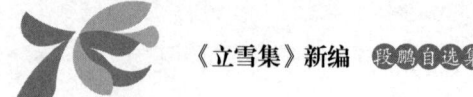

技术移动化、数字化、智能化趋势不断加深，智能媒体时代已然到来。每一种新媒介技术都将随着应用发展程度的加深而与社会制度深刻交织，其内在技术逻辑也将透过社会结构得以显现。[①] 因此，未来中国国际传播工作应当在根源上加强网络信息安全建设，抵御境外网络攻击，跳出西方媒体设定的二元对立框架，主动参与国际舆论的议题设置，呈现多元和真实的中国声音。

---

① 段鹏，王一淳. 国际传播人才培养路径探析 [J]. 出版发行研究，2022，38（2）：23-28.

中文搭建交流桥梁*

——以高质量国际中文教育提升中华文化传播力影响力

习近平总书记在党的二十大报告中对增强中华文明传播力影响力作出重要部署,强调"深化文明交流互鉴,推动中华文化更好走向世界"。语言是文明的重要载体,是了解一个国家的最好的钥匙。国际中文教育作为面向海外母语非汉语者的中文教学,不仅是一种以中文教育为核心的人才培养活动,还是我国教育"走出去"的重要媒介,而且对于塑造和展现国家形象、增强中华文明传播力影响力具有重要意义。

目前,全球有180多个国家和地区开展中文教育,83个国家将中文纳入国民教育体系,海外学习中文的人数超过3000万,全球约有500所孔子学院,800个孔子课堂。伴随中文的国际地位和影响力不断提升,国际中文教育有力促进了中外人文交流、文明互鉴,越来越多的国际友人通过学习中文,了解了中国的历史文化,拓宽了职业选择的道路。

与此同时,当今世界形势复杂多变、人工智能引领变革,国际中文教育正经历从以语言能力提升和非学历语言教育为主的传统模式,向以各领域、各层次中文专业人才培养为主体、相关学科专业融合发展的新业态转变。在此背景下,中文理应搭建起对话沟通的桥梁,让世界人民通过国际中文教育这个窗口,读懂中国、读懂中国人民、读懂中国共产党、读懂中华民族。

以高质量国际中文教育提升中华文化传播力影响力,聚焦教育主业是前

---

* 本文原载于《光明日报》2023年9月25日第10版,收入本书时略有删改。

提。2020年，相关高校联合26家国内高校、企业及社会组织联合发起成立中国国际中文教育基金会。自此，在教育部中外语言交流合作中心的共同支持下，国际中文教育步入了聚焦教育主业的新阶段。三年多来，我们通过加强科学研究、推进学科融合、强化支撑平台等手段，夯实事业基础；通过优化传统专业、增设新专业、推进"中文+"复合型专业建设等措施，丰富专业体系；通过加强国际中文教师培养培训、构建本硕博一体连贯的中文教师培养体系、建立多元化的课程和教育资源体系等方式，提高师资队伍建设水平。

在此过程中，我们总结了国际中文教育发展的几个重点方向：一是把握重心，确立语言文字教学的核心地位，并在制定和出台教学、考试、评价标准时突出这一地位。二是注重内涵，丰富中文教育资源，加强国际中文教育教师培训、教材建设和教学研究。三是搭建平台，推进语言文化交流，加强与各国国际中文教育领域的合作，尤其加大对联合培养、奖学金、学术研究等项目的支持力度，建立对话机制。四是培养人才，服务全球各层级中文需求，进一步厘清国际中文教育的学科定位，在此基础上，专业化、针对性地分类建设汉学与中国学、"中文+"职业教育、汉语言专业，培养未来的汉学家、中文技术应用人才、中文国际传播人才。

以高质量国际中文教育提升中华文化传播力影响力，推进本土化提速是重点。中国国际中文教育基金会的成立开启了国际中文教育龙头品牌——孔子学院，迈入民间化、公益化、本土化发展的新阶段。在中外机构合作共建、基金会品牌授权的新模式下，孔子学院进一步重视因地制宜、服务当地，每年为超过1000万的中文学习者、教育者和中华文化爱好者搭建交流平台，已经形成了以孔子学院为核心的国际中文教育办学模式、国际中文教育的市场化运作模式以及多边合作与资源共享的宏观教育布局。

着眼未来，作为中文母语国，我们有义务加强中文教育资源供给，为丰富世界语言文化公共产品内容贡献力量。具体而言：一是促进孔子学院和孔子课堂的特色发展，加快建设中国特色海外国际学校；二是推动国际中文教育本土化进程，继续支持中文进入各国国民教育体系，促进世界多元文明互学互鉴；三是继续支持中文专业建设，包括支持各国中小学中文教学、与国外高校共建中文专业以及推进学测中心建设和网络课堂建设等。

以高质量国际中文教育提升中华文化传播力影响力，优化科技赋能是引擎。随着数字化、智能化时代的到来，在线教育为国际中文教育带来了巨大的发展机遇和挑战。相关高校率先开辟了"国际中文智慧教育"的新方向，于 2020 年 11 月启动实施"国际中文智慧教育工程"，独立开发了全球首个面向留学生中文教育的智慧平台"国际中文智慧教学系统"（现已发布 2.0 版），实现了课前高质高效地制作课件和教案、布置课前预习作业、了解学情，课中讲练评一体化、开启互动式教学，课后为学生精准推送相关练习，课终智能评测、考学融合的全程智慧化。目前，该系统已有 60 多个国家的留学生在持续使用。后续，相关高校将继续推动高质量实施智慧教育工程，引领国际中文教育数字化转型发展，与学界业界共同打造智能化、融合化、全球化的国际中文智慧教育新生态，与全世界分享中国教育数字化的经验。

以高质量国际中文教育提升中华文化传播力影响力，构建有效传播范式是关键。随着中国与世界交往增多和国际中文教育规模扩大，中文的实用价值和文化价值不断提升，将国际中文教育与语言文化传播并行考量的实践也迫在眉睫。

教育部部属高校将着力在以下几个方面展开探索：一是搭好国际中文教育服务中华文化传播的整体架构，做好政府组织、商业组织、社会志愿团体等多元主体协同创新的多元传播主体建设，做好人才培养、科学研究、社会服务、文化传承创新的传播能力建设，做好体制机制、政策措施、法律规制、技术设施创新的传播环境建设；二是建好国际中文教育服务中华文化传播的平台体系，做好国际中文教育服务中华文化传播的出版平台、报刊平台、广电体系、互联网平台、智能传播平台、电影与文娱传播平台建设等专项内容，联合国际友好媒体和智库，拓宽发声渠道；三是筑好国际中文教育服务中华文化传播的流程模式，实现国际中文教育的内容生产优化、传播模式变革与传播效果提升，更多关注中文传播的"时机""尺度"和"效能"。

讲好中国故事，传播好中国声音，展示真实、立体、全面的中国，是加强我国国际传播能力建设的重要任务，也是国际中文教育的历史使命。国际中文教育实践应当为全世界的中文学习者服务，更好地发挥国际中文教育在促进人文交流和深化国际理解方面的积极作用。

Essay on the External Communication Strategies of the China Dream: Analysis and Study of Reports on the China Dream in *The Washington Post* and on CNN *

As a value concept, a development goal and a spiritual drive, the China Dream has received wide attention since its proposal. Countless discussions on the China Dream may be found in China, whose content continues to improve and develop following the advancement of time. In comparison with its recognition at home, the external communication of the China Dream still has great room for improvement. As the second largest economy in the world and a permanent member of the United Nations Security Council, China has generated extensive interest around the globe. The proposal of China Dream breathes new life into the international communication of China; it is a new opportunity for the external communication of China. The channels of external communication to achieve the China Dream are therefore explored, which have profound significance on the construction of grand external communication strategies of China.

---

* The paper was originally published in *Global Media and China*, 2016, 1 (3), and has since been revised with new information.

The status quo of the external communication of China Dream-analysis and study of reports on China Dream in *The Washington Post* and on CNN

Mainstream media of the United States have always been regarded as a pivotal platform for the external communication of the China Dream. It is therefore necessary to analyse and categorize the reports on the China Dream by mainstream US media. Considering the influence, representativeness and information accessibility of the media, the study has chosen *The Washington Post* and CNN as its research subjects. Text and qualitative content analyses were conducted on reports relating to the China Dream published by the two media between November 2012 and November 2013.

The samples of the study were selected by using the search feature of the media's websites. Keywords "China dream" and "Chinese dream" were entered for the search, and the repeating or irrelevant content in which the keywords are merely referred to was eliminated. Following this method, the researcher found only 15 and 8 articles on the China Dream were published by *The Washington Post* and CNN, respectively, within the year after Chinese President Xi Jinping formally coined the term. As a concept extensively promoted by China, the number of reports on the China Dream is still relatively low. The trend shows that March, June and July, and October and November are three peak periods for the reports, which may be attributed to Xi's elaboration of the concept in March, his visit to the United States in June and the 1-year anniversary of his office in November. To further understand the interpretation of the China Dream by Western media, we selected 15 and 8 articles on the China Dream from *The Washington Post* and CNN, respectively, and analysed the content.

Research and analysis of reported themes

The themes involved in the 23 selected articles have been organized and summarized in Table 1.

Table 1 Reported themes of selected articles in *The Washington Post* and CNN

	Time	Headline	Theme
The Woshington Post	5 December 2012	China's Xi Jinping to party officials: Simplify	The China Dream and the personal image of the new-generation Chinese leader, particularly Xi Jinping
The Woshington Post	4 January 2013	Chinese journalists mount rare protest over an alleged act of government censorship	The news censorship and constitutional reform of China in relation to the 2013 *Southern Weekly* incident
	16 February 2013	Striving for freedom in the Chinese New Year	The news censorship and constitutional reform of China in relation to the 2013 *Southern Weekly* incident
	14 March 2013	Xi's election to presidency completes China's leadership transition	Relted measures after Xi Jinping assumed office
	17 March 2013	China's new president promises "great renaissance"	Xi Jinping's interpretation of the connotation of the China Dream begins to emphasize enhanced individual lives in addition to mass attention
	22 March 2013	Chinese ration license plates in effort to curb traffc congestion, air pollution	Licence plates are hard to obtain in Shanghai in an effort te control road congestion and air pollution
	2 June 2013	Xi inping's "Chinese dream" and the rule of law?	To realize the China Dream, China should achieve constitutional reform
	3 June 2013	China's constitution debate hits a sensitive nerve	Issues involving the China Dream and the constitution are discussed, and China should first achieve constitutional reform

Continued

	Time	Headline	Theme
The Woshington Post	5 June 2013	Getting China to talk about cyberespionage	China should face up to the problem of cyberespionage and stop such activity
	8 June 2013	Obama says U.S. and China must arrive at "firm understanding" on cybersecurity	Internet security between the United States and China
	8 June 2013	At U.S.–China shirt-sleeves summit, formalities and suspicions abound	The meeting between Xi Jinping and Barack Obama
	3 October 2013	China's leader, Xi Jinping, consolidates power with crackdowns on corruption, Internet	Xi Jinping's performance after assuming the office
	19 October 2013	Chinese university dismisses professor advocating free speech, democratic reforms	Freedom of speech in China from the firing of a Uygur teacher
CNN	28 October 2013	Chinese critic booted off university faculty	Continued exploration of freedom of speech from the firing of a Uygur teacher
	3 November 2013	The Chinese are anxious over the future	Exploration of issues facing China in its future development
	11 February 2013	Austerity is China's new year resolution –by order	The issues of anti-corruption and the distribution of state-owned enterprises under Xi Jinping's leadership
	16 April 2013	Can China become a melting pot?	Whether foreigners can really integrate into the Chinese society and che China Dream should include providing foreign experts and scholars with permanent residency

Continued

	Time	Headline	Theme
CNN	25 May 2013	Is Xi Jinping's "Chinese dream" a fantasy?	Multidimensional interpretation of Xi Jinping's China Dream concept, including that of the public
	5 July 2013	Living the American dream in Jackson Hole, China	Middle-class Chinese businessmen who built an American town in China and still harbour the American Dream
	17 July 2013	On China, Episode 10 transcript: The Chinese Dream	Comprehensive interpreation of the China Dream concept from the economic, military and individual aspect
	4 September 2013	Washington out in the cold as China–Russia relations flourish	Sino–US impasse following tightened relations between Russia and China
	20 November 2013	Opinion: From Japan to the U.S., China embarks on a bolder foreign policy	Analysis of the China Dream concept as represented by change in the "low profile" diplomacy of China based on the relations of China and its neighbours
	20 November 2013	China: President Xi Jinping's one-year report card	Summary of the political leadership of Xi Jinping a year after his assumption of the office from the political, ecological and environmental and economic perspectives

To understand whether the interpretation of the China Dream concept by mainstream foreign media is accurate and exhaustive, the author has summarized and analysed sentences rendering and explaining the concept as found in the articles.

In the article *On China, Episode 10 transcript: The Chinese Dream* on CNN, a comparatively comprehensive interpretation of the China Dream is generated through dialogues with guests, which covered politics, economic, military, environment, livelihood and foreign relations. This is also the most detailed and all-embracing article that has been found to date. Such article plays a very important role in the external communication of the China Dream.

Among the articles from CNN and *The Washington Post*, some emphasize the embodiment of the China Dream in the economic and spiritual aspects. Some believe the China Dream is a vague concept of national renaissance, ①while others concentrate on individuals and the shift of focus to the enhancement of the living standard of the people in Xi Jinping's subsequent addresses.②Moreover, some articles provided more microscopic explanations of the China Dream and regard it as owning a house, a car and a licence plate.③Some articles simply stress the economic aspect of the China Dream, believing it hopes to maintain the speed of the current economic growth and, like its American counterpart, to elevate more people to middle class.④The transformation of China from an economically backward and diplomatically isolated country into a global economic superpower may thus be achieved. Some articles plainly summarize the China Dream as that of

---

① Qiang, X., & Link, P. (2013, February 16). Striving for freedom in the Chinese New Year. *The Washington Post*. Retrieved from https://www.washingtonpost.com/opinions/striving-for-freedom-in-the-chinese-new-year/2013/02/15/5ebd0bca-74a1-11e2-aa12-e6cf1d31106b_story.html.

② Wan, W. (2013b, March 14). Xi's election to presidency completes China's leadership transition. *The Washington Post*. Retrieved from https://www.washingtonpost.com/world/xis-election-to-presidency-completes-chinas-leadership-transition/2013/03/14/d35c8248-8c58-11e2-9f54-f3fdd70acad2_story.html.

③ Wan, W. (2013a, March 17). China's new president promises "great renaissance". *The Washington Post*. Retrieved from https://www.washingtonpost.com/pb/world/asia_pacific/chinas-new-president-promises-great-renaissance/2013/03/17/ccd53fb2-8ef3-11e2-9cfd-36d6c9b5d7ad_story.html.

④ Waldmeir, P. (2013, March 22). Chinese ration license plates in effort to curb traffic congestion, air pollution. *The Washington Post*. Retrieved from https://www.washingtonpost.com/world/asia_pacific/chinese-ration-license-plates-in-effort-to-curb-traffic-congestion-air-pollution/2013/03/22/bd99ebe6-9313-11e2-8ea1-956c94b6b5b9_story.html.

national renaissance of the Chinese people.①②③④ A few of the articles from CNN broadly interpreted the terms as wealth, sense of contentedness and the revival of the national culture.⑤⑥

The above summary and analysis demonstrate the interpretations of the China Dream by articles that are primarily focused on the following aspects: first is the economic aspect. Many articles believe the achievement of the grand revival of the Chinese nation as stated in the China Dream essentially refers to economic development, while others simply replace the China Dream with the possession of materialistic items such as a house or a car or compare the China Dream with the American Dream, believing both are essentially identical. Second is the emphasis that, based on national renaissance, the China Dream is still a dream of individuals in China to enhance personal living standard. Third is the insistence that the China Dream is unrelated to the execution of constitutional

---

① Rucker, P., & Nakashima, E. (2013, June 8). Obama says U.S. and China must arrive at "firm understanding" on cybersecurity.*The Washington Post*. Retrieved from https://www.washingtonpost.com/politics/obama-begins-summit-with-xi-as-china-agrees-to-cyber-framework/2013/06/07/57765828-cf99-11e2-8845-d970ccb04497_story.html.

② Hiatt, F. (2013, June 2). Xi Jinping's "Chinese dream" and the rule of law. *The Washington Post*. Retrieved from https://www.washingtonpost.com/opinions/xi-jinping's-chinese-dream-and-the-rule-of-law/2013/06/02/7b9a8c28-c95f-11e2-8da7-d274bc611a47_story.html.

③ Editorial Board. (2013, June 5). Getting China to talk about cyberespionage. *The Washington Post*. Retrieved from https://www.washingtonpost.com/opinions/getting-china-to-talk-about-cyberespio-nage/2013/06/05/d69f5446-cdec-11e2-8845-d970ccb04497_story.html.

④ Denyer, S. (2013, October 3). China's leader, Xi Jinping, consolidates power with crackdowns on corruption, Internet. *The Washington Post*. Retrieved from https://www.washingtonpost.com/world/chinas-leader-xi-jinping-consolidates-power-with-crackdowns-on-corruption-internet/2013/10/01/fd8ceeee-1eb7-11e3-9ad0-96244100e647_story.html.

⑤ Kleine-Ahlbrandt, S. (2013, November 20). Opinion: From Japan to the U.S., China embarks on a bolder foreign policy. *CNN*. Retrieved from http://edition.cnn.com/2013/11/24/opinion/china-foreign-policy/index.html.

⑥ Khanna, P. (2013, April 16). Can China become a melting pot? *CNN*. Retrieved from http://edition.cnn.com/2013/04/16/world/asia/khanna-china-melting-pot/index.html.

politics, and it is interpreted from the angles of freedom of speech and news censorship. Fourth is the exploration of the China Dream from the perspective of China's foreign relations, believing the China Dream signals more Chinese activities in the international community. Furthermore, some articles simply mention the China Dream without further elaboration and consider it to be expansive but vague.

The articles have interpreted the China Dream from different aspects and have altogether covered quite an extensive ground. However, as individual articles, their interpretations tend to be slanted and incomprehensive, and some clearly misunderstood the term. China therefore needs to more actively provide a detailed and comprehensive interpretation to the media to achieve better communication results. Moreover, in terms of article size, apart from articles specifically exploring the concept, the rest articles occupy little space. The generalized summary of the China Dream concept is unfavourable in facilitating audience understanding and acceptance of it.

Analysis of news sources

The sources of information from the selected articles have been summarized in Table 2.

Table 2   News sources of selected aricles in *The Woshington Post* and CNN

	Headline	Source of information
The Washington Post	China's Xi Jinping to party officials:Simplify	Official media indluding CCTV
	Chinese journalists mount rare protest over an alleged act of govemment censorship	Chinese government,members of Chinese NGOs,foreign reporters and *Southern Weekly* reporters
	Striving for freedom in the Chinese New Year	Chinese official reports
	Xi's election to presidency completes China's leadership transition	Official reports by Chinese scholars and the government
	China's new president promises "great renaissance"	Chinese official reports

Continued

	Headline	Source of information
The Washington Post	Chinese ration license phates in effort to curb traffic congestion, air pollution	Foreign distributors and Chinese consumers
	Xi Jinping's Chinese dream' and the rule of law?	Chinese official reports
	China's constitution debate hits a sensitive nerve	Related scholars from China
	Getting China to talk about cyberespionage	Foreign scholars
	Obama says U.S. and China must arrive at "firm understanding" on cybersecurity	Chinese and foreign authorities
	At U.S.–China shirt-sleeves summit, formalities and suspicions abound	Chinese and foreign authorities
	China's leader, Xi Jinping' consolidates power with crackdowns on corruption, Internet	Chinese and foreign scholars
	Chinese university dismisses professor advocating free speech, democratic reforms	None
	Chinese critic booted off university faculty	Foreign scholars
The Washington Post	The Chinese are anxious over the future	None
CNN	Austerity is China's new year resolution-by order	Chinese official reports
	Can China become a melting pot?	Chinese authorities
	Is Xi Jinping's "Chinese dream" a fantasy?	Chinese public
	Living the American dream in Jackson Hole, China	Chinese authorities, public and foreigners residing in China
	On China, Episode 10 transcript:The Chinese Dream	Chinese authorities
	Washington out in the cold as China-Russia relations flourish	Chinese authorities, and foreign journalists and enterprises based in China
	Opinion:From Japan to the U.S., China embarks on a bolder foreign policy	Chinese public and foreign scholars
	China:President Xi Jinping's one-year report card	None

Among the 23 articles, 19 quoted Chinese official content, including reports by Chinese leaders and the state media, while others referred primarily to experts and scholars, of which 3 and 4 referred to Chinese and foreign scholars. Although the articles concern China, the number of Chinese scholars acting as the source of information is still relatively low. It is telling that the number of Chinese scholars able to access mainstream Western media and speak for the country is rather limited. Moreover, among the 23 articles, only 5 take the public as an information source, and only 1 directly addresses the China Dream concept. This demonstrates the articles lack a public perspective and have turned the term into a political jargon that is not accessible by the public.

Strategies and recommendations for the external communication of the China Dream

To achieve effective external communication of the China Dream, efforts may be made from the following three major areas based on macroscopic strategies.

Persevere in the "three confidences" of the China Dream

President Xi emphasizes that people from all ethnicities across China must reinforce the theoretical confidence, road confidence and system confidence of socialism with Chinese characteristics while progressing unwaveringly and fearlessly along the correct Chinese path. Road confidence refers to the path achieving the China Dream, while theoretical confidence and system confidence refer, respectively, to the action guide and the basic guarantee for achieving the China Dream. The results of materialistic development and the core values of socialism brought about by China's economic reform in turn lead to a spiritual guarantee, which is the source of the "three confidences".

Strengthen the support for building key media for external communication

In an era of information globalization, whoever controls the media may be said to have controlled the international discourse power. Hachten and Scotton (2011)[①] once remarked that powerful countries generally also have influential control over news. Now that China has advanced to the second largest world economy, the country is fundamentally equipped with the material basis to intensify its investment in media construction. The external communication of the China Dream certainly depends on the main force, that is, the media.

Cultivate key media for external communication. Currently, nearly 90% of the extensively reported international news around the world comes from major news agencies in the West as represented by the United States, including the Associated Press, Reuters and Agence France-Presse. The volume of information released by Western media as represented by the United States, including CBS, NBC, ABB and CNN, is 100 times that of the total of other countries and regions in the world. All in all, this demonstrates that all major events or topics of discussions—be it politics, economic, military and culture—happening around the globe are eventually defined within the news framework of the US media, which will certainly influence the decision-making agenda and media agenda of other countries.[②] In contrast, a great gap exists between Chinese state media such as Xinhua News Agency, China Central Television (CCTV), China Radio International and *People's Daily* and its Western counterparts, be it in influence or operations, as they launch the external communication of China. The top priority at the moment remains in the step up of investment in media to provide sufficient funds and

---

① Hachten, W. A., & Scotton, J. F. (2011). *The world news prism: Challenges of digital communication*(8th ed.). Malden, MA: Wiley-Blackwell.

② Zhao, Q. (2004).The international opinions environment that China faces(《中国面临的国际舆论环境》).*Shijie Zhishi*, 5, 54-57.

policy preferences while building a modernized media platform for the external communication of the China Dream. It is recommended that media are encouraged to adopt market-based operations, within the limits as permitted by policies, to achieve economic independence. The strategy of "starting from within" of CCTV has contributed positively to the exploration to alleviate the shortage of funds for external communication. Since the inception of CCTV-4, a Chinese international channel, in 1992, CCTV has increased its investment in external communication relying on its domestic advertisement income. Currently, domestic communication-aided investment occupies an absolute majority in the annual fund for external communication.①

Drive the strategy to localize media. External communication involves the communication and exchange between two information systems with different cultural backgrounds, and localization is the basis and premise for effective external communication. For China's external communication, globalization will be the scope and the standard of action, while localization emphasizes the operation technique and management approach adopted by external communication to acclimatize to specific social and cultural environments. Dialectical relations exist between globalization and localization, that is, globalized thinking and localized action. Jamie Davis, former China president of Star Group Ltd., once described the specific model of its localization as follows: to distinguish the group from other local television channels, they referred to the successful experience of the group's programmes in other countries and regions.② They recreated the ideas and applied to the programmes targeting the Chinese market to produce new programmes matching the local taste. During the external communication of the China Dream, media

---

① Duan, P. (2007). *Communication strategies for building the national image* (《国家形象建构中的传播策略》).Beijing: Communication University of China Press.

② Duan, P. (2007). *Communication strategies for building the national image* (《国家形象建构中的传播策略》).Beijing: Communication University of China Press.

must also adopt localization strategies.[①] To overcome the challenge facing trans-cultural communication and avoid self-assumption, the planning, production and marketing of the communication should be tailored based on the political, economic and cultural characteristics of the target region. Meanwhile, collaboration with local media may be intensified through means such as joint event hosting and programme production. Moreover, local media may be commissioned to undertake the encoding during the communication and local media staff hired to support the localization of media for external communication of China.

Advance with time to improve the approach cultivating media workers. Media are a key fortress in external communication, and the critical role played by media workers in introducing the China Dream to the world speaks for itself. In an era of media convergence, the barriers standing between different media types are gradually removed. Conventional media such as newspaper, radio and television no longer produce a single type of news items, while news-carrying terminals also diversify. The transformation of news media certainly brings along new sets of requirements for news workers. Individuals involved in omni-media news must possess a complex set of skills, including that of modern communication, profound cultural knowledge and a solid foundation for communication theory. Moreover, such individuals must be able to think outside the box of conventional media and adapt to the circulation and interaction among different media posts; they should be able to adjust accordingly based on the specific situations and requirements. They are also experts who are specialized in a certain field, which, compared to conventional media, is more technology and planning oriented. These specialized individuals understand the characteristics and use of different new technologies and equipment

---

① Huang, Y., & Zou, H. (2004, August 27). Jamie Davis: Enjoying a piece of the growth of the Chinese television industry and international finance (《戴杰明：分享中国电视业成长"蛋糕"》). *International Finance* (《国际金融报》). Retrieved from http://www.people.com.cn/GB/14677/21965/22072/2743323.html.

and are able to fully capitalize on their communicative property to optimize the communication effect. As data journalism is fast rising, the professional skills such as data extraction, statistics analysis and data processing are necessary.

For media workers engaged in external communication, in addition to the skills and competences mentioned above, they still need a solid political stance and an acute political sense to unaffectedly perform the external communication of socialism with Chinese characteristics. Furthermore, proficiency in foreign languages and understanding of the cultural characteristics of the target countries are among some of the basic requirements. Deviation as a result of language translation and potential misunderstanding in cross-cultural communication should be minimized during the encoding of communication. The effect of external communication of the China Dream may be enhanced from the source.

Step up efforts to build think tanks for external communication of the China Dream

Broadly defined, external communication comprises not only the media but also any other activities that may facilitate the external communication of the China Dream. Similarly, external communication involves not only individuals from the domain of news and communications but also those from the national think tanks and academic elites. The reinforcement of the external communication of the China Dream requires input from different subjects to constitute a joint communication force to achieve the best communication results.

Support the building of high-quality national think tanks. To quicken the process of building new think tanks of high quality and high standard with Chinese characteristics, the connotation of the China Dream needs to be continuously and scientifically enriched to provide valuable and influential ideological products. A language system should be gradually developed instead of blindly following and always passively echoing with that of the US think tanks, which would in turn elevate China's influence while encouraging more accurate and in-depth understanding of the China Dream during the process of external communication. Meanwhile, the development of public think tanks should be encouraged to echo with those of the state. New ideologies should be sought as the two interact and the sparks fly to jointly promote scientific decisions.

Support the cultivation of academic elites. Unlike individuals involved in think tanks, scholars often publish research results in professional academic journals and place academic influence instead of political influence in the first place. The power of academic discourse is a key factor influencing that of international discourse. Many noted scholars in the United States have become the creators of academic discourse, thanks to its abundant educational resources and comparatively liberal academic environment. For example, the term "soft power" is proposed by professor Joseph Nye of Harvard University, which has become an academic term that persists among discussions of external communication and international relations. China, in comparison, lags far behind, and the habitual reference to existing Western theories and the shortage of independent academic creativity are dominating problems. The cultivation of academic elites to actively build a Chinese academic discourse system means fighting for the power of academic discourse to eventually partake in the international struggle. For the external communication of the China Dream, its understanding may be facilitated through the multidimensional interpretation of academic elites on its connotation and extension. Attractive and influential communication materials for the external communication of the China Dream may arise through theory innovation. For China, to elevate global recognition of the China Dream through the spread of the profound values as represented by the China Dream, academic freedom must be safeguarded when cultivating academic elites. Interference in the academic circles should be kept at minimal, thus allowing students to create freely. Furthermore, a reasonable appraisal mechanism should be built to evaluate quality instead of quantity. Scholars should be encouraged to innovate theories and awarded accordingly.

媒体融合与传播

智能媒体语境下的未来影像：概念、现状与前景*

一、概念廓清：智能媒体语境下的未来影像

（一）从智能媒体化到智能媒体

关于"智能媒体"的定义，当前并未形成公论。理解这一概念的角度较多，最常见的主要是技术和用户。从技术的角度出发，很多学者认为智能媒体由媒体、人工智能、信息技术和数据等组成；从用户的角度而言，常见的观点是将智能媒体视为一种贴合用户需求的综合性媒体，可以智能地识别用户喜好，从而为其在服务和信息两方面提供上乘的使用感受。

在此基础之上，任锦鸾等提出了"智能媒体化"的概念，即"以用户为中心，以满足用户需求为目的，媒体行业通过智能技术的应用，使得媒体系统逐步具备类似于人类的感知能力、记忆和思维能力、学习能力、自适应能力和行为决策能力，而媒体智能化的成果就是智能媒体"[①]。这一定义将用户需求与智能媒体技术综合囊括进来，将智能媒体视为媒体智能化的产物。

技术方面，智能媒体依托以人工智能为特征的媒体技术，主要包括传感

---

* 本文原载于《现代传播（中国传媒大学学报）》2018 年第 10 期，被《新华文摘》2019 年第 5 期全文转载，收入本书时略有删改。
① 任锦鸾，曹文，刘丽华，等.基于技术与市场视角的智能媒体发展态势分析［J］.现代传播（中国传媒大学学报），2017，39（10）：133-137.

器、虚拟现实、物联网、大数据、云计算、人机交互等技术。这些技术的人工智能特征一方面表现为对人类能力的模拟,另一方面表现为对人类能力的加强和扩展。在对用户需求的满足上,智能媒体既能了解用户需求,又能满足用户需求,还能增强用户体验。

常见的智能媒体主要有无人机、机器人写作、媒体大脑等。无人机能够不受环境的限制,在人工智能的自动驱动下,采用独特的航拍视角,采集有价值的新闻报道,为观众带来更加直观立体的感受;机器人写作利用智能技术,对内容和数据进行深度挖掘,然后自动生成符合用户喜好和需求的新闻标题和内容;媒体大脑在对资源的采集、整合、呈现方面更为精准、全面、到位,它通过云平台、大数据、人机交互、图像识别、语音合成等技术,实现新闻报道方式的智能化。

(二)未来影像:现代影像的智能化发展

影像无处不在,人类离不开影像。从人类诞生之日起,影像就与人有着密切的关系。

在语言产生之前,原始岩画、图腾等视觉符号就已成为人类感知和认识世界的重要媒介。这一时期的"人是悬在由他自己所编织的意义之网中的动物"[①]。语言的产生标志着人类传播活动的开端,人类开始进入以口语、文字、印刷等语言符号为主的传播时代。

随着广播、电视、网络等电子媒介的出现,人类的传播媒介开始由语言符号向视觉符号回归。19世纪,达盖尔发明了银版摄影术,标志着媒介影像化时代的来临。随后,在摄影术的基础上,卢米埃尔兄弟开始了早期电影的探索,发明了电影放映机,使得图像不仅仅是"凝固的真实",而是接近于人们日常的"流动"的影像。在媒介影像技术的推动下,电影、电视逐渐普及,已经成为日常生活中再寻常不过的影像了。

现在,影像技术也在与时俱进。3D裸眼影像、虚拟现实影像、增强现实

---

① 曾辉,王长潇.媒介影像化的历史演变及发展趋势[J].现代视听,2011(12):6-9.

影像和全息影像等新的影像形式逐渐打破虚拟和现实的隔膜，将文字、声音、图像等元素融合起来，形成一种集动态、有声、互动于一体的新型影像形式，给人类带来更加优质的感官体验。

通过回望影像的发展历程，我们加深了对影像的理解。也许正是由于影像在我们的生活中太过平常，它逐渐成了一个包涵广阔而难以细致勾勒的概念。通过对前人文献的梳理，我们发现对影像的理解主要有现实层面的解释以及注重感官、心理层面的概括。

在《电影美学与心理学》中，电影学家让·米特里指出，影像是一个现实存在的客观物体。然而，在巴赞的著作《摄影影像本体论》中，巴赞指出重新还原各感官立体的外部世界是电影最终应该达到的要求。周清平博士在其《"互联网+"时代的现代影像艺术》一书中从荣格心理学的角度追溯了影像的形成。荣格认为集体无意识的内容是原始意象，而原始意象的源头是人类的精神深层次的集体无意识。换言之，人的大脑中本有一种先天的形象基因，在与外部环境的耦合中会在直觉中构建意向并进行表述。融合了内在的情感、意志和理性的想象世界的构成的基本单元是形象，形象在文学艺术中成为意象，在电影、电视和网络影像艺术中形成影像。也就是说，在现代社会中发展起来的电影、电视、网络影像艺术可以统称为现代影像艺术，而三者的核心基因都是影像。①

由此，对于未来影像这一概念，也需要从现实层面和感官、心理层面进行综合把握。未来影像是对现代影像的发展，但更注重以"真实""客观"等方式来迎合人的喜好，给使用者带来更上一层楼的使用感受。

（三）智能媒体语境下的未来影像：三个视角的阐释

当下，智能媒体已经因其技术的前沿性而受到广泛关注和应用，代表着未来媒体的发展方向。因此，在智能媒体的语境下谈论未来影像，我们不妨将其概括为"在高速发展、革新的智能媒体技术的驱动下，电影、电视、网

---

① 周清平."互联网+"时代的现代影像艺术［M］.北京：新华出版社，2017.

络等媒介上的影像在未来呈现的形式"①。

这种呈现形式可从技术、传播、产业三个视角来进行阐释：

第一，从技术的层面上来理解，应知智能媒体语境下的未来影像是一种智能化的技术。这一方面体现为未来影像技术在人机交互方面体现出的智能性，即使用了未来影像技术的设备可以通过数据挖掘、云计算等方式更好地领会用户需求；另一方面，未来影像技术的智能性还体现为其在执行用户命令时表现更加高效、准确等的智能化特征。

第二，从传播的视角理解，应知智能媒体语境下的未来影像是一种传播形态。作为一种传播形态，未来影像可以更好地满足受众的多种感官需求，从而更好地实现智能媒体的传播效果。也就是说，未来影像不局限于视觉符号这一种传播形态，它是通过融合听觉、嗅觉、触觉等不同的传播符号，形成集合声音、气味、材质等多种元素的一体化传播形态。

第三，智能媒体语境下的未来影像还应被理解为一种产业载体。在这一层面，未来影像是与人们日常生活息息相关的一种产业，具有突出的发展潜力。作为一种技术驱动的新兴产业，智能媒体语境下的未来影像可作为"影像+"基础元素与当前常见的多种产业进行融合，使其迸发出强大的发展动能。

二、现状：影像技术、用户体验、产业发展视角下的未来影像

（一）影像技术的角度

其实，20世纪即已出现对未来影像的一些研究成果。不过当时这些成果零星出现，并未产生很大的影响。直到近几年，在国内外学界和业界的共同努力下，未来影像技术才取得迅猛的发展，获得了多方的关注。概括地说，当前最受瞩目的未来影像技术主要包括虚拟现实（VR）、增强现实（AR）、全息影像等。

---

① 段鹏.智能媒体语境下的未来影像发展初探［J］.当代电视，2018（9）：4-7.

1. VR

VR 是英文"Vitual Reality"的缩写，中文译为"虚拟现实"，通俗来讲就是利用影像技术创建和模拟一个同现实无限接近的虚拟仿真系统。虚拟现实的概念早在 20 世纪 50 年代就已经被提出，到 20 世纪 60 年代，其基本理念才初步形成。虚拟现实技术诞生于 20 世纪 60 年代，一般认为，1962 年，莫顿·海利希（Morton Heiling）发明的"传感影院"（Sensorama）是 VR 技术的雏形。[1]

1968 年，伊凡·苏泽兰制造成功第一个头戴式的虚拟现实系统，后来，这一技术为美国军方所关注，美国国家航空航天局（NASA）为此做了相当数量的研究，也取得了诸如 20 世纪 80 年代研发成功飞行模拟装置这样的研究成果。[2]

然而，虚拟技术真正进入普通人的生活却是近几年的事。20 世纪 90 年代以降，日、欧的一些游戏开发商率先尝试将虚拟现实技术引入游戏产业，影视出版等行业也紧随其后进行了一些尝试。不过，因为当时有一些重要的技术方面的问题未曾解决，这些尝试并未坚持太多时间。直到近十年，随着影像技术的迅猛发展，许多互联网和媒体巨头注意到了虚拟现实技术的发展前景，对其投入空前提高，这才使得虚拟现实技术真正进入普通大众的视野，进而慢慢渗透进寻常百姓的日常生活，甚至众多 VR 消费品的出现还让 2016 年被称为"VR 元年"。不过需要注意的是，尽管相比从前，现在的虚拟现实技术已经取得了很多突破和发展，但仍有一些难题并未解决。

首先，VR 头戴显示器的舒适感亟待提高。2016 年，Facebook 公司旗下的 Oculus Rift 头戴显示器、索尼公司的 Morpheus 头戴显示器和 HTC 公司的 Vive 头戴显示器等 VR 头戴设备被集中推出，与用户见面。[3]然而仅仅一年后，这些市场上的热门产品就销量骤减。这背后最根本的原因在于技术层面的一些问题没有得到有效解决，头戴显示器不仅不够轻便，而且容易给用户带来

---

[1] 杨慧,雷建军.作为媒介的 VR 研究综述［J］.新闻大学,2017（6）:27-35,151.
[2] 尼葛洛庞帝.数字化生存［M］.胡冰,范海燕,译.海口:海南出版社,1996.
[3] 刘宏宇,许思宁.沉浸式新影像媒介发展动态及展望［J］.新闻战线,2018（3）:70-73.

不适感，很多 VR 游戏的用户脱下 VR 头戴显示器后都常常会感到天旋地转，有时还会出现恶心、眼花等症状。

其次，VR 影像的质量仍需提高。美国广播公司利用 VR 技术在 2015 年推出首个虚拟新闻报道，报道场景设在叙利亚首都大马士革，让读者身临其境体验"叙利亚战区"的场景。国内外也相继出现了"刺杀肯尼迪"（JFK Reloaded）、"心脏守护者"（Heart Saver）、"G20 小精灵 Go"等新闻游戏。[①] 电影公司也开始聚焦 VR 影片的探索，就在 2018 年上半年举行的北京电影节上，还首设 VR 电影展映单元。然而，VR 影像的质量仍非上乘，沉浸式的多感体验难以很好地实现。以好莱坞为例，很多导演、制作人、摄影师对 VR 的关注重点正由拼接、压缩和光流算法转向深度地图、点云、光达扫描、高质量 3D 影像、容积和空间捕捉等。

2. AR

AR 是英文"Augmented Reality"的缩写，中文译为"增强现实"，指通过新兴的影像技术将"虚拟信息"叠加到"现实世界"，进而使"虚拟"和"现实"共时性地出现于同一场景，以增强用户对"现实"的认知并提升感官体验。

AR 技术出现于 1990 年，其研究动因是通过将虚拟信息补充、添加到现实世界，从而增强用户对于现实世界的认知和感受。一旦用户接触到某个现实事物，AR 设备的应用就可使他同时很便捷地获取丰富的图像、文字、音频、视频等与眼前事物相关的补充信息，从而唤起用户对事物多感官的深入感受和全面的认知。

近年来，国外的互联网和媒体巨头纷纷试水 AR 研究，如微软、IBM、Google 等联合成立了 AI 联盟，而且将人工智能平台 Project Malmo 提供给开源社区，推出 AR 眼镜 HoloLens，着力打造智能化的操作系统。苹果则进一步认为 AR 比 VR 应用更广泛，是非常核心的技术，除了大力招聘 VR/

[①] 于德山. 新型图像技术演化与当代视觉文化传播［J］. 现代传播（中国传媒大学学报），2018, 40（4）: 21–25.

AR 相关人员，还收购了来自 AR、3D 体感及面部识别等相关领域的 Metaio、PrimeSense、Faceshift、Emotient 等公司，储备了几十项的 VR、AR 专利，为开发 AR 操作系统做好准备。[1]

AR 研究的起步要稍晚于 VR，因而在技术上也不如 VR 成熟。不过，凭借将"虚拟"与"现实"对接这一核心功能，AR 的发展潜力不可小觑。以教育领域为例，一些危险、耗资高的操作可以通过 AR 技术的人机互动进行，这有利于高效、安全地完成多种操作训练；或者在文化领域，AR 技术可以用于虚拟展示难以看到原状的文物；在工业领域，则可以利用 AR 技术模拟装配维修的过程，以检验尚未投产的工业元件的适配性，这样可以大大节约人力和物力的浪费。不过，需要注意的是，AR 不仅和 VR 一样具有硬件、软件设计不完善的问题，而且还有位置限制、功能单一、互动有限等短板，这都大大限制了 AR 装置与人的互动，一定程度上也限制了用户的多元化尝试。

3. 全息影像

在 VR、AR 之外，现在最受关注的影像技术非全息影像莫属。在很多场景中，全息影像已经华丽亮相、大出风头，如周杰伦演唱会中与邓丽君的对唱、日本"初音未来"的演唱会等。

那么，究竟什么是全息影像呢？其实，不论是周杰伦与邓丽君的"对唱"，还是"初音未来"的表演，从严格意义上来说都不是真正的全息影像。全息影像技术是指通过光干涉原理记录和查看图像，当合适地将其呈现时，客观物体的三维成像可以被精准地复制还原，这种照相技术可以记录客观物体所反射，甚至是透射光波里的一切振幅和相位。记录胶片可以完整地重新构造被记录的客观物体所透射出来的任何光线，这使得其看起来像客观物体就摆在眼前。当人们通过变换不同的位置来观察，就会看到被透射的客观事物的全貌，被记录胶片所记载下来的成像由此是立体而清晰的。简而言之，

---

[1] AR|重磅报告：国内外 AR 市场完全解读［EB/OL］．(2016-11-13)［2019-01-01］.http://www.sohu.com/a/118873161_483389.

真正的全息影像是不通过任何介质，从空气中就能显示出来的影像，而且观看角度可以随意变换，体验者能够从三维立体的画面之中穿梭自如。

用全息摄影的手法来拍摄和放映的音像制品叫全息电影。顾名思义，区别于一般电影画面的扁平化，在全息电影中，电影文本的展现是立体的，其镜头感所带来的纵深感比一般电影要强烈很多，画面可提亮的程度也远远高于普通电影。① 在很早之前，有关学者对全息电影的钻研和分析就已经开始了。1974年，苏联的全苏电影和照相研究所（尼克菲）着手研究和发展全息电影，并在两年后拍摄制作了全球第一部全息电影小片段。虽然后来，因为俄罗斯的经济改革导致了国家环境和政府政策的巨变，使得全息电影的研发难以为继，但是尼克菲并未止步于此。经过相当长一段时间的不懈努力，他们终于克服了重重难关，掌握了拍摄制作全息彩色故事片的技术，拥有了以全息技术和3D数字电影为基础的产出能力。②

然而，由于技术上仍存在众多难以攻克的关卡，全息电影至今仍然难以得到广泛且有效的操作和运用。未来真正能实现三维显示的路途还很长。③

（二）用户体验的角度

从用户体验的角度来说，可从沉浸感、在场感、互动感三个方面把握未来影像的发展状态。

1. 沉浸感

沉浸感指的是未来影像为用户营造的身临现场的感觉。通过无限接近现实的影像模拟，影像技术可让用户产生沉浸到影像之中的感受。④

以"VR"为例，"沉浸感"体现在用户观看VR影像时会有"身临其境"的感受。"身临其境"是未来影像力图实现的一大目标，当前，这主要体现在

---

① 全息电影［EB/OL］.（2018-05-08）［2019-01-01］.http：//www.baike.com/wiki/全息电影.
② 李铭，赵海良.全息电影和基于全息技术的3D数字电影的发展与现状［J］.现代电影技术，2008（1）：7-12，42.
③ 孙延禄.从模拟人眼立体视觉功能的差异看3D影像技术的类别与未来［J］.现代电影技术，2012（1）：13-23.
④ 段鹏.智能媒体语境下的未来影像发展初探［J］.当代电视，2018（9）：4-7.

当用户头戴 VR 设备时，他们将被暂时地与现实空间分隔开来，这时他们所看到的不再是他们身处的现实世界，而被置换为 VR 显示器中被创造出的那个无限接近现实的"仿真世界"。在这个过程中，与现实短暂隔离的用户以"第一人称"的视角"浸入"这个仿真世界，体验无限接近现实世界，其实全部是虚拟的未来影像。哪怕此时的用户知道自己感受的世界全然虚拟，他们也会"沉浸"在这虚拟世界中并感受它。

与 VR 的虚拟场景不同，AR 影像的创制基础是现实世界，AR 是将虚拟元素添加到现有的现实影像中。由于这种虚拟元素与现实世界相互配合、无缝对接，这种新的"现实+虚拟"的影像同样能够迅速吸引用户的眼球，增强用户的感官体验，让用户获得强烈的沉浸感。

全息影像，是指不通过任何介质，将某一现实事物进行立体描摹，如"克隆"一般再现"现实"。用户观看全息影像时，会有一种无法明辨真实和虚拟的感觉，从而沉浸到一种全息影像制造的场景中。

未来影像通过这种传播方式，让用户在不知不觉中沉浸在其所打造的影像场景中，获得前所未有的、超越虚拟与现实界限的感官体验。

2. 在场感

在场感是就用户的主观感受而言的，即用户感觉自己正在某一场景之中。与沉浸感相比，"沉浸"更多地与虚拟现实的技术先进程度相关联，被视为衡量虚拟环境对现实场景还原程度的关键向度，而"在场"强调的是受众的一种心理感受。[1]

"在场感"是反映用户感受程度的概念，因此用户的主观感受是衡量"在场感"最重要的指标。以现在正在故宫进行的"清明上河图 3.0"高科技互动艺术展演为例，用户参与其中就能感受到强烈的在场感。"清明上河图 3.0"展演中的"孙羊店沉浸剧场"打造了一个 360 度的全息立体空间，这一空间采用虚拟和现实结合的形式，既有 AR、全息影像等技术营造的北宋人茶余

---

[1] SLATER M, WILBUR S. A framework for immersive virtual environments [FIVE]: speculations on the role of presence in virtual environments [J]. Presence: teleoperators and virtual environments, 1997 (6): 603-616.

饭后喝酒闲谈，市井街区喧闹涌动的生活图景，又有真实人物扮演的"小二""店主""琵琶女"。在高科技影像与剧场空间真实的交融配合下，用户不由自主地从心底生出一种"穿越感"，仿佛自己也生活在北宋，自己也是《清明上河图》的画中人之一。

3. 互动感

互动感即用户与影像互动时所产生的感受。"互动"意味着用户与未来影像之间是一种双向的互动关系，双方均可传播和反馈。

如果与"沉浸感"作比较，沉浸感更多地突出用户的感受和体验，而互动感强调的是用户与影像、影像所营造的环境之间的反馈。这种反馈可以是直接的，也可以是间接的。

以汉代丝绸之路 VR 影像作品带给用户的互动体验为例，这种互动感可以从影像内部和影像外部两方面进行分析。影像内部的场面调度触发的是用户的间接反馈，主要是通过营造"环境"，然后用户与"环境"交互来实现，具体的做法有调节灯光造型来模拟真实光感、调节摄像机运动来模拟丝绸之路的人物视角等。影像外部的场面调度触发的是用户的直接反馈，主要是通过用户使用触觉装置引发"通感"，进而产生互动，具体方式是用手势、虚拟按键等。①

（三）产业发展的角度

要研究智能媒体语境下的未来影像的发展现状，不能不研究未来影像的产业推广现状。

很多高新技术最初都是在军事领域获得应用，之后再慢慢推广到其他产业的，未来影像技术也是一样。以 VR 的发展历史为例，它在诞生之初就在军事领域获得了关注。随着技术的不断更新迭代，未来影像技术才逐渐从军事领域推广到其他产业领域。

---

① 李修彤，刘永宁."一带一路"背景下VR与中国传统艺术的影像融合［J］. 戏剧之家，2018（15）：72-73.

1. 可多行业应用的未来影像技术

未来影像技术在多种产业中都可获得应用，如游戏、影视、设计、制造、零售、医疗、教育、艺术等产业，与未来影像的融合都可产生不错的效果。

游戏一直是未来影像关注的产业领域，未来影像应用于游戏的例子有很多，对于未来影像游戏的开发也从未止步。未来影像在游戏领域的开发，不仅包括如《Beat Saber》《重生：武士觉醒》《骷髅海》这样的线上游戏，还包括如《布鲁克海文实验》《Holopoint》这样的线下游戏。

影视领域中，关注和使用VR等未来影像技术的影视作品逐渐增多。如科幻电影中经常出现的情节，在未来的某一场景中，在主人公面前会随叫随到地出现某个三维立体全息投影的屏幕或者机器人，然后其智能地与主人公对话，这就描绘了未来影像在未来可能普遍出现的场景，也在电影中运用了未来影像技术。

在设计、制造等领域中应用VR和AR技术，可以使用户使用较低的成本进行模拟装配等操作，不仅节省了支出，而且更明显地提高了设计效率。零售行业中，未来影像与营销结合起来，可以实现AR看房、AR看车、AR试衣等，这可明显地促进电子商务的发展。

未来影像也可应用于医疗、教育、艺术等产业领域，比如，VR技术可用于手术仿真、模拟治疗、远程救治等；AR技术可用于用户教学实验模拟操作、训练；AR、VR和全息可用于舞台呈现、艺术表演，Burberry的3D全息投影走秀，可是被载入时尚圈的"史册"了。

2. 融资能力渐趋稳定的AR/VR产业

2018年上半年度，AR/VR产业共完成93笔融资，比2017年同期（111笔）下降17.8%；总融资额约为81.28亿元（约合12.22亿美元），比2017年同期（约为100.9亿元）下降19.6%。细分来看，2018年上半年，国内共发生27笔融资，总融资额约为20.2亿元（约合3.04亿美元）；国外66笔，融资总额约为61.08亿元（约合9.18亿美元），具体可见图1、图2。

分析2018上半年VR/AR产业国内外市场的融资情况，可发现除3月出现较大波动外，国内外VR/AR产业的融资情况基本上比较稳定。因此，从某种意义上可以说，在上一年度的动荡之后，VR/AR 产业在 2018 年进入了一个相对平稳的时期。

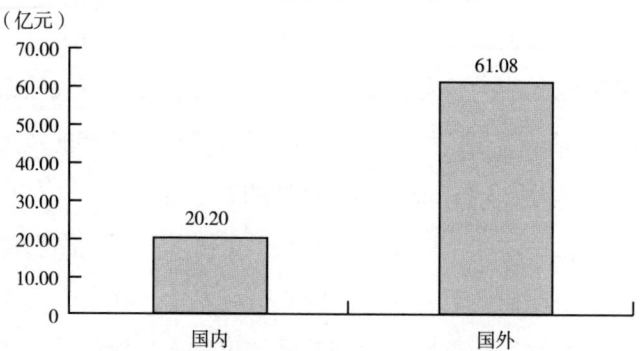

图 1　2018 年上半年 VR/AR 行业融资报告

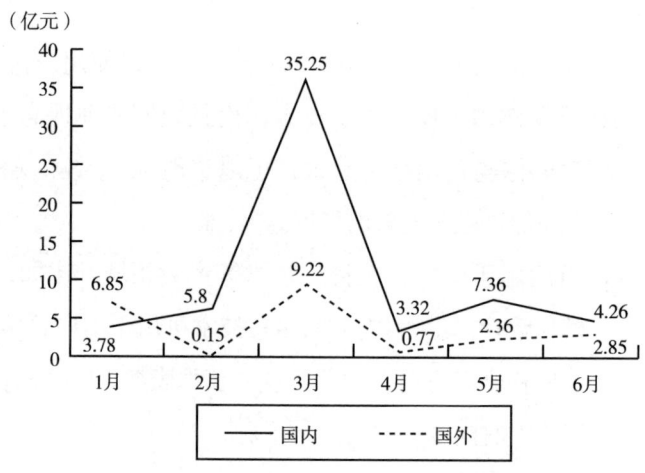

图 2　2018 年上半年国内外融资额

3. 普及程度

当前，未来影像技术逐渐普及，与人们的联系也越发紧密。人们只要留心，就不难发现其生活中已经常可见到未来影像的踪迹。日益增多的 VR 游戏，汽车销售商推出的 VR 试驾，应用了 AR 技术的扫码 App，手机、电脑等开机时用到的"人脸识别"，等等，未来影像已慢慢渗入人们的日常生活。

综上，现在未来影像的发展渐趋稳定。在这一阶段，伴随着未来影像技术的逐渐成熟，各个产业对其的推广和应用也在加速进行。

三、展望：智能媒体语境下未来影像发展的三种趋势

关于智能媒体语境下未来影像的发展，有三种趋势是可以预见的。

首先是虚拟与现实"融合"。智能媒体时代，现实与虚拟的界限逐渐消弭，因此可以说，智能媒体语境下的未来影像具有融合虚拟与现实的趋势。

李普曼在其名著《公众舆论》中提出的"拟态环境"将在智能媒体时代与现实环境重合。人类通过对未来影像技术的应用来创设出一个符合自己喜好的、无限接近现实又迎合自己想象的虚拟世界已不是痴人说梦。虚拟与现实的融合既可以打破时间的限制，通过营造古代的环境带用户"穿越"回去看古代的人情风物，也可打破空间的局限，通过虚拟其他地方的环境，让用户领略异域他乡的无限风情。可以说，依凭未来影像技术的使用，人类终于有机会尽情徜徉在一个"境随心动"的新世界。

然而，需要思考的是，智能媒体语境下的未来影像虽可将人类理想中的情境带到眼前，但这也可能导致人类的理性在现实与虚拟的重叠中逐渐迷失，价值也逐渐失去意义。亲身的经验和仿真的经历混淆了，真实的记忆也逐渐消散。

不过，尽管如此，我们也不应杞人忧天、因噎废食，我们真正应该思考的是如何在享受未来影像利好的同时保持理性，如果能做到这一点，智能媒体语境下的价值、意义等都将获得重建。

其次是全方位感官"延伸"。麦克卢汉的代表作《理解媒介：论人的延伸》中，字母、口语、游戏、道路、服装、住宅、货币、时钟等通通被列为媒介。媒介对器官官能的替代性延伸，至少延伸了三大系统：运动、感觉和神经。印刷媒介以及摄影机是视觉延伸；无线广播是听觉延伸；交通工具是腿脚运动功能的延伸；电话是听说功能的延伸；电视则是全身感官延伸。麦克卢汉预言电子媒介技术延伸大脑中枢的发展趋势时，人的意识会从机械世

界的枷锁中解放出来到宇宙去遨游，电脑技术"有可能给人的各种感觉编制程序使之接近于人的意识"。①

智能媒体语境下的未来影像就通过实现人全方位感官的延伸，来实现现实世界与虚拟世界的重叠，进而达到客观世界与人的主观世界的交融，因此，影像所营造的"拟态环境"无限接近于人的意识，将有可能如麦克卢汉预言的那样成为现实。

最后是智能影像化"生存"。在名著《数字化生存》中，尼葛洛庞帝曾经大胆预言"在虚拟现实中你可以张开双臂，拥抱银河，在人类的血液中游泳，或造访仙境中的爱丽丝"。②

类似地，未来影像技术将引领我们走向"智能影像化生存"。在"智能影像化生存"的状态下，你可以随心所欲地抵达你心之所往的任何时空，你可去徜徉浩瀚的星河，也可去探索树可参天的丛林，你可去看秦始皇排兵布阵，也可去与李白对酒当歌。在智能影像化生存的状态下，这个世界不复存在无法抵达的地方，而这种身临其境的感受将随着影像技术的不断升级而越发真切。

综上所述，在智能媒体语境下探讨未来影像，既要从技术和用户的角度去剖析概念，分析其发展方向，也要在思考其产业发展的同时对其价值意义保留清醒的反思意识，只有如此，才能导向智能媒体语境下未来影像技术和产业的健康发展。

---

① 麦克卢汉.麦克卢汉精粹［M］.何道宽，译.南京：南京大学出版社，2000.
② 尼葛洛庞帝.数字化生存［M］.胡冰，范海燕，译.海口：海南出版社，1996.

智能化演进：广电媒体深度融合历史机遇与发展策略[*]

随着智能化技术与媒体间融合的不断深化，智能化演进成为广播电视媒体融合发展的必然趋势。从中央厨房运作，到机器人写作，再到智能化、个性化推送；从新闻节目的 AR 主播，到娱乐节目的 VR 场景塑造，智能技术逻辑贯穿于广播电视信息的产、制、播、发等各个场域，智能化成为信息生态系统的整体特征。有学者更认为，当前，我们正在或即将迎来以大数据智能化为引领的全域、开放、协作、共享的媒体融合新阶段——"媒体融合 4.0"。[①]

可见，广电智能化演进不仅是其深度融合必须把握的历史性机遇，更是其主动顺应媒体发展趋势与规律的重要发展策略。

一、智能化演进：广电媒体融合发展的新方向

（一）智能化是媒体融合的发展方向

一方面，智能媒体本质上是融合性媒体。它不仅符合一切融合媒体的本质特征，也代表了未来技术型媒体的发展方向与研究前沿，开拓了媒体融合发展的新生态，这主要体现在四个方面。首先，媒体智能化是媒体与媒体间的融合状态，实现影像、互联网、物联网等媒体的整合传播；其次，作为一

---

[*] 本文原载于《编辑之友》2020 年第 3 期，被《新华文摘》2020 年第 3 期全文转载，收入本书时略有删改。
[①] 管洪. 大数据智能化引领下的媒体深度融合 [J]. 新闻战线，2018（8）：5-8.

种媒体与技术的融合，大数据、云计算、感应计算、智能物联等技术条件融合于媒体中，这从概念"智能媒体是媒体与人工智能、数据、信息技术等融合形成的"中可见，从这一角度看，其本质是技术型媒体；再次，智能媒体还体现了媒体与人的融合，智能媒体嵌入人的身体与感知，与人发生超越时空的关联，使得智能环境下人发生了身份上的变化，逐渐演变为"赛博人"①"媒介人"，个体自身的思维方式、意识偏向等也会被媒介打上数字化生存的烙印；最后，媒体智能化还是媒体、技术与社会的融合进程，主客观世界无缝融合，同时，虚拟的、无限扩张的媒介世界和真实世界也无缝融合，智能媒介化社会成为现实。

另一方面，从技术角度讲，"智能化代表了未来媒体融合及传播模式创新的核心逻辑"②。纵观人类传播史，技术作为核心驱动力，在每一次媒介环境的变迁与演替中扮演重要角色，如印刷技术的普及开创了人人都能阅读的时代，电子技术的诞生则带来大众传播时代、信息时代乃至当前的"后信息时代"。如今，人工智能技术驱动下媒体的智能化演进亦是未来媒体融合生态即将到来的信号。

综上所述，智能化代表了媒体融合的高级阶段，同时，智能化也是未来媒体融合的发展方向。

（二）人的主体性凸显，媒介时空发生变革

从目前研究成果看，学界多从受众视角出发，将智能媒体视为一种贴合用户需求的综合性媒体，可以智能地识别用户喜好，从而为其在服务和信息两方面提供优质的使用感受。③在业界实践中，一方面，智能技术的应用在极大范围内提升了生产效率，从而满足了人省力、省时的需求，如将 AI 技术运用于直播、视频的监控，节省了 90% 以上的人力；另一方面，通过智能技术

---

① 孙玮. 赛博人：后人类时代的媒介融合 [J]. 新闻记者，2018（6）：4-11.
② 喻国明，兰美娜，李玮. 智能化：未来传播模式创新的核心逻辑——兼论"人工智能+媒体"的基本运作范式 [J]. 新闻与写作，2017（3）：41-45.
③ 段鹏. 智能媒体语境下的未来影像发展初探 [J]. 当代电视，2018（9）：4-7.

驱动的各类载体追求以最大精确性、最强适配度来满足人的生活和信息需求，这成为智能化的终极目标。可见，智能化的传播生态系统中，人的体验与需求被置于前所未有的地位，这是智能媒体时代的显著标志及其不同于以往任何传播阶段的重要特征。

从媒介发展历程看，文字—印刷—电子传播的历史就是人类不断突破时间与空间障碍的历史，而技术就是突破这种障碍的最主要的工具和手段。如今，智能传播技术使媒介时空发生了变革，构建起无序化、碎片化、延伸性的时间以及流动化、场景化、无限度的空间，人的时间标记、空间刻度观念也随之发生了根本变化。

智能传播环境下，人的主体性凸显，媒介时空发生变革，这两大特征给广电媒体的发展以深刻启示：未来，只有不断开发适配人的需求的媒体功能，提升受众体验，并将智能化视为一种以时空变迁为特征的媒介生态变化，使媒介行为顺应媒介的时空变化规律，才是正确理解了智能化趋势的观念基础。

（三）智能化入口：视听媒介的传播偏向

从技术角度看，智能媒体通过视觉传播信息的技术进化遵循着"看—感光—识别—提取特征化"的路径，喻国明教授认为，智能媒体通过作用于人在感官系统与认知逻辑上的双重体验，使人类对信息的认知体验发生变化。[①]由此说明，调动人的视觉、听觉等感官系统仍是未来融合媒体传播的切入点和增量入口，这就为作为视听媒体的广播电视带来了发展机遇。

英尼斯等学者的媒介时空偏向理论在媒体融合时代仍具有重要的借鉴意义。广播电视的实质是视听媒介，听觉媒介——广播的远程传播使传播空间距离趋于消弭，视觉媒介——电视的现场直播及真实影像使传播的尺度空间得到了无限延展，于是，共时性、现场感、亲历感的媒介环境被构建。智能传播时代，共时性演变为极速传播的同时性，人被视听媒介延伸的现场感嵌入现场的同场域，亲历感也变为人与媒介一体化的体验感。这一演变进程说

[①] 喻国明, 兰美娜, 李玮. 智能化：未来传播模式创新的核心逻辑——兼论"人工智能+媒体"的基本运作范式 [J]. 新闻与写作, 2017 (3): 41-45.

明，一方面，未来智能媒体的传播偏向是视听媒介传播偏向的进阶与延伸，视听媒介仍是其未来增量的入口；另一方面，作为视听媒介的传统广电媒体，只有抓住智能化机遇，才是应对"未来已来"的必由之路，是符合媒体融合发展规律的明智选择。

二、智能化趋势：广电媒体融合发展的新机遇

（一）渠道优化助力"全员媒体"建设

我国广电媒体融合前一个阶段，旨在通过建设"两微一端"加强渠道关联、发展用户关系。[①] 智能传播环境下，智能技术的传播渠道不断优化升级，传统的传播关系随之发生质变，原来受众的主体性、体验性被置于前所未有的地位，媒体与人的关系连接进入新阶段，传播节点的角色由每个微观的个体共同担当，共同参与构建宏观的传播格局。

智能化传播对于传播渠道的优化作用主要体现在信息的自动化、精准化、场景化、个性化分发。这一过程融合依托智能技术的多媒体、多渠道同步覆盖和分发，以内容资源库为内容生产核心，打通媒体与受众之间的连接及受众内部的连接，根据使用场景和内容需求倾向，为受众提供个性化选择、智能化推送，实现内容领域的细分；同时，打通多种媒体渠道，面向不同类型的受众进行精准传播，不仅最大化地强调了受众的主体性，也极大地增强了受众的媒体黏性，助推了共创、共享、共传的"全员媒体"体系建构。作为视听媒介的广播电视，除了智能化的渠道分发，智能化的渠道终端也对其内容集成，业务和营销产品迭代，用户行为方式产生了深远影响，内容在多个屏幕上的跨屏传播更是成为趋势。[②] 视频特征（DNA）识别互动、节目图像

[①] 吴殿义，周艳.视频内容跨屏传播评估的产品及其发展[J].现代传播（中国传媒大学学报），2018（2）：13-16.

[②] 吴殿义，周艳.视频内容跨屏传播评估的产品及其发展[J].现代传播（中国传媒大学学报），2018（2）：13-16.

特征识别互动、声纹识别互动等跨屏智能识别互动技术的应用,[①] 证明广播电视媒体融合搭乘智能化快车道实现了传播渠道终端的优化升级,并促使了受众体验、受众连接、受众参与的质的飞跃。

智能传播环境下,传播渠道的优化顺应与推进了"全民不新闻,无处不信息"的"全员媒体"的建设,为广播电视媒体的融合发展提供了广泛而丰富的渠道和受众资源,全员参与带来的巨大信息流动也助力着智能化、创新性的媒体系统的构建。

(二)技术变革助力"全息媒体"建设

随着自然语言处理、计算机视觉、智能推荐和知识图谱等技术嵌入媒体,智能、便携、个性化的融合媒体将成为媒体的未来形态,重塑整个传播格局。

2018年11月22日,中宣部副部长,国家广播电视总局党组书记、局长聂辰席发表重要讲话,"智慧广电建设是以全面提升广播电视业务能力和服务能力为目标,以有线、无线、卫星、互联网等多种手段协同承载为依托,以云计算、大数据、物联网、IPv6(互联网协议第6版)、人工智能等综合数字信息技术为支撑,实现广播电视智慧化生产、智慧化传播、智慧化服务和智慧化监管"。

技术变革成为推动广电发展的重要驱动力、智能化成为广电媒体融合的必由之路——这一观念已成为媒体融合的政策风向标。在我国广播电视信息的生产流程中,智能化技术已运用于产、制、播、发各个场域,如多款机器人新闻写作系统、电视直播App、无人机报道、智能化推送的广播节目、适配于不同场景的智能音频、语音合成虚拟电视主播等产品的出现。人工智能技术嵌入广电媒体行业的各个业务层面,不仅提高了信息传播效率,更从生产、产品、业务层面优化提升了广电媒体融合的效果。同时,智能技术的应用也实现了广播电视信息呈现形式的多元化和深层化,图文、音频、视频等

---

① 肖辉,董升来,王彦磊.广电关键信息基础设施网络安全智能防护技术研究[J].广播与电视技术,2019(6):12-15.

媒体格式以及游戏、直播、短视频等体验型媒体形态极大助力了立体式、整合化、全息化传播。

（三）时空拓展助力"全程媒体"建设

从时空维度来讲，智能化趋势下的传播实现了信息的追根溯源、实时跟踪、全程监测、效果评估等各环节、全方位的技术支撑，媒介时空的拓展使同时、共域的传播成为现实，使传播路径与节点形态更为直播化、透明化、清晰化。

具体而言，智能化的广电传播对时间维度的突破主要体现在两方面：一是通过直播化达到传受共时化与传播全程化，二是通过智能监测与信息追踪，还原过去事实的面貌。对空间维度的突破则体现在真实场景的直播或智能化的场景还原（如VR新闻），将受众的体验感放置于至高无上的地位，实现受众对事实的"直接抵达"。广播媒体具有先天的伴随式传播属性，可通过智能技术与其他媒体进行介质互补，并通过流程再造和互动参与实现直播化。① 智能环境下的电视媒体基于传统的优质资源及内容，利用技术手段达成全程报道、融合传播，如2019年广东广播电视台运用的全媒体两会报道智能生产平台，集4K超高清智能显控系统、虚拟摇臂机器人系统、三维信息可视化在线包装系统、大屏幕互动系统等于一体，实现了对两会的全程深度解读和全方位、多角度立体展示，使信息从发生、发展直至结束的全部环节都处于传播链条之中。

可见，智能化在时空维度上的突破及其对"全程媒体"的建构作用，应当成为广播电视媒体实现深度融合、提质升级所必须思考的问题。

（四）效能延伸助力"全效媒体"建设

一方面，智能技术在广电媒体中的应用实现了受众的清晰画像、精准推送，最大限度实现了传播效果。BBC的经验值得借鉴：运用面部识别技

---

① 刘寅. 以"四化"谋"四全"：广播的深度融合之路 [J]. 传媒，2019（6）：39-41.

术，识别受众情感；利用人工智能技术分析电视节目，发掘跨平台的电视受众；开发聊天机器人，增强受众黏性；等等，这些创举成为广播电视与智能技术融合的前沿，实现了传播效果的最大化。另一方面，正如习近平总书记所要求的："通过流程优化、平台再造，实现各种媒介资源、生产要素有效整合，实现信息内容、技术应用、平台终端、管理手段共融互通，催化融合质变，放大一体效能，打造一批具有强大影响力、竞争力的新型主流媒体。"结合当下实践，智能技术的应用已成为广电媒体延伸业态、整合资源的重要基础，由此带动大量社会效益的增长，使媒体功效更为全面化、立体化。如今，广播电视已不再是单一的资讯媒体，而是集商业经营、社会服务、政务传播、生活管理等多种功能于一体的智能化媒体集团。

智能化带给广电传播效果的升级在于两方面：传播维度的信息必达、到达精准；社会维度的效能一体、功能拓展。不论是从传播致效的精度还是广度来看，智能化均为广播电视媒体的融合发展提供了宝贵机遇。

三、智能化实践：广电媒体融合发展的新策略

智能化不仅可被视为广电媒体的未来演进趋势，更应被看作其融合发展的新的实践策略。智能传播中，人的主体性被凸显，这是智能化广电媒体建设需把握的重要传播特征。另外，策略探讨需立足于扩展广电媒体自身符合智能化特征的媒介优势与时空偏向，抓住智能趋势下传播渠道优化、技术变革、时空拓展、效能延伸等发展机遇，有针对性地进行策略实践。

（一）建设智媒体平台：打造全场景传播

如今的互联网不再是媒介工具，也不再只是简单的信息分发和关系建构的平台，而是"整个社会的操作系统"[1]，传媒业再借助互联网去中间化提升效

---

[1] 媒体业的边界正在消融，优秀传播人才具有哪些特质？听听大咖们咋说 | 动向 [EB/OL]. (2017-10-30) [2017-11-02] .https: //www.sohu.com/a/201242864_113042.

率的方式已难以真正打动用户，它需要深刻感知用户需求。① 智能化带来的传播生态的变化，主要体现在时空拓展和场景细化的传播语境下，人的主体性、体验性得到前所未有的提升。这样的传播背景下，依托智能技术构建适配化、全场景传播的媒体平台就显得尤为基础和重要。

对于广电媒体而言，应把握声音、影像这两个智能化入口，利用好视听媒介的优势与增量，运用智能技术延伸受众的纵深体验感，真正实现媒体与受众的深入连接。另外，根据使用场景和内容需求倾向，为用户提供智能化、个性化的选择，实现内容领域细分；并打通多种媒体渠道，面向不同类型的受众进行传播，增强媒体竞争力，增加用户黏性。最后，研发与建设智能融媒体的内容分类系统，基于传播心理学和人工智能技术，对发布在互联网上的媒体内容提取语义摘要，进行分类筛选，组织成为适配某个区域或用户群体的内容，并基于UCL（统一内容标签）构建融媒体内容自寻用户的应用系统，使海量的融媒体内容经过智能筛选与精化，采取内容驱动的理念，最终形成内容自寻受众的精准传播模式。

在智能媒体平台建设中，广播电视作为传统的主流媒体，还应注重将媒体内容层面的意识形态建设与技术层面的全场景传播有机结合起来，在智能传播的新环境下，使党的声音仍能够得到有效传播，并借助技术力量实现融合媒体的舆论引导。换言之，必须紧跟时代，大胆运用以人工智能技术为代表的新技术、新机制、新模式，积极提供各种互动式、服务式、体验式信息服务，实现主流价值传播的全方位覆盖、全天候延伸、多领域拓展，推动党的声音直接进入各类用户终端，努力占领新的舆论场，增强舆论引导能力，实现内容传播效果的最大化和最优化。

（二）创新媒体业态：建设服务型、智慧型媒体

媒体与社会的融合是媒体融合的高级阶段。我国广电媒体融合发展已进入4.0阶段，推进媒体业态向社会各个层面延展，建设服务型、智慧型媒体

---

① 严三九.融合生态、价值共创与深度赋能：未来媒体发展的核心逻辑［J］.新闻与传播研究，2019（6）：5-15.

是智能化趋势下广电媒体发展的必然要求。未来，广电媒体在深耕内容产业，力求提升广告经营能力的同时，应大力拓展影视制作、电影发行与放映、影视基地、演艺娱乐、家庭购物、新媒体等多元核心业务，谋划跨屏全产业链布局。另外，还可以在舆情、代维、技术服务、内容审核等层面开展多元化经营。

对广电媒体而言，将媒体作为连接主体，推进智能技术与社会服务的结合，一方面是运用信息革命成果、搭乘智能快车的创新路径，另一方面是传统主流媒体在融合过程中积极发挥媒体的社会功能、承担社会责任的表现。智能融媒体融合广播电视在智能化大数据的支撑下，应把分散在各种平台上的业务和服务融合起来，实现"资源通融、内容兼融、宣传互融、利益共融"，从而带来更多业务和服务模式的创新，实现广电媒体智能型社会服务。

具体来说，应从以下三个方面实施广播电视媒体的业态创新。其一，从服务平台出发，可依托广电集团所构建的多渠道传播体系与资源，充分打造一个智能化的媒体公共信息与生活服务平台，打通文化、交通、医疗服务、政务管理等领域，统筹整合各类资源、创新内容及活动形式，提供与社会或百姓生活有关的信息服务，实现公共服务与文化资源共享。其二，服务内容方面，在融媒中心、政府活动、论坛、宣传片、智慧城市建设等政务类、公共服务类项目上发力，运用智能技术为政府、企业等多元主体增加传播力和影响力，面向受众提供个性化、适配化、特色化的公共服务，提升受众的公共参与程度。其三，从服务方式来讲，"针对用户任何终端、任何时间享受广电媒体融合的需求，实现智能感知，智能协同，智能接口等融合媒体云平台服务，具备对内容网络终端和位置感知，加速推进广电服务方式智能化"[①]。

未来的广电媒体生态，应当是集服务型和智慧型于一体、以智慧为形态、以服务为目标的智能化广电媒体集团，将智能技术作为推动媒体实现社会效益的有力工具，努力将中国特色媒体实践融入世界传播智能化的宏大趋势之中。

---

① 郭国友，李霄. 打造智能广电融合媒体 [J]. 西部广播电视，2019（5）：255–256.

(三)推进体制改革：实现政策引导与深层驱动

政策制度的保障是我国广电媒体融合战略取得当前成果的重要因素。习近平总书记在党的十九大报告中指出，加快建设创新型国家，为建设数字中国、智慧社会提供有力支撑。聂辰席局长在推进全国"智慧广电"建设现场会上强调，要在发展智慧广电网络上发力，进一步增强广播电视传播能力。当前，广电媒体融合的智能化趋势显著，由于人工智能几乎涉及社会生活的方方面面，亟须通过政策推动和体制改革，将媒体融合的智能化真正落地，实现智能融媒体建设的政策引导与深层驱动，从而实现智能媒体与经济社会发展的深度融合。

推进广电媒体体制改革，实现政策引导与深层驱动应从以下四个方面着手。

其一，智能广电平台建设的政策引导。横向上，从建设领域、资助方式、鼓励政策等方面提出平台建设新措施；纵向上，从中央到地方的广电媒体智能化平台建设应渐次展开、层层深入，进行经验推广和试点运营，结合智能化大趋势和各地媒体实际，以平台为基础实现媒体的产业整合、业态整合、技术整合、功能整合。

其二，人才管理体制改革。加强对高端技术型人才、智能应用领军人才的培养，完善复合型、全能型人才的激励机制，使人才有用武之地；大力推动科教融合、产学结合，更要建立合理的人才引用和管理机制，最大限度地发挥人力资源优势，从而避免人才资源流动带来的风险；完善人才考核机制，大胆创新用人机制，扭转论资排辈的固有陋习。

其三，组织管理体制改革。在机构设置、职能设置、资金投入等方面向智能化技术的媒体应用倾斜，进一步推动原本的层峰制管理结构向扁平制变革，为媒体创新开辟路径，"形成一体化的组织结构、传播体系和管理体制，做到你中有我、我中有你"，以保持媒介机构内部多元化目标之间的平衡。[①]

[①] 刘奇葆.加快推动传统媒体和新兴媒体融合发展［EB/OL］.（2014-04-23）［2014-04-25］.http：//politics.people.com.cn/n/2014/0423/c1001-24930310.html.

其四，优化智能媒体科研环境。强化知识产权价值导向，加大财政资金的技术研发投入及媒体应用实践投入，调动各级政府、企业及媒体组织等多元主体的自主科技实践的积极性，营造公平、健康、诚信、有序的媒体科研环境，加强技术环境下的媒体伦理建设。

（四）保障媒体安全：加强智能融媒体管理监测

媒体安全不仅与其自身存续发展紧密相关，更是社会稳定与国家安全的重要组成部分。技术在智能媒体中的作用几乎是核心的、支撑性的，因而，为保障融合媒体健康发展，加强对其的宏观管理与监测尤为重要。

其中，需要研究并解决的两大问题是智能融媒体平台的运行安全问题以及内容的智能监管问题。另外，除了底层基础设施的建设要预先考虑安全问题，智能化融合媒体内容的生产与消费等各环节也要做好安全保护，如为媒体内容提供版权可信认证和校验、同源比较与篡改检测以及合规性审核等。智能媒体环境下，"智慧广电"媒体安全的建构和保障需从以下三个方面着手。

其一，广电智能融媒体以人工智能数据技术平台为依托，可实现舆情事件数据实时监测，通过人工智能技术平台的应用，为国家和政府提供信息收集、舆情管理、趋势分析以及应急方案等服务。人工智能技术的应用不仅可为数据的科学、精准利用提供基础，也为智能融媒体时代媒体舆情监测提供空间。

其二，保障广电智能融媒体的平台运行安全。首先，在媒体融合的建设过程中，应针对融合媒体的软件、硬件和应用的特点，有针对性地预估可能出现的安全问题。这不仅要求在建设之初就充分考虑到各种安全问题，进行安全防御的架构设计，防范风险，减少安全事件的发生，在运行过程中，还应做好安全运维工作，及时修补安全漏洞，做好应急处置和恢复，降低安全事件造成的影响。其次，制订融合媒体网络安全应急处理预案，分析安全事件产生以后各种可能的后果，针对不同的后果制订不同的应急处理预案，在人员、系统、处理流程等方面有提前准备，以便尽快处理并消除影响。

其三，实施广电智能融媒体的内容智能监管，应关注三个方面。首先，媒体内容安全的智能监测与应急响应。媒体内容在传播过程中可能出现不良信息、虚假信息、网络谣言、产权盗用、恶意篡改、非法转载、冒名伪造等安全问题，应通过智能化手段，自动监测、自动发现这些突发的异常情况，对其进行分析，并结合版权保护、篡改取证、内容审核等技术，进一步鉴别、确认以上异常情况。其次，针对各种异常情况，还需要制订应急响应体系，包括响应预案、响应流程、主动响应机制等，从而形成一套智能监测、自动发现、及时应急响应的安全保障体系。最后，基于智能化技术的媒体融合内容版权保护，为各媒体机构的数字内容提供一套版权登记和管理系统，为媒体融合内容的知识产权登记、使用、推广、维权等需求提供支撑和保障。

四、智能化未来：广电媒体融合发展的新思考

智能技术必将带来当前乃至未来媒介生态的颠覆性变化。智能化演进既是广电媒体深度融合发展的必然趋势和未来方向，更为广电媒体融合转型提供了宝贵的历史机遇和发展策略的清晰指向，是其实现"弯道超车""越代进化"的关键步骤。

然而，面对"未来已来"，智能化带来的不应只是实践层面的探索，更应有理论层面的主动思考。媒介生态变迁历史中，由传者占据话语制高点，到万众参与、万物皆媒，技术在传播中的作用愈加凸显，在技术异化论被重提的今天，智能媒体的工具理性与人类的价值理性之争亦被提上议事日程，对"所有无害的信息到最后都会汇聚成有害信息"的担忧迫使人们思考如何在智能媒体的研发与运用中融入人的掌控力、主动权和价值伦理。另外，智能传播环境下，人的体验感、舒适感、自由度、主动性看似得到前所未有的提升，然而，"媒介人"的出现却预示着人看似被凸显的主体性不断被技术隐匿，人、技术、媒介与社会之关系，在新的媒介环境下重新得到审视与反思。在将智能化演进作为媒体融合发展的历史机遇和策略实践的同时，应将其视为一种新的媒介生态环境，不断启迪人类关于自身命运的深思。

中华民族共同体意识传播中主流媒体融合发展的实践进路[*]

——以新疆为例

2019年10月31日，中国共产党第十九届中央委员会第四次全体会议表决通过《中共中央关于坚持和完善中国特色社会主义制度 推进国家治理体系和治理能力现代化若干重大问题的决定》，再一次强调坚持和完善民族区域自治制度是坚持和完善人民当家作主制度体系，发展社会主义民主政治的重要组成方面，并进一步提出要"坚持不懈开展马克思主义祖国观、民族观、文化观、历史观宣传教育，打牢中华民族共同体思想基础"[①]。回顾党开展铸牢中华民族共同体意识工作的历史与现状，主流媒体在过去工作中发挥的作用和对未来开展工作所具有的潜力不容小觑。以新疆主流媒体为例，通过回顾和观察党在新疆开展中华民族共同体意识的塑造和传播工作的历史和现状，探讨在近年新疆分裂势力甚嚣尘上，主流媒体影响力下滑的背景下，如何通过媒体融合改革提升新疆主流媒体的传播力、引导力、影响力、公信力，在新疆各族人民心中铸牢中华民族共同体意识，进而促进中央与边陲的和谐共进以及新疆各民族的团结。

---

[*] 本文原载于《现代传播（中国传媒大学学报）》2020年第7期，收入本书时略有删改。
[①] 中共中央关于坚持和完善中国特色社会主义制度推进国家治理体系和治理能力现代化若干重大问题的决定[EB/OL].（2019-11-05）[2020-01-01].http://www.gov.cn/zhengce/2019-11/05/content_5449023.htm.

一、新中国成立后党在新疆的中华民族共同体意识塑造与传播工作

中华民族共同体意识是习近平总书记提出的重要理念之一。2014年9月，习近平总书记在中央民族工作会议暨国务院第六次全国民族团结进步表彰大会上提出，"加强中华民族大团结，长远和根本的是增强文化认同，建设各民族共有精神家园，积极培养中华民族共同体意识"①。"中华民族共同体意识"这一概念随之受到学界越来越多的关注，学者们从各个角度对其进行了深入探讨。不过，除却其在概念意涵、要素构成和实践逻辑等多方面的科学性和创新性之外，我们回顾中华人民共和国成立后党在新疆的治理历史，不难发现中华民族共同体意识这一理念的提出与中华人民共和国成立后党的历届领导团体建构国家认同的实践一脉相承。

（一）中华人民共和国成立后前30年党在新疆构建国家认同的历史进程

1949年新疆和平解放后即开始筹备实行民族区域自治，1955年10月1日，新疆维吾尔自治区正式成立。这一时期，党在新疆的工作重点是推行民主改革，废除封建制度和奴隶制度以及实行社会主义改造，消灭生产资料私有制，完成向社会主义的过渡。在《新民主主义论》中，毛泽东提出建设以马克思主义为指导的"民族的科学的大众的文化"②，以此凝聚各族人民。随着国际国家权威、政治认同在新疆的逐步确立，毛泽东领导的新中国第一代领导团体开始从教育、文化事业等方面促进新疆人民对国家主体文化的认同。有学者认为，新中国成立初期，党在全国各地区和各民族树立国家权威是通过将社会内部的人民从地方性、血缘性的制约中解放出来，使其直接面对国家的统一规范、行政规则、意识形态等的影响和规约，转向相同的制度和文

---

① 中央民族工作会议暨国务院第六次全国民族团结进步表彰大会举行［EB/OL］.（2014-09-29）［2020-01-01］.http://www.gov.cn/xinwen/2014-09/29/content_2758816.htm.
② 毛泽东.新民主主义论［M］.北京：新华书店，1949：42.

化的目标得以达成。①整体而言，从1949年新中国成立和新疆和平解放到1978年改革开放，这30年我国基本处于一种单位制的社会形态中，这不仅构建了一种崭新的社会形态，②还"构造了平均主义的福利渗透模式、集体主义的工作与生活伦理、共产主义理想主导的意义系统，并使三者之间紧密匹配、相互支持，最终实现了社会成员以阶级为轴心对国家的高度认同"。

（二）改革开放至今党在新疆的意识形态工作重点

改革开放初期，随着国际和国内形势的变化，新疆分裂主义出现了一定程度的复苏与反弹，尤其在意识形态领域加速了渗透。在这样的环境下，党和政府及时调整了在新疆的政策和策略。概括而言，这一时期的工作主要包括制定思想文化领域反新疆分裂斗争的指导思想和方针政策，重视意识形态领域的反分裂斗争，在全疆范围实施"村村通电视，村村通广播"工程计划，通过发展民族教育抵制分裂主义等。③

党的十八大以来，面对反新疆分裂斗争的长期性、复杂性、尖锐性，以习近平同志为核心的国家领导团队多次召开会议并对新疆工作作出指示。2014年5月，第二次中央新疆工作座谈会在北京举行，习近平总书记在会上总结了过往工作，提出要围绕社会稳定和长治久安这个总目标，以推进新疆治理体系和治理能力现代化为引领，以经济发展和民生改善为基础，以促进民族团结、遏制宗教极端思想蔓延等为重点，坚持依法治疆、团结稳疆、长期建疆，努力建设团结和谐、繁荣富裕、文明进步、安居乐业的社会主义新疆。④具体到中华民族共同体意识方面，当前党在新疆开展了一系列卓有成效的工作，其中以下三个方面的工作成果尤为突出：

首先，推进基本公共服务均等化。2017年3月1日，国务院下发

---

① 马戎，周星.中华民族凝聚力的形成与发展［M］.北京：北京大学出版社，1999：247.
② 李友梅，等.中国社会生活的变迁：社会卷［M］.北京：中国大百科全书出版社，2008：46.
③ 刘亚妮.反新疆分裂斗争中的文化认同研究［D］.兰州：兰州大学，2016：182，189-193.
④ 习近平在第二次中央新疆工作座谈会上发表重要讲话［EB/OL］.（2014-05-29）［2020-01-01］. http：//www.xinhuanet.com/photo/2014-05/29/c_126564529.htm.

《"十三五"推进基本公共服务均等化规划》，提出国家构建现代公共文化服务体系和全民健身公共服务体系，促进基本公共文化服务和全民健身基本公共服务标准化、均等化，更好地满足人民群众精神文化需求和体育健身需求，提高全民文化素质和身体素质。[①] 在国家下发的这一纲领性文件中，少数民族文化服务被置于重要位置，国家分别从教育、医疗、新闻出版、广播影视、文化扶贫等方面对其予以倾向性帮扶。

其次，深入实施对口援疆政策。2010年新一轮对口援疆工作启动以来，截至2019年12月，已有"8.75万人次参与援疆，各类援疆资金累计近1200亿元，实施产业合作项目超1.2万个"[②]。作为党在新疆治理方面的一项国家战略，对口援疆已成为加强民族团结的重要工程，在促进各民族交往、交流、交融方面发挥着重要作用。其中，一些省市从宣传和文化方面开展的对口援疆工作也取得进展，推动了中华民族共同体意识在新疆的传播。以北京市为例，新一轮援疆工作启动以来，北京市发挥其国家文化中心的资源优势，"共安排援疆项目28个，援建资金4.35亿元"[③]，具体的工作包括向对口支援的市、县、乡镇等发放多部优秀国产电视剧，投资建设维吾尔语节目译制中心以及赠阅党报、党刊和主流报纸杂志等。

最后，加强思想政治工作，在各族群众中牢固树立正确的祖国观、民族观，弘扬社会主义核心价值体系和社会主义核心价值观。多年来，新疆围绕中华民族文化认同、国家认同等探索开展了"两个共同""三个离不开""三热爱"等一系列丰富多彩的民族团结教育文化活动，通过并施行《新疆维吾尔自治区民族团结进步工作条例》，并在1982—2015年间7次开展大规模的民族团结进步表彰活动，此类举措均对在新疆人民心中铸牢中华民族共同体意识产生了积极作用。

---

① 国务院："十三五"期间促进基本公共文化服务标准化、均等化［EB/OL］.（2017-03-02）［2020-01-01］.http：//shcci.eastday.com/c/20170302/u1ai10388007.html.

② 对口援疆彰显制度优势（一线视角）［EB/OL］.（2019-12-24）［2020-01-01］.http：//www.xinhuanet.com//2019-12/24/c_1125380280.htm.

③ 陈晨.北京文化援疆滋润和田［J］.新疆新闻出版，2015（3）：24-25.

本尼迪克特·安德森（Benedict Anderson）在其名著《想象的共同体》（*Imagined Communities*: *Reflections on the Origin and Spread of Nationalism*）中将资本主义、印刷科技和人类语言宿命三者的相互作用视为想象的共同体形成的必要条件。① 这一观点阐释了媒体在共同体意识形成中的关键作用。具体到本文的语境下，中华人民共和国成立后党在新疆开展的一系列意识形态传播工作中，主流媒体均承担着重要的作用。以20世纪90年代在全疆大力实施的"乡乡通电视，村村通广播"以及现在被国务院列为"十三五"期间基本公共文化服务标准化、均等化重要内容之一的数字广播电视基本实现全覆盖、户户通等为例，使主流媒体的声音被听到一直是党在新疆开展中华民族共同体意识传播工作的重要内容。然而，近年来伴随网络媒体、商业媒体等的迅速发展，传统主流媒体的影响力已经不如往昔，在这样的背景下，新疆主流媒体顺应全国大力开展媒体融合的浪潮开始了媒体融合改革。

二、当前新疆主流媒体的融合发展情况及面临的困难

媒体融合是美国马萨诸塞州教授伊契尔·普尔（Ithiel De Sola Pool）在其发表于1983年的著作《自由的技术》（*Technologies of Freedom*）中提出的概念，在该书中，普尔提出媒体融合是指"一个既定的物理网络能够提供任何类别的媒体设备，反过来，一个曾被限制于一种技术的媒体设备能够被传送到任何物理上分散的网络上"②。从这一概念提出到其后较长一段时间里，媒体融合被视为媒介技术、资本、渠道等多方面融合发展的现象，各国学者从其所处的具体的媒介环境出发对这一概念进行了大量的阐释与研究。在我国，伴随网络媒体、移动媒体、智能媒体等媒体技术的发展以及国内由中央到地方媒体融合改革的逐渐深入，关于媒体融合的实践与研究逐渐汇聚到全媒体传播这一较新的概念上来。2019年1月25日，习近平总书记在中共中央政治

---

① 安德森.想象的共同体：民族主义的起源与散布［M］.吴叡人，译.上海：上海人民出版社，2011：45.
② 郭毅，于翠玲.国外"媒介融合"概念及相关问题综述［J］.现代出版，2013（1）：16-21.

局第十二次集体学习中特别指出"全媒体不断发展,出现了全程媒体、全息媒体、全员媒体、全效媒体,信息无处不在、无所不及、无人不用,导致舆论生态、媒体格局、传播方式发生深刻变化,新闻舆论工作面临新的挑战"①,揭示了在当前形势下建设资源集约、结构合理、差异发展、协同高效的全媒体传播体系已经成为我国媒体产业发展的必由之路。

在全国媒体融合不断深入,全媒体传播体系建设逐渐展开的浪潮下,新疆地区的主流媒体也于2014年前后开始了媒体融合的探索实践,《新疆日报》等多家纸媒纷纷搭建"两微一端"传播平台,新疆人民广播电台等广电媒体开发了多语种新闻客户端,天山网等新媒体平台与全疆千余家政府网站和多个公众号微信平台、移动客户端等组成政府新媒体传播矩阵,新疆主流媒体的融合发展初具规模。②2018年冬,新疆经济报社与天山网并入新疆日报社(新疆报业传媒〔集团〕有限公司),新疆媒体融合进入了新的发展阶段。③

(一)现阶段新疆的媒体融合现状

探索当前阶段新疆主流媒体的融合发展情况可从自治区层级的主流媒体、县级主流媒体以及新疆媒体的国际传播能力三个方面予以分析。

首先,新疆维吾尔自治区一级的主流媒体的融合发展已经呈现相对成熟的发展形态,与全国其他地区的整体发展情况相比并不落后。在报网融合方面,新疆日报社因并入新疆经济报社、天山网而在数字出版、智能媒体发展等方面取得迅速发展,其于2019年两会期间推出的"天山网"客户端架设有"读报""看电视""听广播"三个端口,使用户可通过一个客户端直接接触到报、网、广电等不同渠道的信息。④同时,《新疆日报》社拥有我国首个集成AR(增强现实)和VR(虚拟现实)技术的MR(混合现实)融媒体实验室,

---

① 习近平主持中共中央政治局第十二次集体学习并发表讲话〔EB/OL〕.(2019-01-25)〔2020-01-01〕.www.gov.cn/xinwen/2019-01125content_5361197.htm.
② 胡可杨,李洪涛.媒体融合环境下新疆主流媒体转型研究〔J〕.新媒体研究,2017,3(17):54-57.
③ 贾楚楚.新疆日报社媒体融合发展的实践与探索〔J〕.传媒,2019(12):28-29.
④ 贾楚楚.新疆日报社媒体融合发展的实践与探索〔J〕.传媒,2019(12):28-29.

在"混合现实+大数据+融媒体"的探索实践方面走到了我国融媒体实践的前列。广电方面,新疆广播电视台广播新闻中心抽调专人运营融媒体发展部,并通过与人民网、今日头条、梨视频等平台的合作"初步实现了广播节目、短视频、图文信息、移动直播的全媒体传播格局"。①

其次,当前阶段新疆县级主流媒体融合发展的水平相对初级。近两年来,全国区县纷纷组织建立县级融媒体中心,但因为不同地区的经济发展、媒体发展情况区别较大,其县级融媒体的发展情况也难以一概而论。就新疆地区而言,有学者认为当前阶段新疆的县级融媒体中心建设工作仅仅体现为组建新媒体新闻发布中心,"地区之间联系较为松散,呈现出纵向分割式的运作模式"。②

最后,在各国不断提升自身国际传播能力,抢夺国际话语权的当下,新疆地区媒体基于自身得天独厚的地理、语言、文化条件而在国际传播的融合发展方面取得了一些进展。新疆是我国接壤国家最多的边境地区,语言文字、文化习俗、宗教信仰等方面的相似性使得新疆与其毗邻国家之间的信息传播便利性较高,可为我国以中央媒体为主导的外宣工作提供重要补充。就目前而言,新疆人民广播电台"新疆新闻在线"的维、哈、柯三种语言网站与中国国际广播电台的"国际在线网"合作,借助国际在线平台面向世界发布,③外宣期刊《友邻》也通过哈萨克文对外传播,成为新疆地区媒体国际传播能力建设的有益尝试。

(二)新疆媒体融合过程中存在的问题

不过,尽管目前新疆地区在主流媒体融合发展方面取得了一些进展,尤其是自治区一级主流媒体的媒体融合和对外传播方面有很多举措可圈可点,

---

① 陈宏伟,许红涛.坚持融合发展唱响时代旋律:新疆广播电视台广播新闻中心媒体融合发展实践探索[J].新媒体研究,2019,5(18):70-71.
② 陈琛.县级媒介融合生态系统的可持续策略:以新疆巴州地区媒体融合工作为例[J].中国广播电视学刊,2019(11):99-103.
③ 王月,蒋金岚.对新疆传统媒体融合发展的思考[J].西部广播电视,2017(13):72-74.

也应看到在此之外其改革实践也有一些不足。

首先，由于新疆主流媒体进行融合实践的时间相对较短，其在进行融合发展时也不可避免地遭遇到各地主流媒体融合改革中的一些常见问题，如政府支持引导和社会化服务不足，媒体思想、机制、体制发展滞后，①资金相对匮乏（这一点在县级媒体的融合改革中尤为常见），工作人员缺乏媒体融合思维、熟悉新媒体传播特征的人才储备不足等。另外，县级媒体融合发展方面，当前新疆的县级媒体融合不仅存在发展时间较短、经验较少的情况，而且明显缺少与当地受众的互动。如有学者在分析新疆县级媒体的融合改革时指出，很多县级融媒体不注重发掘并应用社交媒体的海量资源，没有自媒体中的红人资源，所以，在获得忠诚度较高的自有平台用户方面困难重重。②

其次，由于新疆地理位置、文化习俗、语言习惯等的独特性，新疆主流媒体的融合发展也面临一些独有的瓶颈，其突出的表现之一是有些地区的民众识字率较低，或者对汉字的读写能力相对有限，在这些地方，大众媒体的传播能力往往受到较大限制，尤其以汉语言文字为主的传播往往难以打开局面。在这些地方，如果一味地将主流媒体与新传播技术的融合奉为圭臬，或者片面追求受众的覆盖率而不注重与受众的互动，其传播效果将大打折扣。

综上，顺应全国深入开展媒体融合实践的大潮，新疆主流媒体近年来也进行了媒体融合的改革，这些改革初有成效，但也有不足。然而，媒体融合的成功与否深刻影响着主流媒体的传播力、引导力、影响力和公信力，也对铸牢中华民族共同体意识具有至关重要的影响。因此，在我国媒体融合改革走向纵深发展，在全国合力构建全媒体传播体系的大幕刚刚拉开的现在，分析和探索新疆主流媒体接下来融合发展的方向与进路具有重要意义。

---

① 张允，刘阳子. 媒体融合背景下边境地区媒体国际传播能力建设研究 [J]. 电视研究, 2017（2）：8-10.

② 陈琛. 县级媒介融合生态系统的可持续策略：以新疆巴州地区媒体融合工作为例 [J]. 中国广播电视学刊, 2019（11）：99-103.

三、全媒体传播：新疆主流媒体在共同体意识传播中的实践进路

基于以上对新疆主流媒体融合发展经验的梳理和对其不足的分析，本文有针对性地对新疆主流媒体未来的发展进路提出以下三点建议。

（一）打好"组合拳"：注重传播媒介的层次设计

在论及新疆形象的对外传播时，有学者认为有效的对外传播应包括"在适当条件下对各类媒介的组合使用"[①]，如重大事件发生时优先采用电视、广播等公共空间性强的媒介进行传播，而对需要进行情感说服的内容则选择私人空间性更强的网络进行传播。同样，这种依据传播内容选择传播渠道的策略在中华民族共同体意识传播中也具有一定可取性。如前所述，由于新疆地理位置的独特性与语言文化的多样性，主流媒体甚至大众媒体的影响力难以辐射到个别地区。面对这种情况，主流媒体在开展中华民族共同体意识传播的过程中应该注重媒介形式的组合运用，尤其应将自媒体传播、人际传播等纳入传播的备选策略中来。比如，一方面可以筹备组织一些文化活动，通过非大众传播活动的形式赢得较少关注主流媒体的人群关注；另一方面也应发掘主流媒体矩阵之外的优秀的自媒体的影响力，通过与其进行合作而扩大自身传播力、引导力、影响力和公信力。

（二）打造以社交媒体为毛细网络的同心圆式区域旗舰媒体平台

2018年春，习近平总书记发出扎实抓好县级融媒体中心建设的指示之后，各地县级媒体开展了大量相关的探索性实践。之后，在集纳多家试点县级融媒体中心发展经验的基础上，2019年1月，中共中央宣传部和国家广播电视总局发布《县级融媒体中心建设规范》《县级融媒体中心省级技术平台规

---

① 肖燕怜. 媒体融合环境下新疆形象传播策略初探[J]. 新疆财经大学学报，2012（4）：41-44.

范要求》，以国家标准的形式表明县级、省级主流媒体合作建设县级融媒体中心是县级融媒体改革的主流做法之一。这一做法也在新疆地区的县级融媒体改革实践中受到较多关注，如有学者在分析新疆巴州地区的媒体融合改革时建议"相关利益主体间可以采取'抱团取暖'的拉动式发展，搭建同心圆的融合体系，采用省级融媒体为中心依靠、县级融媒体为基础渠道的方式"①。可见，这种同心圆式的区域融媒体平台构建方式在新疆地区具有较高的适用性，不过，也应看到这种做法虽然提出了平台建设的方案，也囊括了信息辐射区域等问题，但其本质上仍然规划的是一种点对面式的信息输出，并未提出如何获得受众反馈，与当地受众形成有机联系的方案。

在名篇《作为文化的传播》中，詹姆斯·W.凯瑞（James W. Carey）论及了与较主流的传播的传递观的逻辑迥异的一种传播观点——传播的仪式观。他认为，在传递观的逻辑之下，我们要么出于政治秩序的观点将社会视为一个权力、行政、决定和控制的网络，要么出于经济秩序的观点将其视为一种资本、生产或交易的关系，但其实在此之外，生活也应包括审美经验、宗教观点、个人价值观和情感以及知识观点的共享。②本文认为，在以较小规模的县域人口为目标受众时，对于文化意味更强的中华民族共同体意识，传播更应采取这种仪式观的逻辑。换言之，县级媒体融合改革的目的不仅是促进信息的上传下达，也应注重促进县域人口之间的意义共享，这一点在中华民族共同体意识传播中尤其关键。因此，新疆地区的县级媒体融合不仅要构建同心圆式的区域媒体平台，而且要注重拓展其社交属性，培育受众与媒体之间的有机互动。在这一角度下，近几年发展势头良好且同样聚焦当地受众的城市社区报的发展经验可为新疆县级融媒体改革提供一些参考。段鹏等在分析我国多家著名社区报的发展模式时发现，市场化/半市场化的社区综合信息服务平台模式已成为当前我国社区报发展的主流模式之一，这一模式将资讯、

---

① 陈琛.县级媒介融合生态系统的可持续策略：以新疆巴州地区媒体融合工作为例[J].中国广播电视学刊，2019（11）：99-103.

② CAREY J. A cultural approach to communication, in communication as culture: essays on media and society [M].New York: Routledge, 2009: 11-28.

社交、便民服务等集于一体，在提升自身在当地的读者黏性方面具有相当潜力。① 本文认为，新疆在构建同心圆式的区域融媒体平台时可参考这一思路，通过开发自身的社交属性将自身嵌入当地传播生态，打造以社交媒体为毛细网络的同心圆式区域旗舰媒体平台。

（三）进一步提升国际传播能力，配合中央级媒体打造全媒体国际传播体系

2019 年 1 月 25 日，习近平总书记在十九届中央政治局第十二次集体学习时指出，"我们要把握国际传播领域移动化、社交化、可视化的趋势，在构建对外传播话语体系上下功夫，在乐于接受和易于理解上下功夫，让更多国外受众听得懂、听得进、听得明白，不断提升对外传播效果"②。

面对这一目标，应看到尽管伴随经济发展的增速，目前我国已成为世界上国际传播能力增长最快的国家之一，但整体传播规模的快速扩张也使得我国国际传播体系出现了明显的结构性失衡，其突出表现之一即国际传播主要由中央级媒体主导，地方级媒体的国际传播能力明显较弱。③ 这意味着地处边境的新疆媒体的国际传播能力尚未被充分发掘。另外，如姜飞所指出的，如果说以大众媒体为媒介，朝向虚拟的、广义的受众，以"国家或国家利益集团在国际范围内的特定利益为目标"的国际传播跨越的是国家和地区的边界的话，那么借助日常媒介，朝向一个个鲜活的文化个体的跨文化传播跨越的则是文化的边界，而"从学理层面来看，国际传播能力建设的补充手段归根到底是汇聚到个体层面的跨文化传播"④。从这两个视角来看，新疆主流媒体国际传播能力的提升对于我国的对外传播具有重要意义。这不仅意味着有利于

---

① 段鹏，张媛媛. 流动社会背景下我国社区报融媒体办报模式与功能定位：基于扎根理论的多案例分析［J］. 中国出版，2020（2）：33-37.
② 习近平主持中共中央政治局第十二次集体学习并发表讲话［EB/OL］.（2019-01-25）［2020-01-01］.www.gov.cn/xinwen/2019-01125content_5361197.htm.
③ 张允，刘阳子. 媒体融合背景下边境地区媒体国际传播能力建设研究［J］. 电视研究，2017（2）：8-10.
④ 姜飞. 新阶段推动中国国际传播能力建设的理性思考［J］. 南京社会科学，2015（6）：109-116.

对外传播我国先进的政治、经济成就与文化，也意味着有利于加强我们与毗邻国家人民的交往和对话，而这种交往和对话将有利于进一步铸牢新疆人民的中华民族共同体意识，加强中华民族优良文化的向心力和凝聚力。

综上所述，铸牢中华民族共同体意识是实现中华民族伟大复兴的中国梦的主线，新疆主流媒体只有深入开展融合改革，构建纵向互通、横向互动，内宣和外宣相互促进的全媒体传播平台，才能提高自身传播力、引导力、影响力、公信力，在全媒体时代拥有更多的话语权，更好地履行中华民族共同体意识传播的历史使命。

鸿沟的渐隐：发展传播学视野下的农民参与和乡村振兴*
——作为"新农具"的"三农"短视频

20世纪以来，世界新闻传播事业飞速发展，随着科学技术的不断进步，继报纸、杂志、通讯社之后，广播、电视和互联网相继问世，传播媒介日趋多元化，传播手段日趋现代化，媒介对社会生活和世界政治、经济、文化产生了极大的影响。①传播媒介的不断迭代不仅改变着大众获取信息的渠道、形式、质量，也一定意义上影响了部分群体原有的生产方式，对于我国农民群体而言，短视频对乡村生活的介入以及群体的主动参与极大地改变了原有的乡村公共文化与生产生活。可以说，"三农"类短视频因其天然的商业属性成为互联网时代中农民的"新农具"，农民在短视频平台中通过刻画乡村生活、展演乡村生产场景、讲述乡村奇闻趣事的方式自主进行乡村叙事，改变了媒体曾经往往在城市中心主义视角下描绘乡村的叙事特征，以软性的文化传播方式向大众展现中国乡村。如果将参与传播过程视为农民使用"新农具"的途径，那么由农民自主进行乡村叙事、通过拍摄短视频售卖农特产品则是"新农具"的使用结果。

基于"三农"类短视频对一部分中国农民的生产方式的影响，本文从发展传播学的视角出发，将发展传播学多元范式下的"参与—发展"模式作为

---

* 本文原载于《当代电影》2021年第7期，收入本书时略有删改。
① 段鹏.传播学基础：历史、框架与外延[M].3版.北京：中国传媒大学出版社，2020：283.

研究的理论起点，通过探究中国乡村农民的网络传播实践和发展现状检验理论预设，梳理检验材料与理论预设之间的契合与出入，为发展传播学理论的中国化提供经验性支撑与理论性洞见。

一、理论与背景探讨

（一）一种发展传播学的视野

20世纪以来，人类社会的飞速巨变使得"发展"不仅成为趋势，也作为一种理念进入到学界的研究视野。扬·塞万斯（Jan Servaes）认为当前学界普遍将发展及社会变革传播学（Communication for Development and Social Change，CDSC）看作通过知识分享而形成的关于社会行动的共识。① 塞万斯对发展传播学的定义表明，这是一个期望实现社会各层次可持续发展的社会过程，过程中所涉及的各阶层能力、利益都应当得到充分的重视和考虑。同时，发展传播学在其几十年的理论历程中也经历了三种主要范式的转变（见图1）：起初，处于支配地位的是20世纪50年代学界提出的现代化范式，这一时期以威尔伯·施拉姆（Wilbur Schramm）为代表的学者群体认为，发展中国家脱离贫困的必然路径就是复刻发达国家的成功经验。同时，大众传播也因其优良的传播信息功能被视为实现发展中国家现代化的重要手段。这一带有精英主义色彩的理论范式具有较强的进化论和内生发展观特色，将发展中国家的发展看作单一的线性模式，并将不同发展水平国家之间的差异简单地理解为定量的区别，忽视国族间价值观和发展路径的差异，使得第三世界国家在发展社会经济的过程中频繁遇到问题。紧接着，拉丁美洲学者在20世纪60年代挑战现代化范式所带有的欧洲中心主义、种族中心主义观念，依附范式随即应运而生，关注发展中国家对发达国家的依赖性，也使得社会科学领域转向结构主义。然而，尽管依附范式令一些发展中国家通过政策制定顺

---

① LIE R, SERVAES J. Disciplines in the field of communication for development and social change[J]. Communication theory, 2015（2）: 244-258.

利实现经济起飞,但更多的第三世界国家并未从根本上摆脱对资本主义中心的依附。基于对前两种理论体系缺陷的批判,一种更强调文化身份和多元化的理论范式在20世纪70年代进入学界的讨论范畴——多元范式。正如拉美传播学者所呼吁的,多元范式应关注到不同国家之间的差别,扎根本土、因地制宜地寻找发展策略并解决在地化的问题,以贝尔特兰(Luis Ramiro Beltrán)为代表的拉美学者在横向的、草根的、参与的、民主的和另类的传播上促进了参与式传播理论的发展。①

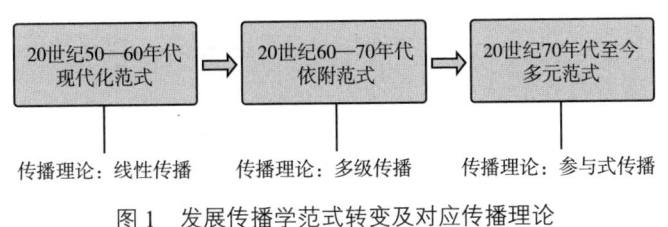

图1 发展传播学范式转变及对应传播理论

(二)多元范式下的参与式传播与中国语境

发展传播学下的多元范式将实现可持续的改变作为核心理念,同时认为社会变革不应当仅仅停留在特定社会层面,而是通过对社会多层面的观照带来社会结构性的变革。作为该范式下的核心理念,参与式传播不同于其他传播模型的统一性,包含了不同的出发点与方法意识。尽管其定义尚未在学界达成普遍意义上的共识,但总体而言,不同学者都认同参与式传播的出发点必须是社区,并且在强调地方社区文化身份的重要性同时呼吁多层面的民主化参与。保罗·弗莱雷(Paulo Freire)认为参与式传播给所有人提供了为其自身代言的权利和渠道,提出"没有人可以代替群体发声或剥夺群体自我阐述的权利"②。参与式传播在实践中逐渐发展出乡村发展传播评估和乡村信息传播两种主要操作模式,颠覆了原有传播模式中的"接收者"概念,原来的

---

① 韩鸿.参与式传播:发展传播学的范式转换及其中国价值——一种基于媒介传播偏向的研究[J].新闻与传播研究,2010,17(1):40-49,110.
② FREIRE P, BERGMAN R M.Pedagogy of the oppressed[M].London:Macmillan Education,1997:34.

"接收者"也可以被纳入传播行为过程中。这一模式通过对发送者、接收者之间差异的弱化加深了人们原有的对传播的理解，参与式的对话与交流也在组织起社会各阶层力量的同时推动社会不断向前发展。我国学界对参与式传播理论的应用大多集中在乡村或贫困地区的发展问题上，对于中国庞大的农民群体而言，参与式传播具有现实基础与可操作性，也在当下的网络传播活动中逐渐凸显出其极强的内在生命力。区别于长久以来文本中的乡村形象描述，农民们通过普及程度不断加深的大众传播媒介参与传播过程，真正介入大众文化生活。

将多元范式下的参与式传播理论置于现实语境，可以看到，发展现象在移动终端高普及率和人们媒介使用习惯变化的影响下越发普遍，并且在农民群体中这一现象尤为突出。我国农村网民发展主要体现为规模扩大化和城乡差异缩小化两大特征，中国互联网络信息中心（CNNIC）2021年2月发布的第47次《中国互联网络发展状况统计报告》显示，截至2020年12月，我国农村网民规模达到3.09亿，占网民整体的31.3%，较2020年3月增长5471万。同时农村地区的互联网普及率达到了55.9%，城乡地区互联网普及率差异不断缩小。[1] 可以说，在我国大部分乡村地区，互联网已经不再是遥不可及的传播与通信技术。基于对理论文献的梳理以及对中国乡村互联网使用情况语境的考量，本文生发出研究最初的问题意识：发展观视角下，互联网时代中我国农民的网络传播实践具有怎样的特点，呈现出怎样的形态，又引发何种效果？除此之外，本文也试图通过以中国农民网络传播实践为案例，为发展传播学在中国的在地化研究提供一种经验性支撑。

抖音与快手是当下颇具代表性的拥有大量"三农"短视频创作者及视频作品的短视频平台，同时两个平台均制定相应助农政策，推动"三农"类短视频的生产、传播与变现。然而，对比两个平台的视频传播机制可以发现，

---

[1] 中国互联网络信息中心.第47次《中国互联网络发展状况统计报告》[EB/OL]. (2021-02-03) [2021-04-01] .http://www.cac.gov.cn/2021-02/03/c_1613923423079314.htm.

快手平台将私域流量和群组关系作为内容变现的核心方法，而抖音平台强调在公域流量中利用算法给用户推荐其可能感兴趣的内容。换言之，快手平台与抖音平台的内在电商逻辑分别为关系驱动和内容驱动。回归至本研究聚焦的研究问题，抖音平台因其推荐机制天然地使"三农"类短视频带有"跨越群组""超越圈层"的多层面传播可能。基于此，本研究以抖音作为田野平台，自 2020 年 4 月开始深入平台农民群体，不仅对拥有 400 万以上粉丝量的商业性"三农"短视频博主进行数字民族志式的考察，加入 300 人以上的抖音视频博主群聊考察该群体的互动方式，也在近一年的民族志考察中关注到普通农民用户在平台上的传播行为，多方面、多视角地回应本研究最初的问题意识。

二、规训与选择：网络内容生态中""三农""类型的脱胎

（一）从政策背景到平台引导

"三农"短视频进入大众视野的最初，并未得到大众文化的认可与青睐。2016 年，快手平台中出现了大量的以博眼球为目的而展现中国乡村的视频，也许在一些视频中确实能够看到质朴天然的中国乡村，但大多数视频还贴着"荒诞""猎奇""低俗"的标签。2018 年，中华人民共和国国家互联网信息办公室（以下简称"国家网信办"）针对网络短视频行业存在的内容低俗问题开展专项治理行动，推动网络短视频优质精品内容的生产。同年，国务院公布了 2018 年中央一号文件，即《中共中央国务院关于实施乡村振兴战略的意见》，乡村振兴战略作为党中央对"三农"工作做出的重大决策部署，不仅把握着现代化建设规律和城乡关系的变化特征，也成为形塑互联网内容生态的重要因素。

在国家政策大背景和社交平台商业化趋势影响下，以互联网为工具的乡村传播与乡村振兴走入到一些巨头互联网平台的工作内容当中。平台一方面对视频内容的优质度进行引导与监管，另一方面也通过平台政策的制定促使乡村借力传播，实现发展。例如，新浪集团成立"新浪集团扶贫合作办公

室",并在平台上推出"百县千红新农人""农产品上热搜"等计划,利用信息平台的优势为需要帮扶的地区提供信息服务与流量支持;字节跳动公司推出"山里DOU是好风光""三农"合伙人""扶贫达人训练计划"等站内活动,在流量、数据、产品的精准配发下不断促进乡村农特产品的知名度和销量;快手平台也相应地通过制订"幸福乡村五亿流量"计划,扶持助力国家级贫困县优质特产的推广销售,平台提供的福利政策和流量帮扶使"三农"短视频作品数量激增。

(二)从日常分享到类型制作

平台中的普通农村用户将自己的生活片段制作成视频,一定程度上满足了其日常生活中的展演需求。短视频时代下大众传播的低门槛使得农民有机会向大众展现自己,同时,当下简易方便的视频剪辑功能使农民首次加入看似专业的视频剪辑行业,这种从接收者到传播者的身份转变使群体在通过应用媒介满足传播需求的同时感受新奇。不论视频是否获得较高的点赞,当农民将与自己相关的视频上传网络并被他人浏览时,一个向外界展现自己的行为就顺利完成了。人们耳熟能详的"三农"类网红博主在平台总用户中只是九牛一毛,更多的"三农"类短视频均由普通农民用户所拍摄的自我展演构成。尽管只有几个粉丝,普通农民用户依然坚持不懈地在平台中套用着格式化的音乐模板,分享自己的日常起居或乡村风景,并在视频的结尾感谢大家对自己生活的关注。对于普通农民用户而言,其在平台中分享的视频内容具有很强的不确定性,但大多以农村为背景,风格多变,以日常生活分享为填充。

相对而言,专业博主的视频内容则呈现出强烈的类型化特征。以拥有455.7万粉丝的"三农"类博主"可乐不是哈士奇"为例,当前其在抖音平台上发布的视频共有456个①,回顾其以往的视频作品,最早发布的视频是在2018年博主分享的自己与家人朋友在乡村住宅中一起看电视的画面,其

---

① 上述数据(粉丝量、作品数)的统计时间均截至2021年3月12日。

余早期视频也包括乡村中的生活碎片,如山羊上树、狗抓鸭子等趣味画面。值得注意的是,博主早期的视频制作较为粗糙,画质、剪辑、配音等方面都尚未显露出专业性。然而随着其在抖音平台上的日渐火爆,博主走向专业发展。"可乐不是哈士奇"开始固定自己的视频风格与类型,视频内容均为乡村优质农特产品分享,视频背景音乐均使用《开心到膨胀》,视频画面均为横屏且为单反拍摄,解说均为博主本人上阵且语气基本一致。其他专业视频博主如李子柒、华农兄弟等的视频制作也总体呈现出运镜方式、声音使用、剪辑节奏上的风格一致,视频剧情以农村日常生活为主体的类型化特征。

(三)从零散内容到形成叙事

本研究首先在抖音平台上以"乡村""农村""农民""农业""乡""村""农"等词汇作为关键词搜索带有该词的热门话题,在人工剔除无效结果后按照话题下方视频的热度为顺序整理,接着按照农业、农村、农民的框架进行内容细分,具体内容分类见表1。

表1 抖音"三农"类短视频内容三级分类

一级分类	二级分类	三级分类
农业类	生产景象类	务农(工作)场面
		劳作休息场景
	产品介绍类	农产品介绍推广
		生产流程介绍
		专业问题科普
农村类	自然风光类	未被商业开发的自然风光
		具有旅游性质的自然风光
	人文景观类	乡村住宅
		乡村厂房
		文化性遗址

续表

一级分类	二级分类	三级分类
农民类	技艺传承类	非物质文化遗产
		民间手工艺
		地域性音乐与舞蹈
		独门绝活
	生活写实类	乡村文化娱乐活动
		乡村美食展现
		婚丧嫁娶画面
		日常生活片段
	剧情扮演类	搞笑段子
		剧情剧集

可以看出，平台中出现的"三农"类短视频内容几乎涵盖了农村生产生活的方方面面，给平台中不了解农村的用户提供了认识农村的材料，也给农村博主提供了讲故事的机会。

以往在农务压力和教育资源相对匮乏的影响下，农民普遍受教育水平不高，因此回顾近百年以来的文学和影视作品，人们往往看到的是一个"被描述"的乡村和"被发声"的农民形象，农民仅作为客体和他者"被描述"，农民鲜有渠道自主描述中国乡村。作为"被表述者"的农民往往也只作为被批判的旧式农民、概念化的"农村新人"和底层的苦难人群而存在。[①] 即使当前的一些综艺节目中开始出现对唯美田园式乡村的塑造，也只是停留在他者对乡村文化想象的层面，尚未从农民的自主表达视角叙述一个真实的中国乡村：如《向往的生活》《幸福三重奏》等综艺节目将乡村表现为"无人干扰的世外桃源"，《变形记》则一定程度上体现出乡村相较于城市的落后与贫困。不同于以往影视文学文本中对乡村的扁平化描述，农民在短视频中对乡村的自我叙述充满了强劲的生命力，对平台用户而言更具可信度和参考价值。

---

① 张爱凤."底层发声"与新媒体的"农民叙事"：以"今日头条""三农"短视频为考察对象[J].广州大学学报（社会科学版），2019，18（4）：49-57.

在新的网络时代，农民对网络传播实践的参与及叙事身份的主体性转变有着较高的文化政治价值。正如本文对用户展演需求的探讨，越来越多的乡村用户在平台中通过短视频分享自己的生活日常，"三农"类网红博主"守山大叔"在平台中分享自己在大山深处的歌声，"华农兄弟"则展现来自乡下的小型畜牧业，"型男行走乡村"通过短视频向大众展现自己每天的乡村生活。

也应当注意到，"三农"类短视频所书写的乡村叙事并未完全展现出复杂、立体、多元的中国农村形象：平台中广为传播的"三农"类短视频大多展现的是鸡犬相闻、趣味横生的农村人文环境和山明水秀的自然环境，仅有少量视频呈现出农民衣衫褴褛、文化素质较低、生活环境恶劣、行为举止粗鲁等中国农村现实中可能存在的问题。专业的"三农"视频拍摄者一方面出于对流量的渴望，通过展现农村积极面迎合大众对桃花源式的中国农村的文化想象；另一方面兼顾视频背后的商品逻辑，塑造美好、向上的农村形象以促进农村副产品的售卖。总体来说，从广播到电视，再到以微信、短视频为代表的移动终端，乡村民众在一次次技术浪潮中获得解放，由乡村叙事中的"他者"转变为自我言说的"主体"，[①]通过拍摄短视频加入网络传播实践促成乡村叙事主体的转变，但作为叙事主体的农民出于对适应市场、适应城市群体内容消费的考量，选择性地进行了日常展演与乡村叙事。

（四）从互联互动到商业逻辑

普通农民用户通过关注、评论、转发等方式满足个人的社交需求，并进一步向自己建立在平台上的小圈层展现有关自己的内容。专业博主间的联结和互动则有所不同，本研究在近一年对"三农"网红博主的数字民族志调查中，得以进入其日常聊天群。抖音平台中的大部分"三农"网红博主均为真实来自乡村的普通农民，通过对博主们日常交流的观察与对个别博主的访谈可以发现，大多数"三农"博主通过拍摄短视频获取较大流量后，往往出

[①] 沙垚，张思宇.公共性视角下的媒介与乡村文化生活[J].新闻与写作，2019（9）：21-25.

于经济目的在视频中加入农特商品开始售卖，一些博主通过与MCN（Multi-Channel Network，多频道网络）公司签订合约获得稳定的产品资源，然而大多数博主由于不愿被MCN公司分走报酬而开始自己寻找可售卖的商品，也有博主选择与产品所在的农村进行直接互动，如上文提及的"三农"博主"可乐不是哈士奇"就前往产品源头地，对烟台红薯、阿克苏苹果、眉县猕猴桃、武鸣沃柑等农产品进行推广，极富吸引力的视频画面不仅给其他平台用户带来视觉享受，也通过极强的短视频"带货"能力满足博主的经济需求和各地农产品销售需求。另外，博主们在抖音平台中建立自己的粉丝群，通过回复粉丝的评论、私信等方式强化与粉丝的联结，一些博主还选择留下自己在其他平台的联系方式，甚至举办线下见面会进行粉丝引流，扩展流量变现的渠道，粉丝成为"三农"博主售卖商品的期望受众。同时，出于对选品、定价、售卖、分成构成的行业流程的探讨，博主们在群聊里形成了联结式的社群，一些博主会在群内分享其当日流量情况，或是询问某一农特产品的销售口碑如何，也会有较为私人的日常生活分享（见图2）。在本研究介入到的网红博主群聊中，有"三农"类博主会将自己当前推广的农副产品寄送给其他博主品尝，在强化社群联结的同时，相互助推农产品在平台中的宣传与销售。

图2　博主们在群里讨论农特产品价格及运输保存技术问题

博主 A："谢谢×××，沃柑收到了，祝大卖！"

博主 B："感谢×××，橘子太甜太好吃啦~我在我的粉丝群里帮你推了。"

博主 C："我现在就去直播间下单支持两箱。"

博主 D："想知道你（某博主）是怎么仓储保存的呀？"

总的说来，"三农"类短视频不仅在产品数量上实现迅猛发展，其在传播环节中的分发模式和产品形态也在逐步演化。平台、MCN 公司、博主们在革新创作与呈现方式、改变用户信息获取习惯的同时，也逐渐将商业逻辑带入整体传播过程中。

（五）从网络平台回归现实语境

本文将"三农"类短视频视为农民在互联网时代下辅助生产的工具之一，认为此类媒体产品在一定意义上可以被认定为"新农具"。从刀耕火种到铁犁牛耕、从畜力农具到现代农机、从自给自足到商品经济，农具作为改变劳动对象的工具在我国农业的发展路途中无疑起到了至关重要的作用。先秦时期，耒耜作为主要农具使人们能够轻松翻整土地；北宋，人们开始大量利用秧马插拔秧苗；20 世纪中期，第一台"东方红"拖拉机诞生，中国农民从此具有了机械化生产的可能性；而短视频时代下，我国农民开始参与网络传播实践，通过展演极具风土人情的农村生活来贩卖农村的副产品。事实上，农民用户在参与式传播过程中方式不尽相同，群体在不同层次需求的促使下参与网络传播实践过程，其在抖音平台上的传播行为也各具特色，但最终都大致因循了从参与到发展的模式。

"三农"类短视频的创作热潮，不仅体现着我国乡村农民主体性的上升，在社会层面也是打破城乡二元对立格局、推动乡村不断振兴的良好开端。可以说，我国农业在时代变迁与技术迭代的浪潮下经历着飞速的变革，也在国家政策的推动下稳步发展。中国作为传统的农业大国和世界农业发源中心之一，是一个具有"乡土性"的国家，"三农"问题不仅是中国从农业文明向工业文明过渡的必然产物，是关系我国国计民生的根本性问题，也是被人文学科乃至文艺创作领域所探讨的深刻话题。与此同时，乡村也作为"三农"的载体成为国家制定大政方针时无法回避的关键地带。2016年10月，中国共产党中央网络安全和信息化委员会、中华人民共和国国家发展和改革委员会和国务院扶贫开发领导小组办公室联合印发《网络扶贫行动计划》，要求充分发挥互联网在助推脱贫攻坚中的重要作用，系统部署和实施网络扶贫五大工程（网络覆盖、农村电商、网络扶智、信息服务、网络公益），推进精准扶贫、精准脱贫。①2020年11月23日，贵州省宣布剩余的九个贫困县退出贫困县序列。至此，我国832个贫困县全部脱贫。乡村振兴战略作为脱贫攻坚的升级版，成为贫困地区脱贫摘帽后的常态化工作思路。在抖音官方报告的2020年全国县城获赞TOP10中，安徽金寨县、湖南新化县、四川南部县、安徽霍邱县（分别排名第二、三、六、八）曾为贫困县且目前已全面脱贫。不同于以往"输血式"的帮扶方式，互联网语境下农民依靠自身内生动力进行的产品推广，逐步实现了乡村"造血式"的发展。

三、结语

社交平台中农民在媒介的加持下拥有了更为广阔的叙事权利，也开始带动乡村农副产品销售的商品逻辑加入到大众传播的洪流中来。越来越多的农民开始通过短视频和直播软性地售卖农副产品、通过分享乡村美景带动旅游经济，为我国乡村在脱贫攻坚战取得全面胜利后的下一发展阶段注入全新活力，这也正是乡村振兴战略背景下我国数字乡村发展的真实写照。从理论意义出发，发展传播学经历了现代化范式、依附范式，再到当前的多元化范式的转变，也经历了从西方中心主义到本国中心主义的理论修正过程。同时结合中国实际，在多元范式下对"参与—发展"理论模型进行检验也是一个不断为中国社会发展提供理论支撑的过程。

---

① 中华人民共和国国务院新闻办公室.网络扶贫行动计划［EB/OL］.（2021-03-21）［2021-04-01］. http://www.scio.gov.cn/xwfbh/xwbfbh/wqfbh/35861/36885/xgzc36891/Document/1557441/1557441. htm.

从实践意义出发，我国正处于消费扶贫升级与乡村振兴战略实施的过渡时期，随着传播与通信技术的演进和媒介在社会发展中重要性的日益提升，将农民群体的传播实践置于发展传播学视角下，抛开西方视角去探讨发展中国家如何利用大众媒介促进群体赋权与社会发展，对我国乡村发展而言具有重要意义，也对发展传播学理论中国化的建构起到关键作用。"三农"类短视频唤起了大众的集体记忆，也将"乡土记忆"转换为"乡土经济"。但也需思考，互联网时代中媒介赋予农民群体的叙事权利具有怎样的程度？农民网络参与是否能抵抗市场化背景下资源向城市集中的内在倾向？广大的农民群体是否能在数字传播的背景下真正实现主体性的跃升？这些依然是值得学界深思的问题。

试论我国智能全媒体传播体系建设的实践路径：内容、框架与模式[*]

2019年1月，中共中央总书记习近平在十九届中央政治局第十二次集体学习中明确指出，"要形成资源集约、结构合理、差异发展、协同高效的全媒体传播体系"。同年10月，党的十九届四中全会所通过的《中共中央关于坚持和完善中国特色社会主义制度、推进国家治理体系和治理能力现代化若干重大问题的决定》更进一步表明，要"建立以内容建设为根本、先进技术为支撑、创新管理为保障的全媒体传播体系"。

毋庸讳言，现有的大多相关研究都能够从不同的维度和视角对全媒体传播做出总体性的蓝图勾勒和前景展望，其中一些研究结合媒体融合、人工智能、全媒体、智能媒体等重要概念的前沿理论，从不同层面建构了全媒体传播的理论框架。然而，有关全媒体传播体系建设的实践性和策略性研究在国内尚处于起步阶段，相关文献主要分为实践策略规划型与案例研究型。首先，实践策略规划层面，支庭荣提出，全媒体传播不是单一的内容或介质体系，需要从微观、中观和宏观三个维度进行多视角一体化分析。①赵子忠和郭好通过梳理媒体融合发展阶段，结合社会现实需求，提出全媒体传播体系应遵循科学发展、创新发展和持续发展的路径。②张志安和李宜乔指出，在构

---

[*] 本文原载于《现代出版》2020年第3期，收入本书时略有删改。
① 支庭荣.全媒体传播体系的全息透视：系统建构、功能耦合与目标优化[J].西北师大学报（社会科学版），2019（6）：32-39.
② 赵子忠，郭好.构建全媒体传播体系的路径和关键[J].新闻与写作，2019（8）：5-11.

建全媒体传播体系的过程中要处理好大众化媒体和专业性媒体的关系。① 其次，具体案例研究层面，学界和业界人士对如何构建全媒体传播体系也进行了贴近当前实际的分析和规划，如陈旭东以东方网为分析案例，提出可以从转企改制、移动业务以及建立新型主流媒体集团三个维度构建全媒体传播体系。② 唐维红等学者以人民网为案例，探索传统媒体和新兴媒体融合的发展潜能。③ 叶蓁蓁围绕人民日报融媒体中心"中央厨房"，深度分析了人民日报全媒体生产机制。④ 由此可见，移动互联网已经全面向智能互联网发展，媒体融合的重点已从增量经营转变为存量改革，全媒体传播体系建设是应时应势所需的，它需要在不同层级上构建，需要不同媒体对于媒体融合发展的参与，在媒体融合思维、业态、用户、技术、产品、体制机制基础上建设智慧型全媒体生态系统⑤是其目标。在新的发展机遇期，为更好地响应国家建立全媒体传播体系的号召，需要理论结合实践，以跨学科视角多维度、多方位地推进。

本文拟在相关研究的基础上，分别从宏观、中观、微观三个维度出发，全面探讨具体化、落地化、策略化的智能全媒体传播体系建设的实践路径，以期为全媒体更好更快发展提供参考。

一、宏观层面：智能全媒体传播体系的整体架构

宏观层面，智能全媒体传播体系的整体架构应从纵向、横向两个维

---

① 张志安，李宜乔.公共传播领域中的媒体协同发展：论大众化媒体、专业性媒体与全媒体传播体系构建［J］.新闻与写作，2019（8）：20-25.
② 陈旭东.构建全媒体传播体系：东方网深度融合、整体转型的实践与思考［J］.传播评论，2017（8）：17-20.
③ 唐维红，王韬，邹菁.导向为魂 内容为王 创新为要：人民网构建全媒体传播体系的探索与实践［J］.新闻与写作，2019（8）：12-19.
④ 叶蓁蓁."中央厨房"的数据化采编与传播体系构建：人民日报全媒体生产机制探索［J］.传媒评论，2017（7）：16-18.
⑤ 胡正荣.打造智慧全媒体生态体系［EB/OL］.（2020-01-15）［2020-01-20］.https：// xw.qq.com/cmsid/20200115A07IQP00.

度进行搭建，旨在建构全方位、立体化、体系化、科学化的传播路径体系。从纵向建设维度看，应对全媒体传播体系中的中央媒体、省级媒体、市级媒体、县级融媒体等多元主体进行层次性、针对性和类型化建设路径阐释；从横向建设维度看，从传播流程、平台搭建、传播资源、信息内容、技术应用、管理手段等多重维度进行体系建设的专门化策略探讨，以期形成多元合力，在把握智能化大势的前提下实现全媒体传播体系的宏观构建。

（一）智能全媒体传播体系的纵向建设

1. 打造旗舰媒体：中央级媒体的转型

当前，探索智能全媒体体系的建设路径，构筑具有传播力、引导力、影响力、公信力的旗舰型中央级媒体传播体系，是我国媒体转型探索的未来趋向和国家使命。中央级媒体在国家传播体系中居于核心位置，不仅是我国开展国内和国际传播的旗舰媒体，也是全国媒体系统融合转型的先锋和表率，对各级、各类媒体发挥着重要的示范效应和引领作用。目前，以中央广播电视总台、新华社等为代表的中央级媒体在全媒体建设上立体布局、推陈出新，如人民日报社全媒体平台（"中央厨房"）、新华社机器人写稿系统"快笔小新"等都取得了丰硕成果。因而，打造旗舰型媒体，促进中央级媒体的全媒体建设与转型发展具有至关重要的意义。

2. 突破疆域：省级媒体的全媒体发展

省级媒体在全国媒体版图中的作用是至关重要的，是国家主流价值观培育和弘扬的重要途径，是各省的对外窗口和平台。当前，省级媒体占据丰富的本地资源，了解本地用户市场，在媒体融合与全媒体传播体系建设中取得了一些成果。然而，我们也应当看到省级媒体在全媒体时代面临着多重竞争之困、双元体制之扰、地域之限等问题，[①] 省级媒体的全媒体转型建设面临较大的挑战。只有抓住全媒体时代传播技术手段创新升级的机遇，利用好本地

---

① 常晓洲.全媒体时代下省级卫视的发展浅析［J］.新闻爱好者，2018（6）：79-81.

各类资源,为本地用户提供更贴近生活、更具个性化的服务,实现省级地面频道的跨越式创新发展与全媒体传播体系的完善,才是当前省级媒体"突破疆域"的出路与方向。当前,"突破疆域"对省级媒体而言,不仅意味着突破自身发展局限,寻求全媒体转型发展,更意味着打通省级媒体内部与外部之间的通路,实现省级媒体社会功能的全域拓展。

3. 重建社会神经网络:县级融媒体中心建设

对于我国整个全媒体架构来说,县级媒体具有"神经元"的功能;对于党的舆论引导体系来说,县级融媒体中心也有类似于"毛细血管"的作用。一般而言,县级融媒体是县级全媒体建设的初级形态与起点,县级融媒体中心的建设与转型发展,是全媒体传播体系建设深入基层的重要战略布局。

2018年8月21日至22日,在全国宣传思想工作会议上,习近平总书记指出:"要扎实抓好县级融媒体中心建设,更好引导群众、服务群众。"2018年11月14日,习近平总书记主持召开中央全面深化改革委员会第五次会议,会议审议通过了《关于加强县级融媒体中心建设的意见》。党中央的指示为推进县级媒体深度融合指明了方向。中宣部部长黄坤明也强调,打通基层宣传思想文化工作的"最后一公里",要大力推进媒体融合发展,创新建设融媒体中心。① 应当看到当前县级融媒体中心的建设取得了初步成效,但局部也存在"机构融了,机制没融;内部融了,内容没融;资源融了,资金没融;人力融了,能力没融"等问题;县级融媒体中心建设也存在隐患与困境,如一些地区媒体用户在不断减少、人才流失及专业人才匮乏等。因而,重建县级融媒体中心这一全媒体体系的"毛细血管"和"神经网络"尤为重要。

(二)智能全媒体传播体系的横向建设

习近平总书记指出:"推动媒体融合发展,要坚持一体化发展方向,通

---

① 黄坤明:把握新时代新要求,推动基层宣传思想文化工作改革创新[EB/OL].(2018-06-14)[2018-06-20].http://cpc.people.com.cn/n1/2018/0614/c64094-30056142.html.

《立雪集》新编 段鹏自选集

过流程优化、平台再造，实现各种媒介资源、生产要素有效整合，实现信息内容、技术应用、平台终端、管理手段共融互通，催化融合质变，放大一体效能。"① 基于此，关于智能全媒体传播体系横向建设的研究，应当覆盖对出版、报刊、广电、互联网、智能传播、电影、文娱各领域的全媒体生产流程的再造、全媒体平台的优化、媒体资源的整合、信息内容的创新、媒体技术的运作、媒体管理手段的创新等多维度和全域化的全媒体建设路径的探索。唯其如此，才能从全媒体运行发展的各个板块提出具有操作性的发展建议。

1. 智能全媒体出版体系建设

全媒体时代的来临深刻改变了出版业格局，出版物形态、传播媒介、出版理念和内容资源开发利用方式均发生了巨变，出版业构建智能化全媒体出版体系已成为其转型发展的需要。2017年1月，我国南方都市报社的写稿机器人"小南"只用一秒便完成首篇300余字的稿件；第一财经的"DT稿王"一分钟可以写1680字；今日头条的"张小明"可在2秒内生成稿件并完成发布。② 出版智能化的技术手段已初具雏形，紧接着，讨论智能全媒体出版体系建设中出版方式、内容把关、知识付费营销方式的全媒体开发、全媒体出版业态管理与监控、全媒体出版资源整合及技术利用等问题是很有必要的，我们更应借此建立具备经营特色、存量资源活跃、出版模式成熟的智能全媒体出版体系。

2. 智能全媒体报刊体系建设

作为传统媒体的报刊媒体在媒体融合大潮中受到剧烈冲击，当前的智能化环境下，报刊媒体亟须立足自身发展实际，积极组建覆盖报刊、网络、"两微一端"等平台的综合性全媒体矩阵，打造集纸媒、网媒、移动媒体等于一体的全媒体平台，以期探索报刊媒体实现全媒体铺开的立体化传播格局的具

---

① 赵银平. 这项"紧迫课题"，习近平因势而谋［EB/OL］.（2019-01-28）［2019-02-02］.http: // www.xinhuanet.com//politics/xxjxs/2019-01/28/ c_1124054968.htm.

② 成玲丽."快笔小新"和她的伙伴们［EB/OL］.（2017-04-25）［2017-05-10］. http: // www. xinhuanet.com/newmedia/2017-04/25/c_136199280.htm.

体路径,从而开启新一轮报业转型发展的局面。例如,《新京报》从 2009 年率先上线网络数字报,到"双微"、短视频和移动客户端等新媒体建设,借助媒体融合大势形成了集报、网、端、微、抖音、快手全渠道覆盖的综合媒体平台,覆盖超过 1.1 亿人次,开发不足 2 年的新京报 App 下载次数超过 4000 万。

3. 智能全媒体广电体系建设

在探索智能技术为智慧广电发展提供技术支持的背景下,如何促进广播电视媒体传播形式的多元化、高速化发展,提升广电媒体的公信力和影响力,同时提升广电社会服务能力,满足受众对高质量内容的需求,创建全方位、全时段、全维度的高质量智慧化新媒体广播电视体系,为智能全媒体广电体系的建设提供可靠的路径支持是智能全媒体广电体系建设的根本之义。在 2020 年突发且持续在全球蔓延的新冠肺炎疫情期间,国家广播电视总局深入贯彻习近平总书记重要指示批示和党中央决策部署,综合运用新一代信息技术手段,加快"智慧广电"建设,促进视听业务、内容、平台、网络、终端的共融互通,搭建"5G+4K+AI+ 云"免接触录制平台,确保疫情隔离防控期间优质内容的输出;结合人脸检测、视频智能分析等新技术研发热成像测温系统,对戴口罩人脸实现精准识别和测温。①

4. 智能全媒体互联网体系建设

智能全媒体互联网体系建设是全媒体传播体系横向建设中的基础。在对智能全媒体互联网体系建设现状梳理的基础上,我们应着力探索智能全媒体互联网体系建设的未来路径与创新之举,重在探讨如何将智能全媒体互联网体系与其他各板块体系相结合,从而发挥网络体系的基础功能与服务作用。

5. 智能全媒体智能传播体系建设

智能传播是基于智能化技术的媒体传播形式,已广泛而深刻地嵌入全媒

---

① 新冠肺炎疫情防控,广播电视人工智能在行动[EB/OL].(2020-03-28)[2020-03-29]. http://www.cm3721.com/kuaixun/11500.html.

体传播体系的建设中，重在探讨智能传播内容与形式创新、技术应用程度升级、管理体系完善、服务功能拓展等问题，并将焦点放置于推进智能传播体系与其他传播体系的融合创新的具体路径之上，提升智能全媒体传播体系的整体发展水平。在新中国成立70周年的宣传报道中，新华社智能化编辑部推出《这些"大国重器"，让你在桌面上亲手操控》，运用AR（增强现实）技术，让人们感受大阅兵的视觉震撼冲击。①

6. 智能全媒体电影、文娱传播体系建设

全媒体时代，电影及文娱传播渠道样态由有限演化为无限，传播流向由单向度演化为双向互动，传播功能由单功能演化为多功能，这无疑大大提升了电影和文娱传播的广度和有效性，为建设智能化电影与文娱的全媒体传播体系提供了机遇。因此，探究智能全媒体电影、文娱的传播路径及其体系建设，可以助力电影传播、文娱全媒体事业的不断改善与优化，为向广大受众提供优质的文化作品助力。

二、中观层面：智能全媒体传播体系的专项建设

在中观层面，全媒体传播体系通过各项专项建设与宏观社会发生关联，实现服务社会的媒体功能的拓展延伸。具体而言，智能新闻、智能化的舆情治理、全息影像、智能媒体教育、智能化国际传播等方面的专项建设，均应成为智能全媒体社会体系建设的重点内容。

（一）智能新闻建设及其实践探索

智能新闻是智能技术运用于新闻传播领域的一个重要标志，它主要体现为新闻生产"人机协作"模式的迭代升级、渠道平台化扩张和精准化升维、万物媒介化和"人体终端化"等特征，它的出现使原有的新闻生态趋于重构，

---

① 加快建设全媒体传播体系［EB/OL］.（2020-01-17）［2020-01-20］.http://m.cssn.cn/sylm/sylm_syzx/202001/t20200117_5079556.htm.

新闻内容版图扩张与新闻的价值嬗变、新闻分发的个性化趋势与传播格局分化、平台和媒体关系重组和权力结构突变成为趋势。

当前，智能新闻模式为未来的传媒发展提供了新的思路和发展方向。具体而言，主要体现为信息采集智能化战略开启捕捉新闻的新途径、内容生产智能化战略重塑新闻写作新模式、新闻分发智能化战略满足用户个性化需求、新闻反馈智能化战略改变人机互动模式等。然而，智能新闻实践亦存在亟须解决的问题与待突破的局限，如智能硬件设备不完善、普及率低、成本较高以及智能新闻形式单一、开发程度较低和智能新闻伦理困境等问题，当下智能新闻的发展整体仍处于初级阶段是学界与业界的普遍共识。因而，对未来智能新闻实践进行更为广泛的设想与突破障碍的路径探寻势在必行。

关于智能新闻建设及其实践路径探索，我们不妨从智能新闻的建设现状出发，发现智能新闻专项建设的既有问题、机遇与挑战，并探讨提升智能新闻建设水平的关键路径。宏观层面，从技术开发应用与传受设备建设、AI+特定新闻类型的适配性传播策略、智能新闻受众认知效果的评价、智能新闻安全监测与保障建设、智能新闻的伦理规范建设、智能新闻与其他专项建设的有机结合等各方面进行探索；微观层面，则致力于在智能新闻视觉表达策略、新闻叙事建构、人机交互感与受众体验感的塑造以及适配多元新闻类型的针对性智能表达设计等方面进行探索，旨在提升现有智能新闻的传播水平与效度，同时探索智能新闻的多元应用，并尝试平衡新闻技术与传播伦理、工具理性与价值理性之关系。

（二）智能化舆情治理及其路径探寻

当前，人工智能为舆情治理与意识形态工作带来了发展机遇。首先，人工智能可提升主流资讯传播的强度，以先进技术为触手促进传播内容的精准、灵活与服务的个性化。其次，舆情治理的精度在智能传播关照下得到提升，精准化推送与用户画像的运行可提高舆论引导及舆情治理的针对性、精准性、到达率。再次，人工智能可以提升舆情管理的效度。大数据、人工智能技术的运用可以有效捕捉网民的"瞬间情绪"、追踪研判新闻内容及舆论传播规

律。最后,人工智能技术可以极大提高"网络辟谣、阻击谣言、披露真相"的效率。应该说上述应用的发展既提供了未来智能技术在舆情治理中的可行性路径,又为新的提升策略提供了启发。

同时,人工智能的发展也给新闻舆论与意识形态工作带来了挑战。一方面,人工智能在舆情治理中的应用场景偏重感性化与实用性,无法促进受众公共意识的培育;另一方面,人工智能的资讯推荐易形成"信息茧房"效应。未来,我们应针对性地进行策略设计,最大程度地利用人工智能为舆情工作带来的机遇,同时规避风险、迎接挑战。

习近平总书记提出的"从时度效着力,体现时度效要求",是创新实现网络舆情精准治理的指导思想。当前,网络舆情问题已经日趋复杂化,其相应的治理范式也应逐步从危机管理向智慧治理转变。在具体操作层面,可以从非传统安全视角入手,梳理全媒体环境下网络舆情的系统性、复杂性和关联性特征,并从社会生态和技术环境两方面厘清全媒体舆情演化的动力机制,从而提出全媒体舆情智慧治理的新路径,即针对如何紧抓智能化机遇、如何应对智能化挑战从而实现舆情治理水平的提质升级、如何创新全媒体舆情管理的智慧型手段提出可行性路径与建议。

(三)全息影像与全媒体艺术建设

全息影像是全媒体传播体系艺术建设中最为重要的信息呈现形式,具有沉浸式、体验式、互动式特征的影像技术,将文字、声音、图像等元素融合起来,为用户带来了更加优质的沉浸体验。全息影像视觉样态在主体、时间、空间和交互中呈现出多样化特征,并通过全息影像的真实感和现场性来实现全息影像视觉的沉浸式现场叙事体验。基于智能互联网的5G会大大提高数据传输速度,使新闻传播由数据量较小的文字、图片、视频等"平面信息",大规模转向以全息影像信息传播为代表的"三维信息",为全媒体的艺术创作带来更多可能。可见,全息影像的艺术形态探索将成为未来全媒体系统在传播形态上的重大突破与发展方向。

具体而言,我们首先可以将作为新型媒体艺术呈现形式与影像表现手段的全息影像列为研究对象，在探究其发展现状的基础上，发掘其未来的可行性建设路径。其次，结合具体实例，从技术开发、媒体叙事、艺术手法、互动机制、用户体验、产业推广、传播效果等各方面对全媒体的全息影像进行解读。最后，分别探讨从这些方面实现全息影像艺术建构的成果、不足与局限，从而有针对性地、系统性地提出未来智能全媒体体系中全息影像的发展建设路径。

（四）智媒教育与全媒体建设

2017年7月20日，国务院印发的《新一代人工智能发展规划》中明确提出了"智能教育"这一概念，旨在建立教育精准化、定制化的终身服务体系。这一概念的提出，无疑反映出国家从战略层面上对人工智能教育的高度重视。智能化背景下，全媒体传播体系的社会功能不断拓展延伸，社会教育随之成为未来智能全媒体的重要板块之一。

人工智能等高科技的涌现打破了传统教育模式，使得交流方式、信息更新效率、信息内容涵盖和全媒体教育等方面都出现了巨大的突破。宏观层面讲，面对教育领域提出的具体要求，在对全媒体教育进行现状梳理的基础之上，在智能化的全媒体教育基础设施建设、全媒体学习过程的智能化支持、全媒体教育的智能化评价手段、全媒体教育智能化的教师辅助手段和智能化的教育管理等方面提出具体的落地路径，实现智能全媒体社会教育水平的提升、教育质量的升级以及教育手段的改善。微观层面，则应包括全媒体自适应学习、全媒体智能学习助手的开发与应用、全媒体教育专家系统与知识数据库的建构以及利用智能全感官技术实现教育无界限与起点的公平，帮助残疾人群，推进标准化全媒体教育服务、教育数据反馈等社会教育功能的拓展。

（五）全媒体国际传播新路径

国际传播是全媒体传播体系建设的重要板块，全媒体体系中大数据、人工智能、5G等新技术的应用对国际舆论和国际交往构成显著影响。从全媒体

国际传播的角度来看，智能技术带来的发展机遇与影响主要体现在两方面：一方面，数字传播时代已经出现的传播主体多元、话语视角转换、时空界限消弭等特征在智能化趋势下被进一步强化；另一方面，智能技术的发展带来传播场景转化和信息接触模式的变化，从而带来国际传播活动形态转变等新现象、新趋势。当下，全媒体传播体系的国际传播中多元主体——政府组织、非政府组织、普通民众等，都力求在国际话语环境中发出能彰显自己的价值主张的声音。

在智能传播的趋势下，我们有必要对既有的全媒体体系的国际传播图景与建设路径进行重新调校。在全媒体体系建设的背景下，我们应在国家关于国际传播政策指引的前提下，对智能化趋势下全媒体国际传播能力提升的内涵、原则与关键进行再认识，为新时期我国全媒体利用智能技术实现国际传播能力的提质升级贡献出系统化的实践路径。具体而言，应该从全媒体国际传播的政策驱动、技术运作和资本投入的硬件设备布局、立体化与全方位的表达策略、数据隐私保护的全球治理等多重维度探讨智能趋势下全媒体国际传播的新路径。

三、微观层面：智能全媒体传播体系的流程模式建设

微观层面，智能全媒体传播体系建设的流程模式建设可以从全媒体内部视角的信息传播板块、业务与服务板块、媒体保障板块三个方面的建设路径来分析，它涵盖了全媒体流程模式中的主线——信息传播、全媒体流程模式的资本运营及其机制，也涵盖了全媒体信息与运作的安全保障，在兼顾全面性、系统性的同时，该层面的策略研究亦应重视针对性、具体性、细致性和可操作性。

（一）智能化环境下全媒体内容的智能生产与分发模式建设

人工智能的优势主要体现在传感器技术有助于优化新闻信息采集的环节、智能机器人提高了新闻编辑制作的效率、人工智能的算法在内容推送环节更

符合用户需求。①全媒体传播体系的信息传播主要涵盖智能化的信息生产与分发两大内容，旨在解决国家智能全媒体内容生产的"四力"（传播力、引导力、影响力、公信力）问题，基于人机混合智能研究的视角，遵循以人为本、充分运用新一代人工智能技术的原则，提升包括人类媒体工作者和各类智能与非智能主体在内的万物媒介主体的内容生产与分发能力。

1. 智能全媒体内容生产体系及模式建设

信息内容的生产环节是智能全媒体传播体系建设的基础环节与起点环节。作为人工智能的核心技术之一，监督式机器学习已广泛运用于智能全媒体的内容生产体系中，通过算法将数据按照给定规则填充公式化的表达，继而生成全媒体内容，体现了人工智能技术对全媒体内容生产和呈现环节的优化和改造。然而，当前我国全媒体建设中AI+内容生产整体还处于早期的阶段，体现为数量少、阶段早、领域窄、效果差等特征。因而，探索与建构一套基于智能技术的成熟、完善的全媒体内容生产体系及模式，对全媒体建设实践尤为重要。

2. 智能全媒体内容分发与传输体系及模式建设

当前，人工智能还被广泛应用于内容产品的呈现环节，内容分发与传输随之更为智能化、互动化，传播模式亦从过去以内容为主导的单向传播变成了以技术为驱动的人机交互，智能媒体在技术革新层面驱动了"创造—生产—传播—消费"一体化的标准化进程。基于上述现实情境，智能全媒体如何实现内容分发的技术升级，提升内容传播深度、广度与效度，形成体系化、创新化的分发与传输模式，从而延展媒体功能，也是我们未来应重点研究和建构的重要部分。

3. 智能全媒体内容的评估与评测体系建设

首先，需针对全媒体内容的智能审核和评测及分发机制展开研究。在语义理解和情感计算领域的新理论和新方法的创新基础之上，构建一种有效的

---

① 人工智能将引导融媒体发展新方向［EB/OL］.（2018-02-12）［2018-02-20］. http://sh.people.com.cn/n2/2018/0212/c134768-31253179.html.

智能内容审核和评测及分发机制，探讨智能媒体内容生产中的"人""机"边界问题。就目前的智能媒体内容生产理论而言，一般意义上的内容生产过程由三个部分构成：前期预处理阶段解决素材准备、资料聚合、题材选择等问题，其中已有人工智能理论与方法的应用；核心生产过程阶段主要通过MGC、TGC、NGC等人工智能主导或人工智能参与的非人类主导的内容生产模式和PGC、UGC、OGC等以人类为中心的、人工智能辅助的内容生产模式，形成以全域传播为载体的AGC内容生产总体架构；后期闭环处理阶段则在内容生产完成后，对内容结果进行检查、评价等，而这一过程也存在较大的人工智能应用空间。在面向智能全媒体环境的智能内容生产体系之中，将充分运用语义理解和情感计算等领域内的理论与方法，构建智能全媒体内容的审核和评测及分发机制，形成智能内容生产和智能全媒体服务环境的有机闭环。

（二）全媒体业务与服务模式建设

这一领域的研究主要从全媒体产业层面出发，解决智能化全媒体的模式创新问题，在智能全媒体场景下，以媒体内容业务与服务产品通过全媒体平台所赋能的市场需求沉淀、用户数据积累、内容资源调配、分发渠道整合等作用过程，解决智能全媒体环境下的媒体内容消费者在消费行为、消费心理、消费观念、消费场景等层面的关键问题。具体而言，可以从以下三个方面进行研究探索。

1. 智能化背景下全媒体业务模式建设

当前，加快媒体数字化、网络化、移动化转型的步伐，建立全媒体业务格局已经成为智能化背景下全媒体发展的必然之势，人工智能技术不仅形塑了整个媒体行业的业态与面貌，也在微观上重塑了媒体产业的业务链。同时，在智能技术的支持下，媒体功能的融合程度不断加深，媒体的服务功能得以拓展，媒体服务已从媒体业务板块延展至媒体传播的全过程。基于智能营销传播研究、人工智能和大数据的推广及应用，提升大数据算法并构建相关业务体系，都成为研究全媒体的科学路径。

2. 智能化背景下全媒体服务模式建设

智能化趋势下，媒体技术的变革和用户需求的变化使得提升受众体验感成为媒体融合的主攻方向，而媒体服务业态的创新亦成为媒体功能拓展的必然趋势。当下，智能技术的运用使得空间与时间的传播限制趋于消弭，极大地提升了媒体与其他传播主体和节点的连接效率，这就为媒体的政府服务、企业服务、家庭服务、个人服务提供了必要的技术基础，保证了媒体服务的运作效率。探究全方位、全领域的媒体服务模式建设，研究如何提升全媒体服务水平，成为全媒体发展的必然选择。

3. 智能化背景下业务与服务营销模式建设

智能时代，全媒体体系如何改变业务与服务营销行为？5G普及后，智能全媒体将产生哪些潜在的智能应用场景？这些新的智能应用场景又将产生哪些业务与服务营销模式的变革？对这些问题进行深入研究，全面更新用户行为理论、消费者购买决策理论、使用与满足理论等，从而构建全新的服务研究架构，推动全媒体传播体系的服务创新、消费升级和产业转型。此方面的研究分析主要解决智能全媒体安全的技术保障能力的提升问题，围绕全媒体安全基础设施、全媒体内容版权保护、可视媒体篡改取证与合规性审核、全媒体内容安全监测与应急响应等展开研究。

（三）全媒体安全与监管模式建设

1. 全媒体底层基础设施的安全建设

基础设施是全媒体中心的底层软硬件系统，是支撑全媒体基础数据及基础应用运行的基石。完善的底层基础设施建设是智能型全媒体在建设之初的保障性措施，可有效防范风险，减少安全事件的发生，从而降低安全事件造成的影响。该环节需要探究如何通过硬件可信与软件可信共同构成计算平台可信，为全媒体运行提供安全保障。

2. 全媒体信息与内容安全建设

媒体内容的安全保护应该是一个全生命周期的保护，包括内容生产、内容审核、内容发布、内容传播、内容使用等多个阶段，在整个生命周期中，

全媒体的信息内容都需要进行安全处理和安全保护，提供内容版权可信认证和校验，通过信号处理和人工智能等方法提供内容来源可信认证以及内容同源比较等安全机制。

3. 全媒体建设中的法律法规体系建设

全媒体建设中的法律法规体系建设是全媒体传播全程顺畅、安全进行的根本保障。媒体内容生产后、发布前，为了保护内容创作者的权益，也为了减少后续内容传播过程中的版权纠纷问题，需要进行版权注册存证；媒体内容在传播和使用中，针对非法复制和盗用问题，需要进行版权流通记录、追踪和版权溯源，以发现盗版或滥用现象，确认盗版源头；媒体内容在发布、传播和使用中，针对篡改、造假以及散播虚假、涉恐、涉黄、政治敏感等不合规的信息，需要展开面向全媒体的图片、视频篡改取证和内容合规性审核等研究，在网络空间中智能检测并自动发现存在的这些内容安全问题，并进一步确认，最后能提供应急响应预案和主动响应机制，并进行应急响应处理。

综上所述，智能媒体化是媒体融合发展到高级阶段的必然要求，预示着人、媒介、物三者融为一体的媒介发展趋势。[①] 随着媒体技术的快速更迭以及全球文化传播的进一步互融，未来社会将会是一个"万物皆媒""泛在传播"的世界。我国媒体融合已经度过十年的不凡历程，亟待紧密结合全球环境、社会发展和技术革新对融合提出目标。智能全媒体传播体系的建设更应该是理论分析与实践演练、现实情景与未来展望相结合的，既有全球视野格局，也具备本土创新创意，是真正能够多视角、多维度、多层面地推进我国媒体融合向纵深发展的新思维和新路径。

---

① 段鹏，张媛媛. 传统出版社数字化转型方向与突破点 [J]. 中国出版，2019（8）：33-37.

我国县域媒体深度融合的瓶颈及对策*
——以浙江省海宁市传媒中心为样本

2020年是我国县域媒体融合加速推进、走向深度发展的关键一年。2020年9月,中共中央办公厅、国务院办公厅印发《关于加快推进媒体深度融合发展的意见》,从重要意义、目标任务、工作原则三个方面明确了媒体深度融合发展的总体要求,指出要进一步完善中央媒体、省级媒体、市级媒体和县级融媒体中心四级融合发展布局,着重强调了全媒体时代开展这项工作的重要性和紧迫性。① 此前,北京市新闻工作者协会及社会科学文献出版社共同发布了《媒体融合蓝皮书:中国媒体融合发展报告(2020)》,以全媒体传播体系磅礴欲出、从局部实验到加速推进、县区级融媒体中心成为热点、多级式融合之路日益清晰概括最近一年我国的媒体融合实践。② 回望2018年以来我国由点到面、逐步深入的县域媒体融合改革,基本的概念、路径等问题已经在各地实践中被解答,许多曾经凸显的问题已经被攻克,但也有一些曾经隐而不现的问题逐渐转变为新形势下制约县域媒体深度融合的新瓶颈。本文采用案例分析的研究思路,在对浙江省海宁市传媒中心进行大量实地考察和人员访谈的基础上,以海宁的媒体融合改革为切入点,分析海宁媒体融合改革

---

* 本文原载于《编辑之友》2021年第12期,收入本书时略有删改。
① 中共中央办公厅、国务院办公厅印发《关于加快推进媒体深度融合发展的意见》[EB/OL].(2020-09-26)[2020-09-28].http://www.gov.cn/zhengce/2020-09/26/content_5547310.htm.
② 北京市新闻工作者协会,梅宁华,支庭荣.媒体融合蓝皮书:中国媒体融合发展报告(2020)[M].北京:社会科学文献出版社,2020:1-35.

过程中遇到的困难，并发现多个县级融媒体平台在其转型发展过程中存在相似的问题。因此，本文对相关问题进行了理论探讨，并在综合其他县域媒体应对策略的基础上，为我国县域媒体融合下一阶段的发展提出对策建议。

一、概况：海宁媒体融合的现状及着力点

2019年6月30日，海宁日报社和海宁市广播电视台、中国（浙江）影视产业国际合作实验区海宁基地服务中心整合设立海宁市传媒中心。2019年7月至12月，海宁市传媒中心逐步完成职能配置、内设机构、人员编制、中层职位选聘、竞聘上岗等工作，建立了以15个部门为主体的传媒中心组织架构（见图1）。

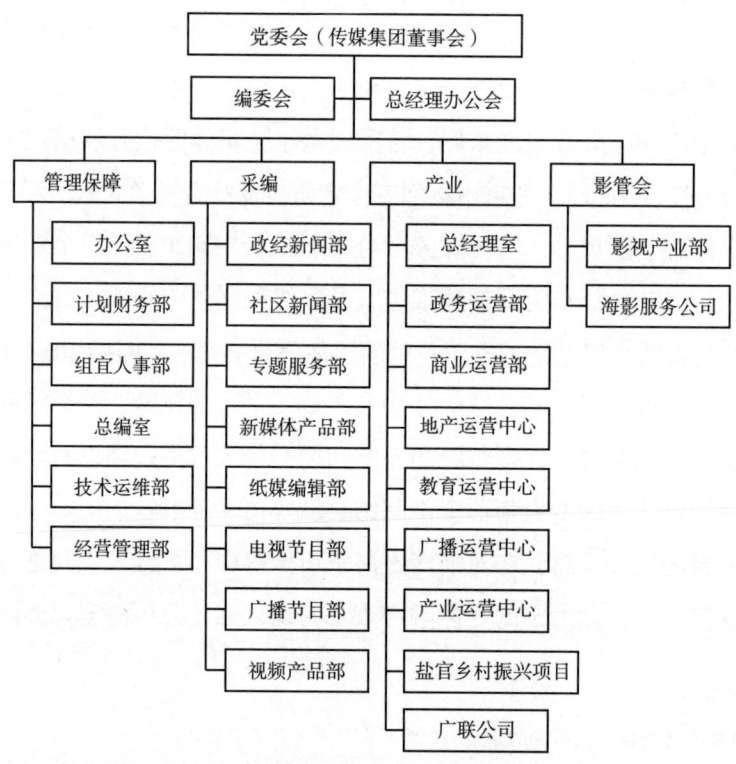

图1 海宁市传媒中心组织结构

目前，海宁市传媒中心建有"报网微视端"媒体矩阵，拥有《海宁

日报》、海宁电视台、FM96 大潮之声、大潮 App、微信公众号"海宁日报""大潮网"等媒体平台，其中大潮 App 下载安装量突破 19 万，微信公众号"海宁日报""大潮网"粉丝量均突破 28 万。人员结构方面，海宁市传媒中心目前共有在职员工 313 人，其中事业编制 98 人、事转企人员 4 人、企事业退休人员共 144 人。目前，海宁市媒体融合改革主要围绕以下四个方面开展。

1. 着力进行生产流程再造

海宁市传媒中心通过再造生产流程，打通内容传播渠道，拓展终端服务功能。技术方面，引入并完善采、编、播、"中央厨房"系统，搭建全媒体新闻融合平台、高清非编制作网络系统、媒体资产管理系统、新闻协同指挥系统。流程方面，进一步完善采、编、播体系，依托"中央厨房"和职能部室，建立起总编协调、值班调度、部门沟通、采前策划等制度，基本建成"一次采集、多种生成、多元传播"的全媒体内容生产分发系统，推行"选、采、编、审、发"五步工作法，坚持移动优先，多端呈现。同时打通上级媒体云端，与浙报集团"天目云"、浙江省广电集团"新蓝云"、新华社合作服务项目，让海宁新闻"走出去"。

2. 针对新媒体渠道进行节目改版

为应对新的媒体环境，适应受众新需求，海宁市传媒中心大幅改版了原有的内容形式。首先，《海宁日报》改版，新开设"众议""人物"等栏目，整合原有专刊和副刊，并改革版面设计，改版后《海宁日报》的贴近性和趣味性明显上升，受到读者好评。其次，电视栏目大幅改版，新栏目"今日头条""今日关注""今日速览"的定位有态度、有深度、有温度；《海视广角》以全新方式进行播报，"广角热线"聚焦民生诉求，"广角视界"讲述百姓故事，"主播点屏"全媒体交互播报。广播 FM96 大潮之声和 101 新农村改版，全新推出了房产、汽车、旅游、健康、法律维权等节目或板块，从衣食住行、吃喝玩乐到酸甜苦辣、琴棋书画，更多元、更多边地服务海宁市民。

3. 着力进行用人制度改革

海宁市传媒中心在开始融合发展后大力进行用人制度改革，并尝试建立

适应融媒体发展的管理体系。首先，建立科学考评体系，推出深度融合考核，优化细化考核评估体系，完善绩效分配体系和奖励政策，坚持业绩导向，薪酬向一线岗位、采编岗位、关键岗位倾斜，激发员工的工作热情和创造力。其次，建立分层分类的岗位体系，变身份管理为岗位管理，坚持按需设岗、按岗聘用、岗变薪变。完善内部绩效考核制度、薪酬管理办法，按照多劳多得、优绩优酬、自主分配的原则，逐步实现同岗同酬。最后，事业编制人员保留事业档案工资，并按国家相关政策，对档案工资进行相应调整。在此基础之上，海宁市传媒中心出台了新媒体平台采编审核制度、月度媒体好产品评选办法、播音员主持人管理办法等一系列配套管理制度，进一步完善了采编与经营融合考核办法和评优制度，鼓励创新创优。

4. 探索"媒体+"产业经营模式

在海宁市委、市政府的领导下，海宁传媒中心正在筹建海宁传媒集团，依托"媒体+"推动媒体服务、媒体产业转型升级，其目标是将媒体产业打造为海宁市传媒中心高质量发展的重要引擎，发挥资源优势，提高自身"造血"能力，努力实现社会效益和经济效益双赢。具体而言，海宁传媒中心正在探索中的产业经营模式主要包括以下三种：一是"媒体+政务"服务，策划执行云签约、云开工、云投产、云竣工、云招商、云路演等系列云上活动，利用新理念、新技术拓展新业务，目前已承接线上线下各类活动近100项；二是"媒体+惠民"服务，现已举办大型集体婚礼活动，30对新人参加婚礼，近5万人通过大潮直播间观看并关注活动；三是"媒体+商业"服务，大潮商城以"微信+短视频+直播"的组合营销模式，开设了大潮"网上菜篮子"，开通公益"助农e站"，大力帮扶农民解决农产品滞销问题。如"大潮网"微信公众号推送的《求扩散！海宁200户花农紧急求助："这一幕太心疼了"》一文，两小时阅读量突破"10万+"，转发19.4万次，实现销售额20.43万元，解决了花农的燃眉之急。另外，海宁传媒中心发起了"盐官乡村振兴项目"，2020年4月开始对外营业，现已接待近10批培训团队，约1000人次，活动近14场。

二、归因：制约海宁媒体融合的六大因素

尽管改革以来海宁的媒体融合取得了较为突出的成效，但观察当下传媒中心的运营和营收情况，不难发现当前海宁传媒中心的发展仍然存有一些不足。

1. 路径规划尚不明晰，地方媒体优势难以凸显

在制约海宁媒体融合发展的问题当中，路径规划的不明晰是具有宏观性和全局性的问题。海宁市传媒中心成立之初，中国共产党海宁市中心党委提出"做长三角最好的区域媒体"的战略目标，决定围绕"内容高质量、经济高效益、管理高水平"进行深度融合，并提出坚定"本土化社区化"方向，以"内容+技术+运营"驱动高质量媒体建设。[①]但是，通过现场调研和对媒体内部工作人员的访谈，发现传媒中心的部分工作人员（尤其基层工作者）对于海宁市传媒中心的融合改革方向仍然不够明确。这一方面体现出传媒中心对于工作人员的动员工作做得还不到位，另一方面也体现出其本土化、社区化的发展方向尚未获得较好的落实。

作为海宁市最具影响力的媒体，海宁市传媒中心的发展具有明显的地方优势。海宁市传媒中心的基层工作人员对此已有一定认识，如新媒体产品部的工作人员在一次内部会议中谈到海宁市媒体融合的发展优势时说道："我觉得优势在于，一城一媒体相对是垄断，我们的用户相对确定，这是一个；第二个是县市一级，它的传播效应会放大；第三个是它的服务半径很小，为用户服务更便捷更高效；第四个来自互联网的政治理想，互联网给了我们更大的机会，越是互联，身边本土化、社区化越是稀缺。"可见，基层工作人员对于海宁市传媒中心在当地的传播优势是有自觉的，但这些优势目前尚未在海宁市传媒中心的宏观规划中得到较好体现。在有关海宁市媒体融合的规划文件中，最常见的表述只是"做长三角最好的区域媒体"，但何谓"好"以及如

[①] 朱瑞庭. 在"变"与"不变"中突围 海宁传媒中心融合以来的初步成效及今后发展的思考[J]. 传媒评论，2020（3）：15-17.

何实现"好",海宁市传媒中心内部对此尚未形成定论。这很大程度上限制了海宁市媒体融合改革的深度和有序发展。

2. 条块分割制约媒体整合,传统媒体融合进程缓慢

2014年8月18日,中央全面深化改革领导小组第四次会议审议通过《关于推动传统媒体和新兴媒体融合发展的指导意见》,之后国内各层级主流媒体的融合改革方向主要为传统媒体与新兴媒体的融合,但不同于中央级媒体体量大、受众多,可以在发展自身优势的基础上开展媒体融合改革,县一级的媒体融合改革往往要求县域广电、报、网等多家媒体实现横向整合。如关琮严指出,这意味着县域媒体的融合改革要分"两步走":"第一步是要整合传统媒体,主要目的是消除壁垒,组织重构,整合资源,壮大实力,避免重复建设;第二步是在整合传统媒体的基础上实现与新兴媒体的融合发展,主要目的是在理顺机制、整合资源的基础上,集县域传统媒体之力推进与新兴媒体的融合实践,提升媒体融合的层次和质量。"①

这一"两步走"的路径需求在海宁表现得尤为明显。2003年7月,中共中央办公厅、国务院办公厅下发《关于进一步治理党政部门报刊散滥和利用职权发行,减轻基层和农民负担的通知》,要求"县(市、旗)和城市区不再办报刊,已经办的要停办。对个别影响大、有一定规模的县市报,可由省级党报或地市级党报进行有偿兼并,或改为地市级党报的县市版",②《海宁日报》因其发行量较大而得以在裁并县级报的改革浪潮中被保留下来,作为浙报旗下的地方报纸继续发展。如果单论《海宁日报》自身的情况,浙报旗下的《海宁日报》发展态势可称优秀——2019年,《海宁日报》主报发行3.5万份,年营收7000万元。但若从媒体融合的角度看,海宁市对当地媒体的横向整合需求与《海宁日报》对浙报集团的纵向从属关系则使得条块分割的问题凸显,

---

① 关琮严. 从媒介融合到整合融合: 县域广电媒体融合的路径探索 [J]. 中国广播电视学刊, 2019 (11): 93-95.

② 中共中央办公厅、国务院办公厅关于《进一步治理党政部门报刊散滥和利用职权发行,减轻基层和农民负担的通知》[EB/OL].(2003-07-15)[2003-07-20].http://www.110.com/fagui/law_3955.html.

为海宁市的整合融合带来挑战。一方面，纸媒、广电和网络媒体之间尚未发生"化学反应"，内容产品的报纸化、电视化风格明显，缺少"网感"；另一方面，不同媒体组织机构的融合过程中容易造成工作量叠加的问题，而且融合改革时常有人员流失，容易使得工作陷入混乱。如海宁市传媒中心组的工作人员认为："以前的报社的财务由各部门管理，但广电有专门的财务，合并后基础条件的不对等和业务流程的差别性造成了工作量的叠加，再加上人员流失，因此感到人手比较紧张。然而如果进一步扩招员工的话，则会给中心的资金运转造成更大压力。因此我们现在的工作导向是不断挖掘每个员工的潜力，然而对于大龄员工而言，给予他们过多的工作压力或者做新兴的融媒体内容也不现实。"

3. 采编合一或分离未成定论，流程优化尚存不足

对于县域媒体融合而言，生产流程的优化和再造不仅意味着改革新闻生产流程以实现不同媒体间的组织和机构融合，而且意味着建立一条更高效的生产线以革新新闻生产过程。目前业内常见的媒体融合流程主要包括采编合一和采编分离两种。前者是一个新闻工作者身兼记者、摄像、编辑等多种岗位职责的工作方式，这种做法有利于新闻采集和编辑两道工序的统筹，但对媒体的记者数量要求较高，也有观点认为该做法模糊了媒体融合和媒体工作者融合两个概念，将过多的工作压力施加于新闻工作者。基于这些考虑，海宁市传媒中心依托融媒体指挥平台实行"中央厨房"运作，改变过去媒体按板块分割的采编播模式，建立了"一次采集、多种生成、多元传播"的内容生产和分发系统，这一"策、采、编、审、发"相对分离的工作模式一定程度上提高了海宁市传媒中心的工作效率。

然而，观察这一采编制度的执行，不难发现其运行过程中也存在一定程度的问题：选——现有的选题标准依照的是报纸或电视的采访标准，并不太适用于新媒体平台，缺少"网感"，不受新媒体平台用户的欢迎；采——一次采集的素材并不充分、素材流向不确定，无法事先预设采访目的，如电视稿与报纸稿不互通，给二轮编辑人员造成了极大的不便；编——二轮编辑团队

的创作严重依赖于一轮团队的内容采集；审——在采编对接上，各部门人员权限和编辑的格式还未协调完全，云端系统的内容审核仍然需要人工进行校对和最后的确认，无法做到完全智能审核；发——如何安排各机构的发稿频次和时间先后，避免引流并实现内容差异化仍显困难。

4. 技术引进方向未明，软件、硬件投入未成体系

是否引进更新的融媒体技术、引进哪些技术、新引进的技术怎样与员工对接等，是困扰媒体融合经营者和普通员工的常见问题。虽然新型传播技术的引入和应用是媒体融合的重要内容，但由于传播技术种类多元、更新迭代的速度较快、不同技术在不同试点县取得的效果参差不齐等原因，海宁等县域融媒体的管理者在软硬件投入方面多有踌躇。

另外，新引进的技术往往需要建立特定的工序与之相匹配，这对前述新闻生产的流程优化和员工培训等方面均提出了新的要求。例如，海宁技术运维部的工作人员提出，目前人员权限、文稿排版的格式等常有问题，制约其生产效率的提高。

5. 经营模式尚不成熟，资金缺口依赖财政补贴

如前所述，海宁市传媒中心逐渐探索出一条集"媒体+政务服务""媒体+惠民服务""媒体+商业服务"于一体的"媒体+"产业经营模式，利用融媒体资源贴近市场，承接了云签约、云招商、出口商品展销会、端午龙舟会、汽车展销、集体婚礼等活动，逐步提升自身"造血"能力。但因为前期投入较大，现有经营模式的获利尚难以弥补资金缺口，财政资金和政策扶持仍是海宁市传媒中心目前主要的收益来源。这一情况不利于媒体的可持续发展，海宁市传媒中心亟须探索出更加成熟的经营模式。

6. 企事业编制待遇有别，融媒体人才难引难留

人事制度与员工愿景不匹配也是限制海宁市媒体融合改革的主要原因之一。目前，海宁市传媒中心共有在职员工313人，其中事业编制98人。因为自2008年开始，海宁日报社和海宁广播电视台均暂停了事业编制招聘，所以目前海宁市传媒中心的事业编制员工均为较早入职的人员。这使得海宁市传媒中心客观上呈现出事业编制员工逐渐老化、新进员工难以获得编制的情

况。为应对这一情况，海宁市传媒中心制定了一系列措施，如由集团内部进行中层职位选聘、职工双向选择、竞聘上岗，选聘符合条件的人员至有需求的岗位；实行内部绩效考核，如新媒体平台采编审核制度、月度媒体好产品评选办法，多劳多得、优绩优酬等，但因为事业编制在传统观念中往往与工作的稳定性紧密相关，因此事业编制名额的不足导致海宁市传媒中心的人才引进和留用出现困难，不仅在人员招聘时很难招到符合预期条件的人才，而且后续也有很多人才通过事业单位考试进入其他单位。这导致海宁市传媒中心在媒介融合的大环境下，缺乏全能型、全流程的独立人才，发展明显受限。

三、破局：由点及面的问题分析与改革策略

本文对浙江省海宁市的媒体融合进行了梳理，并发现了海宁市媒体融合在当前阶段所面临的一系列发展困境。不过，通过查阅学界对国内其他县域媒体融合进程的研究成果，发现上述问题并非海宁独有。如谢新洲等发现浙江长兴县融媒体中心的发展也存在"编制不足，人才育留难度大""资金压力大""产权结构单一"的问题，江西省分宜县融媒体中心也存在"'赣鄱云'系统适用性不强""业务对接不畅"等问题，甘肃省玉门市融媒体中心也存在"体制不顺"等问题。[①] 由此，本文对这些共性问题予以分析，并基于相关的成功案例的经验为我国县域媒体的深度融合提出建议。

1. 明确融合改革总体方向，树立服务型融媒体理念

县域媒体融合是全媒体环境下推动传统县域媒体与新兴媒体融合发展的重要改革，技术的迭代与更新被视为推动县域媒体融合的关键因素。"求木之长者，必固其根本"，要想更好地推动县域媒体的深度融合，深刻分析和认识影响县域媒体生存与发展的根本问题必不可少。相比于技术的推动作用，深耕本地、服务本地的本地化理念是地方媒体获得发展的本源。本地化是指地方媒体在新闻报道中所秉持的一种更加关注本地新闻的报道倾向。针对本地

---

① 谢新洲，等.县级融媒体中心建设理论与实践[M].北京：电子工业出版社，2019.

化属性对地方媒体的重要影响，国内外学界已进行了诸多探讨。如 Jeffres 等认为本地报纸对本地新闻的报道促进了本地居民的社区融入，从而提升了居民对当地报纸的阅读率；①Roudometof 认为对本地化概念的关注有利于地方文化的丰富与发展；② 等等。

因此，针对海宁市媒体融合现存的路径规划尚不明晰的问题，应从进一步确定其本地化媒体的改革趋势入手。作为浙江省最具传播力的地方媒体之一，海宁的媒体融合改革应紧密结合其地方媒体的优势，进一步贴近百姓生活，提升自己的服务效能。

纵观国内外发展历史相对久远的地方媒体，其实几乎均与地方服务紧密相连。以在我国城市社区中发展近 20 年、社区服务模式渐趋成熟的都市社区报为例。在媒体融合的时代背景下，我国社区报趋向于打造集 App 客户端、社区报、社区服务于一体的，以社区讯息、服务、社交提供等为功能诉求的一体式社区生活服务移动互联平台，如《北京青年报》旗下的社区报《北青社区报》打造了"社区驿站"综合服务平台以服务居民，这一线下实体与社区报一起进入社区，以实体形式建立社区入口，同时推出"OK 家"社区综合服务平台和微信公众号，集成线上服务并聚拢社区活跃用户，这一线上线下同步深入社区的形式使得《北青社区报》实现了信息、服务、社交功能的融合。

2. 深化传统媒体整合融合，形成新型媒体融合矩阵

纵观海宁在开展媒体融合改革时所面临的横向整合困难，本文认为有类似情况的县级行政区划在开展融合改革时应深入践行"两步走"的发展策略。第一步是加速对所有权不属于当地的媒体进行股权评估和收购，厘清地方对当地媒体的管理权责，持续推进当地传统媒体间的融合改革，梳理不同传统媒体的传播特性、语言风格、人事制度，逐步清理媒体过剩产能，这是海宁等县域媒体融合改革的基础步骤，要预留充足的时间使其充分融合，从而实

---

① JEFFRES L W, LEE J W, NEUENDORF K, et al. Newspaper reading supports community involvement［J］.Newspaper research journal，2007，28（1）：6–23.

② ROUDOMETOF V.Recovering the local：from glocalization to localization［J］.Current sociology，2019，67（6）：801–817.

现你中有我、我中有你的"化学反应",切忌"一刀切"式地改变各种媒体原有的办事习惯,完全依靠组织合并等生硬的政策手段促成不同媒体间的外部融合,给后续实际工作的开展造成不便;第二步是在传统媒体的整合、融合取得成效之后,进一步引入、开发和应用新型传播技术,促成传统媒体与新兴媒体的融合发展。这一步是在整合现有资源的基础之上的进一步发展,其关键是"新",因此需要对新技术保持相对开放的态度,在充分调研、观察和论证不同技术的优缺点,合理引入和应用新技术的同时,提前预留试错时间和成本,对其保有一定程度的宽松度。

3. 深化采编制度改革,推进新闻生产流程再造

针对采编分离与采编合一各有千秋也各有弱点的问题,建议海宁等县域的媒体融合从技术层面入手进行改革。这一点可参考浙江长兴利用"融媒眼"实行采编分离,提高工作效率的案例。"融媒眼"是长兴传媒集团联合多家第三方公司共同研发的拥有自主知识产权的融媒体系统。这一系统类似于《人民日报》"中央厨房"的"县域版",即集指挥、采编调度、信息沟通、稿库资源共享、热点搜集、传播效果反馈等功能于一体,既是一套"中央厨房"指挥系统,又是一套办公系统,更是一套融媒体生态系统。在新闻生产流程方面,这一系统可以促使信息采集、采访、编审、刊播四个平台的有序联动:全媒体信息采集平台在获取和集中信息之后,第一时间做出判断,把有效信息准确地提供给采访平台和编审平台,并跟进该信息在各平台刊播后引发的社会反响;全媒体采访平台需做好与信息采集平台和编审平台的对接工作,确保新闻采访及时、准确;全媒体编审平台在遇到需要补充采访或更改选题等问题时,需与采访平台联系,完成当天的编审工作后,要将编审过程中出现的差错及改进和提升建议上报中心综合部;如发现值得深挖或关注的新闻线索,第一时间告知采访平台,针对从信息采集平台获取的社会反响形成处理建议,提供给采访平台,并由后者安排跟进采访事宜;全媒体刊播平台需将新闻成品中的问题或发现的新闻线索反馈给采访平台和编审平台。①

---

① 谢新洲,等.县级融媒体中心建设理论与实践[M].北京:电子工业出版社,2019.

4. 逐步完善技术引进机制，搭建"基础+智能"的融媒系统

技术对于媒体融合的作用早已被多次强调，如"媒介融合"概念的提出就可溯源至一部有关技术的著作。1983年，美国学者普尔在其《自由的技术》一书中强调了各种模式的融合这一概念，指代一个既定的物理网络能提供任何类别的媒介设备，同时一个曾被限制于某种技术的媒介设备能被传送到任何物理上分散的网络上的现象。① 可以说，技术是传统媒体与新兴媒体融合的关键。技术引入和应用得合理，可以有效提升融媒体的工作效率和传播效果，也能为其产业发展提供契机；技术引入得不合理，则可能既耗费高额的经济成本，又限制甚至降低媒体的运营。因此，海宁以及其他很多县域媒体在进行融合改革时都对技术的引入和应用保持相对审慎的态度。基于对技术应用效果和成本的综合考量，本文认为县域媒体应逐步完善技术引进机制，搭建"基础+智能"的媒体融合技术系统。

一方面，以省级技术平台为支撑，搭建省县联动的基础融媒系统。2019年1月15日，《县级融媒体中心省级技术平台规范要求》发布实施，规定了对县级融媒体中心提供业务和技术支撑的省级平台规范要求，适用于支撑县级融媒体中心的省级技术平台的设计、建设、运行和维护。海宁等县域媒体可以此为参考搭建起省县联动的县域媒体融合基础技术框架。

另一方面，引入智能传播技术，进一步提升传播效能。随着人工智能技术的不断发展，智能媒体已成为当前乃至未来一段时期内媒体技术领域的主角。各县域媒体应抓住目前的战略机遇，在媒体融合改革早期合理引入智能媒体技术，为未来的媒体融合发展早布局、早应用、早见效。目前常见的智能媒体技术主要包括传感器、虚拟现实和增强现实、物联网、大数据、云计算、人机交互等，② 对于海宁市传媒中心等县域融媒体而言，对智能媒体技术的引入可以大数据和云计算为切入点。一是通过对本地用户的新闻浏览、转

---

① LASSWELL H D, LERNER D, POOL I S.The comparative study of symbols: an introduction[M]. Stanford: Stanford University Press, 1952: 232-233.

② 段鹏.智能媒体语境下的未来影像：概念、现状与前景[J].现代传播（中国传媒大学学报），2018（10）：1-6.

发数据等的抓取实现对本地信息的大批量采集,为"策、采、编、审、发"流程中的"策"和"采"提供大量素材,从而缓解编辑阶段无稿(片)可编的情况;二是通过智能算法分析本地用户的新闻浏览习惯为用户画像,进而向其推送符合其喜好的新闻,以提升用户黏性。

5. 发掘融合媒体电商潜力,打造多元"融媒+"盈利模式

目前,"融媒+"已成为县域媒体融合中常见的经营模式,如长兴的"媒体+活动+服务""媒体+活动+政务""媒体+资本+项目"及邳州"政企云"的"融媒+政务"等。但实践路径的确立和改良应注重普遍性和多样性的统一,在商业模式的确立方面,更应因地制宜、具体问题具体分析。以海宁市为例,海宁的皮革贸易全国知名,在网络带货成为电商销售重要形式的当前,海宁市的媒体融合可树立融媒与电商协同创新的发展理念,以融媒促进电商、以电商拉动融媒。

6. 持续深化用人制度革新,构建 UGC+PGC 内容生产模式

用户生成内容是 Web 2.0 环境下一种新兴的网络信息资源创作与组织形式。[1] 随着网络技术的不断更新和民众媒介素养的逐渐提升,用户生成内容在互联网的流动率和曝光率都获得了显著提升。鉴于媒体融合人才相对不足的情况,建议各县域融媒体继续深化用人制度改革,建立 UGC(用户生成内容)+PGC(专业生产内容)的新闻生产模式。

用人制度改革方面,应进一步打通媒体内部人才晋升途径,建立多元标准以合理分配事业编制名额,调动工作人员积极性。内容生产模式方面,UGC+PGC 是指借助技术手段实现专业采编人员对用户生成内容的编审,并在编审后将其推送到专业的媒体平台的一种新闻生产模式。通常,用户将自己发掘的新闻内容以文字、图片、视频等形式发布到媒体平台的稿件库,之后采编人员会基于对这些新闻内容的突发性、重要性、社会影响等的考量,从中筛选出符合其预期的稿件,再加工后将之发布在其媒体平台上。这种新

---

[1] 赵宇翔,范哲,朱庆华. 用户生成内容(UGC)概念解析及研究进展 [J]. 中国图书馆学报, 2012(5): 68-81.

闻生产模式下的 UGC 有较高的曝光概率，更有利于调动普通用户新闻生产的积极性，更激发了新闻产品经由当地民众的社交网络在当地多次分发的潜在可能。

以《齐鲁晚报》旗下 App "齐鲁壹点"为例。《齐鲁晚报》自 1988 年创刊后一直是山东省发行量最大、广告收入最高、社会影响力最大的报纸。媒体融合进程开始后，《齐鲁晚报》的客户端"齐鲁壹点"将开发 UGC 价值作为其重要工作，开设了专门征集用户生成内容的情报站板块，以 UGC 为内容源、以专业记者为把关人，通过线上与线下联动的运营模式，将专业新闻生产和 UGC 结合起来，取得了良好的社会效果。具体生产模式方面，"齐鲁壹点"的 UGC+PGC 的编发流程主要包括三步：首先，用户发布信息经过机器人和人工的审核后发布至情报站；其次，专业的记者和编辑在情报库中筛选出符合自己标准的信息，通过用户在平台预先存留的联系方式与之取得联系，进行相应采访并核实信息；最后，专业的记者和编辑对用户生成内容进行编辑和补充，将之发布到"齐鲁壹点"客户端。[①] 对于投稿的用户而言，其在发布信息、接受采访、信息被核实和发布等过程中与编辑和记者进行了较多沟通，获得了新闻生产的参与感，这为其之后在社交网络继续传播该条信息创造了契机，有利于信息在当地民众中的二次和多次传播。

综上所述，本文对浙江省海宁市的媒体融合过程进行了深入分析，并对我国逐日丰富的县域媒体融合研究成果进行了梳理，在此基础上发现当前阶段海宁等县域媒体融合正在遭遇定位不明、横向整合缓慢、流程优化不力、技术引入不成体系、用人制度不符合员工愿景等高度相似的发展困难，本文针对这些困难进行了溯源和分析，并在此基础上综合学界的相关探讨和业界的实践经验为我国县域媒体融合的下一步发展提出了相应的策略建议，希望能对我国县域媒体的深度融合有所助力。

---

① 刘苗苗.地方媒体融合中专业生产与用户生产的关系：以齐鲁晚报·齐鲁壹点情报站为例[J].青年记者，2019（29）：65-66.

Prospects for Future Images: Advances in Media, Technology, and Industry*

1. Introduction

In recent years, with the rapid development of artificial intelligence (AI) technology, intelligent media has become the tide-maker in the era of "Zero Intelligent Media." In this context, the future image based on intelligent media technology producti on and development has attracted increasing attention. Technology, communication, industry, and so on have become key to interpreting future images.Starting from the understanding of the future image in the context of intelligent media, this study presents a summary and reflection on the development status of the future image in three aspects: technological progress, user experience, and industrial promotion.Finally, it outlines the prospect of the future image development trend in the contex to fintelligent media.

---

* The paper was originally published in *Journal of Arts and Imaging Science*, 2022, and has since been revised with new information.

2. Clarification of concepts: Future images in the context of intell igent media

A. From intelligent medialization to intelligent media

No general consensus has been reached on the definition of "intelligent media," but many have attempted to understand this concept from different perspectives. The most common one involves technology and users. From a technical point of view, many scholars believe that intelligent media is composed of media, AI, information technology, and data; from the user's point of view, the common view is that intelligent media is a comprehensive media that meets the needs of users and can intelligently identify their preferences to provide superior use experience in both services and information.

On this basis, Professor Ren Jinluan and others proposed the concept of "intelligent medialization", that is, "it is user-centered to meet user needs. The media industry makes the media system gradually have the perception ability, memory and thinking ability, learning ability, self-adaptive ability and behavioral decision-making ability similar to human being sthrough the application of intelligent technology and the result of media intelligence is intelligent media." [1] This definition integrates users' needs and intelligent media technology and regards intelligent media as the product of media intelligence.

In terms of technology, intelligent media relies on media technology characterized by AI, including sensor, virtual reality(VR), Internet of Things, big data, cloud computing, human-computer interaction, and other technologies. The AI features of these technologies are, on the one hand, the simulation of human capabilities and, on the other hand, the enhancement and expansion of human capabilities. In terms of satisfying users' needs, intelligent media can not only

---

[1] J. Ren, Wen, C, L. Liu, R. Huang, and J. Zhu, "Analysis of Intelligent Media Development Trend Based on Technology and Market Perspective," *Modern Media*, vol. 39, no.10, pp.133–137, 2017.

understand users' needs but also meet them, and it can enhance users' experience.

Common intelligent media include UAV, robot writing, media brain, and so on. Unmanned aerial vehicle can collect valuable news reports from a unique aerial perspective without restriction of environment and driven by AI, which can bring more intuitive and stereoscopic feelings to the audience; robot writing uses intelligent technology to mine content and data in depth and then automatically generatenews headlines and content that meet users' preferences and needs; the media brain is more accurate, comprehensive, and effective in the collection, integration, and presentation of resources. Through cloud platform, big data, human-computer interaction, image recognition, speech synthesis, and other technologies, it realizes the intelligence of news reporting method.

B.Future images: *Intelligent development of modern images*

Images are everywhere, and human beings cannot live without them; since their birth, they have shared a close relationship with images.

Before language came into being, visual symbols such as primitive rock paintings and totems had become an important medium for human beings to perceive and under stand the world. In that period, "man is suspended in the net of meaning woven by himself".[1] The emergence of language marked the beginning of human communication activities, and human beings began to enter the era of communication, in which they dominated spoken, written, and printed language symbols.

With the emergence of radio, television, network, and other electronic media, people' scommunication media began to return from language symbols to visual symbols.In the nineteenth century, Daguerre invented the Daguerreotype, marking the advent of the era of medium imaging.Then, based on photography, the Lumière

---

[1] H. Zeng, and C. Wang, "The Historical Evolution and Development Trend of Medium Imagination," *Modern Audio-Video Arts*, vol.12, pp.6-9, 2011.

brothers started the exploration of early films and invented the movie projector. The images were not only "solidified reality" but rather close to people's daily "flowed" images. With the promotion of medium image technology, movies and television have become increasingly popular and the most common images in daily life.

Now, image technology is also advancing with the times. New image forms, such as 3D glasses-free image, VR image, augmented reality (AR) image, and holographic image gradually break the barrier between virtual and reality, merge the elements of word, sound, and image, and create a new image form that integrates motion, sound, and interaction, bringing a higher-quality sensory experience to human beings.

Considering the development of the image allows to deepen the understanding of it. It is perhaps because images are so common in life that they have gradually become a broad concept difficult to outline. A review of the previous literature reveals that the understanding of images is mainly realistic interpretation as well as generalization focusingon the sensory and psychological levels.

In *Film Aesthetics and Psychology*, film scholar Jean Mitry argues that the image is a realistic objective object. However, in Bazin's book *Photography and Image Ontology*, Bazin points out that restoring the three-dimensional external world of different senses is the ultimate requirement of movies. Dr. Zhou Qingping traces the formation of images from the perspective of Jungian psychology in his book *Modern Image Art in the "Internet Plus"Era*. Jung Carl Gustav holds that the content of collective unconsciousness is the primitive image, the source of which is the deep collective unconsciousness of the human spirit. In other words, the human brain has a congenital image gene that it expresses by constructing the intention inintuition when it meets the external environment. The basic unit of the imaginary world, which combines inner emotion, will, and reason, is the image. This becomes fantasy in literature and art and forms imaging in film, television, and network image art. That is to say, the film, television, and network image art developed in modern society can be called modern image art, and the core genes of the three are images.[1]

Therefore, the concept of future image also must be comprehensively grasped from the realistic level, the sensory level, and the psychological level. The future image is the development of the modern image, but more attention is paid to "real" and "objective" ways to cater to people's preferences and bring users a more intelligent use experience.

C. Future images in the context of intelligent media: Through the interpretation of the present from three perspectives

It is now known that intelligent media has been widely concerned and applied because of its cutting-edge technology, representing the future direction of media development. Therefore, future images in the context of intelligent media may be summarized as "under the drive of rapidly developed and innovated intelligent media technology, forms to be presented in the future on images of film, television, network and other media".[2]

This form of presentation can be explained from three perspectives: technology, communication, and industry.

First, from the technical level, the future image in the context of intelligent media is an intelligent technology. This aspect reflects the intelligence of future image technology in human-computer interaction, even if the equipment using future image technology can better understand users' needs through data mining, cloud computing, and other ways; conversely, the intelligence of future image technology also reflects its more efficient and accurate intelligent characteristics in the execution of user commands.

Secondly, from the perspective of communication, the future image in the

---

[1] Q.Zhou, *Modern Image Art in the Era of "Internet+"*, Beijing: Xinhua Publishing House, 2017.

[2] P. Duan, "A Preliminary Study on the Future Image Development in the Context of Intelligent Media," *Contemporary TV*, vol.9, pp.4-7, 2018.

context of intelligent media is a form of communication; as such, it can better meet the audience's multiple sensory needs to better achieve the communication effect of intelligent media. That is to say, the future image is not limited to visual symbols, but it combines different communication symbols, such as hearing, smell, and touch, to form an integrated communication form that combines sound, smell, material, and other elements.

Finally, the future image in the context of intelligent media should also be understood as an industrial carrier. At this level, that of the future image is an industry closely related to people's daily life, which has outstanding development potential. As a technology-driven emerging industry, the future image in the context of intelligent media can be used as the basic element of "image +" and can merge with the current common industries to generate strong momentum for development.

3. Current situation: Future image from the perspective of technology, user experience, and industry development

A. Perspective of image technology

In fact, in the twentieth century, some research results on future images emerged. At that time, however, these achievements appeared sporadically and did not have a great impact. In recent years, with the joint efforts of academia and the industry at home and abroad, future image technology has made a rapid development and gained significant attention. Generally speaking, the most attractive future imaging technologies mainly include VR, AR, holographic imaging, and so on.

(1) VR

VR is the acronym of "virtual reality," which is translated into *Xunixianshi* in Chinese. Generally speaking, it uses image technology to create and simulate a virtual simulation system that is infinitely close to reality. The concept of VR was proposed as early as the 1950s, and by the 1960s, its basic concept was formed. VR technology was born in those years; it is generally believed that in 1962, "Sensorama," invented by Morton Heiling, was the rudiment of VR technology.[1]

In 1968, the first head-mounted VR system was successfully manufactured by Ivan Sutherland. Later, the US military took an interest in the technology. NASA did a considerable amount of related research and achieved results, such as the flight simulator successfully developed in the 1980s.[2]

However, it is only in recent years that VR technology has really entered the life of ordinary people. Since the 1990s, some game developers in Japan and Europe have taken the lead in introducing VR technology into the game industry, followed by other industries such as film and television publishing. However, as some important technical problems had not been solved at that time, these attempts did not last long.

It was not until the last decade that many internet and media giants noticed the prospects of VR with the rapid development of image technology. With the unprecedented increase in investment, VR technology has truly been seen by the public, gradually penetrating into the daily life of ordinary people. The emergence of many VR consumer goods has even made 2016 known as the first year of VR. However, it should be noted that although VR technology has had many breakthroughs and developments, some problems are yet to be solved.

Firstly, the comfort of VR head-mounted displays must urgently be improved. In 2016, Facebook's Oculus Rift head-mounted display, Sony's Morpheus head-mounted display, and HTC's Vive head-mounted display were launched

---

[1] H. Yang, and J. Lei, "Research Overview of VR as a Media," *Journalism Quarterly*, vol. 6, pp. 27-35+151, 2017.

[2] N. Negroponte, *Being Digital*, New York: Knopf, 1995.

together; ①only a year later, however, the sales of popular products in these markets plummeted—the most fundamental reason behind this being that some technical problems have not been effectively solved. Head-mounted displays are not light enough and can easily cause discomfort. Many users of VR games often feel their heads spinning when they remove the VR head-mounted display, and sometimes they experience nausea, giddiness, and other side effects.

Secondly, the quality of VR image still needs to be improved. Using VR technology, the first virtual news report was launched in 2015 by ABC. The reporting scene was in Damascus, the capital city of Syria, allowing readers to experience the "Syrian war zone" in an immersive way. At home and abroad, news games such as JFK Reloaded, Heart Guard, and G20 Elfin Go have appeared one after the other. ②The film company also began to focus on the exploration of VR films, and in the first half of 2018, the VR film panorama unit was also set up at the Beijing Film Festival for the first time. However, the quality of VR images is still not high, and immersive, multi-sensory experience is difficult to achieve. For example, many directors, producers, and photographers focus their attention on VR from splicing, compression, and optical flow algorithm to depth map, point cloud, lidar scanning, high quality 3D image, volume and space capture, and so on in Hollywood.

(2) AR

AR is the acronym of "augmented reality," which is translated into *Zengqiangxianshi* in Chinese. It means that the "virtual information" can be superimposed onto the "real world" through the emerging imaging technology,

---

① H. Liu, S. Xu, "Development Trend and Prospect of Immersive New Image Media," *The Press*, vol. 5, pp.70-73, 2018.

② D. Yu, "Evolution of New Image Technology and Communicationof Contemporary Visual Culture," *Modern Communication*, vol. 40, no. 4, pp. 21-25, 2018.

thus making the "virtual" and "reality" appear synchronically in the same scene to enhance users' cognition of "reality" and enhance their sensory experience. AR technology appeared in 1990, and its research motivation was to enhance users'cognition and feeling of the real world by adding virtual information to it. Once the user is exposed to a real thing, the application of an AR device can make it convenient for them to obtain rich images, words, audio, video, and other supplementary information related to the thing in front of them, to arouse their in-depth, multi-sensory feeling and comprehensive understanding of it.

In recent years, foreign internet and media giants have attempted to delve into AR research. For example, micro IBM, Google, and others jointly established the AI alliance, provided the AI platform Project Malmo to the open source community, launched AR Holo Lens, and focused on creating an intelligent operation system. Apple further believes that AR is more widely used than VR and that it is a very core technology. In addition to vigorously recruiting VR-/AR- related personnel, Apple acquired "Metaio", "Prime Sense", "Faceshift", and "Emotient" in the AR field as well as 3D somatosensory and face recognition, and it has reserved dozens of VR and AR patents to prepare for the development of the AR operation system.[1]

AR research started slightly later than VR and is thus not as mature as VR in technology; however, with the core function of docking "virtual" with "reality", AR's development potential cannot be underestimated. In the field of education, for example, some dangerous and expensive operations can be conducted through the human-computer interaction of AR technology, which is conducive to the efficient and safe completion of a variety of operation training. In the field of culture, AR technology can be used for virtual displays of cultural relics that are difficult to see

---

[1] *AR | Hard-Hitting Report: A Complete Interpretation of AR Market at Home and Abroad*, Sohu, http://www.sohu.com/a/118873161_483389, November 13, 2016.

in their original state. Finally, in the industrial field, AR technology can be used to simulate the process of assembly and maintenance so as to check the adaptability of industrial components that have not yet been put into production, which can substantially save manpower and material resources. However, it should be noted that AR has not only the imperfect design of hardware and software as VR but also the shortcomings of location limitation, single function, and limited interaction, which greatly limit the interaction between AR devices and humans and, to some extent, limit users' diversified attempts.

(3) Holographic Imaging

In addition to VR and AR, holographic imaging is the most widespread imaging technology. In many scenes, such as during Jay Chou's concert duet with Deng Lijun and the "Hatsune Miku" Concert in Japan, holographic imaging has been in the limelight.

Then, what exactly is holographic imaging? The duet between Jay Chou and Deng Lijun or the performance of "Hatsune Miku" are not true holographic imaging in a strict sense. Holographic imaging technology refers to recording and viewing images through the coherent light interference principle. At the appropriate time of presentation, the three-dimensional imaging of objective objects can be accurately duplicated and restored. This photographic technique records all the amplitudes and phases of light waves reflected or even transmitted by objective objects, and the recording film can completely reconstruct any light transmitted by the recorded objective object. This makes the reconstruction look like an actual object. When people observe by changing different positions, they see the panorama of the transmitted objective things. The images recorded by the recording film are therefore three-dimensional and clear. In short, the real holographic imaging can be displayed from the air without any medium, and the viewing angle can be changed at will, so that the experiencer can shuttle freely in the three-dimensional picture.

Holographic film is a kind of audio and video product filmed and projected by holographic photography. As the name implies, unlike the flattening of general film pictures, the presentation of film texts is three-dimensional in holographic films; the sense of depth brought by the lens is much stronger than that of ordinary movies; and the pictures' degree of brightness is much higher than that of ordinary movies.[1] The study and analysis of holographic films by scholars began a long time ago. In 1974, the Soviet Union's All Soviet Institute of Film and Photography (Nickfie) began to research and develop holographic films, producing the world's first small fragment of holographic film 2 years later. Although the development of holographic films became difficult to sustain due to Russia's economic reform, which led to signficant changes in the national environment and government policies, Nickfie did not stop there. After a long period of unremitting efforts, they finally overcame many difficulties, mastered the technology of making holographic color feature films, and possessed the output capacity based on holographic technology and 3D digital film.[2]

However, as many complex technical barriers still need to be overcome, it remains difficult for holographic films to be widely and effectively operated and applied. There is still a long way to go to achieve three-dimensional display in the future.[3]

B. User experience perspective

From the perspective of user experience, one can grasp the development status of future images from three aspects: immersion, presence, and interaction.

---

[1] Baike.com: *holographic movie*, http://www.baike.com/wiki/holographic movie, May 8, 2018.

[2] M. Li, and H. Zhao, "Development and Current Situation of Holographic Film and 3D Digital Film Based on Holographic Technology," *Advanced Motion Picture Technology*, vol.1, pp.7-12+42, 2008.

[3] Y. Sun, "The Category and Future of 3D Image Technology from the Difference of Simulated Human Eye Stereovision Function," *Advanced Motion Picture Technology*, vol.1, pp. 13-23, 2012.

(1) Immersion

Immersion refers to the feeling of being on the spot in person, created by future images for users. Through image simulation, which is infinitely close to reality, image technology can make users feel immersed in the image.①

Taking "VR" as an example, the feeling of "immersion" is reflected in the feeling of "being on the spot in person," created when users are watching VR images. "Immersion" is a major goal that the future image is trying to achieve. At present, this is mainly reflected in the fact that when users wear VR devices, they are temporarily separated from the real space. What they see is no longer the real world in which they live; this instead is replaced by the "simulation world," which is infinitely close to the reality created by the VR display. Even if users at this time know that the world they feel is entirely virtual, they "immerse" in the virtual world to feel it.

Unlike VR's virtual scene, AR image is created based on the real world. AR adds virtual elements to existing real images. Because this virtual element seamlessly cooperates with the real world, this new "real + virtual" image can also quickly attract users' eyes, enhance users' sensory experience and let users get a strong feeling of immersion.

Holographic image refers to the stereo description of a real thing without any medium, like the reproduction of "reality" by "cloning." When the user watches the holographic image, they have a feeling that they cannot distinguish the real from the virtual, thus immersing themselves in the scene created by the holographic image.

The future image enables users to immerse themselves in the image scene unconsciously created by it through this transmission mode of immersion, to have an unprecedented sensory experience beyond the boundary between virtuality and reality.

---

① P. Duan, "A Preliminary Study on the Future Image Development in the Context of Intelligent Media," *Contemporary TV*, vol.9, pp.4–7, 2018.

(2) Presence

The presence refers to the user's subjective feeling, that is, the user feels that they are in a certain scene. Compared with immersion, "immersion" is more related to the technical level of VR and is regarded as the key dimension to measure the degree of virtual environment to restore the real scene, while "presence" emphasizes a psychological feeling of the audience.[1]

The "presence" is the concept of symbolizing the user's feeling; thus, the subjective feeling of users is the most important index to measure "presence." Taking the ongoing high-tech Interactive Art Exhibition and Performance on "Riverside Scene at Qingming Festival 3.0" at The Imperial Palace as an example, users can feel a strong sense of presence when participating in it. The "Sunyangdian Immersive Theater" on the Riverside Scene at Qingming Festival 3.0 shows a holographic space of 360 degrees, which includes not only life scenes with people of the Northern Song Dynasty drinking and chatting after meals and marketplace and streets bustling and flowing but also "waiter," "shop-owner," and "Pipa woman," who are impersonated by real persons. With the true blending of high-tech images and theater space, users cannot help but generate a sense of "time travel" from the bottom of their hearts, as if they also lived under the Northern Song Dynasty and were one of the people in the Riverside Scene at Qingming Festival.

(3) Interaction

The sense of interaction is the feeling of interaction between users and images. "Interaction" refers to a two-way interaction between users and future images; both can be disseminated and fed back.

---

[1] M. Slater, and S. Wilbur, "A Framework for Immersive Virtual Environments (FIVE): Speculations on the Role of Presence in Virtual Environments," *Presence: Teleoperators and Virtual Environments*, vol. 6, pp. 603–616, 1997.

Compared with "immersion," immersion highlights users' feelings and experiences more, while interaction emphasizes feedback between users, images, and the environment created by images. This feedback can be either direct or indirect.

Taking the interactive experience of the VR images of the Silk Road during the Han Dynasty as an example, this kind of interaction can be analyzed from both internal and external aspects of image. The scene dispatch in the image triggers the user's indirect feedback mainly by creating an "environment," and it is then realized by the interaction between the user and this "environment." Specific methods include adjusting the lighting model to simulate the real light perception, adjusting the camera motion to simulate the perspective of the Silk Road characters, and so on. The scene dispatch outside the image triggers the user's direct feedback mainly through their use of tactile devices to trigger "synaesthesia," and interaction is then achieved. The specific way is to use gestures, virtual keys, and so on.[1]

C. The angle of industrial development

To study the current situation of future image development in the context of intelligent media, one must examine the current situation of future image industry promotion.

Many advanced technologies were initially applied in the military field, and subsequently, their application was slowly extended to other industries. The same is true for future image technology; VR, for example, initially drew the military's attention. With the continuous updating and iteration of technology, future image technology is gradually extended from military to other industries.

---

[1] X. Li, and Y. Liu, "Image Fusion of VR and Traditional Chinese Art under the Background of 'One Belt and One Road'", *Home Drama*, vol. 15, pp. 72–73, 2018.

(1) Future Image Technology for Multi-Industry Applications

Future image technology can be applied in many industries, such as games, film and television, design, manufacturing, retail, medicine, education, art, and others, and the integration with future images can produce good results.

The game industry has always been the focus of the future image. There are many examples of future image applications in games, and the development of future image games has never stopped. This development includes not only online games such as *Beat Saber*, *Reborn: A Samurai Awakens*, and *Skeleton Sea* but also offline games such as *The Brook haven Experiment and Holopoint*.

In the field of film and television, an increasing number of works have paid attention to and used VR and other future image technology, such as in the plots of science fiction movies. In a future scene, a three-dimensional holographic projection screen or robot appears in front of the protagonist on call and intelligently talks with them, depicting scenarios that may become ordinary in the future by using the future image.

The application of VR and AR technologies in design, manufacturing, and other fields enables users to conduct simulated assembly and other operations with lower costs, which not only saves expenditure but also significantly improves design efficiency. In the retail industry, the combination of future image and marketing can realize AR viewings of houses and cars, AR fittings, and so on, which can obviously promote the development of e-commerce.

Future images can also be used in medical, educational, art, and other industries. For example, VR technology can be used in surgery simulation, simulation therapy, and remote treatment; AR technology can be used for user teaching experiment simulation operation and training; and AR, VR, and holography can be used for stage presentation and art performance. Burberry's 3D holographic projection catwalks were recorded in the "history" of the fashion world.

(2) AR/VR Industry with Stable Financing Ability

In the first half of 2018, the AR/VR industry completed 93 financing transactions, down 17.8% compared with the same period in 2017, and the total amount of financing was about 8.128 billion yuan (about $1.222 billion), down 19.6% compared with the same period in 2017 (about $10.09 billion). In terms of subdivision, there are 27 financing cases in China, the total amount of which is about 2.02 billion yuan (about $304 million), and 66 cases in foreign countries, the total amount of which is about 6.108 billion yuan (about $918 million).

Analyzing the financing situation of the VR/AR industry in domestic and foreign markets in the first half of the year, it can be observed that despite the large fluctuations in March, it was basically stable in 2018. Therefore, in a sense, after last year's turbulence, the VR/AR industry entered a relatively stable period in 2018.

However, it needs to be considered that the future image in the context of intelligent media can bring the ideal situation of human beings to now, but it may also lead to the loss of human rationality in the overlap of reality and virtuality and the gradual loss of significance for value. Personal experience and simulation experience are confused, and real memory gradually dissipates.

Nevertheless, one should not suffer from imaginary fears and give up eating for fear of choking but really think about how to maintain rationality while enjoying the good future images. If this can be done, the value and significance in the context of intelligent media will be rebuilt.

(3) Popularity

At present, future image technology is being gradually popularized and the connection with people gradually strengthened. As long as one pays attention, it is not difficult for people to find the future image in their life. Whether it is the increasing number of VR games, the VR test drive launched by car dealers to have used the code-scanning APP of AR technology, or "face recognition" for booting mobile phones, computers, and others, the future image has gradually infiltrated people's daily life.

In a word, the development of the future image will now stabilize. At this stage, with the gradual maturity of future image technology, its promotion and application in various industries are also accelerating.

4. Prospect: Three trends of future image development in the context of intelligent media

The development of the future image in the context of intelligent media shows three predictable trends.

Firstly, it is the "integration" of virtuality and reality. In the era of intelligent media, the boundaries between reality and virtuality gradually disappear. Therefore, it can be said that the future image in the context of intelligent media has the trend of fusing virtuality and reality.

In the era of intelligent media, the "pseudo-environment" proposed in Lippman's famous book *Public Opinion* coincides with the real environment. Through the application of future image technology, humankind has created a virtual world that aligns with its own preferences and that is infinitely close to reality and caters to its own imagination, which is not a dream. Conversely, the integration of virtuality and reality can break the limitation of time; for example, it can let users "travel back" to see ancient customs and sceneries by creating an ancient environment. It can also to break the limitation of space; for example, users can appreciate the infinite customs of exotic areas through the virtual environment of other places. It can be said that by relying on the use of future image technology, human beings finally have the opportunity to roam in a new world where the "environment changes as one wishes."

The future image in the context of intelligent media can realize the overlap of the real world and the virtual world by realizing the extension of omni-directional human senses, thus achieving the blending of the objective and subjective worlds. Therefore, the "pseudo-environment" created by the image is infinitely close to human consciousness, and it may be come reality, as predicted by McLuhan.

SSecondly, it is the "extension" of the omni-directional senses. In McLuhan's masterpiece *Understanding Media: The Extensions of Man*, letters, spoken language, games, roads, clothes, houses, money, clocks, and so on are all listed as media. The media's vicarious extension of organ functions involves at least three systems: motion, sense, and nerve. The printing medium and cameras are the visual extension; wireless broadcasting is the auditory extension; transportation is the motor function extension of foot and leg; the telephone is the extension of the hearing and speaking functions; and the television is the extension of all senses and touch. When predicting that electronic media technology would extend the development trend of the brain center, McLuhan also predicted that people's consciousness would be liberated from the mechanical world's chains to travel in the universe. Computer technology "may program the various sensations of heat to approach human consciousness".[1]

Thirdly, it is the "survival" of intelligent imagination. In the famous book *Being Digital*, Negroponte boldly predicts that "in virtual reality, you can open your arms, embrace the galaxy, swim in human blood, or visit Alice in the fairyland".[2]

Future image technology will approximately lead to "intelligent image survival." In the state of "intelligent imaging survival," one can reach any time and space, roam in the vast rivers of starts, or explore trees reaching to the sky. One can also go see Qin Shihuang's military organization or sing with Li Bai while

---

[1] F. Zingrone and M.McLuhan (eds.), *Essential McLuhan*, New York: The Basic Books, 1996.
[2] N. Negroponte, *Being Digital*, New York: Knopf, 1995.

drinking. In the state of intelligent imagination survival, no place is unreachable, and the feeling of being on the spot in person will become more real with the continuous upgrade of image technology.

In summary, to explore the future image in the context of intelligent media, not only should the concept and development direction be analyzed from the perspective of technology and users, but its value and significance must be clearly reflected upon while considering its industrial development. Only in this way can the development of future image technology and industry in the context of intelligent media be guided in a healthy direction.

5. Conclusion

Intelligent media is inseparable from the future image. Image technology represented by VR with immersive, experiential, and interactive features will lead to the age of "being in intelligent image." Driven by media image technologies, image technologies are also advancing with the times. Naked-eye 3D images, VR images, AR images, holographic images, and other image forms have gradually broken the gap between the virtual and the real worlds and merged elements such as text, sounds, and images to create a new image form that integrates dynamic images, sounds, and interaction and brings better immersive sensory experience to users.

Future images are not only extensions of modern images, but they pay more attention to satisfying people's curiosity about the "unknown" and the pursuit of "presence" through the "real" and "objective" use experience. Therefore, comprehensively grasping the concept of future images from the realistic, sensory, and mental perspectives, looking ahead at it, and speculating on it are urgents need for media research and even human development research.

If the images are the key factors of image media such as movies, television, and the Internet, then future images are the key factors of future media. Intelligent media are the products of media evolution to a higher stage and show the development direction of future media. Therefore, discussing future media under the logic of intelligent media allows to understand them as forms and patterns of media images, such as images in movies, television, and the Internet, to be shown in the future, driven by innovative intelligent media technologies.

广播电视艺术与互联网传播

社群、场景、情感：短视频平台中的群体参与和电商发展*

一、引言

2020年，以网络技术的应用、普及以及发达的物流网络为基础，我国线上购物、直播带货等新型消费逆势上扬，以互联网平台为代表的新经济企业充分发挥科技、数据等方面的优势，探索全新的服务消费模式，可以说，人们日常生活中的消费模式正在经历较大的转变。目前，被我们所熟知的国内外互联网企业如阿里巴巴、滴滴出行、美团外卖、亚马逊等均采用了平台经济的发展模式。随着智能媒体技术的发展，本文所关注的短视频社交平台在经济发展模式方面也逐渐呈现出明显的平台经济的特征，其模式转型尤为引人注目。短视频社交平台指以短视频为首要或主要传播内容，并兼有社会化媒体的强社交属性的社交平台，包括抖音、哔哩哔哩等纯视频传播平台以及小红书等以短视频为主要传播形式之一的社交平台。区别于以往单纯的电商平台中的电子商务往来，纵观当下我国短视频社交平台中的电子商务发展情况，不难看出"传播"这一普通的交往行为已成为短视频社交平台上电商运作过程中不可或缺的一环，换言之，用户"自身传播内容"及其"对平台传播内容的接收"都成为其参与行为的一部分。

---

* 本文原载于《新闻大学》2022年第1期，收入本书时略有删改。

例如，小红书 App 打造"社区 + 电商"模式，通过算法大数据给喜好相近的用户推送类似的商品内容，同时建立模块化的虚拟"社区"供用户分享"笔记"、浏览他人使用心得和商品链接；抖音 App 则不仅通过短视频"种草"商品，它产生更大经济效益的实为"直播间带货"，在主播们的直播间里，用户跟随主播对商品的介绍实时提出关于商品的问题，主播也通过夸张的话语表达迅速回复用户在直播间内的留言；而对于哔哩哔哩 App 而言，用户多为青少年群体，因此平台打造"社区 + 游戏联运"模式创造经济效益。不难发现，无论是"社区 + 电商""直播间带货"，还是"社区 + 游戏联运"，用户参与已成为其区别于传统电子商务的重要环节。作为当前较为突出的电商模式，本文将用户在社交平台中的参与行为作为案例落脚点，试图把握该行为与平台经济发展的内在关系，探索我国短视频社交平台中新经济发展的模式特点及其转型的内在动因，深究发展转型背后的社会与文化意义，从而对短视频社交平台的未来发展提供一定的学理支撑。

二、理论与背景探讨

（一）当代发展传播学的解构与重构

作为一种变动状态，"发展"一直以来都是人类社会的关键词。在不同领域中有着对发展概念不同的理解，农业领域的"发展"可以表达农作物的产量变化，文化领域的"发展"可以指代某种理论的勃兴与变革，经济领域的"发展"则可以概括某种模式下效益的增加。此外，"发展"也作为一种理念以"发展传播学"之名进入学术研究的视野。总体而言，发展传播学经历了三个主要阶段的理论流变：20 世纪 50 年代，以威尔伯·施拉姆（Wilbur Schramm）为代表的学者认为复制发达国家的成功经验是发展中国家实现发展的必然手段，且大众传播作为具有优质信息传播功能的传播形式被这一时期的学者视为实现上述目标的重要工具；20 世纪 60 年代，拉美学者开始挑战发展传播学在 20 世纪 50 年代的现代化范式，他们将目光聚集发展中国家对发达国家的依赖并产生了结构主义转向的现象；20 世纪 70 年代至今，在前代发展传播学的现代化范式、依附范式之后，强调文化身份和多元主义的"多元范式"应运而生。既往的发展传播学理论落脚点往往在欠发展国家、贫困地区及其群体，在较为宏观或中观的概念下把握较为宏观的研究对象，而缺少以发展传播学这一理论框架对微观对象剖玄析微。

当代，国家和地区间的往来一定程度上从线下转为线上，而这一状态将成为未来较长时间内人类社会的主要沟通方式之一。换言之，发展传播学研究的时代语境已转至联络沟通大多移至网络的时期，因此在新阶段对该理论的把握也应因地制宜因时而变地实现由宏观到微观的渐进式全新探索。发展传播研究中，学界对"传播"概念的理解各不相同，学界普遍认为移动终端的高普及率和大众媒介使用程度的加深是促成发展的重要因素，如比利时学者扬·塞万斯（Jan Servaes）对发展传播学的理解强调从传统时代的大众传播到当下的平台化网络社交传播，即从传统大众传播时代的线性信息传播到互联网时代的多点互动传播。从这一意义出发，当代社交平台海量的信息流通与传播作为促进社交平台流量转化的重要内容，促进狭义发展的同时一定程度上促进着社会发展变革。由此，剖析发展变革之下社交平台中的用户传播行为，理解他们如何通过传播活动完成参与行为，可以进一步促进平台经济的发展。

（二）平台"产消合一"与"参与—发展"模式之耦合

参与式传播作为发展传播研究多元范式下的核心理论，为互联网时代的多元主体发展提供了重要理论支撑。尽管其定义尚未在学界达成普遍意义上的共识，但总体而言，不同学者都认同参与式传播的出发点必须是社区，并且在强调地方社区文化身份重要性的同时呼吁多层面的民主化参与。[1] 在参与式传播中，传播成为一种在所有利益相关者中开启对话以产生分析和解决问题策略的工具，最终目标是将传播作为一种赋权工具，让所有的利益相关者

---

[1] 段鹏. 鸿沟的渐隐：发展传播学视野下的农民参与和乡村振兴——作为"新农具"的三农短视频[J]. 当代电影, 2021（7）: 134–139.

在决策过程中发挥积极作用。① 在以计算机和互联网技术为背景的媒介环境中，平台经济已经成为媒体平台获取经济利益的主要方式，平台事实上也扮演着"虚拟社区"的角色并发挥着用户社区的功能。所谓平台，是指将不同用户聚于一处的一种中介设施。相应地，依托平台而实现的平台经济则是指以这一中介设施为基础的"一种基于外部供应商和顾客之间的价值创造互动的商业模式"。② 哔哩哔哩（Bilibili）又称 B 站，作为国内最大的二次元短视频社交平台，在近几年发展迅猛，在 2020 年更是实现了 120 亿元的营收，以其独有的经济发展模式创下了年度营收同比增长 77% 的销售佳绩。如果说传统媒体的盈利模式是通过广告在商品销售者与消费者之间搭建了信息传播的渠道的话，当前媒体环境下的新兴媒体则是通过其远超广告范围的、更加形式多样的内容和信息等在商品生产者、销售者与消费者之间建立了交换的市场——在这个市场中，信息传播、内容共享、资金往来等均依托平台而发生，平台的社群性与经济性极大凸显。

从经济发展视角而言，海量的消费者数据不仅有利于其实现广告等信息的精准推送，更是在商品平台、生产者、销售者与消费者之间建立了更为紧密的联结，这种短视频社交平台中的"产消合一"运行逻辑在强化社群联结的同时，实际上构建了平台内市场，并将其在一定程度上实现发展。也有学者将"产消合一"阐述为"平台型媒体内容生产和价值建构的节点"，③ 这一概念源于 20 世纪 80 年代阿尔文·托夫勒（Alvin Toffler）提出的"产消者"，即既生产又消费自己作品的人，这与社交平台中既为产品贡献流量又成为产品消费者的用户属性不谋而合。在平台经济中，参与式的"产消合一"逻辑有利于构建一个基于海量平台内用户所形成的平台内市场。这正如小红书合伙

---

① 韩鸿.参与式传播：发展传播学的范式转换及其中国价值——一种基于媒介传播偏向的研究[J].新闻与传播研究，2010（1）：40–49，110.

② 帕克，范·埃尔斯泰恩，邱达利.平台革命：改变世界的商业模式[M].志鹏，译.北京：机械工业出版社，2017.

③ 喻国明，焦建，张鑫."平台型媒体"的缘起、理论与操作关键[J].中国人民大学学报，2015（6）：120–127.

人曾秀莲对小红书社区"城"与"市"的阐述:"于是先有城,再有市。通过人工智能和算法,小红书可以更加有效地联系内容、商品和个人,从而形成城市中的马路。"

总体而言,基于对已有理论的梳理回顾,并从微观视角切入,将发展传播研究置于中国短视频社交平台,可以发现,社交平台中的群体参与行为对平台发展实现了经济赋能的作用。因此,本研究拟提出初始研究任务,将小红书、抖音以及哔哩哔哩三个我国较为典型的短视频社交平台中的电商模式作为研究对象,通过深描上述社交平台中不同属性的社群,对社群中的群体性参与行为进行分类与归纳,进而把握当前社交平台中参与行为与平台经济发展之间的逻辑张力。

三、何以"参与":构建社群、平台场景与制造情感

社交平台依靠大数据、智能算法等智能媒体技术的发展和巨大的流量加持而拥有了强劲的社群化动力。短视频社交平台掌握着海量消费者的观看数据和消费偏好。依托丰富的短视频内容和成熟的算法与数据挖掘技术,小红书、抖音、哔哩哔哩等短视频社交平台掌握了大量的用户数据,这些数据不仅可以帮助短视频平台为用户推送更加符合其"口味"的内容产品,增加用户的平台黏性,也通过上述行为强化了同类人群的社群联结。对于同一产品而言,可以"刷"到该条内容的用户实际已成为产品的靶向用户,因此在视频下方评论或在直播间中留言成为用户参与的主要方式,由此带来的流量波动也推动着平台经济的滚雪球式上涨。

(一)构建社群:网络平台中的虚拟社区

互联网社群"是一群被商业产品满足需求的消费者,以兴趣和相同的价值观集结起来的固定群组",具有聚合度高、交流效率高、行动一致的特点,比如百度贴吧、高校 BBS 等。以博客、微博、微信为代表的自媒体开启了全

新的信息传播方式，对于形成社群具有天然优势，^①小红书打造的线上社群则是其中的佼佼者。小红书是创办于2013年年末的网络化购物分享社区，早期通过海外购物信息等内容的分享迅速积聚起一定流量，之后，随着"福利社"的成立，小红书逐渐由内容分享平台向兼具内容共享和线上购物功能的电子商务平台转型，并依托话题制造、网红培育、品牌首发、明星入驻等方式不断在营收方面取得突破。在2017年5月成为"全球最大社区电商平台"后，小红书先后被国内外媒体评为"社区社交之王""2019世界最具创新精神中国区季军"，并入选美国CNBC（消费者新闻与商业频道）"颠覆者50强"榜单，成为国内外最受关注的网络化营销平台之一。小红书是"社区＋电商"经济发展模式的典型代表之一，其"社区＋电商"模式的运行遵循着以用户生成内容（User Generated Content，UGC）的共享吸引流量并构建虚拟社区的运行逻辑。UGC社区发展的关键在于用户的活跃度和内容质量。在小红书创办早期，与网红签约、社区造星等是社区运营的关键，后期随着博主的增多，普通用户依托口碑帖和经验帖逐渐积累起较多流量，新的流量明星逐渐出现，社区内部的内容产制逐渐实现自循环，一个具有去中心化特征的虚拟社区逐渐成形。

　　正如小红书的平台设计逻辑一样，虚拟社区中的社群以高活跃度使得商品迅猛曝光给同社区的社群成员，由此实现商品的高效营销和平台经济的高速增长。哔哩哔哩同样也锚定了社群建设，其社群的建立重在强化用户的心理认同，在专业用户创作视频（Professional User Generated Video，PUGV）、专业机构创作视频（Occupationally Generated Video，OGV）等视频产制方式的基础上打造"社区＋Z世代视频"模式，并将其作为盈利的关键。"Z世代"是指出生于20世纪末到21世纪初的青年一代，即通常意义上的"95后"。相比于"X世代"等年龄更大的人群，"Z世代"青年人的媒体使用习惯更加个性化和碎片化，^②而动漫、游戏、娱乐等视频内容则高度契合"Z世代"的媒

---

① 陈三玲.社群经济视角下自媒体的营销策略：基于"罗辑思维"的分析[J].青年记者，2015（5）：86-87.

② 史安斌，王沛楠.2020全球新闻传播新趋势：基于五大热点话题的访谈[J].新闻记者，2020（3）：24-32.

体的使用偏好。在这样的背景下，依托游戏联运、动漫新番等起家的哔哩哔哩在"Z 世代"视频产制方面具有了先发优势，也使得平台中的"Z 世代"社群拥有了标识鲜明的虚拟社区。哔哩哔哩平台网络社区的高社交性和交互性、精准的用户定位也得到了广告商的青睐，由此创造了由虚拟社群转化而来的平台经济效益。

社群力量也扩大了营销的范围，如抖音平台在界面中设计了"关注"和"朋友"两部分，在"关注"中用户可以看到自己关注的博主和个人好友发布的内容，"朋友"路径则相当于微信朋友圈，好友的动态都被收录其中。在平台中社群的协助下，广告商和带货博主发布的内容被社群迅速地传播开来，获得高曝光率，在社群中的用户也与发布者进行互动，了解产品的相关信息，进而能够帮助用户更好地了解产品，增强用户对产品的认同感，引导用户做出购买行为。借助社群的力量，广告主和企业实现了人与物的连接，并将其转变成了实际的消费群体。从目前来看，虚拟社群已然成为短视频平台进行场景营销的根据地。① 换言之，平台中的社群恰恰为场景营销提供了可能。

（二）平台场景：社群参与行为的空间载体

场景营销是指针对特定场景的消费需求制定营销策略、推广营销信息，从而促进交易达成的一种营销方式。场景的构建是短视频内容营销的重要特征，场景能够给予网络用户更多的信息，甚至可以一定程度上替代语言的沟通、增强情感的沟通。② 使用户进入媒介制造的拟态场景的同时，进一步认同自己所在的虚拟社区。在媒介并未像如今这样深度介入日常生活的前媒介化时代，场景营销往往通过装饰和布置商场、超市等实物交易场所，营造特定的商品使用场景来实现，如宜家的卖场布置就是这种传统场景营销方式的一个典型代表。之后，随着网络媒体的强势崛起和媒介融合进程的深度推进，

---

① 段峰峰，孟飞. 移动互联网时代短视频场景营销研究：以抖音短视频为例 [J]. 视听，2020（8）：173-174.

② 秦琰. 人设、场景、表演：美食类短视频自媒体内容营销的新趋向 [J]. 东南传播，2019（1）：22-24.

"深度介入到我们对文化和社会理解过程"的媒介化社会来临。① 在媒介化社会的背景下,销售场景的营造不再局限于传统的实物展示,而可以通过媒介对特定销售场景的模拟来实现。

短视频社交平台等新兴媒体在营造环境方面本身就具有优势,在客观需求的推动下,短视频社交平台在场景营销方面的发展渐趋成熟,如抖音的信息流广告就属于场景营销的典型案例。不同的场景下,人们对于同一件商品的感受和体会大有不同,以一盒白色巧克力为例,在电商打造的所谓"女神节""双十一"等节日中,短视频中的白色巧克力迎合着人们现实处境中的场景需求,包含白色巧克力商品的视频本身也通过如"女孩子在浪漫氛围下收到巧克力"等场景快速激发用户的购买欲。抖音取得较高电商效益的原因之一是其广告嵌入和直播营收,这两者都主要发生于用户心情较为放松的碎片时间。同时,依据智能算法,抖音得以将用户所处的环境信息与相关广告信息进行联系,更有针对性地推送相关广告。这种放松时的无意识状态以及用户所处场景和广告的相似性等,对于提升用户的购买概率从而提升抖音平台的经济效益都有明显影响。抖音平台打造的场景营销提前构建消费场景、模拟消费环境,把消费者与店铺、商品、服务、品牌等物的环境有机融合,把目标消费者的消费需求和审美意见等感性标准添加到理想场景中,从而发掘、激发、满足不同场景下消费者的需求,创造不同的营销机会和营销空间(王曦,2020)。事实上,当前短视频社交平台之所以能在场景营销方面表现卓越,与社会的转型和媒介化社会的到来关联紧密。正如鲍德里亚在谈及后现代社会的特征时将图像、声音和广告等媒介文化的符号或标志理解为现实的拟像,认为由媒介建构出来的世界比物质和社会的现实更加真实,可以说,后现代社会与消费主义对日常生活的渗透紧密相关。在后现代社会中,消费与生活之间的界限被一再冲淡,人们逐渐适应了营销场景与日常生活的重叠,从而降低了对场景营销的抵触心理,在不知不觉中进行消费,成为平台经济发展聚沙成塔的推动力量。

---

① 夏瓦.文化与社会的媒介化[M].刘君,译.上海:复旦大学出版社,2020.

（三）制造情感：强化社群联结的内在手段

当前短视频社交平台经济发展模式的另一大特色是其对情感营销的注重。以小红书为例，一个小红书博主要想在该社区获得更多关注，需要在内容产品的生产和个人 IP 的构建方面同时发力。一方面，博主要提供优质的内容以争夺在用户开屏页面、搜索页面的展示位，通过其在特定领域内形成的口碑赢得更多关注；另一方面，博主也需要构建个性化的人物标签，即通过特定的"人设"在用户中形成个人影响力。这两方面的工作不仅需要博主自身的情感投入，也需要用户对博主有所情感投入以保证联结的黏性。对于博主而言，在个人 IP 塑造的层面能否获得更多认可在很大程度上依赖于粉丝用户对他们的情感投入。就小红书的"社区+电商"经济发展模式而言，博主与粉丝相互之间的情感投入在社区建设层面上体现为对虚拟共同体的维护，而在电商层面上则体现为一种具有 Web 2.0 特点的营销特色，明显提升了用户与平台的黏性。

具体而言，这种基于情感投入的营销策略之形成有着深刻的背景。作为近年来闻名海内外的短视频社交平台，抖音的经济发展模式呈现为"植入广告+直播付费"的模式，这一模式也是短视频社交平台获取经济收益的主流模式之一。据《2020 抖音数据报告》，截至 2020 年 8 月，连同抖音火山版在内，抖音的日活跃用户达到 6 亿人，截至 2020 年 12 月，抖音日均视频搜索量达到 4 亿次。依靠巨大的流量加持和算法在投放广告时对"僵尸号"的绕行等技术优势，抖音在品牌的广告投放中被重点关注，其通过开屏广告、信息流广告以及植入广告均可获益不菲。目前，抖音直播间中对主播的打赏主要通过"抖音币"来进行，而抖音币则可经由后台兑换为人民币。依托数量众多的网红和进驻的明星，抖音通过抽取作为直播收益的部分抖音币的方式也能获取数量较大的平台收益，这一模式也已经十分成熟。基于内容共享所形成的博主与粉丝间的礼物经济，为情感营销提供基本逻辑。"礼物经济"的提出可溯源至早期的人类学研究领域，在弗洛、莫斯等学者的观点中，礼物被视为"作为共同体基础的非剥削性互惠关系"的一种符号，这种互惠关系中虽然也有出于利益关系的刻意为之，但总体而言是建立在非剥削的基础之上的（莫斯，2016），因此被很多学者视为与资本话语下的商品、国家话语下的公共物品相并行的另一种实现公共利益的方案。

此外，不同于以往普通人与明星之间遥不可及的距离，短视频平台中用户与网红之间的距离被互联网削减。大多数人在儿童时期都玩过角色模仿游戏，从最开始在"过家家"中扮演父亲母亲，到通过效仿服装发饰、模仿语气动作来模仿电影或动画片里的人物角色。在这些"同化实践"中，人们将自己对某一形象的认同转换到模仿表演中来建构自我、感知自我。普通人对明星的崇拜源于对自身的有限性的超越意识，然而克服自己与明星的阶层差距看起来是不可能做到的。以往通过明星形象的媒介建构和受众想象，人们增加了对那些看似遥不可及的目标的信心，如效仿明星的穿衣打扮就可以复制来自不同阶层的魅力，明星符号背后的所指就可以嫁接到效仿者身上。在互联网时代的短视频社交平台中，网红、博主这些类似明星却"接地气"的"公众人物"主动拉近与普通用户的距离，粉丝用户更是通过购买自己追随的博主使用的同款产品以制造情感与相似认同。

互联网技术崛起后所产生的 UGC、公民新闻、同侪生产者等均可用数字礼物的逻辑予以分析，即这些无偿的协同创作类似于馈赠礼物，因此创作内容更多、质量更高的人可以获得更高的社会声誉（在短视频社交平台上，这通常体现为点赞量、评论数和转发次数）。在这一机制的指引下，博主通过投入更多精力和情感进行创作而获得更佳的反馈，为情感营销提供了基本的运行逻辑，用户则通过"打赏"或购买在维系情感沟通的同时促进了平台经济的发展。

四、何以"发展"：社群参与行为的流量转化及反思

纵观小红书、抖音和哔哩哔哩的发展，可发现其经济模式在近年来都呈现出社群化参与趋势。这一转型趋势呈现出社群营销、场景营销以及情感营销的特点，不仅与 Web 2.0 时代背景下传播技术的发展、媒介文化的变迁、新经济生态的成熟紧密相关，还创造了可观的经济效益。

作为促进用户参与行为的手段之一，小红书 B2C 与 C2B 的高效结合是其经济发展模式的一大特点。一方面，通过线上"福利社"和线下保税仓的

配合，小红书得以搭建 B2C（Business to Consumer）的购物平台，直接向用户销售相关商品；另一方面，小红书可以利用其掌握的大量用户数据分析用户的购物需求，实现按需采货，这一"提前预测—少量精品—快速销售"的 C2B（Consumer to Business）模式明显推动了其"去库存化"电商运营的实现。其经济发展模式的内在逻辑是首先通过构建更为紧密的社区联结来培养和提升用户黏性，之后通过用户对相关商品的"种草"（因浏览相关信息而产生的对特定商品的购物冲动）和站内"笔记"的商品链接而实现交易的达成。另一方面，"参与"并不仅为平台中购买者的单方面行为，小红书经济效益的实现与其品牌合作人平台关联紧密。2018 年年底，小红书上线品牌合作人平台，在品牌方与小红书博主之间搭建了桥梁。这一平台的上线在 UGC 社区建设和小红书自营商品的运营方式之外开辟了品牌入驻和推广的运营方式，不仅为博主"带货"提供了便捷，而且推动着小红书的平台化转型，从而进一步促进了小红书经济发展模式的成熟。同样，哔哩哔哩的社群营销也无疑是成功的。据媒体报道，通过此前《后浪》品牌三部曲的发布、跨年晚会获得的连年好评以及在游戏和动漫方面的持续发力，2020 年，"有超过一亿用户通过 100 道社区考试答题成为正式会员，同比增长 51%。正式会员第十二个月留存率超 80%，体现出哔哩哔哩社区向心力的不断增强"。依托于良好的社区建设以及在"Z 世代"视频方面的精准发力，2020 年度哔哩哔哩在生活、游戏、娱乐、动漫、科技和知识等垂直品类视频中均取得不错发展，成功实现"破圈"，经济发展模式逐渐走向成熟。哔哩哔哩正是充分将出圈效应和社群经济相结合，拓展了自身的粉丝圈层，并借助粉丝间的协同生产建立起专属品牌，使其在出圈和社群营销两方面都成为业界范本。①

媒介化社会的技术动能推动媒介对人们场景信息的全面捕捉。在由网络传播技术推动形成的媒介化社会中，媒介已渗透绝大多数人的社会交往过程，深刻影响着人们与外部世界的互动。这意味着人们的生活场景会在媒介平

---

① 裴敏.进圈与出圈：融媒时代社群经济的从立到破——以 B 站为例［J］.新媒体研究，2021（10）：37-40.

上留下大量痕迹和记录。依靠这些数据信息，短视频社交平台得以判断人们自身的定位和所处的环境，并通过算法与平台中最为同其接近的场景广告进行关联，最终通过人们自身场景与广告场景的对接催生人们的消费意愿，实现交易闭环。同时，网红经济的特点对情感营销构成发展动力。网红经济是指基于"网红"的个人影响力产生价值的一种经济形式。对于这种经济形式而言，影响价值创造的根本因素不是"生产性时间的量"，而是"创造和再次确定情感纽带的能力"，因此，网红经济要想取得成功，就必须不断提升网红在情感渲染方面的能力。由于影响平台流量走向的因素众多，网红经济是一种竞争激烈的经济形式。情感渲染能力的高低成为筛选"优质"网红的标准之一，这在向网红施加压力的同时为短视频社交平台依靠情感营销获利提供了更多的动力。

值得注意的是，尽管依托互联网和计算机技术的迅猛发展以及开放的经济环境和发达的物流网络，我国短视频社交平台的电商转型进展顺利，取得了引人注目的成绩，但立足我国电商产业的繁荣现状，也应更加辩证地思考其不足，从而在综合考量价值理性和工具理性的基础上探索其未来的发展与改革之路。整体而言，当前短视频社交平台的发展存在性别角色单一呈现、对消费主义过度强调、对隐私权的滥用等问题。首先，在性别呈现方面，不论是以女性为主要用户的小红书，还是以二次元视频为重要内容的哔哩哔哩，对于女性身份的呈现都不同程度地具有刻板化的特点。例如，小红书注重护肤美妆、服装搭配，因此一定程度上塑造并强化着女性应该爱打扮、懂打扮的价值取向；哔哩哔哩因为偏重二次元内容，也无形中推动着女性对"卡哇伊""仙"等二次元向度的可爱、美丽特征的追求。但是，因为短视频社交平台自身与现实社会在对于女性的劳动需求、审美取向、年龄认知等方面往往存在一定的割裂或偏差，因此这些对于女性的刻板化呈现因其与现实的脱离而应引起更多的思考。其次，在对消费主义的强调方面，不管是以国外购物信息分享起家，被指为"炫富平台"的小红书，还是通过一二线城市青年群体的认可而获取发展先机的抖音，其核心意见领袖（Key Opinion Leader, KOL）的构成中均有很大比重是来自一二线城市、消费能力较高的人群，其短视频内容的呈现往往也更具消费主义意味。另外，基于场景营销和情感营销对消费效果的推动，这些短视频社交平台对于消费主义的强调已然更加明显。但是立足我国低收入人群仍然在总人口中占比较大的国情，这种对于消费主义的过度强调是否会引起人们心理的失衡，加重社会的仇富心理等问题，均值得深刻思考。最后，平台经济、场景营销的实现主要依赖平台对于用户数据的掌握来实现，而随着语音识别、定位服务、数据挖掘技术等的不断发展，对于数据的获取和采用与用户隐私保护之间的关系越发值得重视。如何在保护用户隐私的基础上合理采集用户数据、促进平台发展等问题都应引起平台运营者、管理部门的重视与思考。

五、结语

总体来说，当前中国短视频社交平台中电商经济的飞速发展离不开平台中的群体性参与，而此类群体性行为实为平台设定好的技术逻辑。平台建立伊始，设计者依靠大数据等技术实现"人以群分"，继而通过内置算法为同类人群推送类似内容，在平台为用户打造的"虚拟社区"中，用户分享着类似的内容，评论着相同的产品，也为平台贡献着递增的数据流量或电商效益。社群建立完毕，平台中的销售一方即刻打造利于群体进入的拟真场景，此时对于群体中的个体用户而言，视频中植入的商品由于用户在现实场景中的真实需求和自身虚拟场景中的高度还原而易于售卖。值得注意的是，在这一过程中，平台虚拟社群中已经建立的联结也使得场景营销的扩散能力进一步提升，不断增强流量的资本转化能力。平台中的博主也借助话语和互动，与粉丝用户、粉丝群体建立紧密的情感联结。与此同时，用户则通过"打赏"或购买商品的方式强化两者间的情感关系，促进了平台经济的飞速发展。可以说，随着我国居民网络化消费理念和模式的转变，这些短视频社交平台在其内容产制的基础上开始积极探索依托用户参与的经济发展模式，通过平台方"在界面设计中加入虚拟社区以建立社群"、销售者"着眼内容营造场景"、博主"借助直播话语和互动维系与粉丝的情感"，使用户群体性地参与产消环节，引领着我国新型服务消费业态的新一轮转型与发展。

平台经济时代算法权力问题的治理路径探索*

一、研究缘起

随着平台经济在全球范围内的崛起，以资源与需求匹配为核心功能的互联网平台凭借其高效的资源配置逐渐成为推动社会经济发展的"加速器"。依据平台的主要驱动力和信息匹配方式，互联网平台类型可大致划分为搜索平台、资讯平台、社交平台和消费平台四种。但近年来，依托大数据和人工智能技术的迅猛发展之势，这四种平台模式在运作逻辑上渐趋靠拢甚至交叉，"大数据+算法"几乎成为各类型平台的技术标配。①

另外，互联网平台的基础设施属性和公共资源属性日渐明显，而作为互联网平台基础架构之一的算法逻辑，其运作处在一种不透明的"黑箱"状态中。由算法权力滥用问题引发的相关实际后果或伦理隐忧逐渐成为学界和业界关注的焦点。例如，2018年Facebook被指控向缅甸用户推荐反穆斯林性质的信息内容和假新闻，而这些煽动宗教冲突的言论一度引发了缅甸社会的暴力冲突。在犯罪领域，在一项对"PredPol"公司开发的预测性警务算法的试验中，依据奥克兰警方的记录，尽管黑人和白人的毒品使用率大致相当，但"PredPol"算法在对毒品犯罪进行预测时，预测结果指向黑人的概率是指向白

---

* 本文原载于《东岳论丛》2020年第5期，收入本书时略有删改。
① 参见中国信息通信研究院：《互联网平台治理研究报告（2019）》，2019年3月。

人的 2 倍。① 在国内，被主流媒体或网民质疑将其用户推入信息茧房的"今日头条"、与竞价排名算法直接相关的百度"魏则西事件"，也都在负面意义上体现着算法机制在公共和私人生活中所施加的"邪恶"权力。

在各种关于"平台资本主义的黑暗叙事"背后，国内外学界针对平台治理和算法权力问题从不同层级所展开的讨论亦不在少数。格尔瓦（Robert Gorwa）以政治学和国际关系学领域的文献为基准，围绕着平台治理概念勾勒出了一幅跨学科的研究图景，并对平台实践、政策和权力机制与外部政治力量之间的互动关系进行了探讨。② 聚焦到算法权力问题上，贾斯特（Natascha Just）和拉策（Michael Latzer）在实证研究的基础上探究了信息社会中的算法筛选如何逐渐影响社会秩序并成为普遍存在的社会现实，他们认为算法对于现实的建构将加剧个体原子化、商品化、不平等和去疆界化。③ 马尔特（Malte Ziewitz）分析了作为迷思的算法何以在平台时代形成对人们生活的控制，并据此指出重新思考算法透明性和规范性等问题的必要性。④ 国内研究者张爱军和李圆分析了算法权力的运行逻辑，即商业逻辑先于管理逻辑、偏好原则驱逐平等原则、技术理性优于价值理性以及隐性运行替代显性运行，⑤ 对此，他们指出可以通过政府干预、法律规制等途径来限制算法权力。

上述研究为本文有关算法权力问题的讨论提供了较为清晰的参考路径。据此，本文旨在从平台经济时代的"算法权力"问题切入，探讨"算法权力"问题的缘由、实质及其核心，并结合国内外不同主体针对"算法权力"问题展开的治理实践，试图建立适用于当前中国国情的"算法权力"治理体系，

---

① BAROCAS S, HARDT M, NARAYANAN A.Fairness and machine learning: limitations and opportunities [M].Camboidge, Massachusetts: The MIT Press, 2023.
② GORWA R.What is platform governance [J].Information, communication & society, 2019（6）: 854–871.
③ JUST N, LATZER M. Governance by algorithms: reality construction by algorithmic selection on the Internet [J].Media culture & society, 2017,（2）: 238–258.
④ MALTE Z. Governing algorithms: myth, mess and methods [J].Science technology & human values, 2016（1）: 3–16.
⑤ 张爱军，李圆.人工智能时代的算法权力：逻辑、风险及规制 [J].河海大学学报（哲学社会科学版），2019, 21（6）: 18–24, 109.

进而回应互联网时代的平台治理需求。

二、何谓算法权力问题

（一）算法权力问题的缘由和实质

互联网平台时代，大数据和智能算法以其日益强大的作用力逐渐渗透到现实生活的每一处。不论是信息内容推荐和线上服务交易等私人问题，还是诸如教育评估、公共安全、社会福利等涉及社会民生的重大议题，都在不同层次上展现着智能算法的支配力与控制力。① 仅从互联网发展史的角度而言，大数据和智能算法变革了商业领域中"人"的意义，以往统计学意义上的"人"是"群体画像"中具有相似性的个体，当前的"人"却是真正"个体画像"意义上的人，是通过多层次数据标注和计算勾勒而来，个体变成可以被单独量化和进行数据解析的对象。② 这样高度个性化的智能解析，正是商业资本所乐见的。

在这样的"解析社会"中，③ 关乎社会秩序稳定的个体行动也在一定程度上落入平台资本的控制。作为足以对主体行为进行引导和实施操纵的算法，实际上已经成为裹挟着资本甚至政治动机的权力实施工具。谈及这种被威胁的稳定秩序，一个尤为明显的例子便是网络空间中公众合意的形成与发酵过程。一方面，网民在新闻信息获取环节便受制于平台的算法推荐机制，即网民可以看到的新闻内容要经过平台的筛选和过滤；另一方面，具有相似情感和价值倾向的网民又通过协同过滤算法机制聚集到了同一话语空间。在全球范围内民粹主义思潮不断抬头的背景下，原本简单的新闻推送便具备了控制个体认知和聚集网民合意的可能，而进一步假设，这种合意甚至还具备着转化为社会集体行动的潜力。由此，算法及其相关问题的重要性便不只体现在

---

① MCHOLAS D. Algorithmic accountability journalistic investigation of computational power structures [J].Digital journalism, 2015, (3): 398–415.
② 段伟文.面向人工智能时代的伦理策略 [J].当代美国评论, 2019, 3（1）：24–38, 120.
③ 段伟文.人工智能与解析社会的来临 [J].科学与社会, 2019, 9（1）：115–128.

个体层面的经济和伦理意义上，更因为其在公共生活中可能产生的难以预估的实际后果而具备了政治意涵。

福柯在《权力的眼睛》(1997)中提到了西方近代以来的两种主要权力理论——马克思主义的经济学模式和法理主义的法权模式。[①] 这两种权力理论都强调对权力关系进行经济还原论上的解释，即"权力理论的经济主义"。[②] 尽管福柯本人并不满意这样的权力分析逻辑，并站在后现代的立场上从不同角度阐发了他所理解的权力。然而在"平台—算法—用户"这样的链式结构中，对于算法权力的分析，从微观政治的角度讨论算法对于用户的"规训性权力"固然必不可少，[③] 但回归到现代性语境中，关注算法权力背后的平台资本和政治力量的驱动，从而以一种更为整体和本质的视角探讨算法权力问题的治理路径，在应用层面具有更现实的意义。

（二）算法权力问题的核心

算法权力作为"一种普遍存在于社会和个人生活中的泛在的权力关系"[④]，其运作却处于相当不透明的"黑箱"状态之中，而不同平台对于这种不透明权力的利用实践缺乏统一规范。更让人担忧的是，在一些算法权力滥用所引发的事故中，执法和司法部门对于事故相关主体的责任认定因为种种原因也变得十分艰难，进而使得针对算法权力问题展开的综合治理困难重重。据此，研究者将首先聚焦算法权力治理话语中浮现出来的三大核心问题——透明性问题、规范性问题和责任认定问题，并对其各自的侧重点和目标作出说明。

1. 透明性问题

从"平台—算法"维度进行考量，作为工具的算法实质上是平台资本的权力代理者。因而，算法权力的诸种实践其实可以被视作平台权力的子集。

[①] 福柯. 权力的眼睛 [M]. 严锋, 译. 上海：上海人民出版社, 1997：29-31.
[②] 陈炳辉. 福柯的权力观 [J]. 厦门大学学报（哲学社会科学版）, 2002（4）：84-90.
[③] 福柯. 规训与惩罚 [M]. 刘北成, 杨远婴, 译. 北京：生活·读书·新知三联书店, 2003：194-200.
[④] 段伟文. 数据智能的算法权力及其边界校勘 [J]. 探索与争鸣, 2018（10）：92-100, 143.

尽管互联网平台从未对公众作出过"算法应当具有公共性"的承诺，但当平台对于用户数据的过度挖掘和利用成为现实、用户的私人数据成为商业和政治力量试图攻击的靶心时，从更广义的权利角度来讲，用户便有了要求平台对算法进行公开的正当性。遗憾的是，在"黑箱"中运作恰恰是算法权力得以充分实行的重要前提，因为一旦算法规则被公之于众，这种公共性诉求便会与平台算法的商业本质产生冲突。在许多"不可为"的掣肘之下，互联网平台的商业利益必然要遭受一定程度的折损。如此一来，算法权力的透明性问题就通常被各大互联网平台以商业机密为由束之高阁。

2. 规范性问题

在平台时代和智能社会，平台用户日常生活中所享受的诸多服务便利正是在算法的分配机制下所搭建起来的。一方面，平台用户面临着个人数据在未经自己允许的前提下被用作商业用途的隐忧；另一方面，平台用户又以近乎低廉的成本享受着作为交易市场的平台所提供的各种便利，而算法正是这些便利得以落实的技术前提。因而，在从用户权利角度强调算法权力应当被限制之外，还应当从用户权利让渡的角度认同部分算法权力实施的合理性。那么，在允许算法权力适当存在的前提下，从伦理和道德层面对于算法实践进行规范化的引导，甚至于在对算法权力的规范性引导实践中寻找相关利益群体利益上的最大公约数，便成了讨论算法权力规范性问题的题中之义。

3. 责任认定问题

值得注意的是，透明性和规范性问题聚焦于算法权力的预警机制层面，而事实上，对于算法权力的想象还需要延伸到事后的救济和惩戒机制。因为在有些情况下，算法设计者对于产品功能将在用户的产品使用实践中引发的实际后果并不能完全预估和掌控。当产品被设计出来后，算法技术便具备了一定的自主性。同时，在算法对人的规训性实践中，存在着很多不可控的变量，并由此导致许多难以预估的后果。由此，面对这些既已发生的算法权力事故，便十分有必要通过司法和行政力量对其中的责任问题予以认定，进而完成对算法权力的限制，倒逼有关责任人在设计算法时更为谨慎和规范。具体来看，当一则由算法直接或间接引起的损害个体利益或者社会公平的案件发生后，平台、政府、研发者等相关群体，谁该来为这样的损失买单？又该在多大程度上为其买单？

三、算法权力问题的治理实践

事实上，算法权力问题所涉及的面向相当之多，因而对其治理也是一项需要多领域专家和研究者通力合作的工程。这项工程的核心任务是实现对算法权力的有效限制，使其运作符合公平正义等伦理精神。据此，研究者将从不同治理主体的角度梳理国内外有关算法权力问题的治理实践，总结其共性特征并指出当前存在的问题。

（一）法治力量：责任认定与事后规制

顾及平台公司的合法商业利益，算法权力的透明性问题和规范性问题事实上难以通过立法和行政力量来强制解决，而责任认定问题可以通过国家机器的介入来对其作出相应回应。特定主体滥用算法权力实现其特定目的的过程必然伴随着用户权益的损伤，那么，责任认定环节中的立案起点便是追溯用户的哪些利益遭到了多大程度的损伤，以结果导向来对算法权力滥用过程中的主体责任进行厘定。其中必然涉及的问题就是用户的个人数据和隐私问题，因为用户个人信息是算法程序在实际执行过程中必然要采集的数据对象。换言之，算法权力的滥用一定涉及对用户个人信息的利用不当或利用过度。据此，研究者将在更广泛的视野内对近年来涉及算法权力的法律法规（包括与数据和隐私利用相关的法案）予以评述，并对其中存在的问题进行归纳总结。

总体来看，近年来国内外所出台的有关算法和数据问题的专项法律法规数量并不多，这与不同国家的互联网行业发展程度和法律有关，这些法律法规又多集中于互联网产业相对较发达的国家和地区。例如，美国加利福尼亚州于2015年颁布了《加州电子通信隐私法案》，纽约市议会在2017年发布了《政府部门自动决策系统法案》；在欧洲，德国于 2017 年颁布了《网络执行法》，而欧盟先后颁布《机器人民事法律规则》（2017）和《通用数据保护条例》（2018）；在亚洲，日本在 2015 年推出《个人信息保护法》，中国于 2017 年发布了《国务院关于印发新一代人工智能发展规划的通知》（国发〔2017〕35 号），而在这份国务院印发的通知中，"制定促进人工智能发展的法律法规和伦理规范"被明确提出。① 综观上述法规文件不难发现，相关条文主要是聚焦于算法权力问题中的数据利用和公民隐私问题，并在宏观上对各平台的数据利用实践予以方向性的引导，但在司法和行政处罚层面不足以成为具体的执行依据。

因而，面对一些实际发生的案件，法院通常会依据较为成熟的综合性法律法规来进行判决，对算法权力的滥用问题进行责任认定。比如，我国目前对由数据泄露引起的侵犯公民个人信息案件进行判罚的一个重要依据便是 2015 年颁布的《中华人民共和国刑法修正案（九）》第十七条——"违反国家有关规定，向他人出售或者提供公民个人信息，情节严重的，处三年以下有期徒刑或者拘役，并处或者单处罚金；情节特别严重的，处三年以上七年以下有期徒刑，并处罚金"。

概而言之，当前国内外成文法规对于算法相关问题的处理建议中，焦点较为模糊，设置了红线——不侵犯公民隐私，重点关注数据信息的获取和处理；但对于数据信息被获取和处理的实现机制——算法，则显得关注不够，具体表现为在立法层面缺少对算法设计者和利用者的权力限制。同时，在司法层面对于相关案件的判罚多依赖于综合性民法或刑法中数量较少的条文，具有较强解释力的专门性的法律法规仍然处于缺位状态。

（二）行政监管：来自所属行业的约束

在算法权力全面嵌入社会权力运行系统的趋势下，② 平台公司利用算法技

---

① 参见《国务院关于印发新一代人工智能发展规划的通知》（国发〔2017〕35 号）。
② 张凌寒.算法权力的兴起、异化及法律规制[J].法商研究，2019，36（4）：63-75.

术开展各自业务的过程实际上也要受到其所属行业部门的行政监管。同时，由于不同平台公司的主营业务不同，其业务对于算法技术的依赖程度和利用路径也不同，因而在算法问题上接受各自所属行业部门监管的层次和力度也存在着差异。例如，"抖音"和"快手"等短视频平台利用算法为用户推荐视频内容，"滴滴"借助算法来安排司机接单。两相比较而言，"滴滴"滥用算法权力的可能危害主要体现在工具层面对于个体的利益伤害，即用户不能顺利完成下单和出行；而"抖音"和"快手"提供的是文化产品，面对的是群体性用户，其算法权力的滥用则关系到互联网空间领域的意识形态安全，故而相应的监管部门对于其算法利用路径的监管力度也相对更大。

当前，在我国社会主义市场经济体制下，行政力量可以通过包括"约谈"在内的一些相对温和的方式对互联网平台公司的业务开展状况进行阶段性评估和原则性指导。另外，我国行政部门近年来针对算法乱象也提出了一些具体的指导意见，而这其实也是在对算法权力的规范性提出要求。例如，针对算法的个性化推荐可能带来的问题，国家网信办于 2019 年 12 月发布的第 5 号令《网络信息内容生态治理规定》中，提出了一套"算法推荐 + 人工干预 + 用户自主选择"的建设性方案，建议通过提升人工推荐比重来降低算法推荐的不可控性。

但总而言之，细究这样的行政监管方式，行业主管部门的指导性意见只能在总体原则上为有关问题的解决把控方向，但并不能够从专业技术角度为解决乱象提供可执行的方案。遗憾的是，恰巧我国当前同类型的互联网平台之间并没有从专业角度建立起行业自律机制，也没有在算法权力的规范性问题上达成原则性共识，而这样的自我纠察机制对于遏制算法权力滥用具有真正的建设性意义。

（三）社会公众：公民组织和舆论力量的限制

算法权力的透明性问题，背后交织着国家安全、社会秩序和私主体权利等诸多复杂的议题，它作为一种不可能完全由国家意志强制介入处理的问题，需要充分借助第三方社会公众的力量来推动相关治理进程。① 联系近年来国内外的相关治理实践，来自第三方技术人士和组织的专业力量以及舆论场中的言论力量，作为十分重要的合作力量，对互联网巨头垄断数据和滥用算法的现象形成了一定规模的抵制和反抗。

在国外，针对算法运作不透明的问题，第三方非营利组织"为了人民"（Pro Publica）通过其调查记者和有关专业人士的努力，发现了量刑算法中存在的系统性歧视问题。"为了人民"于2007—2008年在美国成立，是一家专注于调查报道的第三方非营利新闻机构，致力于揭示和讨论一些涉及滥用权力以及违背公共利益的重大社会问题，曾获美国普利策新闻奖。2016年，该机构发现了美国许多州都在采用的 COMPAS（Correctional Offender Management Profiling for Alternative Sanctions）犯罪管理分析系统中存在的巨大漏洞，该系统算法对于黑人囚犯出狱后被识别为"高风险再犯"的预估率（45%）几乎是白人（24%）的两倍。② 相较而言，在调查新闻逐渐式微的国内，尚没有独立撰稿人或新闻机构来组织专业人员针对互联网巨头的算法"黑箱"问题发表专业意见或提出异议；同时，公民社会中也没有充分形成对于算法权力相关问题的预警意识，人们多是以一种事后追责的思维来针对事故评论事故。例如，当魏则西间接因为百度竞价排名算法而成为莆田系医院的受害者后，新闻媒体、知识分子和城市中产精英便不断通过社交平台来唤起民众对于相关问题的关注，并以此助推形成互联网场域中针对百度和涉事监管部门的舆论攻势。但可惜的是，中国网民并未以持续的行动力对其背后的"技术黑手"进行施压，也并未让"魏则西事件"成为由中国民间力量参与推动的算法规制行动的起点。

故而，当一起由算法权力滥用引起的恶性事件发生后，公民力量必须借助强有力的舆论引导和系统而有组织的长期行动，方可发挥其对算法权力真正的限制作用。否则，许多一时引爆舆论的案件，当转入司法或行政处罚程

---

① 沈伟伟.算法透明原则的迷思：算法规制理论的批判［J］.环球法律评论，2019，41（6）：20-39.
② 孙那.人工智能的法律伦理建构［J］.江西社会科学，2019，39（2）：15-23.

序后，便会被公众抛诸脑后。尤其是当前许多垄断巨头在国内互联网行业中具有牢固的不可替代性，以至于来自社会公众的短期抵制和抗争并不能对各平台巨头形成持久而有效的作用。

四、建立适合于中国国情的算法权力问题治理体系

限制算法权力的滥用，实质上是互联网平台治理中的重要一环。对于建立算法权力问题治理体系的讨论，必须回归到互联网平台治理的整体语境，并顾及中国的现实国情。一方面，以"谷歌撤离中国大陆"事件为标志，国家在政策上大力扶持本土的互联网企业，百度和腾讯等互联网平台因为来自海外的主要竞争对手在中国大陆市场的缺席而迅速成长为巨头，而由此形成的商业垄断环境也为算法权力问题的生长埋下了种子；另一方面，国家在竭力为各平台企业创造良好市场环境的同时，并未减少通过政治和法律手段来指导和统筹行业发展，尤其是在信息内容等涉及意识形态安全的领域，国家相应的管控更为严格。由此，在政府的宏观调控扮演着重要角色的中国经济体制下，实现对互联网平台算法权力问题的有效治理也具备了更充足的保障。

当前，尽管外国资本在我国各大互联网平台巨头的股权结构中越来越占据重要位置，但这并未冲淡其"中国智造"的本土基因。因而，基于我国互联网政策已经稳定并且短期内不会发生改变的现实，立足于我国独特的互联网消费环境，以社会主义市场经济体制为讨论前提，笔者将针对算法权力问题中的透明性、规范性和责任认定三大核心问题展开论述，探讨如何建立适合于中国国情的算法权力治理体系。

（一）自律与他律并举——打破算法权力"黑箱"

对算法透明性问题的抗争，实际上是要求平台企业让渡给社会公众一定的知情权，将产品逻辑中可能对公民的切身利益造成影响的部分以公开透明的方式呈现出来，其目的是让算法权力"在阳光下行使"。对此，也并非要求

互联网平台将产品设计中所有具体的源代码都公布给社会公众,而是要求其向公众交代其基本的算法运作原理和机制,或者由政府资助的第三方专业人士组成公共组织对其产品中的算法逻辑进行定期监督与披露。

"今日头条"曾在 2018 年年初向社会公布了其产品的推荐系统原理,对内容分析和用户标签这两大机制的基本运作原理作出了说明。以用户标签机制为例,"今日头条"指出自己是借助过滤噪声、热点惩罚、时间衰减和惩罚展现等数据处理策略对动态变化中的用户标签进行实时更新与修正,而用户标签机制的采集和分析范围包括用户个人的兴趣特征、身份特征和行为特征。由此,"今日头条"在算法机制的透明性问题上作出了一次良好示范,虽然并未将具体代码公之于众,但将其采集用户个人信息的路径与策略呈现在公众面前,最大程度地获取了公众对于其算法运作原理的信任。

然而愿意主动披露算法机制的平台公司寥寥无几,类似"今日头条"这样的算法公开行动并没有走向常态化,事实上也不太可能走向常态化。因为在大多数情况下,知情权的让渡意味着平台盈利点的折损,而资本的逐利性决定了各互联网平台不可能在数据利用方面完全尊重公众的意愿。此外,由于透明性问题所对标的是算法权力滥用的事先预警机制,当无实际重大案情发生时,行政和司法部门要求各平台直接公开自己产品的算法显得有些缺乏依据。那么在这种被动状态下,不妨适度发挥我国新闻媒体的舆论监督和舆论引导作用,变被动为主动,通过舆论和公民集体行动来形成对各平台算法权力的引导,从而充分调动各方公民力量加入打破算法权力"黑箱"的阵营中。例如,作为个体的公民可以通过两种理想的角色来发挥自己的作用:一是作为消费者的公民,可以通过拒绝使用垄断巨头的互联网产品等个体行为,在经济意义上对其进行抵制和对抗;二是作为享有隐私权等各项基本人权的公民,可以通过联合签名、丑闻披露等各种集体行动,在政治意义上对操控算法权力的垄断巨头表达抗议。

(二)法规与技术规范并行——规范算法利用伦理准则

算法权力的规范性问题,旨在从应然层面探讨算法权力如何在具体的实践过程中规范行使，而这不仅需要国家通过制定具体的政策法规来进行引导，还需要行业内的专业人士或组织通过实施相关的技术规范来对其提供技术引领。

从制度和法规层面来看，当前我国缺少针对算法问题的专门性法律法规，而一部条款相对齐全完备的专门性法律法规，其重要意义不仅在于使得执法和司法阶段对具体案件的处理有法可依，更在于通过以立法的形式对专门问题进行法理阐释而体现国家意志在该问题上的倾向性。因而，随着我国互联网产业大踏步前进，算法权力的滥用问题逐渐成为平台治理中的一大难题，国家有关立法机构或行业主管部门也应当尽快出台针对性较强的专门性政策法规或监管条例，将数据采集和利用的"源头—流变—最终结果"全过程纳入法律法规对象范围内，并就其中的底线和边界问题进行明确界定。但必须注意的是，当前我国互联网产业的发展过程中国内外资本的驱动力量发挥着不容忽视的作用，因而各行业主管部门在制定相关监管条例的时候，必须综合考量多方利益并拿捏好尺度，既在数据利用和算法公开问题上给予各互联网平台一定的宽松度，又不能让各平台在实际的算法设计中触碰到"侵犯公民利益、危害公共安全"的法律红线。

同时，这里所建议的规范化处理，并非意味着用一套准绳对各平台的算法利用实践进行无差别的强制要求，而是根据不同行业和不同公司的实际业务情况进行分层次的差异化对待。例如，针对短视频平台和外卖平台对用户个人标签的挖掘和建模问题，首先可由国家网信办制定条例，从整体上规范用户的何种信息在何种场合下是被允许获取和利用的，同时明确一旦平台违反该条例所需要付出的代价，然后再由各自所属领域的其他管理部门制定进一步细则。故而，这样的规范制定只是在技术利用的伦理准则上达成共识，它依然可以为平台公司的个性化操作留有足够余地。

从技术层面来看，数据的采集和利用是算法权力问题的核心。算法是由产品开发团队编写的，而产品的开发、运营和迭代不可避免要涉及对用户数据的收集、加工与处理。一方面，平台内部对合法数据的合理使用并不存在道德和法律争议；另一方面，在数据的跨平台流动中，部分平台存在着用户

数据被盗取的情况，如 2016 年就发生过"新浪微博"起诉"脉脉"非法抓取其用户信息的案件。针对后者，行业内可通过技术共享尽快完成各自平台数据防盗取功能和追踪功能的架构。但更为严肃且关键的问题是，部分平台通常出于商业利益或政治目的考量，主动对其合法获取的数据进行非法利用。对此，除了类似 App Store 这样的应用服务商店可以对上架应用展开审核之外，行业内部还应当成立以技术、产品和法务人员为班底的从业者协会，制定明确的行业技术规范，在数据收集和数据利用等问题上达成基本共识，对算法设计与执行中的各项风险进行技术评估。同时，政府也可以适当介入，由行政力量牵头，成立行业内的中立监管机构，尤其要对提供内容信息服务的平台予以重点关注。

（三）自治与他治并进：厘清算法案件主体责任

通常来讲，责任认定过程出现在具体的案件发生之后。责任认定并非仅仅是为了完成对算法权力掌控者的归责和处罚，更重要的是，通过行政和司法手段的调节，来完成对受害者的事后救济。因而，对于那些由非人为主观因素造成的"算法事故"，仍然需要对其完成责任认定的过程。同样，这个过程应当主要交由司法和行政部门来完成。为此，必须在立法阶段就界定利益攸关方的责任范围，在平衡好平台商业利益、社会公共利益和用户个人利益的基础上予以各方适度的弹性空间。

2015 年，《现代快报》以侵害著作权为由，起诉"今日头条"在未经前者许可的情况下转载了快报旗下 4 名记者署名的 6 篇文章，其中 4 篇文章被无锡市中级人民法院一审判决认定侵权，"今日头条"所属的北京字节跳动科技有限公司被要求赔偿 10 万元，而后字节跳动提起上诉至江苏省高级人民法院被驳回。而字节跳动的上诉理由就包括"涉案 6 篇文章中，2 篇由用户上传，4 篇系公司由其他合作方获得授权的链接"，而法院则认定"字节跳动现有证据不足以证明那 4 篇文章仅提供链接服务，即使仅提供链接服务也不能完全免责"。由此可见，对于这 4 篇利用算法技术抓取而来的文章，法院的判决结果中强调了侵权事实发生的既定结果以及侵权方需要对被侵权方作出的赔偿，而这一案例的判决词也从侧面回应了"技术免责论"。换言之，当算法事故发生后，即使平台在现行法律范围之内有足够证据证明自身是无心之失，也需要承担一定的事后责任。

对于那些确实由技术偏差而非人为主观意图所造成的技术事故，涉事平台在完成对利益受损群体的救济之后，还应当主动对案件中所涉及的代码漏洞进行复盘，从而规避下次出现类似状况。同时，平台也应当成立内部的自我纠偏机制，在产品测试环节对各项功能中可能存在的问题进行记录，正式版本发布之后也要对用户反馈进行及时处理、记录与反馈。尽管上述举措已经是各平台产品研发和迭代过程中的常规操作，但平台多是出于商业利益来考虑产品功能的合理性，而不是在公共利益层面来考量其整体设计是否恰当。因而，产品研发团队除了对产品的工具性价值进行例行测试之外，还应当对产品的伦理价值和社会意义进行系统评估。

五、结语

由大数据和智能算法架构而起的平台社会，充斥着工具性的算计意味。诚然，技术进步能够为社会生产和生活赋能，但由资本驱动的这种技术进步，或多或少都容易沾染上社会偏见和商业利益纠纷。当前，由算法权力滥用所导致的用户数据泄露、政治偏见操纵等令人不安的现实状况已成为互联网平台治理中的重点难题。

据此，本文对算法权力治理过程中需要着力解决的透明性、规范性和责任认定问题分别进行了阐述。同时，研究者列举了国内外有关治理主体目前在算法权力治理中的现实举措和有待改进的地方。具体来看，资本的逐利性注定了互联网行业内部缺少对算法和数据问题进行持续性治理的动机与动力。在这种前提下，立法、行政和司法部门等国家机关便承担起了遏制平台算法权力滥用现象的作用，而社会公众的集体行动和新闻媒体的舆论监督亦可以作为一股重要的公民力量，形成对算法权力的牵制。

同时，鉴于我国的非政府组织和非营利组织尚未发展成一股强势力量，

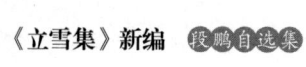

那么行政命令和法律法规等来自国家层面的意志,在平台时代算法相关问题的治理中则有着举足轻重的作用。通过制定专门性的法律法规,打通立法、执法和司法各环节,对于算法权力滥用中的数据收集、使用等问题进行规范性引导,使得在具体案例中对相关责任主体的认定得以有效合理进行。同时,为了行业未来的良性发展,行业内部也应当加强自律,通过成立从业者协会,力求在技术层面对算法和数据等相关规范达成基本共识,针对算法中的敏感争议部分向公众作出承诺与说明,从而为算法权力的透明性问题释疑。

总而言之,建立与中国互联网产业发展状况相适应的算法权力治理体系,需要联合国家机关、行业资本和社会公众等多方力量,根据中国社会经济的现实条件有针对性地就算法权力治理中的透明性、规范性和责任认定问题作出重点回应。

算法模型推荐对新闻真实的消解与建构*

一、问题的提出

算法是技术神话吗？回答这一问题首先需辨明，算法是否是绝对中立且准确无误的。算法是由人设计的，算法的决策系统也是如此，以网络管理为例，算法需自动区分仇恨言论、虚假信息或恐怖主义宣传与新闻等，所有这些系统都使用价值判断来得出结果。因此，为了执行任务，算法需要"知道"要区别对待哪些数据包。此类定义总是由人类设计者出于某些意图制定，显然此类定义并不能被限定为是中立的，同时基于它们的算法也不是中立的。算法要么直接由人类设计，如果是自学，则在人类控制和设计过程的基础上发展它们的逻辑。它们既不是"客观的"也不是"中立的"，而是人类深思熟虑和"权力斗争"的结果。之后，算法将所有输入都置于同一组指令之下，对所有数据对象无差别运行，且没有任何自己的意图，因此对于其"神话"的解读，仅能在数据采集、模型设计、价值判断等内容以外加以探讨。

2020年10月与2021年10月和12月，欧盟网络与信息安全局（ENISA）分别发布了《人工智能网络安全威胁图谱》（*Artificial Intelligence Cybersecurity Challenges: Threat Landscape for Artificial Intelligence*）、《ENISA

---

* 本文原载于《上海交通大学学报》2023年第5期，收入本书时略有删改。

威胁图谱 2021》（*ENISA Threat Landscape 2021*）①、《安全机器学习算法》（*Securing Machine Learning Algorithms*）等报告，这些报告以海量数据资料为依托，旨在提升欧盟在人工智能领域的网络安全性。以人工智能、算法等技术为土壤的假新闻首次进入 ENISA 的威胁图谱，虚假信息甚至在一些网站中成为能够攫取利润的网络服务模式（Disinformation as a service，Daas）。ENISA 称，数字技术和社交媒体使用频次的不断增加颠覆了人们一直以来获取新闻资讯的方式。社交平台不同于传统媒体形式，其"把关人"不再严苛，"过滤器"缺乏核查，任何一次虚假新闻的生产和传播都可能引起重大舆论事件，而恰是以算法为代表的新兴模式为此类现象提供了技术基础。

算法作为信息技术、数学模型、媒体后台等交叉领域的"复合体"，一直以来存在于各类"运行"的内在逻辑中。从本体论角度出发，算法早已不能被简单定义为基于数据经验的推导模型，其暗含的对现实社会的控制力、渗透力，使其成为"技术无意识"（Technological Unconscious）的构成部分。社会的结构在一定意义上被算法支持，而其运行逻辑往往仅被其设计者管窥，以技术"黑箱"形式存在。之所以说设计者也仅能够"管窥"，是出于对机器学习内容片面性的考量，文中也将对这一点加以详述。当下，算法的运行不仅表达着代码的数学语言，也嵌入了不同意识形态、国家力量、身份背景的博弈逻辑，甚至包含着设计者自身潜在的喜好和偏向。以算法为技术基础的算法新闻不仅影响着传统新闻生产机制，也在智能媒体传播的宏观大背景下对人与社会产生着潜移默化的影响。大至国际传播领域，传统意义上不同主体间的霸权与反霸权行为正在以算法的形式被改写和重释，这引发了不同国家和地区对算法及网络安全问题的重视；小至日常生活，社交平台算法锚定、迎合、形塑人们的"个性化喜好"。

在媒介智能化及全球化大背景下，一些由算法虚假新闻引起的社交平台舆论事件造成的影响极有可能从微小的 IP 地址所在地蔓延至全球，刨除由于

---

① ENISA Threat Landscape 2021［EB/OL］.（2022–05–27）［2022–05–30］.https：//www.enisa.europa.eu/publications/enisa-threat-landscape-2021.

客观信息传播误差等原因造成的虚假新闻，恶意的数据收集、钓鱼链接、信息诽谤等事件通过算法这一技术双刃剑撼动着国际局势，如在很多全球性事件中，大量的海外网站以算法为驱动，在没有事实根据的情况下捏造新闻消息，对中国加以污名化。再如俄乌冲突前后，以美国为代表的西方国家利用自身智能化媒体技术优势，在全球范围内借由社交媒体掀起的对俄谴责，无不将新闻传播领域中的算法新闻问题推至选择"左"还是"右"的伦理两难境地，其中最为显性的则是算法新闻的新闻真实问题。区别于传统新闻生产，算法的介入使得新闻产品在"技术价值无涉"的大观点下似乎带有天然的真实和客观属性，然而从现实来看，算法虚假新闻已成为不能回避的问题。算法新闻的勃兴为何挑战了新闻专业主义及新闻真实问题？本文对这一问题的回答将追溯至算法数学模型本身所具有的数学缺陷，试图在算法新闻应用之便以外剖析技术内隐之恶。

二、算法新闻与新闻真实

首先需对算法新闻概念加以溯源和澄清。算法新闻（Algorithm News）是运用智能算法工具自动生产新闻并实现运营的过程、方法或系统，包括信息采集、储存、写作、编辑、展示、数据分析及营销等的自动化实现。[①] 算法新闻不应单单被理解为一项技术、一种类型或一个对象的指称，相反，算法新闻是新闻领域内以算法模型为内核的系列技术程序。有研究者将算法新闻定义为利用算法在无人干预的情况下自动生成（automatically generate）新闻消息的过程，侧重于强调算法协助下新闻生产的自动化（automatically）。此类理解往往与生产概念紧密结合，同时对算法新闻范围的认定根据不同主体和侧重点包含了"机器（人）新闻"（Robot Journalism）、"自动化新闻"（Automated News）、"数据驱动新闻"（Data-Driven Journalism）、"计算新闻"

[①] 於春.算法、权力与治理：智能时代美国新闻自由与民主政治的反思[J].当代世界与社会主义，2022（3）：117-122.

（Computational Journalism）等模式，更聚焦在对算法新闻技术层面的探讨。

从社会空间生产角度出发解剖算法新闻，算法新闻的生产被认为包括了人工设计模型自动生产新闻的机器人算法新闻，传统媒体新闻内容产品及自媒体生成内容，根据新闻要素、地理特征、人口学特征、个性化特征实现的新闻算法的分发。① 在此类认识视角下，算法新闻实际上将人、企业、社会在网络社会空间的物质或精神生产力纳入了自身的生产机制，也包括了用户接受新闻产品后对新闻产品的指导反馈过程。同时，也有学者从更广义和全面的视角出发，置算法新闻于社会的应用和辐射层面，将其定义为"大数据、算法与社会科学的结合模型"，强调了算法新闻模式下人力的"缺席""在场"及新闻问责的重要性。新闻生产原本是一项完全"人为"的工作，而在算法新闻问世后，技术与人的劳动分工问题也在学界和业界范围被广泛讨论，其中不乏对新闻生产自动化伦理问题的批判声音。

新闻真实可以称作是新闻业的"元问题"（Meta-Question）之一，一直以来，新闻真实被认为是新闻从业人员工作实践的核心原则、要求、底线。就本质而言，新闻真实要求新闻报道与客观事实具有一致性。20世纪90年代，郑保卫认为新闻真实就是新闻报道对客观发生的事实如实地进行报道和反映，这一说法体现着传统新闻生产领域中学界对于新闻真实的大体看法。对于事实和报道"一致性"的追求更多倾向于一种"结果真实"，新闻记者作为新闻信息的挖掘者和传递者也承担了信息核查的责任，这也关乎新闻媒体权威性和相应的公众信任问题。可以说，从新闻真实绝对论视角出发，新闻真实被认为是新闻报道与所报道对象完全一致或存在同一性，但基于现实考量，"绝对真实"往往很难实现，这也引发了学界对新闻真实绝对论的诟病。从新闻真实认识论视角出发，并不存在完全符合客观情况的新闻真实，新闻真实仅被认为是经过新闻生产者主观判断后认定的事实。反观当前数字技术背景下的新闻业，以算法新闻为例，新闻实践活动的核心主体不再仅是记者，它也被多样化的技术主体从不同角度介入，因而对新闻真实的要求出现了一定的

---

① 郭洁. 算法新闻的空间视角研究 [J]. 青年记者，2021（14）：22–23.

"过程真实"转向。新闻真实这一传统媒体时代的道德要求与职业准则在数字时代又遇到了新问题，在迅速变化的媒介生态中，新闻的角色也正发生相应的变动，"新闻真实"这一合法性根基也受到动摇。[①] 对于公众而言，新闻报道中的"事实"大多数时候与自己有着空间间隔，因而需要新闻记者前往现场并与事实直接接触。从源头挖掘、被加工和查证的信息体现了新闻的真实性，并且最后成为被公众消化的新闻产品。算法新闻的出现改写着这一机制，一方面，生产主体从"人"转向"机（由人设定的模型）"；另一方面，算法新闻的信源是载有海量信息的网络数据库。从一般逻辑出发，这样的转变似乎能够使得新闻以更加中立、客观、真实的方式被呈现和传播，然而事实并非如此。由此，本文从算法新闻的核心技术基础算法出发，剖析导致算法新闻真实性存疑的部分弊端源头。

三、算法弊端探源

诚然，算法作为"技术之技术"赋能社会生活的方方面面，在大多数情况下，其以数学模型为核心、以技术为手段，为人类的发展提供了极大的便利。本文无意对其积极的能力架构或技术功能作进一步阐释，也并非全然批判地对技术加以批驳、抗拒；相反，本文试图侧重于通过解剖算法的架构逻辑，把握其在数理层面的先天缺陷，并据此谈及当前的算法新闻在生产机制中所先天具有的缺陷。

简单而言，算法实际上可以看作设计者计算机语言交流下的机器学习和基于学习的机器判断，其本质实为一种数学模型。模型的逻辑隐晦不明，或者说只有设计者掌握着其运行的大体路线，不能百分百确定不会有偶然性事件或数据歧视和谬误发生，诸如歧视、错误、有害事件的后果却由"被运行"了算法的用户承担，更多时候这种有害后果是用户甚至不曾察觉的隐性侵害。

[①] 白红义，王嘉怡.数字时代新闻真实的消解与观念重构［J］.新闻与写作，2022（7）：14–25.

为了在非计算机专业背景下进一步阐明侵害发生的路径,本文从较为直接的数学与常识视角出发,对算法中最可能对客观性造成侵害的三段流程加以解释。

(一)数据搜集:盲点处的谬误及片面性强化

算法的实质即模型,而模型的要义则是简化一切事件与问题。以我国经典体育运动项目乒乓球为例,熟练的球手在攻防过程中往往会预判对手的来球方向并以适当力度的反作用力将球击回对方台面,教练往往也会在制定策略时,通过观看赛事回放的方式观察对手的运球轨迹,并基于此作出己方在赛场上的战术应对。事实上,寻找对手的赛事回放、大量观察对手的运球轨迹,可以类比为算法模型建立的前提——机器数据挖掘与机器数据学习,而基于个人判断击球则类似于算法模型推导出建议并被接纳。这一类比一定程度上有助于我们更清晰地勾勒算法本质并为其祛魅,也正如段首所言:算法模型是对一切事件和问题的简化。然而,人类社会万千事件皆具细微差别,模型是否能识别、定义一切事件,而不遗漏对社会细微方面的考量呢?

《美国新闻》(*U.S. News*)[①]杂志在1983年开展了一个教育评估项目:为全美1 800所大学及学院进行"优秀度"排名,大学质量的排名将为即将进入大学的年轻人提供数据参考。为了形成一个评估"优秀度"的模型,《美国新闻》的编辑根据自己的直觉判断向各个大学发送了评估问卷,然而编辑仅挑选了一些看似与大学"优秀度"相关的变量,如高中生SAT成绩、学校的师生比例、毕业校友捐款比例等,但诸如学生在学习过程中的获得感、幸福度、终身学习能力、社交能力等评估因素均未得到考量,编辑们较为主观的评估变量被数学模型包装,共同推导出了1988年的全美大学优秀度排名。尽管大多数读者对这一排名表示认可,杂志社仍然收到了海量的投诉和批驳,被指控评判因素有失客观性。

值得注意的是,未能考虑到细微方面的算法模型推导出了大学优秀度排

---

① 后更名为《美国新闻与世界报道》(*U. S. News & World Report*)。

名，这一排名影响着年轻人的择校选择，排名靠后的大学少有人选择，更不利于大学的数据表现，从而造成了一定意义上的"恶性数据循环"。由此可见，由于设计者的数据盲点，算法有时会片面地证明自己的内置逻辑和输出结果是合理的，并不断在运行过程中自我巩固、自我发展，却侵蚀了相关方的特定利益。

（二）数据歧视：被技术包装的偏见与博弈

如果说《美国新闻》的编辑在制定评估因素时只是受到了个人的社会生活背景、知识学历等细微因素影响，其算法仅仅包装了模型设计者的认知，那么对于如种族主义者、资本集团等有着鲜明结果导向和站位与立场的设计者而言，算法则是包装人类偏见与资本博弈的技术外衣。就个人层面而言，种族主义类似于存在于种族主义者认知中的算法模型，一切与不同种族人群相关的片面、虚假数据都会被种族主义者纳入认知，并推导出一个二元对立的种族认知结论；而一旦个人层面的这一认知模型被置于现实的算法技术中，被应用于具体的社会方面，则必定会造成对部分人群的伤害。以种族主义为代表的算法模型实为最欠缺考量的模型，它被随机的数据采集和假性相关所驱动，被制度不公平强化，又被证实性偏见进一步劣化。①

以利益为核心的资本博弈也被算法模型所包装。依然以浅显的日常生活案例为切入点，当有心人观察到商场门口的抓娃娃机每投币 n 次就会出现故障，娃娃会比较容易掉落，那么一个简单的获利模型就生成了。金融工程师正是通过海量的数据建立算法模型以预测如"娃娃掉落"一般的反常式获利，货币、债券、股票以及国际市场中数以万亿计的美元或黄金正是在算法模型的推演下进入了特定群体的账户。

需要从另一个社会层面深思的是，进入资本家账户的资金并不仅仅是屏幕界面上的简单数字，2008 年全球金融危机爆发时华尔街的对冲基金投资人

---

① 奥尼尔.算法霸权：数学杀伤性武器的威胁[M].马青玲，译.北京：中信出版社，2018：12.

将其称为"傻瓜基金",指的就是那些来自"傻瓜"民众的钱。民众真如其所说一般是"傻瓜"吗?事实上这一粗暴的形容恰是对民众将会被不透明算法模型欺骗的隐喻,由于不清楚"黑箱"的资本操作逻辑,民众的血汗钱被卷入资本家、机构等多主体的利益博弈中。

(三)模型弊端:"偶然"变量引发的意义坍塌

关于算法的第三个先天缺陷,正如上文所举的乒乓球轨迹数据学习案例,一般情况下教练和球手凭借认知中已有的模型判断来球方向并基于经验加以应对,然而在一些情况下,对手来球可能是前推、加转、侧转的弧旋球,沿用模型中的应对模式反而会使球走向错误方向导致失分,这便是模型中的"偶然"变量。[①]更直接地说,算法模型在"房间出现大于 n 浓度的烟雾就触发火警铃声"的单一变量逻辑中更为直接有效,而面对可能出现偶然变量的事件则可能出现意义的坍塌。

除却偶然性,人类本身所具有的个体差异性、成长性等特殊现象也并非算法模型能够完全概括的。正如如果缺少精密数据的实时更新,远在外地的祖父祖母并不能在下一次见面时准确地掌握孙辈的饮食口味,而即使时刻掌握着实时反馈的个性化数据,一位母亲也并不能百分之百地烹饪出满足子女特定时刻味觉需求的美食。这也正是算法模型所具有的运行弊端,即变量考量的片面性以及变量自身的变动性可能导致结果出现误差。

四、模型缺陷的延伸

从上述三段可能出现错误或侵害的流程来看,算法数学模型其实在生成前(制作者的前期设计和数据搜集)、生成时(机器学习和模型判断)、运行后(现实社会对算法的运用)皆存在一定程度上较难避免的先天缺陷。另外,在人类主观认知的参与下算法模型难以保证自身是价值无涉的,这就意味着

---

① 在概率论和统计学中,偶然变量指的是"值取决于随机现象的结果的非独立变量"。

在数学模型的协助下，不同设计者的主观认知从意识层面走向了现实世界，并在算法推导结果的作用下产生了现实影响。对算法本身缺陷性的探讨并非对技术本身的孤立或批判，事实上，技术脚本中的缺陷基因在一定程度上延伸至了算法的应用领域，新闻传播实践中算法的应用也体现了上述三段流程的媒介演绎和侵害变体，也由此在一定程度上消解着新闻真实。从算法新闻技术本体出发，它是如何继承了算法这一模式本身的缺陷并影响新闻的真实呈现的？为了探寻问题的答案，需拆解算法新闻生产流程。

（一）数据采集及处理：模型盲点再现

算法新闻运行与传统新闻生产的前提实际上是类似的，两者均需获取材料以生产内容。传统的新闻生产中，新闻采集需要相关人员前往新闻发生地或相关主体所在地采集所需信息，而在算法新闻运行中这一流程则体现为核心数据抓取及相关数据挖掘。算法新闻运行的技术基础在于对大数据中新闻信息的抓取与计算分析，而大数据本身是通过汇集存储在数据库里的每一个数据生成的。[①] 理想状态下，数据库应当是一个能够为算法新闻的运行提供全面、客观的数据信息的完美"粮仓"。

从新闻专业主义角度和对新闻真实的考量出发，"粮仓"的内容物至少需保证两个前提，即客观性和基本价值原则，而这正与算法新闻数据搜集产生一定程度上的相悖。出于材料丰富性和全面性的考量，设计者往往设定模型挖掘海量数据。区别于传统调查性新闻使用的抽样方法，海量数据往往给人以"全面真实"的样本假象。事实上，算法新闻运行过程中的海量数据基础导致了两大问题：一是数据信度核查难度大，二是隐私数据的挖掘引发的伦理问题。

首先，新闻机构在利用算法生产新闻时往往是从第三方数据库购买接入数据的使用资质，而第三方数据库的数据获取则有其自身不透明的数据来源和获取方式，且不谈数据源是否真实可靠，单是经过了中间介质传输和交易

---

① 董天策，何旭. 算法新闻的伦理审视 [J]. 新闻界，2019（1）：27-33.

往来就已使数据可信度下降。另外，从模型架构和算法技术层面而言，正如前文所述《美国新闻》在为全美大学进行"优秀度"排名时遇到的问题一样，模型抓取数据的选择依然是由人决定的，而人的片面性及对数据的观照盲点无法被算法自动纠正。

当前，简单的机器人写作仅能够处理结构化数据，如中国地震网在预测到地震信息后立刻发出新闻消息，再如国内很多写作机器人均可以流畅生产财经和体育新闻，并自动对数据内容进行纠错。然而对于涉及深度报道、新闻核查的内容，算法不具备强大的自动纠错能力。一旦未被纠错的虚假信息被算法加工，再经由媒介演绎、传播、再释，则将导致新闻的盲点和谬误的社会性强化。

其次，在社交媒体账号及内容逐渐占据媒体内容市场的今天，算法抓取的新闻数据或多或少将与个人隐私重叠交织。边沁（Bentham）在18世纪提出圆形监狱（panopticon）的理论概念，即全景式、敞视式的监狱。① 在边沁的论述中，圆形监狱类似于一个中心有可向外看的瞭望塔、四周由环形建筑构成的空间单位，环形建筑实为容纳不同类别个体的囚房，囚徒之间由于囚房的隔断具有一种横向的"不可见性"，但处在瞭望塔内的监督者能够借助环形建筑外侧投入的光线，清楚地注视着每一间囚房内的个体。

边沁提出的敞视式建筑结构与算法新闻的数据挖掘机制存在一定程度的耦合：瞭望塔与算法技术均可被理解为边沁视域下"可见"但"无法确知"的权力。在算法新闻生产的过程中，技术不断试图触碰、透视个体数据，个体用户制造的诸如性别、年龄、当前位置、偏好设置、消费能力等数据均被观看，而自身如同环形囚房内的囚徒无法横向观看，遑论纵向透视算法权力。但是算法新闻在挖掘数据时则等同于置身瞭望塔，能够观看一切，却并未给外界观看自己的机会。

---

① FOUCAULT M. Discipline and punish：the birth of the prison［M］.New York：Vintage Books，2012.

(二)新闻生产及消费:技术与人的"导向共谋"

在特定的动机和不同利益目标的驱使下,算法技术、赞助方、技术人员、报道机构等算法新闻相关主体在一定程度上共同引导了新闻导向,实现了人与技术的"导向共谋"。"共谋"最为重要的促成因素是参与主体有着特定的动机追求,或为既定的利益千方百计地制造、引导舆论,或为娱乐消遣,或为制造轰动效应,或为诱导人们的消费行为。①

众多共谋之下的算法新闻中,假新闻是煽动社会情绪最为直接、成本最低的形式。事实上,假新闻长期以来一直被利益集团用来左右社会舆论。在数学科学家诺亚(Noah Giansiracusa)看来,诸如算法新闻等新技术和新媒体的兴起,将信息博弈的风险推至人类社会有史以来最高的临界水平。海量数据新闻的影响下,现实世界与网络世界的边界正在被不断消解,以算法为代表的技术平台创造了"技术的军备竞赛"(a technological arms race),将假新闻的出现频率、传播速度、影响范围推至高点。

人工智能和机器学习的进步导致先进的数字篡改媒体类型的出现,算法在大量的数据训练下也逐渐具备了篡改、操纵音频、视频、图像、文本的技术路径,即所谓"深度造假"(Deepfake)。一些恶意生成的算法新闻中,主人公甚至以视频形式表现了其本人从未做过的事情,而这项"业务"的技术门槛并不高,甚至往往以模型服务形式出现。比利时的一名社会民主党派人士2018年5月在推特和脸书上发布了一段一分钟的美国前总统特朗普(Donald Trump)讲话的英语视频,配有荷兰语字幕。这段视频的造假技术较为粗劣,主要是对特朗普的讽刺式二次创作,然而社交平台用户对于此视频的海量调侃和评论使很多用户以为这是真实的新闻视频。在2021年3月,缅甸一家军方运营的电视台播放了一段一名被拘留的前地区首席部长公开认罪的录像。录像中部长谈及自己曾向昂山素季(Aung San Suu Kyi)行贿,并对政变的一些细节加以描述。这段视频被军方作为罪证公之于众,但随即招致

---

① 匡文波.人工智能时代假新闻的"共谋"及其规避路径[J].上海师范大学学报(哲学社会科学版),2019,48(4):104–112.

了大量的驳斥声音——由于声音和视觉效果与一般视频存在差异,人们认为这是由算法深度造假的煽动性新闻。

深度造假部分地构成了算法制造假新闻的证据,另外,算法推荐也为假新闻的靶向传播制造了通路。社交平台推特(Twitter)在成立初期仅仅为新注册用户推荐可关注博主,而自2016年起推特就开始了平台的内容推荐。首先,推特通过创建机器学习算法来决定哪些内容能够更好地"提升用户体验",个人用户的关注列表、阅读过的推文都将成为平台算法学习的内容。这一算法学习步骤看似无害,但当算法决定向用户推荐何种内容时,盲点等技术的天然谬误就可能被无限放大。社交媒体算法通常被设计成能够最大限度提高用户参与度的模型,因此如果一个有害的阴谋论,比如,"2020年大选被操纵"等内容有可能引发大量用户参与讨论,那么算法将挖掘这一内容点并向大众传播更多错误信息,而这一模式不仅适用于推特,也适用于脸书的新闻动态以及社交媒体上的任何其他排名和推荐算法。① 算法治理按照社会行动网络中的最有效、最便捷、最稳定的原则安排了最佳的行动图绘(Profifiling),② 而手握智能手机与媒介社会沟通的人们在技术脚本的演绎下,会认为一切内容都是自己的选择。

如上所述,在当前的传播环境下,新闻报道的素材、主体和传播渠道正快速地向隐于事实背后的数据、传感器、物联网和采用了算法推送技术的互联网平台转化,在这个过程中,拥有的数据和传感器的数量、物联网和算法技术的成熟程度以及平台用户的数量逐渐成为衡量传播能力的新标准,同时算法爬取人们的媒介使用痕迹并以标签化形式界定用户行为,形成新闻内容偏好的用户拟象。从个体到群体,从群体到地区乃至国家,算法化的信息传播逐渐占据人们的日常生活和传播活动。从哲学层面出发,算法新闻不过是"万物皆数"哲学图式的副产品,"万物皆数"意欲追求超稳定的世界和谐,

---

① GIANSIRACUSA N. How algorithms create and prevent fake news: exploring the impacts of social media, deepfakes, GPT-3, and more [M]. New York: Apress, 2021: 76.
② 蓝江.生命档案化、算法治理和流众:数字时代的生命政治[J].探索与争鸣,2020(9):105-114,159.

其核心概念是模仿、再现与控制,而算法新闻的生产机制正是沿着这样的框架运行的。① 可以说,算法新闻及其新闻真实问题已不仅仅是新闻专业主义框架下的探讨议题,还一定意义上构成了部分的社会拟态。在社交平台信息量剧增的后真相时代,传统新闻专业主义面临业务与伦理方面的双重挑战,然而在数字新闻时代,算法语境下的新闻真实由于先天具有数据盲点、歧视与弊端,在生产看似价值中立的"客观"报道时,也在一定程度上消解着新闻真实。

---

① 冯月季. 反叙述:算法新闻的符号哲学反思[J]. 编辑之友, 2020(1): 74-78.

空间与权力：数字鸿沟背景下的阶层壁垒*
——兼谈电影《寄生虫》的空间叙事逻辑

继2019年在第72届戛纳国际电影节上获得金棕榈奖之后，韩国导演奉俊昊的电影《寄生虫》又在2020年第92届奥斯卡颁奖典礼中一举获得最佳影片、最佳导演、最佳剧本、最佳国际影片四项奖项，成为本届奥斯卡的"四冠王"。作为奥斯卡颁奖历史上第一部获得最佳影片的非英语电影，《寄生虫》抛却种族、性别等题材考量，以资本主义社会中越发扩大的贫富差距为主题，深刻反思新自由主义经济体制下的社会百态。导演奉俊昊通过搭建二元对立式的叙事空间、构建阶层符号等方式，以空间建筑结构隐喻社会纵截面，使电影的意识形态光谱带有明显的左翼色彩。

在米歇尔·福柯（Michel Foucault）对哲学的探寻中，空间的隐喻不断被呈现，福柯将对社会关系的思考嵌入到空间的建构中，认为空间即权力容器，规训了人的时间与身体。电影《寄生虫》正是以阶层所在的物理空间为载体，呈现被大众忽视的社会空间，实为社会权力的空间化阐释，足以成为福柯空间哲学在电影空间叙事语境下的再观照。奉俊昊将二元对立式叙事空间的搭建置于不同阶层数字占有严重失衡的"知沟"语境下，以建筑空间的垂直结构隐喻"新数字鸿沟"的存在。本文以空间哲学观照电影叙事，以《寄生虫》的空间叙事逻辑为线索，试图厘清数字鸿沟背景下社会阶序的分化与对立，并从社会层面对电影的空间叙事逻辑进行再思考。

---

* 本文原载于《当代电影》2020年第4期，收入本书时略有删改。

一、异质空间：从数字鸿沟到社会鸿沟

我们知道，利用空间垂直结构隐喻阶级层次的叙事方法往往出现在文学表达中，从但丁的《神曲》到卡夫卡的《地洞》无一不体现着这一叙事规则。在电影叙事中，奉俊昊对地下室空间的塑造欲望早在其处女作《绑架门口狗》（2000）中便得以流露。在本片中，他更是通过地上豪华别墅和地下拥挤蜗居的线性纵轴来解构社会截面。福柯认为，空间是权力理论研究的场域，提出"要探讨权力关系得以发挥的场所、方式和技术，从而使权力分析成为社会批评和社会斗争的工具"[①]。毋庸置疑，作为现代人焦虑的来源之一，"空间"这一概念联结着社会对于权力的认知，人们居住的场所往往代表着其支付账单的能力和占有资源的多寡。我们的生活中具有无数的空间安排，它们以不同的形式宰制我们的生活，以福柯隐晦的表达来说就是——我们无法逃脱宰制我们的空间。[②] 异质的空间环境催生出人们迥异的生存方式，划分着他们在社会中的圈层，也标注了数字化时代中可能遇到的陷阱与机遇。电影开篇，穷人一家在逼仄的地下室向上高举手机搜寻信号，终于在房屋最高点的卫生间连接到外面咖啡厅的免费无线网络。耐人寻味的是，他们接入网络后做了两件事：第一件是查看讯息，母亲得到了为比萨店折叠外卖盒的临时工作；第二件是观看视频，一家人学习如何快速折叠比萨外卖盒。对于这个家庭而言，互联网是获得就业机会和提高收入的重要工具，而这一工具的获得是艰难的，其使用场域甚至位于家庭生活空间垂直结构的最顶端。反观富人家庭，通过人物海报、公司环境等空间元素传达的内容，可以判断出男主人经营的是一家设计可穿戴设备的高科技产业公司。两个阶层信息占有程度之悬殊从电影的空间叙事逻辑中可见一斑。

随着数字时代的到来，人工智能、云存储、区块链等技术正不断改造人

[①] 谢立中. 现代性、后现代性社会理论：诠释与评论[M]. 北京：北京大学出版社，2004：163.
[②] 苏硕斌. 福柯的空间化思维[J]. 台湾大学社会学刊，2000（28）：37.

们的生活,其引发的数字鸿沟问题也值得被纳入更深刻的伦理考量。"数字鸿沟"理论源于传播学的"知沟"理论。早在20世纪60年代,美国政府为迎合社会对于"教育机会平等"的呼吁,推出《芝麻街》这一电视教育类节目以期缩小不同阶层儿童学前教育水平的差异。然而,后续的调查研究显示这一目的并未实现,从节目收视率和教育效果来看,富人家儿童的受益程度远高于穷人家儿童;20世纪70年代,美国明尼苏达大学基于前人对知识格差的研究工作成立研究小组,正式提出"知沟假设"的理论;随着传播技术的不断更迭,20世纪80年代中期,诸如信息能力、获取费用、信息与贫困的关系等问题已经开始在国外图书馆学界得到广泛探讨,有了"信息穷人"(information poor)[1]的提法;20世纪90年代,社会的信息化转向日渐显著,时任美国副总统的艾伯特·戈尔(Albert Arnold Gore Jr.)提出了"数字鸿沟"这一说法;进入21世纪,传播学界对"数字鸿沟"理论的研究规模也随着数字化水平的提升而不断扩大,并从数字伦理的角度对技术进行了更深层次的探讨。"数字鸿沟"的本质是以国际互联网为代表的新兴信息通信技术在普及和应用方面的不平衡现象,而这种不平衡不仅体现在不同的地理区域、不同人类发展水平和经济发展水平的国家之间,也体现在一个国家内部的不同地区、不同人群之间。[2]除了电影开篇对穷人家庭寻找网络的描绘,穷人女儿还为了应聘美术老师通过互联网寻找关于艺术治疗的资料,穷人父亲则为了应聘司机职位,上网搜寻豪车的驾驶操作指南。审视数字资本主义时代下的生存方式,社会关系的中介已由"物"转向"数据",信息通信技术和信息俨然已经成为摆脱贫困的手段之一。不同阶层的人身体处在不同的现实空间中,然而其社会关系已然存在于无线网络背后的赛博空间里。占有信息资源的人相较信息贫困者拥有更为优质的教育条件和更充足的就业机会,两者间的鸿沟也随着代际效应的加深,逐渐从资源占有度的区别转向阶层间的区别。就

---

[1] LANG J P. Unequal access to information resources: problems and needs of the world's information poor [M]. Ann Arbor, Mich.: Pierian Press, 1986: 85.
[2] 胡鞍钢,周绍杰. 新的全球贫富差距:日益扩大的"数字鸿沟"[J]. 中国社会科学,2002,(3):34-48,205.

某种程度而言，数字占有的区隔成为划分社会维度的新标准，由参与不平等所造成的巨大鸿沟呈现出扩大而非缩小之势。通过接入互联网获得比萨店的临时工作、学习提高折纸盒效率的方法等事例并非艺术想象，而是数字时代的真实写照。卡尔·马克思在《1844年经济学哲学手稿》中曾指出"异化"的存在，然而在今天的数字化时代，我们经历了更为深刻的异化。① 从导演的空间叙事手段来看，"鸿沟"被空间化了，两个贫富家庭所在建筑的结构以上下垂直的姿态呈现着，两个建筑被无数的楼梯、隧道、坡路隔离着，画面中空间的鸿沟隐含了数字鸿沟的所指，表达着影片对于社会鸿沟的审视。

二、符号隐喻：社会分化下的阶层认同

电影《寄生虫》选择了主题先行、符号填充的叙事方法，其另一个译名为《寄生上流》。在电影影像的空间表达中，"阶梯"这一符号隐喻随处可见，它作为空间层面向上的工具，更是权力与地位的寓居。穷人去富人家上班的路线是从地下室出来后，穿越隧道，爬过城区里的各种阶梯，甚至到了富人家门口还要经过一段向上的缓坡，进入富人的家门后，房间里也随处可见阶梯和台阶设计。富人突然归家的那个夜晚，穷人一家在暴雨中仓皇地跑下城市中大大小小的阶梯，回到属于自己的阶层空间，然而向下汇聚的雨水淹没了城市最底层的建筑，摧毁了贫困生长的居所——地下室。早在金绮泳的《下女》(1960)、黑泽明的《天国与地狱》(1963)等电影中，阶梯就已经作为阶层的视觉化表达呈现给观众，本片也从空间叙事的角度，以"阶梯"为阶层隐喻，描绘着社会分化下不同阶层的空间居所。

---

① 卡尔·马克思认为，异化现象与阶级一同产生，人的物质与精神生产变为异己力量转而统治人。由于人的劳动凝结在原本的物品里，那么物品经由工人的劳动生产出来后将被对象化，商品也因为与人产生关联而越发强大，转而实现对人的控制。马克思的异化理论批判了资本主义社会中劳动被资本奴役、人被物统治等社会弊端，表达了人实现全面自由发展的社会理想。我们在数字化时代所生产加工的数据也正如马克思所言，由人生产，与人关联，又对人产生了一定的控制。

《立雪集》新编 段鹏自选集

弗里德里希·恩格斯（Friedrich Engels）曾从社会阶层居住空间划分的角度，探讨英国曼彻斯特的社会空间居住模式。在住宅社会学的视域下，住宅的使用差异是人类社会隔离的指示器，这一视角客观上形成了社会的阶级隔离、种族隔离和贫富隔离的分析。① 早在我国唐代，统治者就以居民所在空间来划分政治地位，根据自然条件区隔，将长安城划分为甸、候、绥、要、荒五种社会阶层，而将宫殿建造在城市最北端，以"首"的概念彰显皇室权威。居住空间的结构支撑起了社会的结构，人类历史中的空间并不是自然界简单给定的因素，而是社会机制的产物。空间从不空洞，其中蕴含了深刻的含义。② 居住场所间的区隔一定程度上成为阶层区隔的具化，人们的生活质量、消费层次、居住条件在结构性的制约下产生了明显的分化，也因此引发了社会交往的圈层化。由于人们将自己的时间更多地置于家中，家所在的空间成为人精神的集中表达。正如电影中两个穷人家庭都选择偷偷享受主人的房间，都曾经遭遇"台湾古早味蛋糕店"的经营失败一样。同质的居住条件下，人们养成了类似的生活习惯，经历着类似的生存境遇，也因此在社会意义上塑造着封闭的自我阶层认知。暴雨夜里，对两个地下室的平行剪辑中，原来的女帮佣抱着马桶呕吐，四口之家的马桶则在喷射污水，两个家庭的相似的混乱与贫困在空间中逐渐交融了。值得探讨的还有影片中景观石的背后所指，穷人儿子曾对父亲表示不是自己丢不掉景观石，而是石头一直跟着他。在穷人的认知中，固化的阶层身份像景观石一般坚硬。景观石作为一种享受型消费资料本不该存在于穷人的地下室中，但它隐含着穷人家庭突破阶层藩篱的渴望，而这种渴望背后正是阶层认同和阶层固化的悲剧式耦合。

事实上，阶层作为一个永恒话题在电影中从未被忽视。第71届戛纳国际电影节上获得金棕榈奖的《小偷家族》（是枝裕和，2018）以及同一竞赛单元的《燃烧》（李沧东，2018）都与本片一样，探讨着阶层认同与意识的议题。差序格局语境下，个体主义生活转向了阶层生活，也催生了身份群体。对于

---

① 周运清.住宅社会学导论［M］.合肥：安徽人民出版社，1991：132.
② LEFEBVRE H.The production of space［M］.NICHOLSON-SMITH D, trans.Oxford：Blackwell, 1991：20.

唯实论者而言,"阶层"是由个体组成的、事实存在的结构体,阶层被财富、居所、文化等形式外化着,阶层间差异真实存在。然而如果我们从心理学角度出发审视阶层问题,可以更多地观照社会个体对于阶层塑造的主观能动性。英国社会史学家爱德华·汤普森(Edward Palmer Thompson)在《英国工人阶级的形成》中使用"形成"一词来描述动态变化的阶层,强调除客观条件外,主观因素也加速着阶层的形成,提出"工人阶级并不像太阳那样在预定的时间升起,它出现在它自身的形成中……当一批人从共同的经历中得出结论,感到并明确说出他们之间有共同利益,他们的利益与其他人不同(并且常常对立)时,阶级就产生了"[1]。在心理因素的主观驱动下,阶层认同伴随着阶层的形成逐渐加深,群体中的人们也由于持有相似的社会属性,更多地习惯以自身的社会经验定义所在群体中的其他成员。原来的女帮佣恳求穷人母亲帮自己打掩护的时候曾表示"我们都是有困难的人",穷人母亲则迅速反驳,表示她们已经不一样了。尽管穷人母亲在与帮佣的互动中深刻地体会到两者相似的社会阶序,但由于全家的成功就业,她也察觉到自己具有实现阶层流动的可能,排斥着同为穷人的帮佣对自己的阶层定位。或者说,正是穷人母亲社会阶层流动的加快引发了阶层身份认同的"断裂"。

图1 《寄生虫》剧照1

---

[1] 汤普森.英国工人阶级的形成[M].钱乘旦,等译.南京:译林出版社,2001:3.

再谈"虫"的寄生意象。在穷人的地下室中，父亲弹走面包旁的虫子；在富人的家中，穷人们像虫一样偷吃富人的食物；在帮佣丈夫死去的肉体上，虫吸食着血液，"虫"的寄生特质在叙事中成了底层人民的阶层表征，处在社会底层的人们从心理上为自己打上了阶层的标签，认同着所谓社会归属。法国学者勒庞（Gustave Le Bon）曾指出："在群体的心理中，个人的才智被削弱了，从而他们的个性也被削弱了，异质性被同质性所吞没，无意识占了上风。"① 韩国资本主义市场经济体制下，企业与家庭生活的不均衡增长、非正式就业劳动者的大幅增多等因素加剧了格差社会的形成。在这样的社会环境中，个体的阶层意识的强烈程度攀至顶峰，阶层从"自在"转向了"自为"。

图 2 《寄生虫》剧照 2

三、秩序失范：空间解构后的阶层对立

空间权力化语境下，权力影响着私人化的空间，公共空间与私人空间的权力关系耐人寻味。以福柯的空间哲学为视角分析影片，富人家庭通过空间，事实上形成了对穷人家庭的监视与控制。权力规划了时间——两家穷人都只能按照富人的生活作息安排自己的时间；权力规训了身体——两家穷人都只

---

① 勒庞.乌合之众：大众心理研究［M］.冯克利，译.北京：中央编译出版社，2011：117.

能依据富人的需求做出对应的行动。作为豪宅本体的一部分，防空洞原本是现代政治社会的产物，与凌驾在其上的、装潢精良的高级空间拥有"共生"的关系。在防空洞地下室中生存的男人一直以来以仰视的姿态观察着上流社会的生活，然而富人始终对两个阶层在同一空间下的"共生"一无所知。当情节发展步入高潮，防空洞里的男人推开分隔两个空间的门，毫无顾虑地出现在公众眼前，两个阶层首次在阳光下相互审视，空间在自我解构下由单一的"共生"走向了二元式"对抗"，上演了阶层矛盾激化下的残酷的社会秩序失范事件。同样，在早些年的电影《雪国列车》（2013）中，奉俊昊也通过解构列车空间来描写阶层冲突引发的秩序失范：三个阶层分别住在不同的列车车厢，但当车厢间的区隔被打碎，阶层间的冲突发生了。

诸如此类的文本内涵实质上是韩国寄生式资本主义主导下阶层对立的艺术化写照。韩国自 20 世纪 70 年代走上以国家为主导的现代化道路，以有限的经济资源集中培养大企业，形成"汉江奇迹"下以高层姻亲为纽带的封闭特权阶层——财阀团体。一方面，财阀在封闭的高层社会交往中获取了基础原材料的定价权，其垄断下的韩国经济结构导致了国民收入增长的不断放缓，加剧着社会的贫富分化。同时，中小企业的生存空间不断被挤压，引发了民众的就业困难和生活质量下跌。另一方面，社会运行机制的固化又造成阶层分化的代际效应与恶性循环，在"下流社会"的利益与诉求不断被压缩的境遇下，阶层对立与社会矛盾最终会被激化。

应该看到，冲突一直以来都是社会的普遍现象，韩国社会中的贫富矛盾是长久以来社会阶层对立历程的微观缩影。从冲突社会学的角度来审视这种矛盾，对立的根源可以用物质性和价值性的冲突进行划分。劳动者为讨要薪资罢工，工人为提高福利待遇游行，移工为个人权益示威等，都是资本与劳动者的对抗性冲突，是群体因自身利益受损而与另一群体发生对立的社会现实。物质性的阶层冲突更像是社会痼疾的表征，对于固化的社会阶序而言，它并不会威胁到社会制度的"合法性"，甚至会更好地形塑、健全社会机制。

再谈价值性冲突。看完影片以后，很多人都有疑问——为什么穷人最后选择杀害富人？客观的分层结构构成了社会关系的基本分界线和不同社会群体的利益基础，构成了社会集体行动的基本组织原则和社会矛盾及冲突的基础。①然而，促成集体行动的关键在于阶层的认同心理。马克思在《路易·波拿巴的雾月十八日》中认为，阶级的意识是通过历史的、认知的和实践的觉悟化产生的，产生了阶级意识后的阶层才有共同采取行动维护自己的行为。当穷人父亲不断地意识到自己身上"气味"的存在，意识到自己的"气味"与帮佣丈夫的类似，"底层"这一客观阶层与父亲心理上的认同阶层最终发生了重合。穷人父亲觉悟化的过程从逻辑上联结了贫困阶层的态度和行动，长久以来与上流社会的物质性差异质化为情感上的怨恨，两个阶层最终产生了价值性冲突。同时，价值性冲突也引发了底层人民对于社会结构合理性的怀疑。然而，社会结构并不会因为一个阶层的质疑而迅速发生改变，其改变必然引发物理层面的冲突与对立。电影中的新闻将事件定性为高级住宅区随机杀人事件，但事件偶发性的背后正是导演试图向我们揭示出的阶层价值的认同导致社会冲突的必然性。

四、结语

综上所述，导演奉俊昊通过搭建叙事空间塑造社会权力的容器，以垂直结构的空间建筑影射社会阶序的分化事实，用极具空间特色的叙事逻辑为我们描绘出"汉江奇迹"下依然存在的"寄生群体"。影片深刻地揭示出在数字鸿沟越发扩大化的时代背景下，资源占有的不均衡引发的社会阶层分化的代际效应，"下流社会"在挤压中积聚阶层意识，客观阶层和认同阶层在压力中得以重合，最终导致社会矛盾的激化。影片对空间的区隔化描绘是"人以类聚"的最好诠释。在数字资本主义的大背景下，强权被数据包裹并以新的形式延宕开来，而我们每个人，都身处其中。

---

① 刘精明，李路路.阶层化：居住空间、生活方式、社会交往与阶层认同——我国城镇社会阶层化问题的实证研究［J］.社会学研究，2005（3）：52–81，243.

试论转型期的中国广播新闻[*]

近一段时期以来，中国的广播电视媒体总体处于变革过程中，互联网和新媒体的冲击使得广播电视的市场占有率进一步下滑，而广告总额不断攀升的表象背后是越来越残酷的市场竞争格局和越来越高的成本投入。同时，新技术手段层出不穷，深入影响着广播新闻实践。在媒介融合背景与2011年以来"走转改"政策的深刻影响下，我国广播新闻在坚守本心的同时，踏上了理念、渠道和话语方式的转型升级之路。

一、坚守：新闻立台理念与公共性

（一）新闻立台：商业话语下的理念坚守与突破

中国的媒介体制改革不仅体现出商业逻辑和政治逻辑在媒介发展过程中的博弈，更体现出从"传者本位"到"受众本位"的观念转变。由于中国独特的媒介制度，目前来看，"事业单位属性，市场化运营"的格局决定了中国的新闻生产只能是有限度的商业化。此外，中国传媒业尚处于市场化运作的早期阶段，不仅市场机制不健全，媒介自律和法律他律均未成熟，新闻专业主义理念也尚在形成之中。在此背景下，"新闻立台"理念应运而生。时任国家广电总局副总编辑、宣传管理司司长金德龙曾对"新闻立台"理念做出如下诠释："新闻节目是广播电视的核心资源，是各级电台电视台提升舆论引导

---

[*] 本文原载于《新闻记者》2015年第3期，收入本书时略有删改。

力和传播影响力的根本。广播电视从诞生之日起,就确立了新闻媒体的基本属性。我国广播电视媒体是国家主流媒体,是党和人民的喉舌。喉舌的作用最直接、最主要地体现在新闻宣传上,更要自觉地坚持新闻立台。"①

我们对于"新闻立台"理念的理解,不应是铁板一块般地拘泥于媒体的"喉舌"宣传话语,相反,应该看作对以往宣传本位的突破。

坚持"新闻立台",重要的是中国广播电视媒体在市场化运作,尤其是广播新闻节目在中国目前新闻生产场域中如何保持"市场选择、专业主义和宣传纪律"三个要素的动态平衡。

(二)公共性:近一段时期的中国广播新闻报道

分析近一段时期的中国广播新闻实践,不难发现,在衡量新闻信息价值的诸多基本评价标准中,公共性得到突出强调,这也是"新闻立台"理念下媒介内容供给所要坚持的基本取向。

广播新闻工作公共性的目标诉求,体现的是内容的公共性和资源的公共性,即作为大众共有的频率资源的广播媒介通过传播更多符合社会期望的节目内容来完成其公共使命。近一段时期以来,广播新闻实践在提供公共服务方面有较大的提升。在复杂和瞬息万变的舆论环境下,广播媒体既需要针对社会争议问题进行报道,力求展现事件全貌,也必须着力探索对应的解决路径,回应公众诉求,体现社会共识的凝聚。这不仅仅是广播作为媒体的使命,更是其公共服务性质的体现。

在内容公共化方面,公共性首先体现在对弱势群体的关怀,如"中国之声"的"倾听系列"、中国国际广播电台在"走转改"系列活动等媒体报道中清晰地体现出对弱势群体的关注等。其次,公共性表现在广播新闻报道涉及如消费、医疗等与广大群众公共利益休戚相关的议程,如北京新闻广播《新闻天天谈》栏目在"3·15消费者权益日"期间,相继推出一系列以"消费与安全"为主题的系列节目;北京城市服务管理广播《城市零距离》栏目针对

---

① 金德龙. 坚持新闻立台 深化创新创优 [J]. 中国广播电视学刊, 2013 (1): 14–17.

社会关注且矛盾突出的医疗问题推出了《同仁医院东区暑期设晚间门诊南院区不限号》《积水潭回龙观分院最早今年十一开诊》《友谊医院 7 月 1 日起免收挂号费》等专题节目。这一系列承载着浓郁的人文关怀的报道一定程度上突破了以往报道话语表达单一、单向传递信息、枯燥解读政策、媒体姿态居高临下的缺陷,对于来自不同社会阶层、文化语境下的听众都有着较强的吸引力,易于得到他们的共鸣和好感,进一步增强其对于广播媒体的认同感。

在资源公共化方面,主要表现为更多的节目时段和频率资源划拨给了着重民生、关注弱势群体的节目。中央人民广播电台在前段时间推出了以关注和服务"三农"为宗旨,立足公益性,突出服务性,强化实用性的"中国乡村之声"。2012 年,浙江金华广播电台则在原有综合广播、经济广播、交通音乐广播的基础上开办了对农广播,全天播出 15 个小时。可以看出,近年来越来越多的媒介资源向公共服务方面倾斜,新闻生产更多地符合"使受众需求得到满足的信息产品"的特质。

二、跨越:媒介融合,渠道变革下的广播新闻报道

(一)媒介融合:广播新闻报道新机遇

当前,我国传媒业正处在媒介融合的大背景下,技术要素前所未有地影响着在转型时期的中国传媒业的发展方向。以社交媒介为代表的新媒介在发展突飞猛进的互联网技术支撑下,其议程设置与舆论引导能力开始比肩广播影视,视听新媒体的影响力和渗透力明显增强。很多研究者认为,广播电视的未来在于深刻理解"互动"和"参与",利用新媒体技术来弥补广播和电视内容稍纵即逝、信息流动方向单一、反馈慢等不足将成为趋势。[1]

对于广播来说,伴随性收听的特点与依托移动终端快速发展的新媒体所具有的定位服务(location based)的特质不谋而合。从硬件上,广播已经实现了多终端的普及,并且具有很大的实用性。此外,在电视、互联网媒介的先

---

[1] 陈力丹,李志敏.2012 年广播电视研究十个关键词(上)[J].声屏世界,2013(1):15–17.

后冲击下,在如何赢取更广的受众和更多的生存空间这一问题上,广播已经积累了丰富的经验并拥有了足够的应对能力。广播同新媒体的融合,主要采用两种方式:一是独立发展网络广播业务,建立从内容到渠道全部自己独立运营的网站;二是寻求合作,通过借助其他新媒体的力量,扩大广播的影响力。近年来,广播与新媒体的融合出现了不少新动向:消费能力最活跃,也最值得关注的年轻人群,其广播使用方式普遍偏向于手机和平板电脑等,这意味着广播媒介从内容向平台的跨越;同时,微电台、个人网络广播快速发展,传播主体和传播方式发生变化,自媒体已经成为不可忽视的新生力量;而广播新闻报道中,微博、微信留言已不仅仅是一种同听众进行互动的手段,在很多情况下,已经成为广播新闻的消息来源。同时,台网融合不断深化,在奥运会、党的十八大、两会等重要议题的报道上,新媒体对于广播媒体自身缺陷的弥补和强化得到显著体现。

(二)渠道创新:新媒体为广播新闻报道助力

1.微博在广播新闻中的运用

媒体微博是传统媒体同受众进行互动的新型传播平台,其主要功能包括民意采集、自身形象塑造、受众关系建设和公共信息告知等。广播与微博的融合,使传统广播的内容、呈现方式、功能拓展等方面出现新的特点,体现了新媒体时代"广播重塑"的巨大潜能与前景。[①] 某种程度上,微博话语成分的多元性对广播新闻报道是有积极意义的,广播利用对微博对于自媒体话语的吸纳保障了受众收听的权利和表达的满足,媒介从信息源向一种有对话性质的媒介平台转变,有效地弥补了中国广播媒体由于媒介属性产生的内生性不足。

广播对微博平台的娴熟利用有效地提升了广播传播效率,包括通过微博发布节目预告,进行预热宣传,如中国之声在新浪微博开辟了"快讯快报""第一进展""第一发布"等微博子栏目,在微博对重大直播节目进行提

---

① 曹璐,张彩.微博与广播重塑:从中国之声新浪微博粉丝数量突破200万说起[J].中国广播,2012(7):11-13.

前发布和预告,充分预热,并且同政府部门、相关企业和网友"粉丝"进行联动。还有的广播电台将微博作为"第二阵地",借助微博平台的影响力报道新闻。如 2013 年 12 月 28 日,广西首列高铁开通之际,广西交通广播推出了"广西进京动车之旅"专题报道,在列车运行的 10 小时 36 分钟内,记者除了进行电话连线报道,还通过广西交通广播官方微博进行全程体验式报道,对运行全程进行了一次"微博直播"。另外,广播也将微博内容作为新闻信息来源,以上海广播电视台旗下的东广新闻台、常州经济广播、福建新闻广播、佛山电台、南京电台等地方电台为代表,或是将微博当日热议话题作为广播新闻议程,或是依托听众的微博发帖、留言,开展高效的节目互动,将传统广播和微博的新鲜元素相结合,兼具多种报道渠道。

2. 微信在广播新闻中的运用

新媒体加快了广播新闻信息传播的速率,对于其到达效率却难以完全保证,然而微信大大提高了信息传播的精准度,成为广播发展值得关注的新方向。微信依托语音对讲奠定用户基础,推崇更轻松的沟通方式的产品特征天然地与广播媒体共生共存甚至无缝融合。从信息传播的层面看,微信使得信源更加丰富。目前传统广播媒体利用微信公众平台的形式主要包括语音推送、一问多答、随机遴选等互动模式,以对话关系为中心,以"订阅"及"推送"的方式将传统媒体专业、全面的视角、观点加以传播。

在近期的广播新闻实践中,这种形式在交通新闻播报和互动中应用得尤其密集。在 2013 年 11 月 28 日深圳机场新航站楼启用时,深圳电台先锋 898 就采用了微信互动播报的模式,除了设立直播间对现场情况进行播报外,还将特派记者使用航站楼的实际体验通过微信公众号实时推送,采用文字、图片、语音的全方位信息传播,打造热点话题,引发听众的关注。

另外,由于微信的使用,广播在播报交通新闻时,传统意义上的受众已不复存在,他们摇身一变为"信息寻求者"和"信息传播者"二者合一的身份。① 第一叙述者从现场报道的记者转变成了新闻现场的当事人与目击者,多

---

① 段鹏. 中国网络传播的优越性与局限性及发展趋势 [J]. 电视研究, 2000 (5): 46–48.

元化的表达使得对新闻现场的描述更加生动，而且不同听众在微信留言中所体现的情绪、态度以及对现场情况的看法也不尽相同，改变了传统报道形式的单一。比如，杭州西湖之声广播常常在报道中插入网友的微信留言："某某路堵了，是一辆奔驰和一辆奥迪相擦，我在这个地方已经原地熄火等待了10分钟了，还在吵，后面的朋友，快绕道吧！""高架由南向北大家注意哦，一位大伯走上来了，在高架边上赏花。"这些来源于现场群众真实的声音，不仅能为广播媒体把握更加准确的路况信息提供路径，而且生动、鲜活的语言也增加了现场感。

然而，由于声音的识别、筛选效率远低于文字，如何克服阅读声音过程中的困难，提高受众反馈筛选的效率，提升受众信息的质量，使作为主流媒体的广播媒体的舆论引导能力最大化，这些都值得广播媒体工作者认真思考。

三、转变："走转改"的深刻影响与节目创新

（一）"走转改"：广播媒体的节目创新与新闻语态转变

近年来，对于广播创新栏目而言，我们发现各个栏目本身在节目形态和模式上并未见本质性变革，这与新闻节目的属性有关，新闻节目的严肃性和公共性决定其在形式上并不能有过于前沿性的改变，但很多栏目在调整报道视角、关注多元的价值取向、转变新闻语态上颇有建树。

语态是广播电视媒体传播者在节目中的叙述态度、说话方式，怎样运用语言以及用什么方式说话，深刻地影响着节目的风格和传播效果。[①] 广义上的语态可以涵盖媒介全部文本中所体现出的叙述态度和视角。"走转改"活动是对广播媒体新闻语态的一次改革，在很大程度上影响了之后至今的广播新闻实践。

以中央人民广播电台新闻综合频率中国之声推出的"倾听系列"为例，"倾听系列"是中国之声"走转改"的重头戏。在具体的新闻实践中，从领

---

① 陈怡.倾听中国：中央人民广播电台"走转改"系列报道的探索与思考［J］.新闻与写作，2012（11）：12-14.

导干部到编辑、记者、主持人，全体人员身体力行、脚踏实地深入基层，以平民的视角倾听群众心声。在每一次采访活动中，首先确保内容能够"接地气"，切实反映社会客观现状，并在此基础上充分采集素材，用生动、真实的音响使得报道内容生活化，精心制作了大量真实性和深度兼具的新闻；此外，针对不同地区的实际状况、不同行业的行业特征，在报道过程中竭力体现差异化、多元化的价值取向，从而使得听众对报道留下深刻的印象。许多听众反映，中央台"走转改"大型系列采访活动"每一期都是精致的广播特写"，"声音里有泥土的味道"。①

（二）建构新闻报道新框架："走转改"对于广播媒体的意义

"平等视角全面展现社会现状，通过舆论引导直面争议问题，多元视角理性探索解决途径，通过回应诉求凝聚社会共识"，这是被梁启超先生称为"公器"的新闻媒体应有的价值诉求。近年来，主流媒体公信力危机频现，原有的话语权受到挑战，一个重要原因就在于始终未能破除正面典型报道理念的束缚，只重于政策的宣传解读，而对于受众关心的中国社会贫富分化、城乡差异加大、收入分配悬殊、社会福利下降等具有争议又较为敏感的问题，往往采用失语或简化的方式进行处理。

"走转改"对于广播媒体意义就在于，这是一次重构主流媒体话语权、提升广播新闻工作者业务水平和认识水平的机遇。在新闻价值层面上，"走转改"是对以往正面报道的传统的一次修正，扩展和深化了新闻报道风格，是对新闻信息重要性标准的一次全新认识。真实可信、平易近人的人物报道体现了普通人的物质和精神生活，不仅客观也为受众所亲近，是"受众本位"的充分体现。同样，贴近民生的视角也进一步丰富了新闻价值中公共性的内涵，是把新闻报道服务社会理念常态化的有益尝试，这是对于长期以来"喉舌论"之下中国新闻媒体报道风格的丰富。

此外，在中国的新闻实践和认识论逐步将新闻视为"社会舆论的工具"

---

① 刘笑盈."走转改"新闻报道效应与社会价值[J].重庆社会科学，2012（4）：57-62.

的今天,"走转改"也是在实践中对于西方新闻传统扬弃的过程。有学者指出,"新闻学研究需要关照和体现社会责任感和人文关怀精神,需要关注社会、关注人生、关注国家和民族事业的发展","而绝不仅仅是一种单纯的'信息商品传播中介'和'物化媒体'"。这段论述从理论层面阐释了新闻的本体应该是对于人文性和社会性的结合,商品化的新闻充其量只能是新闻媒介在特定社会组织秩序下的新闻生产模式,将滑向泛娱乐化和工具化的窠臼。"走转改"正是发扬了新闻专业主义中客观、真实、富有社会责任感的一面,也是对中国媒体日益商业化、泛娱乐化倾向的反拨。

收视率与满意度的博弈[*]

——刍议电视节目传播影响力与收视率、满意度的关系

一直以来,收视率在电视节目评估体系中占有重要地位,不仅展现着节目、栏目、频道的受众关注度,更意味着它们广告市场份额的可能占有度。然而,收视率的调查只能收集、记录受众的选择或转换行为,而不强调受众收看这些节目的专注程度和满意程度。近年来,引入电视节目评估体系的受众满意度调查则弥补了收视率调查的这一不足,很大程度上完善了原有的电视节目评估体系,建立起一个探讨节目整体素质的评价体系。应该说这一评价指标的完善对于电视业自身健康发展的意义是非常重大的。

一、电视节目评价体系中的收视率和满意度

(一) 收视率

收视率是评估观众多寡的重要指标,是指收看某节目的人数(或家户数)占总体观众的百分比。收视率调查一般采用电话调查法、日记法、收视调查仪法等,其方法相对简单可行,能客观显示受众的实际收看行为,因此逐渐得到了学界、业界的广泛认同。作为受众定量调查的主要手段和重要反馈机制的收视率,在电视节目评价体系中扮演着相当重要的角色。目前,各个电视台的节目调整都会参考收视率数据。以央视的综合评价指数体系为例,客

---

[*] 本文原载于《现代传播(中国传媒大学学报)》2007年第6期,收入本书时略有删改。

观评价指标占有 50% 的评价权重（客观评价指数 ＝ 时段权重 × 频道权重 × 类别权重 × 收视率），基本上成为节目调整的决定性依据。

然而，从收视率作为工具的角色来看，其自身还存在着一些缺陷。许多学者认为收视率资料反映的问题过于简单、表面化，它只能显示收看节目的人数，不能对节目本身有所评估，这样的调查结果显然不能适应当前受众日益多样化的发展趋势，同时无法测量观众的投入程度以及是否享受这个节目，更不能反映他们的收看模式和计划。另外，收视率调查的方法本身还存在着不稳定性和方法之间的弱比照等问题。

（二）满意度

收视率反映的是某一电视节目收看人数的多少，但是这些人对于节目是否满意，收视率调查是无法给出答案的，也就是说收视率高只能说明某一时段收看这一节目的人数较多，即节目关注度高，而不能说明"节目是因为质量好而观众多的"[1]。当我们希望深入分析某一节目的受众结构特征和选择行为等问题时，就会意识到在评估电视节目的影响力时，应当引入更多的参考因子。因此有学者提出了将观众满意度作为电视节目质量评价的参考指标之一。满意度，又称欣赏指数，是反映观众对电视频道或节目的态度与评价的一个指标。[2] 满意度与节目收看的重复性（观众的喜欢程度）、备选方案的数量（节目的丰富性）和节目的类型有关。一般来讲，严肃的新闻节目、涉及公共事务的节目和纪录片较之娱乐节目具有较高的满意度指数。另外，在相近的收视率水平下，信息类节目的欣赏指数也比娱乐类节目高。这一点我们可以从 2006 年香港中文大学进行的 2006 年第一季度的"电视节目欣赏指数调查"结果中得到验证。

2006 年 1 月 1 日至 3 月 31 日，香港无线电视台、翡翠电视台、亚洲电视本港台及有线电视各频道播放的本地制作电视节目中，欣赏指数排名最高的

---

[1] 李建凯. 制播分离条件下电视节目评估体系的建构[J]. 南方电视学刊, 2004 (4): 55-56.
[2] 刘燕南. 电视收视率解析：调查、分析与应用[M]. 北京：中国传媒大学出版社, 2006: 2, 182.

20个节目顺序如表一所示。①

此次参评的节目共有99个,时事及公共事务占26个,资讯节目36个,而娱乐节目共37个。结果显示,时事及公共事务节目表现最佳,占到前二十位的10个位置,资讯节目占6个,娱乐节目占4个。时事及公共事务节目的总平均欣赏指数高达71.41分,其次是资讯节目,得分为69.44分,而娱乐节目的总平均欣赏指数则为67.74分。

美国传播学者巴怀斯(Barwise)和埃伦伯格(Ehrenberg)的研究发现,对相同的电视节目进行不同取样,样本获得的满意度相差无几。这表明,满意度具有较高的可信度和稳定性。也就是说,优质的电视节目即使被安排在不好的时段,满意度指数也不会产生较大变化,而此时收视率已经明显下降了。这一研究结果从某种程度上来讲,否定了受众是一个统一的消费群体这一观点。

表1 2006年1月1日至3月31日香港地区欣赏指数排名前20的节目

名次	节目名称	制作单位	节目所属类型
1	《星期二档案》	无线	时事及公共事务
2	《新闻透视》	无线	时事及公共事务
3	《铿锵集》	港台	时事及公共事务
4	《回首2005:全球风云》	亚视	时事及公共事务
5	《赌海迷徒》	港台	资讯性
6	《健康大道》	港台	资讯性
7	《天下父母心》	港台	资讯性
8	《新闻财经/天气预报》	无线	时事及公共事务
9	《有线新闻》	有线	时事及公共事务
10	《教育新增点》	有线	资讯性
11	《从香港出发》	亚视	娱乐性
12	《活得很滋味》	有线	娱乐性

---

① 钟庭耀,彭嘉丽,陈雪丽.2006电视节目欣赏指数调查第一阶段调查[EB/OL].(2006-05-01)[2006-05-10].http://www.rthk.org.hk/special/tvai/2006/season1_summary.htm.

续表

名次	节目名称	制作单位	节目所属类型
13	《地球深度行》	亚视	娱乐性
14	《时事追击》	亚视	时事及公共事务
15	《江山如画》	无线	娱乐性
16	《电缆（Cable）早晨》	有线	时事及公共事务
17	《胜在有心人》	无线	资讯性
18	《有线财经》	有线	时事及公共事务
19	《头条新闻》	港台	时事及公共事务
20	《创新世纪》	港台	资讯性

（三）收视率和满意度的关系

我们知道，收视率所关注的是受众收视的基本情况，其所要解决的是收视行为最直接的表层描述；而满意度所研究的是受众需求及满足程度，其所要阐释的是受众深层收视心理。因此，可以说，满意度是对收视率的补充和深化，是对受众量化调查方法的进一步完善。简单来说，收视率是反映观众接收状况的指标，满意度则是反映观众接受程度状况的指标。

近年来，许多学者致力于收视率与满意度的相关性研究分析，但是一直没有得出一致的结论。国外一项关于收视率与满意度关系研究表明，当节目的收视率提高10个点，满意度也会提高3至4个点。这也就是说，收视率和满意度之间存在着正相关的关系。我国学者萧海峰进行的"满意度与收视率、市场占有率及忠诚度关系的实证分析"的研究结果也显示：无论从全体观众来看，还是从不同性别、年龄、文化程度和收入的观众群来看，全部节目的满意度和收视率之间都存在非常显著的正向相关关系。也就是说，就整体而言，满意度越高，则观众人数越多；反之则越少。[1] 然而香港地区的《明报》2005年的年度报告中，2005电视节目欣赏指数第三季度调查结果阐述了与之

---

① 钟庭耀，彭嘉丽，陈雪丽.2006电视节目欣赏指数调查第一阶段调查［EB/OL］.（2006-05-01）［2006-05-10］.http：//www.rthk.org.hk/special/tvai/2006/season1_summary.htm.

相悖的结论,他们认为,"欣赏指数的调查方法得出的结果太过客观,不会得出争奖传闻,而且得分高的节目,多半是一般观众不太热爱的,只有少数较好收视又高。……观众对大多数欣赏指数高的节目认知度偏低,有些观众甚至可能不知道有这些节目的存在"。

从不同国家和地区进行的相关研究中我们可以看出,对于满意度的研究一般集中在观众、节目类型等变量的变化关系上,缺乏与收视率之间的关系的直接证据。

二、传播影响力的形成与发生模式

(一)传播影响力的形成过程

大众传播研究包括传者、内容、渠道、受众和效果五个部分,其中以效果研究历史最长、争议最大、现实意义最强。所谓传播效果,是指传播者发出的信息经媒介传至受众而引起的受众思想观念、行为方式的变化。[1] 传播影响力是在此概念基础之上提出的,也就是传播内容到达后的效果及其再释放能力所产生的最终结果,是接收者完成接受行为后,传播内容对个人和社会实际生成的影响力度。一般认为,传播影响力的形成可以分为媒介传播、个体接收、接受影响、影响再传播、影响力形成五个步骤,整个过程如下:[2]

媒介传播→个体接收→接受影响→影响再传播→社会影响力

传播行为对受众个体产生的影响因接收个体的差异而不同。个体接收的差异造成了接受影响的不同,并导致发生变化的影响进行再传播,从而形成社会影响力。在形成影响力的五个环节中以"个体接收"和"接受影响"为最重要。传播影响力的形成过程与传播效果研究中的"两极(多极)传播"极为相似,即媒介信息通过意见领袖的"过滤"和"加工"后到达与意见领袖有社会接触的个体,从而形成大众传播→意见领袖(一个或多个)→受众

---

[1] 费斯克,等.关键概念:传播与文化研究辞典[M].李彬,译.北京:新华出版社,2004:91.
[2] 俞虹.分众时代电视社会影响力分析[J].中国广播电视学刊,2004(1):53-54.

的传播过程。"两极传播比直接的大众传播更有说服力,经过意见领袖再加工的信息针对性更强,更容易被受众接受和相信。"[①] 两极传播理论的研究结果表明,真正能够影响公众行为的并不是大众媒介传播行为,而是人际传播行为,而且人际影响比媒介影响更频繁、更有效。从传播影响力形成的过程中,我们不难看出,传播影响力的相关研究也是从大众传播渠道和人际传播渠道相互连接的具体层面展开的。

(二)传播影响力的发生模式

从上面的分析中我们可以知道,形成传播影响力的关键环节是"个体接收""接受影响"这两个环节,由此我们可以得出以下的传播影响力发生模式:

(传)(再传播)(形成)

传播媒介→意见领袖(小众)→大众→传播影响力

由此,我们可以看出对意见领袖的把握是传播影响力能否产生以及其释放能量大小的关键。因此,要想产生权威影响力,就不能忽视对意见领袖的开发和利用。1987年,著名传播学者约翰·费斯克在《电视文化》一书中提出了"生产者文本"的概念,肯定了受众的权利,电视节目收看者中的一部分"观众—生产者"在媒体机构所构建出的"文本"基础之上,重新进行了意义阐释,由他们所"生产"出的新文本具有扩散性强,形式多样,兼具感染力和示范力,易于为大众所接受等特点。根据以上讨论,我们将进一步探讨收视率、满意度与传播影响力、意见领袖之间的关系。

三、电视节目传播影响力与收视率和满意度的关系

(一)电视节目传播影响力与收视率的关系——被商品化的受众

电视节目的收视率和传播影响力之间的关系,表面上看是收视群体指数高,看的人多,影响范围则大;反之,收视群体指数低,看的人少,影响范

---

① 段鹏.传播学基础:历史、框架与外延[M].北京:中国传媒大学出版社,2006:230,231.

围则小。但是高收视率并不等于强影响力；同样地，低收视率也不等于弱影响力。二者之间并不是简单的正比和反比关系。有专家指出，当大多数电视节目在内容、形态和制作手法上几乎雷同、缺乏新意的情况下，高收视率很可能是因为观众没有更佳的选择结果。一般来讲，收视率调查以测量受众规模为目的，而不研究其如何接受媒介信息，因此在节目影响力表达方面的参考价值并不大。但由于高收视率意味着广阔的受众和广泛的影响范围，一般认为它所形成的影响力必然是最大化的，但同时需要指出的是这种最大化的传播影响力是泛化不均的，一定程度上限制了传播影响力形成"再传播"这一环节。

另外，用数字来界定和表达的收视率具有很高的经济价值，电视节目收视率多用于广告等商业性目标评价，往往会带来经济效益导向的传播。由于广告商在投放广告时，主要会优先考虑高收视率的节目，以致电视节目制作者的成功往往是以能否实现"受众的商品价值"来衡量，而经济效益显然不应该是实现传播影响力的重要参考指数。

（二）电视节目传播影响力与满意度的关系——主动的受众

1959年，美国传播学者卡茨在对贝雷尔森"传播研究看来将要死亡"的说法作出回应时，首次提出了"使用与满足理论"。这一理论主要研究媒介受众的一种取向，这一取向的核心主张是：受众成员对媒介产品的消费是有目的的，旨在满足某些个人的、经验化的需求，即人们观看电视与电影或阅读报纸与书籍等，实际上都在不同程度地使自己的某些需求获得满足。但是对于电视节目而言，这种所谓"满足的衡量指标"就是满意度。满意度这一概念所关注的是受众如何选择电视节目，如何理解电视节目，甚至如何介入电视节目影响力的再传播过程。

满意度指数高的电视节目往往会对"意见领袖"产生影响。意见领袖的特点是：扩散性强，形式多样，有感染力和示范力，易于为大众所接受。因此，他们不会被动地接受信息，而是以主动的方式介入传播过程，其自身对社会具有巨大的主导力量和很强的话语权。作为"强话语阶层"，他们一旦接受了某种电视节目内容或者形式，并受到影响后，就会借助各种途径在公众领域中对其进行广泛传播，从而产生更大范围的权威影响力，这种影响甚至可能会渗透到公共事务和政治等领域。

今天，如果我们的媒体完全依照收视率评价体系来运作，那么传媒的"大多数原则"将发挥巨大的作用，将与分众化时代受众需求日益多样化的趋势之间产生矛盾，很多人就会失去观看自己所喜欢的节目的权利。收视率调查是用以评估广告时间的价值及帮助编排电视节目的播放的，而立足于了解受众的需求，满足程度的满意度评价体系是通过定量分析其欣赏、兴趣、享受、"值得"等主观概念，对节目的"报偿保证"进行思考的，因此对传播影响力的评估和预测有着更为现实的参考价值。

四、结语

电视人通过收视率的"晴雨表"，调整节目的生存发展取向；广告商通过收视率的高低，决定广告投放的去向和额度。应该强调的是，电视节目所产生的影响力是集体性的，因此既要有量的积累，又要有质的保证，它们在受众的收视行为中共同作用而产生影响。收视率只是一个表象的参数，而满意度则为了解观众的深层需求提供了参考。因此，不能片面地追求收视率而忽略对电视节目满意度的提升，而应客观地对待这两个节目的评估参数，以便更加合理地对其加以利用。虽然目前在我国，收视率在某种程度上仍然对电视节目的改版和去留拥有绝对的控制权，但是我们也欣喜地发现，越来越多的电视节目制作者和广告商开始注意到目标受众和受众总体之间的差异，开始挖掘满意度对受众的影响力，而满意度调查的地位也在不断地上升。

当前我国电视节目改版应遵循的三种规律[*]

一

毋庸置疑，20世纪90年代中后期是我国电视业发展的辉煌时期，其中尤以电视频道的迅速扩张、电视节目的频繁改版为最主要的表征。我们欣喜地看到，这一时期某些节目的理念、制作水平和社会效益已接近世界先进水平，节目内容多元化、形态多样化、生产专业化成为电视人追求的共同目标。应该说，这也是我国电视节目改版正在逐步走向成熟的标志。然而，仔细审视一下我国电视节目改版的现状，我们也不难发现，在这一领域仍然存在着许多不容忽视的问题。这些问题如不加以妥善解决，必然会制约和影响我国电视业在21世纪的进一步发展和壮大，甚至可能将关系到我国电视业参与国际竞争的实力和面对传播日益全球化、信息日益网络化挑战的应对战略与能力。

二

具体而言，当前我国电视节目改版存在着以下几个方面的问题。

---

[*] 本文原载于《现代传播（中国传媒大学学报）》2002年第5期，收入本书时略有删改。

1. 节目改版过于随意、过于频繁

电视节目是电视生产和消费系统的最终产品，也是改革最见成效的环节，因此，各电视台几乎都将节目改版作为重要任务来进行。应该说，节目改版本身并没有什么不妥，它是对传播行为的一种调整，也是适应和开发传播市场的一种举措。关键在于如果只是迫于"长官意志"的压力"限期完成"，"为改版而改版"，一哄而上，随意改版，而并没有明确的改版的目的、依据，没有了解其他媒介相关类型节目的运作状况以及本地电视市场和受众接受习惯等问题，那么这类节目改版将很难达到预期的效果，甚至会出现由此引发的许多负面问题，如人事与分配体制不配套、主创人员积极性降低等。

此外，改版日益频繁也会导致原有电视节目不能拥有充足的时间来树立和完善自己的品牌形象。"罗马城并非一日筑就"，任何电视节目都有其基本的生命周期，形成传播效果更需要充分的时间。

2. 节目改版中的"唯收视率论"

应该说，商业化本身所固有的世俗化特质在一定程度上导致了大众传播文化品格的下降。收视率是广告商选择电视节目时段投放广告的主要依据。在商业利益的驱使下，收视率就成了各大电视媒介进行节目改版时的终极目标。"唯收视率论"不仅使电视节目在改版后普遍呈现出媚俗化的倾向，一味迎合受众，追随受众，更致使相同类型或近似类型的娱乐节目层出不穷，而肩负引导受众的责任的高品位文化节目、艺术节目却越改越少、踪影难觅。虽然正如美国传播学家梅尔文·德弗勒所说，电视媒介的本体特质决定了电视节目总体上的大众化趋势，收视率也确实是衡量节目改版的一个重要指标，但我们仍然要把握电视"作为社会公器它又确实有着提升民众欣赏水准的责任，至少应该为那些有自我提升自觉性，因而希望看到知识性和高品位节目的观众提供他们想得到的"[①]。

---

① 苗棣，范钟离. 电视文化学 [M]. 北京：北京广播学院出版社，1997：145.

3. 节目"克隆"现象严重，节目样式趋于雷同

可以说，造成这一问题的原因是多方面的：第一，主创人员受到"唯收视率论"的巨大压力，而直接抄袭其他电视台成功的节目形式是应对这种压力的最简单有效的方法；第二，节目改版过于频繁，不可能给主创人员留下充裕的思考、调查、尝试和评估的时间；第三，主创人员视野不够开阔，手中时间、资金有限，更可能将目光锁定在国内各电视台和我们的近邻——港台地区电视台的相关节目上；第四，目前我国大多数的电视频道还是综合频道，定位上没有差别，而可资借鉴的节目类型亦属有限，无法满足频繁改版对新节目样式的大量需求，导致周五一起来"欢乐"，周六一起来"速配"这类现象的进一步加剧。

4. 节目样式的变化大于内容的进步

在当今我国的电视界，节目形式似乎仍然是衡量节目改版是否有效的最重要的标准。于是，大批形式花里胡哨、包装故弄玄虚、内容空洞无聊的"新节目"纷纷面世，却并不能长久地吸引受众的注意力。因为受众真正关注的仍然是节目的内容。这一点相信会伴随着我国电视业的发展、受众主动选择能力的增强和受众欣赏趣味的提高而表现得越发突出。

5. 节目形态落后，难以形成稳定的收视群体

在全国电视界大规模的节目改版后，我们失望地看到仍是由"综合板块栏目"占据了电视节目的主流。应该说，这种在大众传播业不甚发达的时期的"万能综合频道"理念已经远远落后于今天日益细分的受众市场。在今天这个传播趋于专业化、小众化、适位化的背景下，综合板块栏目由于其内容庞杂、形式多变，不利于争取受众的长期、持续和稳定的收视行为，而只有专栏节目可以凭借着它专业性、针对性较强的内容和类型化、固定化的节目形式来培养相对稳定的受众群体。

纵观当前我国电视节目改版中存在的诸多问题，不难发现，其中既有节目系统内部原因的影响，也有一些是由于受到我国电视机构特殊管理体制的制约。诸如各级、各地电视台之间的竞争关系并不十分明晰，媒介原创意识和知识产权意识的淡薄，缺乏自上而下的宏观思路和战略设计，等等。但是，我

们不妨先抛开宏观的政策、体制因素，大胆设想一下我国电视节目改版必须遵循的几条客观规律，也许会对电视节目的制作者和改版工作的执行者拓宽思路、开阔视野有所裨益；也可能对未来我国电视体制改革的方向和思路有所启发；更应该能够在一定程度上解决当前节目改版中存在的一些问题。

三

在美国电视行业中流行着一句话"人们看的不是电视台，而是他们的节目"。也就是说，受众是根据节目来选择电视台，而不是根据电视台来选择节目。更确切地说，"节目是电视业加入市场竞争的根本元素"[①]，它是电视媒介活动的最终输出产品，以低成本生产优质产品为其根本要旨。对电视节目生产而言，要突出强调产品的质量、产品生产的效率和产品生产的作业流程的科学性等问题。这三个重要问题也正是衡量我国电视节目改版有效性的标准。我们也据此提出了我国电视节目改版所必须遵循的三个基本规律。

1. 遵循电视节目的市场规律

电视节目市场有其自身的运行规律，在进行节目改版时对市场进行客观分析，把握并遵循其运行规律显得尤为重要。大体来看，电视节目市场状况可以分为以下三个方面。

（1）市场变化信息

市场的动态变化可以包括当前电视市场的规模与增长率、受众的基本构成状况、特定受众的收视需求、广告主时段购买行为趋势等诸多方面。这些市场的动态变化信息不断地显示着节目市场的最新特征，可以帮助我们的电视节目改版做到有的放矢。

（2）节目自身状况

节目自身状况包括一个电视节目过去几年的销售额、价格、利润等。其

---

① 胡正荣.媒介管理研究：广播电视管理创新体系［M］.北京：北京广播学院出版社，2000：104.

主要指标包括市场占有率、收视率、节目类型、媒介信用度、节目生命周期、结构比例、新节目开发趋势等。

（3）竞争者分析

列出竞争对手以及他们的规模、目标、市场占有率、节目质量、传播策略和竞争态势。这样可以做到知己知彼，加强改版针对性和实用性，使节目改版的效益最大化。

在掌握了当前节目市场的运行规律之后，我们便可以根据这些规律着手对电视节目进行改版。

首先是调整节目结构。由于受众的差异性不断增大，电视节目在改版时切不可好高骛远，"一个节目包打天下"的时代已经一去不复返了。当前的节目改版应当针对不同性别、年龄、职业、文化程度、爱好的受众的不同需求来"量身定制"，同时还应保证节目结构合理、长短片搭配、抑扬有致，促进兴奋点的产生。

其次是改变栏目设置。电视节目改版要根据受众调查的结果，研究节目投放时段和栏目设置顺序，设置相应的新栏目，体现出节目的多样化、多层次和社会生活化。同时，改版的过程也是一次栏目间优胜劣汰、优化组合的过程，有助于形成精品名牌节目，培养受众的品牌忠诚度。

最后是改善节目编排状况。在电视节目改版工作中，既要考虑到栏目多样化的要求，也要将各栏目间有机地衔接起来，前后呼应，浑然一体，才能吸引和维持受众的注意力。

2. 遵循电视节目生命周期的规律

恩格斯说过，任何事物都有其产生、发展、灭亡的过程。电视节目自然也有它的生命周期。正像市场营销学将一种产品的生命周期划分为引入期、成长期、成熟期和衰退期一样，电视节目的生命周期也可以按照这四个阶段进行划分，并形成一种连环抛物线式发展轨迹（见图1）。

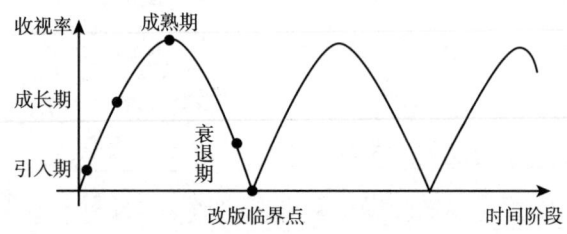

图 1　电视节目生命周期

从图1我们可以看出，当一个电视节目处于衰退期时，节目改版是保证它进一步攀升收视率的关键。同时，我们也认为除引入期外，在电视节目生命周期的不同阶段都有它相应的改版策略。在衰退期末段，就是所谓改版临界点，电视节目改版已经显得相当被动，也造成了收视率起伏波动过大等不利影响。以下简要分析在电视节目生命周期不同阶段的改版要求与策略。

（1）引入期

电视节目引入期是在节目刚刚推出时，一般认为在这个高风险阶段不适合再做不利于稳定受众的改版工作。

（2）成长期

电视节目进入成长期后，收视率、广告量不断增长，节目运行井井有条，是获取利润的最佳时机。但出于对如何有效地延长这一阶段的时间以及如何面对一大批"克隆"节目的跟风的考量，阶段性改版工作势在必行。

具体而言，需着手改进以下两个方面的问题：

一是完善节目外在形式。经过引入期的市场检验，节目包装方面的一些失误和缺陷在此阶段可以适当加以调整。

二是开发相关节目。这实际上是在进行节目市场的细分，也是用以防止大量"克隆"节目瓜分现有市场的有效途径。相关节目的开发既可以对主打节目起到补充和衬托作用，也可以试探性地进入延伸市场领域。

（3）成熟期

成熟期的主要特征为节目收视率稳定、利润达到最高点、节目样式和内容新意不多、收视率很难进一步攀升等。就电视节目改版而言，这一阶段为全面改革的最佳时机。唯其如此，才能尽量延长成熟期、延续高收视率和高效益。

成熟期的节目改版应在尽量保证节目品牌资源得以延续的前提下，深挖节目的潜在优势，对节目内容和形式加以全面、大胆的改变，争取给受众一个"耳目一新"的感觉，争取在激烈竞争中的主动权。

（4）衰退期

电视节目的生命老化后，即使经过多次改版仍然不能止住收视率下滑的趋势，面临着被市场淘汰的危险，就是它进入衰退期的标志。应该说，在这一阶段着手改版已是"回天乏术"，显得十分被动，不如直接撤下节目，节省出大量的人力、物力、财力，另辟蹊径，推出全新的节目，以图"东山再起"。

3. 遵循我国现阶段频道专业化发展规律

频道专业化是国内外电视业发展的潮流，但正如某些业内人士所指出的，由于受到电视媒介盈利模式单一等因素的影响，我国电视频道专业化发展进程将相当缓慢。[①] 但同时，大众化专业频道，如新闻、电影、体育等粗线条的频道划分可以较好地完成盈利目标已是不争的事实，这就是我国现阶段的频道专业化发展规律，亦即"大众化专业频道、个性化专业节目"。当前的电视节目改版必须遵循这个我国现阶段频道专业化的发展规律，既不应以大量的收视率和广告收入为代价盲目、超前、大量地推出小众化频道，也不能无视大众化专业频道和个性化专业节目获得良好效益的事实。事实上，大众化专业频道的实施为电视媒介走向市场和电视节目按市场化、个性化的原则进行制造、生产和播出提供了一个相当有利的平台和空间。

在电视节目改版过程中，我们需要依照大众化专业频道的要求来改进节目类型和内容，具体原则就是"主题明确，统筹安排"。大众化专业频道既有明确的主题，也必须有相对多样性的节目，我们应当根据该频道的主题统筹

---

① 孙玉胜.电视盈利模式的错位：频道专业化与付费电视［J］.现代传播，2002（2）：1-5.

安排，各有侧重。以中央二套，即经济、生活、服务频道为例。该频道所设置的栏目从早到晚大致有《电视购物》《证券时间》《欢乐家庭》《中国财经报道》《生活》《经济半小时》《商务电视》等，周末还有《正大综艺》《开心辞典》和《幸运52》等综艺性节目。

纵观该频道的各栏目设置，基本上都是围绕经济、生活、服务这三个主题展开的，可以说是比较全面、深入的。从类型上讲，有如《中国财经报道》这样的新闻报道类，《经济半小时》这样的访谈类，《生活》《电视购物》这样的服务类，还有《正大综艺》《幸运52》这样的综艺类；从风格上讲，既有正经严肃的，又有轻松活泼的；从观众定位上讲，既有面向专业人士的，也有面向广大群众的。

应该说，围绕着这样的原则进行的频道定位和节目改版就是遵循了我国现阶段频道专业化的发展规律，既未超前，也不滞后，符合客观条件的要求。

"流水不腐，户枢不蠹。"一成不变的节目在目前受众选择多元化的形势下是无法生存的，改版是电视节目在激烈竞争中制胜的重要武器。但是在使用这个武器时，必须首先研究其原则，了解其效果。频繁无序地改版只能导致受众的流失，只有遵循前文所指出的三个规律，建立在细致调研、缜密思考和科学安排基础之上的改版才能使节目历久弥新，保持旺盛的生命力，成为名牌节目。

《图兰朵》备忘录*

——《图兰朵》与《中国公主杜兰朵》对话及潜对话

> 歌剧是独立的艺术,不可能轻易变为另一种艺术形式……要是将来能建立起不同艺术的"血缘关系"就算完满了。
>
> ——穆索尔斯基,1877年8月

一、渊源

1926年4月15日之夜,音乐大师的遗作在米兰的斯卡拉剧院首次公演。在第三幕的合唱"可爱的柳儿,善良的柳儿!安息吧,深情的柳儿"之后,乐声戛然而止。托斯卡尼尼放下指挥棒,然后转身面对着台下座无虚席的观众说:"写到这里,这位伟大的作曲家去世了。"为了纪念已经离开人世的普契尼,当夜仅演出到他所写的最后一个音符为止,而这部尚未完成的歌剧就是《图兰朵》。

1920年夏天,戏剧评论家西蒙尼(R. Sinmoni)将18世纪威尼斯作家卡·高基(C. Gozzi)的剧本《图兰朵》介绍给普契尼,普契尼对这部以中国为背景虚构的作品大感兴趣,并请高基和阿达米(G. Adm)编写适于歌剧演出的剧本。非常不幸的是,1924年11月29日,这位令意大利人引以为傲的歌剧作曲家在写完歌剧《图兰朵》第三幕"柳儿之死",只剩那么一小段音

---

* 本文原载于《现代传播(北京广播学院学报)》1998年第12期,收入本书时略有删改。

乐就可以再创音乐生命的高峰时，被喉癌夺去了生命。在他去世后的第三年，作曲家阿尔法诺（F.Alfano）聪明地在总谱上略去了大量没有曲调的歌词，匆匆结尾，便成就了我们今天所听到的意大利歌剧《图兰朵》。

假如普契尼能够活到写完这部歌剧，那么他所作的结尾必然与我们现在所能听到的大相径庭。从他的往来书信中我们不难发现，普契尼希望自己的音乐新颖、不同凡响，在鲜明的音乐中描绘出冰冷的图兰朵从一个抽象的传奇人物，到一个真实热情的人，再到一个热恋中的女人的全部变化，但阿尔法诺所作的结尾二重唱似乎难以表达如此复杂的变化。不过，这部歌剧虽然存在着这样那样的缺憾，仍不失为一部杰作，伟大艺术家未完成的作品也具有它自身的独特魅力。这也许正是那位待人冷漠又暧昧的中国公主在被淡忘了几十年后又焕发了青春，并使自己的吸引力可以与波希米亚诗人、日本新娘相抗衡的原因所在。正如意大利著名评论家卢尔第写道的，普契尼在最后送给我们的《图兰朵》意味深长地证明了他是一位天生的艺术家。

1994年的秋天，在杭州"小百花艺术节"上，中国剧作家魏明伦从歌剧《图兰朵》改编的川剧《中国公主杜兰朵》（以下简称《杜兰朵》）的演出获得了成功，它又在而后成都举办的第九届"中国戏剧节"中，一举囊括9项大奖，被传媒誉为"思想性、艺术性、观赏性鼎足三强的状元戏"。据主创人员宣称，东西方文化撞击与交流的趋势不可阻挡，《杜兰朵》是现代中国人将古代外国人因不了解中国而幻想的中国故事戏剧化、现代化，因而此剧也为加强中国的对外交流作出了贡献。

那么，《图兰朵》与由其改编而成的《杜兰朵》之间，两种文化的碰撞与交流究竟体现在哪里，二者又各自有何得失利弊呢？我们不妨做个简单的比较与分析。

二、主题、剧情与结构之比较

> 对于所需情节的数量，各民族皆有其爱好。
>
> ——美国戏剧家乔治·贝克，《戏剧技巧》

歌剧《图兰朵》实际上是以东方时空为依托，按照由西方文化习俗制约的思维方式幻想的中国故事。显然最初威尼斯作家高基的剧本受《马可·波罗游记》影响甚深。从剧中人物的名字（如阿尔木图、图兰朵、鞑靼王铁穆尔等）和"北京"等地名中也不难发现其端倪。在我国元代，元大都（北京）的繁华、开放、多民族聚居等特点也为西方人更多地了解这个东方古国提供了有利的条件。但西方人毕竟是西方人，从高基到席勒、普契尼，再到布莱希特，他们始终在自己的《图兰朵》创作中用西方人的思维方式、人生哲理和审美追求描述着一个美好的主题："爱能征服一切。"

在歌剧《图兰朵》中，女主人公图兰朵冷酷孤僻，仇视男性〔这据英国心理学家蔼理士（Havelock Ellis）的说法，也是"性歧变"（Perversions）的一种〕。在图兰朵看来，战乱频仍与奸淫烧杀之类的恶行的源头都是男性，他们简直是一切罪恶的渊薮；而当她被隐名王子热吻时，图兰朵的冰心融化了，对男性防范的堤坝坍塌了，她终于为异性的爱所征服。其结局自然也无非是宫廷招驸马，荣华富贵的大团圆。

平心而论，西洋歌剧由于受到表现形式方面的制约，不善于，也不宜描述过于纷繁的事件和情节，而《图兰朵》恰恰扬长避短，以"简而奇，直而真"擅场。纵观该剧，可谓主题集中、结构简约、情节离奇，人物个性鲜明，且到处闪烁着西方式的对待爱情的灼热与直白，其对爱情的力量的讴歌更足以在全人类范围内引起共鸣，这也许就是它近年来不断在大都会歌剧院、高文花园歌剧院等西方著名音乐场所常演不衰、广受欢迎的原因之一。

川剧《杜兰朵》则从深化原著中女奴柳儿的形象入手，从她与王子的爱恋关系中提炼出新的意义："世人的爱情幻想多不切实际，最美的其实就在身旁！"为此，魏明伦删去了父王（铁穆尔）这一角色，将柳儿设计为无名氏（《图兰朵》中的隐名王子）的烧火丫头，使内涵的多义性、题旨的普遍性和意蕴的丰富性得以突出。公主杜兰朵红颜冷血的原因也被改为对男尊女卑这一封建伦理道德的逆反心理——认为男人都是"须眉浊物""银样蜡枪头"。她在宫廷生活中养成了高傲任性、冷酷孤僻的性格，同时压抑封闭，寂寞难耐，也有着对生活、对爱的朦胧期待。当无名氏闯入了她的生活，柳儿炽热的血、悲壮的死终于引发了杜兰朵的转化，使之从高傲冷酷转向平凡热烈，压抑着的人性、人情、人欲复苏了，萌动了，至高无上的尊严动摇了，最终她与烧火丫头"合为一体"，伴无名氏远走高飞，回归自然。从这个意义上讲，柳儿并没有死，不复存在的是冷漠的公主。杜兰朵已化作柳儿，外貌与心灵，双美结合。在中国公主的羽化中，人们面对这个喧嚣浮躁的社会所产生的返归自然的情愫，也或多或少会得到些许慰藉。

也许魏明伦本想把人物性格写得比歌剧更丰富、更完整，但在实际效果上由于片面地追求"拔高"而不免使人物缺乏特点，更重要的是将全剧的逻辑主线和主题归结在"人性美"方面，使得整个故事情节与人物关系略显混乱。但歌剧《图兰朵》由于把主题定在简单直接的"爱能征服一切"上，就使得柳儿为爱而死，王子为爱而不畏死，图兰朵为爱而彻底转变等一切情节显得顺理成章，且因这一主题在剧中表现得既广泛又集中，更使"爱"的主题具有撼人心灵的力量。莫里哀在其著名喜剧《没病找病》中说过："女人最大的心愿是有人爱她，趁着年轻把自己交给爱情。"只要有了爱，一切事物的发展就都具备了可能，这难道不是人性的永恒主题、不是世上最美的东西吗？

在剧情安排与结构方面，川剧《杜兰朵》确实做到了跌宕起伏，一波三折。由喜而悲，由悲而喜，最终是亦悲亦喜。相对于歌剧的先悲后喜显得更为丰富，更为成熟。对"三考无名氏"这个戏剧冲突核心的重新设计，从表现川剧（大而言之是整个中国传统戏剧）独特优势的角度看，编导们还是下了一番功夫，取得了一些成效的。在歌剧原作中，图兰朵向求婚的王子提出三条谜语，而谜底都被王子猜中。由于受到西洋歌剧特殊表现形式的制约，这个过程全部是通过相对静止的对唱手段来展现的，如果照搬到川剧中可能会使观众感到乏味。但《杜兰朵》的编导们把三条谜语改为三道难题，即臂力、智力和武艺。这就使得歌剧创作中单调的一问一答场面，顿时变成纷纭繁复、充满动感的舞台调度；而且在其中较为自然地融入了一些川剧特技，使原本沉闷的场面得到了相对的改善。虽然川剧中三个问题的设计未免有些程式化的味道，但这种在俗文学话本中常见的程式正是普通观众所喜闻乐见的，因而它的合理性也是值得肯定的，这也是重视观众的审美情趣、心理定式、情感精神所获得的成功。

三、歌词曲调的臧否

> 对真正的戏剧性歌剧而言，词和曲都必须适当地表现出来，其中有些词句人们只能用大众语言去演唱。
> ——斯美塔那1853年致友人的信

歌剧《图兰朵》曲作者普契尼生长于音乐世家，他非常尊重、热爱意大利歌剧传统，是威尔第忠实的继承人。他认为"一部歌剧的基础在于题材与文学处理"，他的歌剧演出是强烈的戏剧性与音乐、管弦乐、朗诵、动作、服装、布置以及灯光的最高效率的结合。剧本作者西蒙尼和阿达米同样也是出身文艺世家，他们乐于遵循西方戏剧的传统，善于把握歌剧文本"铺排华丽，双关语、借喻、藻饰举足轻重"（威尔第语）的特点。他们也清楚"戏剧叙述故事的艺术，必然与其对象——观众息息相关。只有先假定面前观众的状态与特征，才可能合理地感动他们的理智与同情心"（参见威廉·阿契尔《剧作法》）。因而他们所创作的文字中，既贯彻了西方传统的戏剧理论和模式，又利用了一种幻想的"中国化"氛围来引发西方观众对遥远、古老东方故事的好奇心，在这个层次上讲，剧本的确取得了成功，也基本符合普契尼对剧本的要求，比如，在第一幕中王子为图兰朵着迷时，白衣祭司的独唱旋律凄婉动人："啊！伟大的孔子！愿这垂死者的灵魂——前去谒见你！"又如第二幕第一场中三大臣的重唱："……在你轻柔的绫罗帐里，支配着你的却是你夫君！你已品尝了甜蜜的亲吻，爱情征服了你的心……"这一段带有东方文化的神秘色彩的词语铺排和涵义展现显得非常精彩。更令我们惊奇的是全剧中某些段落的写作简直与中国的传统文化契合若神，甚至比川剧中所展现的人的某种劣根性和封建官僚心理更为准确、更为深刻。例如，从剧中"人们"

的唱词中我们不难发现，他们简直就是鲁迅先生笔下活灵活现的"无聊的看客"。在图兰朵命刽子手磨刀杀人时，他们兴奋莫名，唱和着"磨光！啊！磨光！磨光！……哈哈……"而当波斯王子真的被处死时，"人们"又体现出人性中的恻隐之情，合唱着"不幸的青年……他的举止多么勇敢……我们求你，给他赦免"；尤其是在"三问三答"场景中，"随风倒"的特性更是暴露无遗；在"今夜无人入睡"一段，"人们"凶恶地用匕首恫吓王子"不等你成功，先要你的命……"也集中表现了那种阴暗、自私的心理。《图兰朵》的文本在描绘中国封建官僚（三大臣）的性格与心理时更为成功。首先是道貌岸然。在王子准备入宫应试时，三大臣嘲笑他："公主？呸！啥东西！不过是个戴王冠的妇女，你要看见她的光身子，这块生肉可不好吃！"其次是媚上欺下。在刚刚向公主献媚后，他们粗暴地对待侍女们："多嘴的婆娘，滚开！滚开！"甚至连中国封建官僚"归隐林泉"的理想也有涉及。在剧中第二幕，"三大臣"面对残酷的现实、血腥的屠杀不禁对自己助纣为虐的行为感到悔恨，有一段咏叹调唱道："我们居然是杀人内阁……我在圣贤书中绞尽脑汁，把青春年华全抛弃！我多想回到齐、鲁，竹林环绕翠欲滴！"

必须指出的是，虽然歌剧剧本成功之处颇多，但西方人对中国的了解程度的局限性仍使它不可避免地犯下了一些不太切合实际的错误。如对中国甲子、干支的混乱颠倒运用，再如对印第安王子的描述，甚至最后的"一吻定情"，虽然极具传奇的浪漫色彩，然而毕竟与实际生活、与中国人的心理和传统观念相距甚远，较难为中国观众所认同、接受。

魏明伦的《杜兰朵》属于中国传统戏曲剧种中的川剧。它主要流行于四川全省和贵州、云南的部分地区，距今有三百多年的历史。川剧的音乐由几种主要声腔系统的腔调和演唱形式结合四川方言、民歌与其他民间音乐融汇而成，包括昆腔、扁腔、胡琴戏、弹戏、灯调五种声腔，直到民国初年，早期分班演出的各种声腔才逐渐结合到一起。其中又以高腔最具代表性，包括续歌、帮腔、打击乐伴奏三方面。曲调富于抒情性的帮腔与一般叙述性较强的唱腔密切结合，谐和而有对比，善于表现各种人物和剧情。

剧作者魏明伦，童年失学，9岁演戏，靠自修完成《巴山秀才》《潘金莲》

《夕照祁山》《中国公主杜兰朵》《变脸》等剧目的创作，号称"巴蜀鬼才"。导演谢平安也是由武生改行做导演工作，近年来屡获国内奖项。不可否认的是，正是四川相对封闭的人文环境和编导文化功底以及理论素养的先天不足，为《杜兰朵》的词曲文本留下了不少遗憾，使它基本上只能适应四川本地观众的通俗文化需求的部分需要，距离走向全国甚至面向世界、与《图兰朵》的影响力相抗衡乃至直接对话尚有比较遥远的距离。

在人物形象设计方面"侏儒"（矮子功）的出现可能会使大多数不了解川剧的人感到新鲜、好奇，但他的语言多为自以为幽默的无聊话，与歌剧中三大臣华丽、曼妙兼具思想性的唱词难以相提并论。

"因词害义"和"以韵害义"的现象在川剧中显得更为突出。如"钟鸣鼓震'跑龙套'，乐队快吹'风入松'"即是一例。为了凑上前句的"钟"字韵，编导们只能让宫廷中奏起不合时宜的《风入松》，而不能是《天心顺》《歌舞升平》《春到御园》等传统宫廷燕乐。如在"射得好，射得妙，双箭同中雁儿腰"唱词中，为了凑上"妙"的韵脚，不惜让观众莫名其"妙"，有谁听说过"神箭中雁腰"？雁腰又在哪里？而为了卖弄才情，运用大量古诗文化到唱词中，则更使人不知所云。如"请公主先换方位……我再引您扶摇直上"，这里不过区区几级台阶，怎能化用《庄子·逍遥游》中形容鹏鸟展翅雄姿的词语？在"这里不是鸡声茅店，人迹板桥，任随你想来就来，想走就走"这句对白中，温飞卿为我们营造的感伤、冷清氛围被粗暴地破坏。再者，宋之问的"近乡情更怯"又如何能与"求婚者临场热减温"牵扯在一起？诸如此类，不胜枚举。好在该剧编导毕竟有些才气，某些段落的写作还算比较精彩。如"拒婚姻逐媒妁独身自爱，雪无情霜无欲冰凝胸怀……""一阵亲隈一阵暖，一阵惊羞一股甜……""……我要靠纯情绿化相思树，定能使铁心女柔肠复苏""……让柳儿重新回到人世上，我与她青春做伴好还乡"等段落都表现出较高的写作水平。

综上所述，《杜兰朵》在文字处理方面比较令人失望，中国传统的戏剧语言理论"造语必俊、用字必熟、遣词必准、达意必清"（周德清《中原音韵·作词十法》）几乎完全没有得到体现。但《图兰朵》则在这方面显得游刃

有余。"说话简练而不失华丽,语义明确而铺陈得当,意味深长而不显得隐晦蹩脚"(博马舍《关于〈费加罗的婚礼〉的创作》),它基本秉承了西方歌剧的文字传统,为我们提高原创歌剧水平提供了有益的借鉴。

四、九月的演出

他的演出让歌手如置身于棉花软床上。
——TVBS 对祖宾梅塔《图兰朵》演出的评价

张艺谋的"本末倒置"把《图兰朵》推向失败。
——北京某报头版文章

所幸自贡川剧团是非常优秀的剧团……魏明伦毕竟还有一点小聪明……所以这出戏到底也还值得一看。
——北京某报《一戏一议》对《杜兰朵》的评价

1998 年 9 月 5 日晚,北京的太庙人潮涌动,数千人在此观赏一部歌剧。身披金色铠甲的士兵打着锣鼓开场,正中央的"旨"字布幕突然从中间分开,著名指挥家祖宾·梅塔自内缓步走出,"大师,好啊!"一句操着意大利腔调的大喊引来了现场观众热烈的掌声。第二幕结束时的盛大齐奏拉得特别长,在爆炸性的休止符、乐声即将结束之际,现场的观众已经忍不住跺脚大喊"BRAVO"(好)。这就是张艺谋和祖宾·梅塔共同推出的意大利歌剧《图兰朵》。

就音乐本身而言,这位出身于孟买音乐世家、早年即负笈奥国的天才指挥家的确为我们演绎出"爽朗而朝气澎湃"(萨尔斯堡音乐节后权威乐评人 C. 林克对他的评价)的"梅塔风格",同时结构严谨、感情丰富,具有感人至深的独特魅力。可以说,梅塔的指挥给了我们一把欣赏《图兰朵》的钥匙,它创造了自己特别的世界,并且让我们感到自己也是其中的一员——似乎你已被准许进去呼吸它那奇怪而另有天地的空气。(伯恩斯坦《音乐欣赏》)合唱及乐队的表现同样可圈可点，只是独唱（女高音芭芭拉·亨得里克斯、男高音兰多·巴托里尼）表现平平，乏善可陈。

在形式和表现手段方面，由于场面、舞美等形式上的东西多过以演唱为中心的内容本身，在令人眼花缭乱的同时不免怀疑二者实际意义上产生了脱节。其错误在于"表现手段被当成了目的，而表现目的却被当成了手段"（瓦格纳《歌剧与戏剧》），甚至因其过于注重形式（而内容与形式的统一程度与作品成功程度成正比），使得包括音乐在内的内容都被淡化，演员表现较少，合唱队成了摆设，充斥于我们眼中的只是一种富丽堂皇的"农民气"。

人们普遍为一场辉煌所震撼，但在此之后便没有什么感动了。就戏剧界的一些人士看，张艺谋的《图兰朵》不过是搞人海战术，更像一场大型团体操表演。由于张艺谋因生长环境所限而养成的心理定式及对中国古典文化、西洋乐理均知之甚少，他并不清楚如何去烘托和表现音乐。张艺谋的所谓"东方舞美形式"与梅塔的西方歌剧内容没有很好地结合起来，甚至因形式的"喧宾夺主"影响到西洋歌剧的表现。如果张艺谋能利用绝佳的现场，以一种"减法"的方式，用简练的手段营造出音乐的、戏剧的张力，也许会较好地结合内容与形式，也许会更有创造性，也许还会借机向世界证明他是一位大师级的艺术家而并非一个熟练的高级工匠。

1998年8月底，"遇雨失期"的川剧《杜兰朵》终于还是赶在《图兰朵》之前在北京政协礼堂正式亮相。演员年轻，阵容整齐，总体上把握了人物性格、人物关系。虽然由于资金所限，舞台美术、道具和服装比较粗糙，但愉悦的音乐，变幻的灯光，灵活的布局与位置，川剧中特有的喷火技艺和矮子功，仍然给在场观众留下了较深的印象。尤其是男主角"无名氏"时而侠骨柔肠，时而响遏行云的唱腔，更是赢得了阵阵掌声。正如元代戏剧批评家胡祗通在《黄氏诗卷序》中提到的"歌喉清和圆转，累累然如贯珠……轻重疾徐中节合度，虽记诵娴熟，非如老僧之诵经"。可以说，《杜兰朵》的表演艺术要比编导水平成熟得多，也正是它们在一定程度上弥补了后者的不足，使《杜兰朵》在九月的演出中表现不俗。

五、反思与追问

"未来是多元的,而不是'东方'的或'西方'的"。

——庄礼伟《亚洲的危机与学术的危机》

1. 商业运作的成功 = 文化交流的失败？

早在1979年卡拉扬率柏林爱乐乐团第一次访华时,把《图兰朵》搬到中国紫禁城演出的设想就被正式提出。但直到去年祖宾·梅塔邀请张艺谋执导该剧并在意大利获得成功的消息传出之后,国内的各大媒体才纷纷以"中国公主归故里""图兰朵衣锦还乡"等为标题沸沸扬扬地炒作起来；同时中国对外演出公司还不失时机地力邀川剧《中国公主杜兰朵》也在九月进京演出,进行"中西文化的直接对话"。绝妙的商业炒作使主办者大受其益,《图兰朵》和《杜兰朵》均几乎场场满座,甚至使得因亚洲金融风暴而深受冲击的北京旅游业也从中获益——一位于太庙附近的国际饭店和天伦王朝居然客满。应该肯定的是,中演公司成功的商业运作,确实给我国的文化市场带来了有益的启示。

比如,这次演出借助国际资金,联手引进世界一流水准的大制作,激活国内市场,带动了本土文化品牌的出世；它提出了集团化运作的崭新课题；它似乎在试图改革原有的演出形式,带给观众一种综合的审美体验,而非单一的视觉或听觉……但是我们同样失望地看到,这项从走入我们的视野开始,便不容置疑地以其巨大的影响力形成所谓"图兰朵现象"的"文化工程",事实上在文化交流方面所获甚少。各大媒体对本国文化的关注、对张艺谋的关注、对舞台效果的关注远远大于对音乐、对歌剧本身的关注。他们可以津津乐道将有两三万外国人来北京、将为此带来多少的外汇收入,也没有谁去关注、介绍歌剧团、演唱者或这种大型实景歌剧的特点。即便是《图兰朵》在太庙演出时,组织者们仍未考虑观众是否能理解剧情和文化内涵。200元一本的节目单上没有剧情介绍，更无字幕及解说，使得许多专业记者都如坠云雾之中，在报道中屡屡出现张冠李戴之类的笑话。

"《图兰朵》现象"再次让我们看到在推广古典艺术、开展东西方文化交流方面可能步入的种种误区。媒体要抢新闻，而演出公司要抢票房，都是"急活儿"，但真正的、长期的艺术启蒙、审美培养的文化交流的课题在这个急功近利的社会中被无情地冷落了。

2. 国人为何去看《图兰朵》？

要回答这个问题不妨在洋溢着浓郁中国特色的观众席上放眼一望：众多穿圆领T恤加短裤的国人；开场锣鼓响过之后才纷沓而至的迟到者；等不及曲终就匆匆离去的早退者；执着地在过道上晃来晃去的娱乐记者；还有音乐会上"必不可少"的调味品——传呼机和手机的鸣叫声不绝于耳——他们共同构成了一道比台上更有味道的风景线。

毋庸置疑，看《图兰朵》的大部分观众与北京乃至全国对古典艺术的迷信不无关系。对这类艺术表面化和功利化的推崇导致了这种迷信的产生。长期以来，以交响乐、器乐演奏、芭蕾舞、歌剧为代表的古典艺术一直被冠以"高雅艺术"的名号。大众也或多或少地被暗示和误导"喜爱古典艺术是高雅之举，会成为高雅之士"。而20世纪90年代中期以后，随着经济的发展，人们对于社会身份和精神身份都出现了很强烈的心理需求，于是，古典艺术被当作可以区分高雅与否的重要标志而迅速走红。但由于人们对这类艺术缺乏审美上的自信心，所以只有去追逐一种国际权威的大制作来解决审美上的问题。当只是迷信于艺术类型或迷信于权威演出者时，许多人对内容的接受便显得无所谓甚至处于一种近乎自虐的痛苦中。

在观看《图兰朵》的观众中，大部分人只是对这场演出充满了好奇；部分观众出现在演出现场是为了体现自己的身份、地位、手段和优越感；部分观众是为了"凑热闹"，"重在参与"，他们希望自己成为这一令人瞩目的文化事件的见证人，在他们购票时，在他们步入太庙的一刻，他们的期望便已完成；还有部分观众是为了感受《图兰朵》中爱的魅力、人性的光辉，他们是在花钱买一次心灵的净化，接受一次生命的感动；只有一小部分观众确实是

为了自身的审美需要，满怀着对文化交流的渴盼而走入太庙。总而言之，虽然观众看《图兰朵》的目的各异，心态也不尽相同，但它作为1998年获得"高雅艺术"心理满足的需要应该是不容置疑的。张艺谋的《图兰朵》同谭盾的《马可·波罗》、郭文景的《狂人日记》、瞿小松的《俄狄浦斯王》一样，既为在后工业文明进展中已显疲态的歌剧（戏剧）市场注入了新的活力，为音乐以外的视觉冲击力对观众吸引程度的考察做出了有益的尝试，也为"观众不是仅靠感情就能理解和接受的艺术形式"（布莱希特《戏剧论文集》）在欣赏阶层相对薄弱的地方公演进行了大胆的实验，正如苏联著名戏剧家 N. 丹钦柯所说："想在你所不熟悉的艺术领域中一点不竭蹶地直立行走是不可能的……你必须准备应付前面的一切挫折与磨难，把它们都狂热地镇服在你的意志之下。"（《艺术·戏剧·生活》）

　　无论成功与否，以张艺谋和魏明伦为代表的中国文艺界的先锋们所做的一切必将在历史上留下他们显著的印迹。经历了虚无和解构时代的中国，面对民族文化与西方文化的微妙关系，面对一个非文化强势的国家与文化强势的国家在交流中所处的危险地位，面对着文化弱势国家逐渐反弹、觉醒的巨大压力，未来的激烈碰撞似乎已近在眼前，也许正像杜维明教授在第二届国际文明对话会中所呼吁的："当今的中国虽然没有面临经济危机，但它所面临的精神危机、学术危机和文化危机更值得我们思索。"

Materialized Languages and Objectified Bodies: Film Noir from the Perspective of the Theatre of Cruelty [*]

1. Introduction

Antonin Artaud once drew a parallel between the transmission of theatrical performances and the spread of pestilence. He believed both theatrical plays and plague could directly affect human bodies and minds without the help of any intermediate media. Their effects could trigger strong mental power that drives people insane and consequently become mentally resistant to the real world order. In fact, Artaud attributed the similarities between theatrical plays and plague to the mechanism of action.Both began with physical reactions that affect the mind and spirit before triggering the emotions that lie dormant in people's consciousness, including fear, anxiety, anger, mania and melancholia. In his eyes, the triggering of such dark consciousness by the atrical plays was a form of purification and could resolve conflicts and release the power of life, which would eventually lead to rebirth. The film-art discussions of the triggering of dark consciousness—whether it is the nihilistic motif, dark form, or absurd content—all point to the same

---

[*] The paper was originally published in *Journal of Arts and Imaging Science*, 2023, 10 (2), and has since been revised with new information.

theoretical term: film noir.

Film noir has captured the attention of Chinese audience, and Hong Kong is a major producer of film noir in China. JohnnieTo's gangster noir from the 20th century entered the Western market with strong momentum before the release of other classic Chinese film noirs, including *Intruder* (1997), *You Shoot, I Shoot* (2001), *Infernal Affairs* (2002), and *Dog Bite Dog* (2006). In 2017, *The Great Buddha+*, a low-cost film noir produced in Taiwan swept most of the awards at the Taipei Film Festival, Taipei Golden Horse Film Festival and Awards, Hong Kong Film Awards, and Asian Film Awards. Film noirs enjoy great popularity in Mainland China, from *Hand-Cuffed Passenger* (1980) and *The Phantom Lover* (1985) in the 20th century to *Crazy Stone* (2006), *No Man's Land* (2013), *Black Coal, Thin Ice* (2014), *The Shadow Play* (2016), and *Mr. Donkey* (2016) in the 21st century.

Looking back at the markets of classic film noirs, the U.S. society as a whole showed little confidence in the future, in the 40s and 50s, after having experienced the period of economic choices during the war, such as the Great Depression and Prohibition, and the post-war economic recovery. Culturally, as a result of widespread McCarthyism in the early 50s, some directors and playwrights underwent prosecutions and the production of most film noirs would carefully avoid the discussion of political topics. Instead, they projected the uncertainty, oppression, division, and darkness of the times through deriding, parodic, or satirical symbols and text. Whether it is subdued hues coated with water vapour, the combination of an unsuccessful detective and a femme fatale, a murder thriller, or a negative social attitude, these key elements take film noirs to a text direction with diverse values.As a result, despite the depressed social atmosphere at the time, the spread of classic film noirs stood out and loudly echoed the fear and uncertainty hidden deep inside people and saved Hollywood.

Why noir? What is noir? Apart from well-recognised classic film noirs such as *Kiss of Death* (1947) and *Body Heat* (1981), contemporary film critics and audiences have vague and dissimilar understandings of the definition of film noir. The use of the terms "noir" and "black" is also mixed. Hence, we usethe theatre of cruelty as the starting point and connect Artaud's ideas of cruelty with the fundamental dark ideology and quality of film noir. We also attempt to expand the theory in the ideological discussion of film noir by outlining issues concerning its undertones, methodology, and features.

2. Comparative historical analysis of film noir ideology and genres

A. The evolution, division and fallacies of staged-based discussions

Some scholars define film noir based on historical stages. Take Paul Schrader for example: He believed film noirs referred to Hollywood films from the 40s and early 50s that depict dark and dangerous urban neighbourhoods and crime-ridden and decadent places. These films could be roughly divided into three slightly overlapping stages: the first stage (1941–1946) was the private detectives and loners, the second stage (1946–1949) was the post-war surrealist period that focused on street crime and political corruption, and the third stage (1949–1953) was the period of psychotic behaviour and suicidal impulse (Schrader also believed film noir had uncovered the causes of trouble of thetimesatthisstage, which was the most aesthetic and full of the penetrative force of sociology). Although Schrader summarised the seven techniques of film noir in his Notes on Film Noir (1972) and argued that film noir could be regarded as a genre with specific visual and thematic styles, [1]his definition of film noir was more like those of Raymond Borde and Etienne Chaumeton. Both Borde and Chaumeton were of the opinion that film

---

[1] K. Jackson, and P. Schrader, *Schrader on Schrader* (Y. Huang, Trans.). Guangxi Normal University Press Group, 2008.

noir was merely the movement of film aesthetics from a specific period or could be regarded as a certain style category but did not constitute a film genre.

Although the stage-based interpretation of film noir as proposed by Schrader offers a clear historical reference, it also gives rise to an implicit question: Could the stage-based concept cut film noir off from its latest developments? Moreover, the argument that film noir did not constitute a film genre requires a new perspective based on the development of films. Schrader put forward his argument in 1972 before the release of new classic film noirs, such as *Blood Simple* (1984) and *Se7en* (1995), which distinguish themselves from productions from the 40s and 50s, not to mention the rapidly developing Asian film noirs since the beginning of the new century. The disruption in the interpretation of the concept of film noir cannot be blamed on scholars such as Schrader who divided film noir based on stages but was rather due to the lack of new breakthroughs in the subsequent theory. The author is of the opinion that the stage-based definition is merely a part of the theoretical development of film noir, whose development is continuous and should not be compared to film movements of specific periods, such as the French New Wave. This would disrupt the development of a major field in film theory while overlooking the profound historical significance of the close connection between artistic text and social environment.

As scholars such as Schrader divided film noir from a horizontal dimension, they also attempted to discover its stylistic features from a vertical comparative dimension. However, owing to the different stages of development of film history, their placing of theconcept of film noir based on its stylistic features seems rather vague today. Given that film noir often comprises different text, representations and forms, to define it based on style alone would confuse the argument and erase its meaning. This would also lead to the misuse of jargon as a result of similar styles. The argument whether film noir constitutes a genre arises chiefly owing to its wide-ranging topics and random and diverse formats. As a result, some researchers proposed the theory of film noir being "trans-genre". Film norms, on the other hand, have long been mixed. Neither the film industry nor the audiences observe the rules of structuralism.[1] In fact, each film is trans-genre or diverse. For instance, a crime film can also be a romantic film, a thriller, a mystery film, or a drama. Consequently, by labeling film noir as trans-genre, these researchers are without doubt blurring the concept itself and avoiding the issues concerning film noir, thus confining it within its existing borders.

Despite the dominance of theoretical discussions based onstages, trans-genre and styles in film noir research, some scholars still argue that film noir may be regarded as a genre itself. In his *Film History: An Introduction* (1994), David Bordwell placed film noir under the section "Innovations and Changes in Film Genres". He believed film noir was not merely a genre and the majority of its protagonists were male detectives or criminals who were pessimistic and self- doubting or were distant and detached, whereas the females were usually charming but deceptive as they led the protagonists toward danger.[2] In his *Film Genres and Genre Films*, Zheng Shushen regarded film noir as a genre alongside western, musical and family drama and dedicated chapters to its discussion. Meanwhile, Deng Shuanglin and Hao Jian maintained that film noir was not of the broad and vague style as defined by some researchers but was a genre with distinctive characteristics, a well-developed formal system and great aesthetics. Such genre could be identified based on the dark consciousness conveyed through the narrative.[3]

---

[1] J. Naremore, *More than Night: Film Noir in Its Contexts*, Updated and Expanded (Z. Xu, Trans.). China Academy of Art Press, 2020.

[2] D. Bordwell, and K. Thompson, *Film History: An Introduction* (B.Fan, Trans.). Peking University Press, 2014.

[3] S. Deng, and J. Hao, New Theory on Film Noir: Style, Genre and Infinite Question Marks. *Film Art*, (6), pp.67–72, 2015.

B.Labels: *a cruel universe, the yearning for life, dark consciousness*

Humans appear to be naturally driven to collect and categorize, whether it is the gathering of comparable vegetables in the same basket or the grouping of apps with similar colors, features, or goals in the same smartphone- interface category. The same can be stated of the artistic producing process. From a chronological standpoint, the classification of film noir is the product of a diachronic process of linear development and an accumulative outcome of continual renewals and alterations. The unexpected yet remarkable use of a genre by a creator is sometimes met with greater audience response, while the so-called "borrowing of tropes" is rewriting film genres. *Fargo* (1996), directed by Joel and Ethan Coen, and *Reservoir Dog* (1992), directed by Quentin Tarantino, are two such examples. Following their release, the definition of film noir is no longer necessarily connected to the dark visual style often associated with this genre.[①]

Linguist Ferdinand de Saussure's inference had greatly inspired film genres, which are comparable to the almost fixed language system but are in fact a system of elements, including abstract patterns, themes, andformats.Meanwhile, genre films are like individual sentences in a language system and may be understood as single and specificworks. We would thus argue that, despite the wide-ranging topics in the creation of film noirs and their dissimilar content, film noirs always systematically direct their abstract themes to reflect on the dark sides of reality and examine the absurd. In other words, they have what Saussure called a basically constant language system—a necessary requirement for a film genre. However, should the avoidance of the definition of film noir continue, then the discussions to outline the silhouette of film noir by summarizing its features would remain superficial despite the substantial benefits they would bring.With minimal research on film noir discussing its essence, uncovering its essence from the theoretical

---

① J. Hao, *Coursein Genre Films*.Fudan University Press, 2011.

standpoint of genres may be a definite research direction.

Would it then be possible to define the essence of film noir from the perspective of the theatre of cruelty ? Since the Renaissance, the mission to pursue truth and the insatiable thirst for knowledge have turned rationality into a major assessment criterium of human society, and the ideology of scientism has dominated the general value system.Friedrich Wilhelm Nietzsche's theoretical system regarded the essence of the worldview of scientism as the wild ideas of metaphysics, that is, they denied the understanding of the essence of the world based on causality. The worldview of scientism has to a certain extent led to the decline of religion and mythology as nihilism and existentialism reflect the meaninglessness of existence in life and the world. Consequently, the worldview of scientism has attempted to propose solutions based on the logic of social functioning for social behavior such as crime that is caused by such meaninglessness. However, the optimistic scientism can hardly reach the field of metaphysics that is beyond its scope. By contrast, tragedy bravely faces up to the meaninglessness in life and the world and seeks salvation in art.[1] In thehistory of Western drama, Artaud put forward the concept of cruelty, whereas the theatre of cruelty attempted to release and unleash criminal desire and cruel fantasy of the audience. Specifically, cruelty refers to the desire for life, thecruelty of the universe, inevitability, and a Gnostic whirlpool of life that devours darkness and unavoidable pain, without which life cannot continue.[2]

Expressionism began to emerge in Germany in the 20th century and depicted the sufferings of war and the laments of life inreal life with abstract lines and strong colors. The painters rendered human panic and insecurity and the distorted and chaotic environment in a stylized manner and their paintings became a transference medium for social pain and suffering. Metaphorical symbols from artistic text

---

[1] F. W. Nietzsche, *Die Geburt der Tragödie aus dem Geiste der Musik* (G. Zhou, Trans.) . Beijing October Art Publisher, 2019.
[2] A. Artaud, *The Theatre and its Double*. Grove Press, 1994.

connect to audiences who could be lost, leading a wandering life, pessimistic, or believers of optimistic scientism. Given the rootlessness of the objects, crazed and impetuous, fatalistic, nihilistic and tragic keynotes could hardly establish themselves in real contexts. As a result, art forms such as music, painting, sculpture, literature, and film became the growing ground for such elements and gave rise to a middle ground for sense and sensibility in philosophy.

After the Second World War, dark connotations such as the cruelty of the universe and the desire for life began to flourish in Parisian literary and art circles. *J'irai cracher sur vos tombes* (1946) by Boris Vian, a French artist known for his annihilating sarcasm, and *La Putain respectueuse* (1946) by Jean-Paul Sartre, an existentialist, were adapted for films with dark connotations. The time period related to the period between the arrival of American films to Europe after the war and the French New Wave film movement. *J'irai cracher sur vos tombes* was published when Gallimard's Série noire, a collection of crime fiction, was highly popular, which led to film noir being defined as such. The term then subsequently emerged for the first time in the reviews of films that nowadays are regarded as "classic noir," namely, *The Maltese Falcon* (1941), *Double Indemnity* (1944), and *Murder, My Sweet* (1944). Most studies argue that the "standard" setting of a classic Hollywood film noir consisted of a dark and gloomy environment with strong contrasting lighting and the male lead could be both good and bad, whereas the female lead was a femme fatale who would seduce men and cause them to commit crime. The narrative was usually from a subjective male perspective that was remorseful or reflective (including both the voice over and flashbacks) and had a hopeless prospect and tragic ending.[①] It is precisely what Artaud believed: The world was so cruel and nature and human society were full of violence. Cruelty was everywhere and inevitable as art faced up to the evil hidden in human nature.

---

① X. Li, Film Noir Studies.*Contemporary Cinema*, (4), p.61, 2015.

Returning to the subject and language of film noir, crime novelists such as Dorothy Leigh Sayers maintained that detective mysteries were ultimately arcane fiction rather than lyrical literature. Film noirs based on crime novels reflect precisely the refusal to face reality and not the commendation of a heroic protagonist. The concept of being esoteric also provides an insight into the style and representation of film noir, which is the protagonist's escape from reality and the fatalistic tragedy and the reflection of the protagonist's emotions and weariness. Meanwhile, the combination of flashbacks with filming techniques produces a film style the conveys the repression, despondence and darkness of expressionism.

3. Film Noir from the Perspective of the Theatre of Cruelty

In 2002, Sympathy for Mr. Vengeance, directed by Park Chan-wook, was classified as a "general film noir." However, in his book *Park Chan-wook's Montage*, Park clearly stated that, although *Sympathy for Mr. Vengeance* was classified as film noir, he believed his film was merely expressing some kind of realism. He did not call it a film noir but a hardboiled film because the former had been distorted and abused. Furthermore, he had no intention of adopting the visual themes of film noir in his film.[1] According to Park, an author-director, the adoption of corresponding visual themes is one of the criteria to determine whether a film is a film noir. Nevertheless, there is no single film noir style but rather the complex mutual construction between the noir motifs and different practices. Although in James Naremore's view, film noir was commonly equated to specific visual and narrative features. It is, however, precisely these stylised features that constitute the details that support film noir. In other words, they make up the methodology of film noir.

---

[1] C. Park, *Park Chan Wook's Montage* (F. Yang, Trans.). Sichuan Literature and Art Publishing House, 2020.

Influenced by film noir names and the models of some classic film noirs, some researchers described the visual atmosphere of film noir as "dark", "gloomy", and "terrifying", which are open to question. Unlike in the 40s and 50s, when film noir first emerged, film noirs such as *Fargo* (1996) directed by Joel and Ethan Coen could be described as "hell freezes over" with its "clear", "bright", and "clean" images. In other words, the strong focus on historical genre conventions and genre features and their application to contemporary individuals would not illustrate the uniqueness of each film. This is because, within a large system, from linearity (diachrony) to parallel lines (synchronicity), individual performance may largely be identical but exceptions do occur, and when they do, they could impact genre features and change the original system.① The question is thus: Does film noir have a "noir basis" that may serve as the basis of the genre and is relatively stable and not easily affected by individual work characteristics? In this regard, Artaud's theatre of cruelty provides a certain dimensional reference in the search for the noir basis.

A.Materialized languages

It may be said that film noir is a genre that conveys its meaning via its formats, and the exploration of this point may be traced back to Artaud's theory. Through script set up such as sound and lighting, entities, and movements, Artaud created a material and symbolic world that differentiated itself from traditional plays that were guided by the lines.② In the pessimistic view of existentialism, the key to the theatre of cruelty is to realize that cruelty exists everywhere and the awareness of cruelty can guide characters and actors into the tragic context. In Artaud's theatre of cruelty, phantoms are real, destruction is constructive, and chaos is

---

① S. Zheng, *Film Genres and Genre Films*. Jiangsu Education Publishing House, 2006.
② A. Morfee, *Antonin Artaud's Writing Bodies*. Oxford University Press, 2005.

orderly.[①] Such order is omnipresent and a formal system that is relatively stable and stylized in film noir. Artaud divided theatrical languages into two categories: One is lines, that is, spoken languages, while the other is a generalized concept of theatrical languages, which comprises forms, sounds, discourse, passion, and shouts, just like the spirit can only be expressed through languages.[②] The latter are also known as materialized languages and specifically include elements such as movements, lighting, space, scenery, costumes, and props. Their features include spatial poeticity, metaphysical effects, and uncertainty.

In the summary of the formal system of film noir, the seven techniques of film noir outlined by Schrader are "materialized languages" that most film reviews emphasize. Regarded as the criteria for determining film noir, they are as follows: First, most of the scenery are set up as night scenes; second, the images are divided diagonally like German expressionism; third, the actors and scenery are identically illuminated; fourth, composition tension is given priority over physical action; fifth, the Freudian attachment to water; sixthly, a preference for a romantic narrative; and seventh, the use of complex sequential timing to emphasize the hopelessness and the feelings toward the passage of time.[③] Generally, protagonists are foregrounded in films with stronger lighting compared with their surroundings. However, in the film noir *Decision to Leave* (2022), the actors and the scenery are almost identically illuminated. The protagonists are not foregrounded with additional lighting and low-key photography dominates. The film has clear blue hues and despite the joyful moments of the protagonists in such a dark environment, the hopeless ending of nothingness is nonetheless conveyed. Like German expressionism, the staircase that the female lead passes when she commits an offence creates a strong compositional

---

① S. Guo, *Language, Space and Performance: Antonin Artaud's Theatre of Cruelty*. Fudan University Press, 2014.
② A. Artaud, *Le Théâtre et son Double* (Y. Gui, Trans.). China Drama Publishing House, 2006.
③ P. Schrader, Notes on Film Noir. *Film Comment*, 8 (1), pp.70–71, 1972.

tension. The frame is divided by triangles and narrow gaps, and unlike the conventional horizontal lines, diagonal lines and slanted straight lines emphasize the alienation of a character, the separation from reality, the loss of hope, and even the unwillingness to look for hope. This is precisely the disorder in the environment in which Seo rae, the female protagonist, finds herself and that associated with her behavior in society. When her husband falls off the cliff at the beginning of the film, the towering mountain seems gigantic in an upward angle. The extremely unbalanced composition—like the plot itself—conveys the sense of oppression to the audience. It may be said that film noir is a formal system that is connected to its themes, and its intentional visual construction pushes reality to some distance away before sinking into its ravings. A highly stylized black world expresses dark and gloomy spatial meanings precisely through materialized languages, which give play to metaphysical effects and stress the disorderly and non-fixed neurostimulation of film watching.

B. Objectified bodies

Raymond Chandler, the "poet laureate of crime novels" in Western literary circles, had created classic film noirs for Hollywood. *Double Indemnity* (1944), which he co-wrote with Billy Wilder, is regarded as a film noir textbook. In his essay *The Simple Art of Murder*, Chandler maintained that detective and crime novels mostly described murder cases and lacked noble spiritual factors, because murder was an expression of frustrated individual and collective human will. It contained profound sociological significance, while realism murder-mystery novels reflected the cool, observing attitude of their creators.[1] Like the classic film noirs from the 40s and 50s that mostly reflect the dark side of the classic American Dream, it appears that each time the characters fall into an abyss, it is because they face the darkness in reality head on. Meanwhile, the starting and the falling points

---

[1] R. Chandler, *The Simple Art of Murder* (L. Dong & L. Shi, Trans.). New Star Press, 2008.

of darkness are often associated with the physical harm of the characters.

The term "body" according to Martin Heidegger referred to a distinct whole in the dominance structure of all impulse, drive, and passion, which had their will of life, that is, the will to power.① In Nietzsche's view, the will to power constituted the basic attribute of all *Seiendes*, and the animality of the will to power was the basic determination of human existence. As a result, the human definition of bodies and animality had replaced rationality in metaphysics. In other words, the body was the will to power.② In Artaud's theatre of cruelty, bodies refer to an existence that interferes with other objects and have nothing to do with human dignity and values. They are merely symbols that playwrights manipulate or distort like an insignificant unit being conquered in a space game. The commonest form of bodies in film noirs are injuries of different purposes and extents that are frequently inflicted on the bodies of different characters. The bodies that have suffered great ordeals in the text lose their subject status to become a perception point that connects the audiences' spiritual world with reality. They become objectified bodies that make the audiences examine cruelty and face up to darkness.

4. Conclusion and theoretical implications

The term "noir" in film noir is French for "black," which matches the undertone of Artaud's theatre of cruelty. In terms of the themes and content, film noir faces up to the hidden space of society built based on darkness. Meanwhile, the stylized expression of "noir sensibility," which contains "noirness," is used as a vessel to convey meaning of the formal system. Consequently, "noir" is neither the simple dark content nor the stylized expression. Instead, it inspires the mental and spiritual strength of the audiences by showing the cruelty of the external world. Its

---

① F. W. Nietzsche, *Also sprach Zarathustra* (F. Xu, Trans.) . The Commercial Press, 1997.
② Y. Chen, and M. Wang, *Post-body: Culture, Power and Biopolitics*. Jilin People's Press, 2001.

content puts a spotlight on the darkness of society, while its formats help generate the dark meaning, making them two side of a coin and complementary. Film noir is thus a film genre that conveys the characters' sense of nothingness, pessimism, fatalism and esotericism.

Film noir is a hazy research field in film theory that deserves more attention. The discussion will be cut off from its most recent advances if it is based on historical stages, while the notion of a generalist presentation and style lacks a consensus standard system. The study starts with Antonin Artaud's concept of the theatre of cruelty and ties it to the underlying dark philosophy and essence of cinema noir. This paper seeks to expand and update the scientific and theoretical boundaries of cinema noir by building on previous academic discussions and approaching the subtext, methodology, and aspects of film noir with a systematic summary of profiles. Film noir deliberately directs its abstract themes to reflect on the dark sides of reality and to investigate the ludicrous. As we have put it, film noir is thus a film genre that conveys the characters' sense of nothingness, pessimism, fatalism, and esotericism. They shine a light on society's dark sides and express the dark meaning through materialized languages and objectified bodies, which portray the protagonists' sense of nothingness, tragedy, and fatalism. Textual connotations and social criticism are inextricably linked in film noir. Aside from repeating the theatre of cruelty with its primary undertone, film noir is culturally identical to theatre of cruelty.

Film noir essentially connects the image of degenerates such as a frustrated tough guy, a femme fatale, and a lost detective with the most intrinsic and distinct human living conditions. The most fundamental and primitive artistic impulse of film noir comes from the ideological spectrum of the world in which the productions find themselves. In other words, it is precisely the specific period that gives film noir its aura. The classic statement that "media are the extensions of man" by Marshall McLuhan, a scholar of communication studies, may from certain perspectives serve as the summary of the paper: Today, the roar of modern civilization envelopes every individual in society. The idyllic pastoral songs from distant times have lost their beauty. Just like film noir always implies romantic nostalgia and modern dystopia, the bodies of the audiences silently connect to the sorrow as they watch the film. Meanwhile, the separation from reality and the examination of darkness in film noir are the perceptual extensions of film media in relation to the living conditions of each individual against the general background of the times.